Amanda Braga Carlos Piovezani

A FALA FEMININA

SILENCIAMENTOS E RESISTÊNCIAS

APRESENTAÇÃO DE ERIKA HILTON

jandaíra

Este livro foi revisado segundo o Novo Acordo Ortográfico da Língua Portuguesa.

DIREÇÃO EDITORIAL
Lizandra Magon de Almeida
ASSISTÊNCIA EDITORIAL
Maria Ferreira e Karen Nakaoka
PREPARAÇÃO E REVISÃO DE TEXTO
Equipe Jandaíra
PROJETO GRÁFICO E DIAGRAMAÇÃO
Debs Bianchi | Biancheria

Dados Internacionais de Catalogação na Publicação (CIP)
(Câmara Brasileira do Livro, SP, Brasil)

Braga, Amanda
A fala feminina: silenciamentos e resistências /
Amanda Braga, Carlos Piovezani; apresentação de Erika Hilton.
1. ed. -- São Paulo : Editora Jandaíra, 2025.

ISBN 978-65-5094-146-8

1. Discursos 2. Falar em público 3. Feminismo – Aspectos sociais
4. Feminismo – História 5. Mulheres – Direitos 6. Mulheres – Historiografia
7. Mulheres – Identidade I. Piovezani, Carlos. II. Hilton, apresentação de Erika. III. Título

25-259424 CDD-305.42

Índices para catálogo sistemático:

1. Mulheres : História: Sociologia 305.42

Aline Graziele Benitez - Bibliotecária - CRB-1/3129

jandaíra

CNPq CAPES

editorajandaira.com.br
Editora Jandaíra
@editorajandaira

Amanda Braga
Carlos Piovezani

A FALA FEMININA

SILENCIAMENTOS E RESISTÊNCIAS

(DO MUNDO ANTIGO AO BRASIL CONTEMPORÂNEO)

APRESENTAÇÃO DE ERIKA HILTON

PREFÁCIO DE MARLÈNE COULOMB-GULLY

SUMÁRIO

APRESENTAÇÃO

A fala feminina enfrenta silenciamentos históricos e estruturais, sendo frequentemente relegada a um espaço de subordinação. Mulheres são ensinadas, desde cedo, a falar baixo, a não interromper e a ceder espaço. Mulheres da periferia do gênero sentem esse efeito com ainda mais brutalidade.

A transfobia, combinada com o racismo, cria um silêncio ainda mais profundo e doloroso. Além disso, o silenciamento não é apenas a ausência de fala, mas também a ausência de escuta. As mulheres falam, mas suas falas são deslegitimadas, interrompidas ou distorcidas.

A contribuição de pesquisadoras e pesquisadores, de professoras e professores para a discussão das pautas de gênero é essencial para a construção de uma sociedade mais justa e igualitária. Sabemos que a universidade é um ambiente central de produção de conhecimento. É fundamental que esse saber ali produzido se conecte com as lutas e as necessidades sociais amplas e proponha soluções que saiam dos muros da academia e alcancem a prática cotidiana. Encontramos essa conexão aqui em ***A fala feminina.***

Ao pautar temas como o silenciamento das mulheres e a marginalização feminina, a academia contribui para a visibilidade dessas questões, validando-as como campos legítimos de estudo e ativismo. Isso não só reforça a importância dessas vozes marginalizadas, mas também inspira políticas públicas que podem transformar vidas.

Quando o patriarcado tenta nos aprisionar no silenciamento, obras como esta nos relembram que sempre estivemos e sempre estaremos aqui. E não seremos interrompidas! Levantaremos nossas vozes por Marielle e por todas nós. Por isso, expresso meu apoio a esta iniciativa essencial de Amanda Braga e Carlos Piovezani. Além disso, somo minha voz às das mulheres que habitam estas páginas de ***A fala feminina*** e às vozes das mulheres que as lerão, porque, quando nos somamos, nós perseveramos mesmo diante desse longo silenciamento.

ERIKA HILTON
Deputada Federal (PSOL/SP)

PREFÁCIO

> Olha, olha! Estas palavras ainda não foram descongeladas, disse Pantagruel.
>
> Depois disso, ele nos lançou várias palavras congeladas no convés. Elas pareciam pérolas de diversas cores. Algumas delas eram vermelhas, outras, verdes, e outras ainda eram azuis, negras e douradas. Ao serem aquecidas em nossas mãos, elas se derretiam e nós conseguíamos ouvi-las...
>
> François Rabelais, *Gargântua e Pantagruel*, livro IV, cap. 56

Durante muito tempo, as palavras das mulheres se pareceram com essas palavras congeladas de que fala Rabelais. Suas falas eram interditadas e suas intervenções não eram ouvidas. A voz das mulheres também foi constantemente criticada: "muito aguda" ou "muito frágil", "histérica" ou "estridente". Em suma, sempre havia um "muito", suas palavras sempre eram um excesso. As mulheres foram constantemente rebaixadas por suas falas, que continuam a ser depreciadas, ridicularizadas, deslegitimadas e interditadas.

Em contrapartida, a ordem do discurso e o campo da fala pública foram construídos como espaços do privilégio masculino: *Vir bonus dicendi peritus*, ou seja, "O *homem* de bem é quem está capacitado para falar", escrevia Catão, o velho, ainda no início da era cristã. O emprego do substantivo "*vir*", que significa "homem", ao invés de "*homo*", que é sinônimo de "humano", dá a medida de como a virilidade foi alçada à condição de substância essencial dessa arte de bem falar e de como a iniciativa de fala foi convertida numa das primeiras e mais fundamentais manifestações da identidade masculina. Mais do que falante, o homem se tornou, então, *naturalmente* orador. Essa própria "natureza" é uma invenção dos homens. *Natural-mente*, eles mentem, ao sustentar essa invenção.

Seguindo o longo fio condutor da dominação masculina e dos silenciamentos impostos às mulheres (mas também o de suas resistências), Amanda Braga e Carlos Piovezani construíram esta obra-prima. Para essa construção, autora e autor adotaram uma abordagem crítica e feminista no exame de sua longa duração histórica, tarefa indispensável para apreender as lógicas dessa dominação. Assim, somos conduzidas e conduzidos por um percurso que remonta à Antiguidade grega e latina e que atravessa séculos e continentes para mostrar como se formou e se reproduziu esse duplo paradigma que associa a fala ao mundo masculino e o silêncio ao feminino. Essa já milenar oposição continua a marcar as práticas e as consciências ainda em nossos dias. Nessa oposição, se forja o seguinte contraste: *eles* têm facilidade para falar e indisposição para renunciar ao turno de fala, ao passo que *elas* têm grande dificuldade para tomar a palavra e para se fazerem ouvir.

Ao refletir ainda no calor da hora sobre o revolucionário movimento de Maio de 68 na França, em sua obra *La prise de parole*, o historiador Michel de Certeau (1968) dizia: "Vozes que jamais tinham sido ouvidas nos modificaram. Nós tínhamos a sensação de que então se produzia algo inédito: os silenciados começaram a falar. Tínhamos a impressão de que era a primeira vez que isso acontecia. De todos os cantos, surgiam tesouros adormecidos ou experiências vividas que jamais tinham podido se exprimir. Ao mesmo tempo, os discursos do poder se calavam e as 'autoridades' ficaram silenciosas. As existências congeladas se despertaram numa manhã cheia de sonhos. Tomamos a fala como nossos companheiros tinham tomado a Bastilha". Não raras vezes e em larga medida, a fala continua ainda uma Bastilha a ser tomada pelas mulheres.

O Brasil é um privilegiado centro de gravidade dessa reflexão sobre os silenciamentos da fala feminina: os *zooms* sobre o que ocorreu recentemente na história brasileira com Dilma

Rousseff, Manuela D'Ávila, Sâmia Bomfim e, evidentemente, com Marielle Franco, uma mulher de origem social desfavorecida, negra e lésbica, que foi assassinada por ter falado do que ela falou – como se fosse uma Olympe de Gouges, de séculos mais tarde e do outro lado do Atlântico, que também foi morta pelo que disse em plena Revolução Francesa... Sexismo, misoginia e machismo não conhecem as fronteiras do espaço nem as do tempo. Em todo caso, a realidade e a singularidade dos silenciamentos de mulheres brasileiras são cirurgicamente analisadas aqui em ***A fala feminina***.

Mas a reflexão de Amanda Braga e Carlos Piovezani ultrapassa amplamente esse enquadramento territorial. É preciso destacar aqui a formidável erudição da autora e do autor que nos fazem ouvir as vozes mais diversas, quer se trate das vozes dos dominantes, quando são evocadas, entre outras, as mortíferas ideologias do patriarcalismo, do colonialismo e do fascismo, quer se trate das dominadas, que têm de buscar quebrar os silêncios e desconstruir essa ordem de coisas: a extensa série de resistentes (entre as quais, constam Mary Astell ou Mary Wollstonecraft, assim como Jeanne Derouin, Louise Michel ou bell hooks, para mencionarmos apenas algumas do mundo moderno e contemporâneo do hemisfério norte) é certamente a consequência da violência imposta, é sem dúvida o efeito desse "Cala a boca, mulher", que atravessa os séculos e os continentes. O #metoo é um dos mais recentes e provavelmente um dos mais globalizados avatares desse longo combate.

Qualquer pessoa que não tem acesso à fala é reduzida ao silêncio ou é falada por outros, deixa de ser sujeito pleno de seu próprio discurso e tende a ser convertida num objeto. "Ela/s", "ele/s", enfim, as terceiras pessoas, estão em boa medida excluídas/os do ato de fala, ou seja, são transformadas numa "não pessoa", tal como aponta o linguista Émile Benveniste. Portanto, não há nada de supérfluo na análise das condições de direito e de exercício da fala pública. Antes, muito ao contrário, pois se trata de algo decisivo na vida de cada uma e de cada um de nós. Com efeito, a partilha igualitária das mais diversas vozes e seu acesso à fala pública, concebida como bem-comum, estão no fundamento da cidadania e são elementos decisivos da vitalidade democrática.

Tomar consciência de que os lugares de fala e os espaços de intervenção se constituem como elementos privilegiados das relações de poder é a primeira etapa de um processo que nos permitirá conjurar a "*male-diction*" da fala feminina, isto é, que nos permitirá eliminar a maldição da fala das mulheres feita e refeita pelos machistas. Essa é mais uma das tantas razões pelas quais ***A fala feminina*** é uma obra indispensável. Sua leitura certamente concorrerá para que as "palavras congeladas", evocadas por Rabelais, se tornem "pérolas de diversas cores", para que os discursos das mulheres durante tanto tempo proibidos se transformem em falas cheias de vida, que cada vez mais funcionarão como pequenas pedras com as quais vamos ladrilhar o caminho da igualdade.

MARLÈNE COULOMB-GULLY

Professora emérita da Universidade de Toulouse II e pesquisadora do Institut *National des Sciences Humaines*. Foi condecorada com a Ordem Nacional da Legião de Honra e coordenadora do *Global Media Monitoring Project* na França. É autora, entre outras, das obras: *Sexisme sur la voix publique:* femmes, éloquence et politique (l'Aube, 2022), *Femmes en politique, en finir avec les seconds rôles* (Belin, 2016), *8 femmes sur un plateau:* journalisme, sexe et politique (Nouveau Monde Édition, 2016) e *Présidente:* le grand défi (Payot, 2012).

INTRODUÇÃO

NÃO SEREI INTERROMPIDA!

Era o que insistia em dizer uma mulher jovem, negra, lésbica e "cria da favela". Defensora das causas populares e dos direitos humanos, ela sempre teve muita coragem para falar e fazer o que fosse preciso por subalternizadas e subalternizados. Como vereadora eleita, em seu pronunciamento na tribuna da Câmara Municipal do Rio de Janeiro, no dia 8 de março de 2018, *Dia Internacional da Mulher*, após já ter sido interrompida reiteradas vezes, ela afirma enfaticamente que a palavra da mulher tem valor.

As interrupções não cessam. Uma delas é um viva a um dos piores torturadores da ditadura. Sua coragem é então posta à prova e sua reação não dá margem a dúvidas: categoricamente ela repete que não deixaria de falar. Seis dias depois, por ser quem era, por fazer o que fazia e por dizer o que dizia, Marielle Franco foi brutalmente assassinada. O mais atroz dos atos de linguagem, a condenação à morte, foi o covarde meio para calar sua voz. Só assim os homens poderosos, que ela confrontava com bravura, poderiam tentar silenciá-la. Essa não seria a primeira vez que assistiríamos a esse bárbaro silenciamento da fala de uma mulher. Também não seria esse o único meio para fazê-lo.

Um dos mais antigos registros da dominação masculina se encontra no final do primeiro canto da *Ilíada*. Uma divindade feminina apela a Zeus por sua intervenção na guerra de Troia. Tétis, a mãe de Aquiles, suplica que ele interceda em favor dos troianos para que os gregos deem o devido valor a seu filho. A construção de sua subserviência ao rei do Olimpo é feita não apenas por ato de sua súplica, mas também pelo fato de fazê-la se curvando diante de Zeus, lhe abraçando os joelhos e o afagando. Ele, então, garante a Tétis que apoiará os troianos, volta a seu palácio e se assenta em seu trono. Aí começa outra cena de depreciação e de silenciamento da fala feminina.

Hera, sua esposa, é exposta como uma deusa desconfiada, bisbilhoteira e ciumenta. Preterida por Páris, príncipe troiano, em benefício de Afrodite, num famoso julgamento (de que voltaremos a tratar já em nosso primeiro capítulo), ela guarda rancor e toma o partido dos gregos. Porque sorrateiramente ouvira a súplica de Tétis e a promessa que Zeus lhe havia feito, Hera está enfurecida, quando se dirige a seu marido com "ditos pungentes", com os quais ela o estaria acusando injustamente. Apesar de sua condição mais do que excelsa, a reação de Zeus é relativamente calma, mas, ainda assim, ao final de sua resposta à sua esposa, ele lhe diz para não se precipitar, não imaginar coisas e não fazer "perguntas inúteis". Hera lhe responde num tom já submisso, afirmando que "jamais foi inoportuna". Mas acrescenta logo em seguida seu receio de que Zeus tenha prometido a Tétis atender seu pedido. A reação do rei do Olimpo é virulenta. Ele ofende a esposa, chamando-a de "Alma danada", tenta manipulá-la psicologicamente, dizendo que ela só provocaria um afastamento entre eles com suas suspeitas infundadas, e a ameaça, afirmando que algo grave poderia lhe acontecer. Ao adotar aquele comportamento, Zeus expressa a absoluta autonomia de sua vontade, ordena a Hera que se sente e se cale e, finalmente, volta a ameaçá-la, desta vez, manifestamente, com uma agressão física[1].

---

1 *Ilíada*, 2022, I, versos 493-567.

Diante de toda a potência viril de seu marido, Hera "ficou temerosa, e foi sentar-se calada". Além dessa violência de que foi vítima, há um agravante: ela ainda ouve de seu filho, Hefesto, a recomendação de que deve agradar a Zeus para que ele não se irritasse. O deus do fogo e ferreiro dos deuses finaliza o conselho à mãe nesses termos: "Vamos, procura aplacá-lo com gestos e vozes afáveis/para que o Olimpo a todos se torne de novo propício"[2].

De modo semelhante à frase "À mulher de César não basta ser honesta, ela deve também parecê-lo", que se tornaria muito conhecida e repetida séculos mais tarde, Hera deve ser submissa e dar provas explícitas de sua subserviência, agradando o marido que a tinha ofendido, calado e ameaçado. Há, enfim, na sugestão de Hefesto, características que serão frequentemente atribuídas à fala e à conduta femininas: as deusas podem até experimentar paixões desagradáveis, mas devem manifestar sentimentos dóceis e dispensar a seus maridos "gestos e vozes afáveis". A alegada capacidade feminina de simulação e dissimulação se conjuga com sua obrigação de deleitar o sexo masculino. Em todo caso, já se reconhece nesses e em outros versos da epopeia que suas falas têm poder, entre os quais, o de transformar a ira em tranquilidade.

"Ponha-se no seu lugar e fique quieta!" Esse é o comando autoritário e sexista de Zeus a Hera. Ao longo do percurso que faremos aqui, veremos que a fala e o espaço, o poder e as relações de gênero têm laços inseparáveis. É contra essa tentativa de governo e subordinação que mulheres "feministas" *avant la lettre* e principalmente a partir da organização do feminismo, mas também homens partidários de suas causas, passaram a dizer e a repetir esta palavra de ordem: "Lugar de mulher pode e deve ser onde ela quiser...". Antes de ser uma rima, o lema é processo e produto de uma longa série de lutas intensas. Durante muitos séculos, muitas mulheres derramaram muitas lágrimas, muito suor e muito sangue para resistir a violências físicas e simbólicas e para somar importantes conquistas de

2 *Ibidem*, versos 568-583.

direitos. Muitas palavras banhadas nessa mistura de sangue, suor e lágrimas foram ditas e caladas, escritas e apagadas pela vontade de poder patriarcal. Mesmo assim, elas foram insistente e bravamente repetidas, para reivindicar direitos fundamentais, tal como o de ocupar e permanecer, transitar e atuar no espaço público. A fala é uma forma privilegiada de fazê-lo. Ela moveu e continua a mover lutas entre comunidades, classes, grupos e sujeitos diversos de distintas sociedades e parece sempre ter sido um objeto pelo qual se luta em batalhas ora mais ora menos manifestamente sangrentas.

Eis um dos versos de uma antiga tragédia grega: "Não chegaremos a lugar melhor algum se mantivermos nossas bocas fechadas"[3]. Trata-se de uma frase proferida por Teseu, o lendário rei de Atenas, que é também um dos mais bem acabados símbolos da hipervirilidade dos heróis gregos ancestrais. Mas ela poderia ter sido dita pelo coro das mães suplicantes que apelavam ao rei para que os cadáveres de seus filhos pudessem ser enterrados. Esse e outros dramas mais ou menos semelhantes serão vividos por várias mulheres em diversos contextos históricos e sociais. Para enfrentá-los, elas abriram suas bocas e falaram em busca de justiça. Sob a forma de clamores ou sussurros, a frase dita e ouvida com essa ou com formulação análoga moveu e continua a mover essas e outras mulheres em lutas travadas em diferentes épocas e em distintos quadrantes ao longo da história de muitas sociedades. Alguns de seus mais poderosos inimigos são os silenciamentos impostos às falas das mulheres. Várias facetas da dominação masculina buscaram excluí-las do campo da fala pública. Essas suas exclusões são tão intensas e extensas que as práticas pelas quais elas se exercem e as ideias nas quais elas se baseiam se estendem até nossos dias, apesar das profundas transformações históricas que se processaram com o passar dos séculos.

As discriminações, perseguições e supressões da fala das mulheres da esfera pública têm uma longa história. Mais presente e atuante do que talvez pudéssemos supor, há um sexis-

---

3 *As suplicantes*, 1999, verso 108, p. 1066.

mo fundamental nas ações e nas concepções hegemônicas da fala pública. Esse sexismo consiste no fato de que as repartições entre suas possibilidades e seus exercícios e ainda entre seus poderes, alcances e efeitos são constituídas por uma histórica e social oposição entre os chamados universos masculino e feminino. Ocorreu desde há muito tempo a formação de uma percepção sexista da fala pública, cujo destino será longo e consistente. Nessa percepção, se destaca a força viril do orador que fala e subjuga os auditórios, dominando sua passividade feminina e lhes impondo a cômoda forma do silêncio. Essa concepção sexista construiu um contraste entre as virtudes masculinas da coragem e da franqueza exigidas pelo ato de dizer a verdade, diante de vários riscos que correm os oradores sinceros e varonis, e os vícios femininos da bajulação, da conveniência e do eufemismo que beneficiam a covardia. Nela se demarcam ainda o ideal masculino da voz, que materializa a firmeza e a gravidade da fala viril, cuja energia remonta aos gritos da caça e da guerra, e a ideia de uma feminilidade sedutora do canto mavioso, no qual ecoariam a música, a magia e o mal das musas e das mulheres.

Sedução dos homens e perdição da humanidade. Mitos antigos afirmaram, repetiram e reforçaram esse discurso sobre elas. No mais conhecido deles, se diz que o primeiro homem criado à imagem e semelhança de Deus desgraçou nosso destino por ter dado "ouvidos à voz de sua mulher". Eva e Pandora, Helena e Discórdia são culpadas por desacordos e desavenças entre os homens, por nossas dores e por nossa destruição. A dominação masculina tentará estender essa culpa a todas as filhas de Eva. Em larga medida bem-sucedido, esse era um dos meios privilegiados para justificar e exigir a submissão feminina. A igreja e a filosofia, a ciência e o direito, entre outras instituições das sociedades patriarcais, produziram e reproduziram esse e outros discursos semelhantes de menosprezo e condenação das mulheres. Várias passagens bíblicas repisam essas depreciações e acusações, tal como ocorre nestes versículos: "Meu coração teme três coisas, e uma quarta me assusta ainda mais: calúnia espalhada pela cidade, revolta do povo e acusação falsa. Tudo isso é pior que a morte. Mas a mulher ciumenta causa maiores dores e aflições. E a praga de sua língua é o chicote que açoita todos os homens". Nove versículos abaixo, há ainda este juízo: "É um dom de Deus uma mulher sensata e silenciosa"[4].

A caça às bruxas será um novo e terrível capítulo dessa longa história de silenciamentos das mulheres. Suas perseguições, condenações e execuções prolongaram a misoginia medieval e a elevaram a uma máxima potência já na chamada Era Moderna. Teríamos aparentemente de esperar até o Iluminismo e a Revolução Francesa para a promoção de um espaço público mais inclusivo, que compreendesse a soberania popular e a igualdade entre os seres humanos negada pelo Antigo Regime. Apesar de terem contribuído para certas transformações nessa direção, entre as quais a criação de porta-vozes das massas populares na Assembleia revolucionária e de algumas ocasiões de fala pública de mulheres, em geral, os homens iluministas da Revolução não conseguiram se livrar do sexismo que constituía suas práticas e suas avaliações das ações políticas e dos usos das palavras. Uma das mulheres que ousou lhes mostrar um de seus pontos cegos pagou com a própria vida por sua corajosa conduta. Como complemento necessário à famosa *Declaração dos direitos do homem e do cidadão*, Olympe de Gouges propôs a *Declaração dos direitos da mulher e da cidadã*, publicada no terceiro ano da Revolução. No 10º artigo de sua *Declaração*, consta a seguinte formulação: "A mulher pode ser condenada ao cadafalso, também deve ter o direito de subir à tribuna e falar...".

Ela resistiu ao machismo e subiu à tribuna, falou e lutou por um mundo menos desigual. Triste e ironicamente, Gouges foi assassinada por homens que diziam ser justamente essa a sua própria luta. As condenações à morte aplicadas a mulheres já eram há muito tempo, continuavam a ser e ainda seriam o radical silenciamento da fala feminina. Mas por ter desconstruído a série de estigmas atribuídos por machismos, patriar-

4 *A Bíblia Sagrada*, 1969, Eclesiásticos, XXVI, versos 5-9 e verso 18.

calismos, misoginias e coisas do "gênero" às manifestações das mulheres (a passividade feminina, a bajulação, a covardia, o excesso de sensibilidade etc. etc.) e por ter ousado falar o que lhes parecia ser algo praticamente impensável, sua morte foi considerada por alguns homens, ainda mais sexistas que outros, como um castigo insuficiente. Eles precisavam ainda profanar sua memória: "Lembram-se daquela virago, daquela mulher-homem, da imprudente Olympe de Gouges, que abandonou todas as sagradas tarefas de sua casa, porque queria fazer política? Foi esse esquecimento das virtudes de seu sexo que a levou ao cadafalso"[5]. Profanação da memória alheia, justificativa e desoneração de seus próprios atos: a culpa por sua morte foi esse seu "esquecimento". Condenar a vítima por seu sofrimento e se isentar de responsabilidades, apagar processos históricos e relações sociais que geraram e conservaram os produtos da iniquidade e se recusar a fazer reparações é um combo cruel e relativamente conhecido de expedientes empregados por privilegiados e seus poderes opressores.

"As mulheres não sabem falar nem têm o que dizer." Esse discurso foi repetido ao longo de séculos para justificar seu afastamento do campo da fala pública. Uma série de estratégias foram e continuam a ser empregadas para silenciar suas falas. A primeira delas é sua exclusão do espaço público. Caso elas consigam acessá-lo, a dominação masculina e seu sexismo buscam impedir suas manifestações. Se, mesmo assim, elas falarem, eles tentarão interditar ou perturbar a escuta do que foi dito. As mulheres não podem ser ouvidas. Mas, se isso acontecer, suas falas terão de ser desprezadas e deslegitimadas, interrompidas e solapadas. Um modo de fazê-lo é alegar que a "natureza feminina" é incompatível com o interesse coletivo e com as ações e decisões políticas. Principalmente, nesse determinante campo para os rumos de uma sociedade, as palavras têm grande poder. Elas não poderiam estar à disposição de quem não tem o que dizer nem sabe

---

5 A declaração do jacobino Pierre-Gaspard Chaumette está citada em Coulomb-Gully (2022, p. 41).

como falar. Por meio da reprodução desse discurso e de seus atos, as mulheres foram afastadas dos lugares, das práticas e das técnicas da fala pública. A dominação masculina é responsável por isso, mas ignora ou finge ignorar que o tenha feito e não reconhece esse seu procedimento de exclusão, quando sua conduta excludente é denunciada.

Logo no início de sua *Retórica*, Aristóteles afirma que todas as pessoas argumentam para defender ou atacar posições. Algumas o fazem ao acaso, enquanto outras contam com a prática que lhes proporciona certa introjeção de um hábito. Há ainda aquelas a que recebem instrução metódica para fazê-lo[6]. Mesmo que tenha usado nessa passagem a palavra "pessoas" e não "homens", Aristóteles nem cogita que as mulheres possam falar em público ao acaso ou preparadas pela frequentação das deliberações em praça pública ou das disputas jurídicas. Com mais forte razão, não lhe ocorre absolutamente pensar que elas possam ser contempladas com um "método" que as instrua para melhor defender ou refutar publicamente suas ideias e posições. O principal motivo para que a retórica fosse atacada pela aristocracia era sua inclinação democrática e inclusiva. Mesmo que o ensino sofístico e retórico só alcançasse jovens homens das elites gregas, um de seus "perigosos" pressupostos era o de que qualquer um pode falar bem e persuadir públicos diversos de qualquer coisa, em quaisquer circunstâncias, se tiver instrução e acesso a recursos retóricos e a técnicas oratórias. Esta era uma ideia revolucionária: independentemente da condição nobre ou plebeia de seu nascimento, da posse de bens e terras ou de sua despossessão, qualquer um poderia se tornar um bom orador. Mas, jamais uma oradora e, ainda menos, uma boa oradora.

As mulheres foram afastadas da fala pública e esse campo continua a lhes ser refratário até nossos dias. Nem mesmo os necessários e históricos avanços conquistados pelas feministas, que se foram concentrando principalmente no decorrer do século 20, conseguiram eliminar as depreciações, as deslegiti-

---

6 *Retórica*, 2005, Livro I, cap. 1, 1354a, p. 89.

mações e as interdições da fala pública feminina. Retraçamos nos próximos capítulos a história de seu longo silenciamento, mas também da obstinada resistência das mulheres a esse ancestral e atual "Cala a boca!" da dominação masculina.

Do mundo antigo ao Brasil contemporâneo, a fala feminina foi e ainda é denunciada tanto como perigosa, poderosa e perversa quanto como inapta à esfera pública e aos processos decisórios. Mas seus silenciamentos não se abatem de modo idêntico sobre todas as mulheres, independentemente de suas configurações interseccionais e dos distintos contextos históricos, sociais e genéricos em que elas atuam. É por essa razão que trataremos, inicial e predominantemente, do "longo silenciamento" da fala das mulheres, que se estendeu da Grécia antiga à emergência do feminismo, para, em seguida, destacarmos as resistências feministas e as persistências da misoginia. Abordaremos essas resistências e persistências, examinando "os feminismos e suas lutas pela palavra, dentro e fora do Brasil" e, posteriormente, os "silenciamentos das mulheres na política brasileira". Esse penúltimo passo de nosso percurso contemplará não apenas os menosprezos, os apartes e os bloqueios que pretendiam rebaixar, interromper e calar as falas de Dilma Rousseff, Manuela D'Ávila e Sâmia Bomfim, mas também seus corajosos confrontos contra esses e outros silenciamentos. Finalmente, o desfecho da história que traçamos aqui ocorre com "As palavras de Marielle Franco", seu lugar de fala e suas quebras de silêncio.

Como cada leitora e cada leitor vão perceber, começamos e terminaremos com Marielle. Não tínhamos outra opção. Sua condição, suas credenciais e seu assassinato conformam o caso mais cruel e bem-acabado dos silenciamentos da fala feminina. Aqui já podemos reiterá-lo: esses silenciamentos não vitimam igualmente todas as mulheres. Marielle vivia no Brasil e lutava na política brasileira. Sociedades hegemonicamente injustas e desiguais, como a nossa, criam meios de depreciar, deslegitimar e interditar tanto as demandas por sua transformação quanto os modos de expressão daquelas e daqueles que elas excluem. Esses silenciamentos se radicalizam diante de falas públicas que conjugam defesa de excluídas e excluídos e formas estigmatizadas de expressão. Além disso, quanto maior potencial transformador houver nas coisas ditas e em seus modos de dizer, maiores e mais violentas serão as reações reacionárias. Vimos e voltaremos a ver que ela teve de dizer e repetir: "Não serei interrompida". Teve ainda de dizer e repetir: "A palavra de mulher tem valor" e "Não calarão a minha voz". Homens poderosos, machistas e criminosos tentaram interrompê-la, desvalorizar sua palavra e calar a sua voz. Não conseguiram. Desde sua morte, não paramos mais de ler e de ouvir estas frases: "Marielle vive!", "Marielle presente!". Seu nome se tornou um emblema das lutas por igualdade, justiça e emancipação no Brasil.

Essas suas lutas e as de suas herdeiras e herdeiros foram e continuam a ser tão árduas, porque não reconhecemos integralmente por aqui a humanidade das pessoas empobrecidas, negras, pardas e indígenas, da comunidade *LGBTQIA+*, com pouco ou quase nenhum capital social e cultural. Quanto mais essas marcas se somam no corpo de uma mulher, pior é o resultado dessa operação de busca pelo rebaixamento e pela eliminação do outro grupo e do outro ser. Menosprezar, deslegitimar e interditar suas falas são meios empregados para não as admitir integralmente na comunidade humana, constituída de seres que têm o que dizer e sabem como falar. A exclusão dessa comunidade corresponde à negação de seus sonhos e de suas batalhas pela liberdade de pensar, fazer e dizer coisas que superam as determinações biológicas e as imposições sociais. Essa potencialidade de cada ser humano só pode se tornar ato pleno no direito e no desempenho da fala e num regime de escuta que lhe consagre respeito, atenção e valor. Com o colonialismo e a escravidão, com as ditaduras e o capitalismo selvagem, com o machismo e a *LGBT*fobia, parece que nada poderia nos deixar mais distantes dessa possibilidade.

"Ponha-se no seu lugar e fique quieta!", "Cala a boca!", "Você só fala besteira!" e muitas outras coisas do gênero foram e ainda são ditas às mulheres brasileiras, principalmente às subalternizadas. Por aqui, elas foram e muitas ainda são frequentemente consideradas posses do pai, do marido e do patrão. Duas formas privilegiadas de tentar assegurar a perpetuação dessas posses consistem na negação de reconhecimento da capacidade de fala dessas mulheres e na produção de seu afastamento do espaço público. Elas não podem ter acesso a esse espaço nem tampouco podem ter sua fala reconhecida como algo que responda aos supostos melhores padrões políticos e cognitivos, éticos e estéticos. A fala pública que conjuga competência cognitiva, compromisso político, empenho ético e beleza formal tem de ser privilégio de poucos privilegiados. Por isso, nas relativamente raras situações em que a capacidade linguística de uma mulher negra, jogada e conservada na miséria, é reconhecida, os agentes da injustiça e das desigualdades brasileiras vão se esforçar para que esse reconhecimento não seja público. A seguinte passagem de *Quarto de despejo*, de Carolina Maria de Jesus, registra mais um caso em que isso ocorreu:

> 19 de maio. Deixei o leito as 5 horas. Os pardais já estão iniciando sua sinfonia matinal. As aves deve ser mais feliz que nós. Talvez entre elas reina amizade e igualdade. (...) O mundo das aves deve ser melhor do que dos favelados, que deitam e não dormem porque deitam-se sem comer.
> ... Deixei de meditar quando ouvi a voz do padeiro:
> — Olha o pão doce, que está na hora do café!
> Mal sabe ele que na favela é a minoria quem toma café. Os favelados comem quando arranjam o que comer.
> ... Eu estou começando a perder o interesse pela existencia. Começo a revoltar. E a minha causa é justa.
> ... Lavei o assoalho porque estou esperando a visita de um futuro deputado e ele quer que eu faça uns discursos para ele.[7]

Poucos dias depois, já em 1 de junho daquele mesmo ano de 1958, ela escreve em seu diário este comentário metalinguístico: "As minhas palavras ferem mais do que espada. E as feridas são incicatrisaveis". Assim como a própria Carolina o sabia e dizia, qualquer pessoa que travasse contato com ela também

7 Jesus, 2014, p. 35.

reconheceria sua excepcional competência de linguagem. O "futuro deputado" tinha feito essa constatação e, por isso, lhe manifestou a vontade de que ela escrevesse alguns textos para os seus pronunciamentos. Esse seria mais um entre tantos casos de invisibilidade e silenciamento de uma mulher e de projeção pública de um homem. Neste, em particular, há o contraste entre uma mulher oprimida, talentosa e corajosa, que escreve discreta e privadamente, e um homem poderoso, aparentemente inapto e/ou aproveitador, que vai falar em público o que ela escreveu. Algo bastante semelhante parece ter ocorrido bem antes e bem distante do Brasil da metade do século 20.

Na gloriosa Atenas do século V a.C., o sucesso político e oratório de Péricles, considerado o maior nome da democracia grega antiga, aponta para o sexista clichê: "Por trás de um grande homem, há sempre uma grande mulher". Além de aconselhá-lo, é provável que Aspásia, de Mileto, também tenha redigido alguns textos que se tornariam famosos pronunciamentos de Péricles. Como era uma estrangeira em Atenas, ela não pôde se casar oficialmente com o célebre estadista, general e orador ateniense. Essa sua situação lhe renderia bônus e ônus. Em suma, os primeiros convergiam para a liberdade de estar presente e ser atuante na esfera pública, de desenvolver seu pensamento e de exprimir publicamente suas ideias. Já os segundos consistem em sua difamação: para seus detratores, ela não passaria de uma cafetina, com personalidade cáustica, que provocava a degeneração moral da cidade. Apesar do poder dessa difamação, Aspásia conseguiu usufruir do reconhecimento de suas capacidades excepcionais. Menos por ironia do destino do que por força do sexismo, seu nome resistiu ao tempo, chegou até nós e alcançou relativa celebridade como conselheira e pensadora, como professora e retora, graças em boa medida a seu convívio com dois homens. Para Péricles, ela era a companheira amada, ouvida e respeitada e, para Sócrates, uma interlocutora privilegiada e admirada.

Tal como a maioria dos gregos antigos, o próprio Péricles não se entusiasmava com a possibilidade de que as mulheres de Atenas pudessem falar em público, adquirir respeito intelectual e participar de decisões políticas. Virginia Wolf sintetizou nestes termos um trecho de um de seus pronunciamentos, em que o general grego se dirige excepcional e particularmente às mulheres de sua cidade, para aconselhá-las a adotar a discrição e o silêncio: "A maior glória que uma mulher pode conquistar é que não se fale dela, dizia Péricles, que era um dos homens mais falantes de seu tempo e dos quais mais falamos no nosso". Sua companheira, Aspásia, não ouviu esse conselho. No diálogo, *Menexeno*, de Platão, Sócrates afirma que a notável oração fúnebre pronunciada por Péricles no ano de 431 teria sido escrita por ela. Mesmo sem a conservação de registros históricos e apesar da ironia socrática que atravessa todo o diálogo e que visava descreditar a fama dos oradores, não é improvável que Aspásia tenha redigido o texto desse e de outros pronunciamentos de Péricles. Além de um bordel, certas fontes sugerem que ela teria tido uma escola de retórica. Nos dois ramos, ela ensinaria a falar para persuadir, ou seja, lidaria com artes da palavra como forma privilegiada de ação sobre outrem. Aspásia transitava entre os homens em espaços masculinos como instrumento de desejo e sujeito de discurso[8].

Nada do que foi dito ou escrito por Aspásia foi diretamente conservado. Essa é mais uma das várias formas de silenciamento da fala feminina[9]. Se não há um completo apagamento de seu nome, jamais é ela mesma quem fala de si e de seus pensamentos nos poucos registros que lhe foram dedicados. Como se costuma dizer, ela é "falada" e muito frequentemente "mal falada"... sempre por homens. De modo semelhante ao que aconteceu e ao que aconteceria com tantas outras mulheres que conseguiram se expressar publicamente e atuar no espaço público, foi a dominação masculina que traçou a sua biografia. Suas próprias palavras se perderam... Antes, deveríamos dizer "foram perdidas", mesmo que ela fosse amada, respeitada e admirada por dois dos mais destacados homens da era de ouro de Atenas. Mais provavelmente, essa perda se

---

8 Andrade, 2024. Para mais detalhes sobre a vida e a obra de Aspásia, ver: Andrade (2019), Loraux (2001) e Henry (1995).

9 Há alguns estudos já dedicados às diferentes formas de silêncios e silenciamentos. Entre outros, ver: Foucault (1976), Dinouart (1987), Courtine e Haroche (1988), Orlandi (1992), Montiglio (2015) e Corbin (2021).

deve justamente a esse amor, respeito e admiração, que não poderiam ser consagrados a uma mulher. Vimos e voltaremos a ver que só poucas pessoas podem ter esse bem raro e idealizado que é a fala pública inteligente, ética e bela. Um número menor ainda é o daquelas que terão suas falas apreciadas, conservadas e comentadas. Mas aqui a questão não é evidentemente só de número, mas também e, sobretudo, de gênero. Em larga medida, o reconhecimento ao qual Aspásia fazia jus provinha de sua capacidade de linguagem. Por isso, a vontade de poder da dominação masculina tinha de calá-la.

DA INVENÇÃO DA FALA FEMININA À FALA DE TODAS AS MULHERES

"Mulher fala demais." Essa vontade de poder lhes dirige a palavra para calá-las. Com insistência, diz às mulheres que elas precisam se colocar em seu lugar e se manter em silêncio. Para silenciá-las, afirma que as falas femininas são inúteis, equivocadas ou perigosas. Além disso, o sexismo conseguiu difundir amplamente a crença de que as mulheres falam mais do que os homens. Para alcançar o sucesso dessa invenção, duas outras foram bem-sucedidas. Primeiramente, se inventou a "natureza". Trata-se aí de uma noção antropocêntrica, que divide o mundo entre os seres humanos e todo o resto. Nessa divisão, os humanos não apenas são distintos dos outros seres e das outras coisas, mas também lhes são superiores. Assim, a oposição entre "**a** natureza", que pode e deve ser dominada, e "**o** ser humano", que pode e deve dominá-la, não é aleatória. Evidentemente, o que importa aí não é o gênero gramatical dos artigos e substantivos, mas, antes, as relações de poder projetadas na divisão entre quem domina e quem é dominado. Depois de inventada, a natureza serve então de fundamento para outra invenção: a de uma diferença natural entre os sexos masculino e feminino, que divide praticamente todos os seres vivos. Finalmente, baseada nesta última invenção, se constrói a distinção entre homens e mulheres.

Não precisaríamos repisar as oposições entre a força, a coragem, a firmeza, o senso coletivo e a compromisso ético dos primeiros e a fragilidade, a covardia, a volubilidade, o interesse egoísta e degeneração moral das últimas. É na esteira dessas oposições que se estabeleceu a crença de que tratamos aqui: as mulheres falam mais do que os homens. Essa ideia não tem nenhum fundamento na realidade. Linguistas, antropólogos e sociólogos já pesquisaram o tema em diversas culturas, em tempos e lugares bastante distintos, e concluíram *grosso modo* que, da mesma forma como há situações em determinadas comunidades nas quais as mulheres falam mais do que os homens, há outras em que são os homens que falam mais do que as mulheres. A partir desses resultados e de uma abordagem crítica e feminista dessa alegação sexista, podemos avançar que ela revela mais sobre os sujeitos que a reproduzem do que sobre as mulheres de quem eles falam. Movida por relações de poder que esse discurso pretende conservar e aprofundar, a dominação masculina tem interesse em convencer homens e mulheres dessa suposta desigualdade. Para tanto, processos históricos são apagados, relações sociais, invertidas, e dados, omitidos. Inversamente a esse mito sexista,

> Muitos estudos apontam para o seguinte: os homens – sim, os homens – têm a tendência a falar mais, especialmente em situações públicas, formais, situações em que a posse do turno de fala represente algum tipo de status. Em contextos formais de fala pública, são os homens que têm a tendência de monopolizar a fala – e não as mulheres.
> Há estudos recentes que mostram também que os homens não apenas falam mais do que as mulheres quando isso significa algum tipo de status, mas também interrompem as mulheres em suas falas nesses contextos.[10]

---

10 Othero, 2017, p. 20. Nessa passagem do capítulo *Mito 1. As mulheres falam demais*, Othero faz referências a vários desses estudos, entre os quais, menciona Holmes (2008), Onela (2014), Snyder (2014) e Robb (2015). Já na seção final do mesmo capítulo, o autor ainda relaciona mais uma série de textos e obras que cientificamente desconstroem essa crença. Além disso, os resultados de várias pesquisas indicam que as mulheres falam menos do que os homens nos filmes do cinema hollywoodiano, que elas mostram muito mais seus corpos do que eles e que o número de diretoras é brutalmente inferior ao de diretores. O tema é também tratado em Borba e Oliveira (2022).

As mulheres não falam demais, tampouco falam mais do que os homens. Mesmo assim, para os adeptos do machismo e da misoginia, elas falam mais do que deveriam. Onde a vontade da dominação masculina gostaria de subordinação e silêncio praticamente absolutos, qualquer palavra insubmissa de mulher se torna inconveniência e tagarelice, qualquer intervenção feminina desobediente e corajosa passa a ser ouvida como histeria e loquacidade. Mas a depreciação da fala das mulheres se estende até onde ela parece estar sendo valorizada. Certo senso-comum crê que elas falam melhor do que homens, porque se expressariam em maior conformidade com a dita norma culta da língua. Semelhante a esse estereótipo é a crença de que as mulheres são mais polidas e gentis do que os homens na interlocução. Essas ideias chegaram a ser repetidas até mesmo em algumas das primeiras pesquisas sociolinguísticas que consideravam o "sexo" das e dos falantes.

Mais ou menos rapidamente, porém, estudos mais avançados desse domínio recusaram o conceito de "sexo" como fator que determinaria as diferenças entre as falas de homens e mulheres. De fato, seus resultados mostram que em algumas sociedades, em contextos específicos, determinados grupos de mulheres, de dadas classes e raças, com certos níveis de instrução formal e certas identidades de gênero e de sexualidade, que residem e circulam por determinados espaços sociais, tendem a falar seguindo mais de perto a norma padrão de uma língua e/ou a ter comportamento linguístico considerado mais polido e gentil do que outros falantes. Além dessa relativização, são as causas e os efeitos desse fenômeno ligado às relações de poder que foram e devem ser apontados: a busca dessas mulheres pela "correção", "polidez" ou "gentileza" de linguagem deriva da "insegurança linguística" e de causas semelhantes, que lhes foram incutidas pelo funcionamento desigual de sociedades patriarcais, classistas, racistas, sexistas e heterocisnormativas. Seu objetivo consiste em obter algum reconhecimento social pelos usos da língua que imitam certos padrões dos grupos social e economicamente dominantes, uma vez que "a situação multimilenar de opressão e submissão das mulheres na grande maioria das sociedades resultou, entre tantas outras coisas, na desvalorização da fala feminina e na consideração da fala masculina como a fala normal e normativa"[11]. No bojo da crença de que as mulheres falariam melhor do que os homens, há o discurso machista de que elas seriam frívolas e apegadas às aparências, enquanto eles seriam objetivos, "sem frescuras" e afeitos às essências das coisas.

A entrada da noção de "gênero" foi uma revolução nos estudos da linguagem. Campos como a crítica literária, a sociolinguística e a análise do discurso puderam desde então identificar pontos cegos de suas teorias, métodos e objetos. Um dos postulados fundamentais dessa revolução é o seguinte: os usos linguísticos de uma pessoa não têm absolutamente nada a ver com a diferença nos pares de cromossomos sexuais de seus organismos. Algumas línguas têm formas e regras que marcam determinadas falas das mulheres de sua comunidade linguística, tal como ocorre na seguinte frase em português: "Estou cansada de ser interrompida por homens!". Certas culturas impõem alguns tabus linguísticos às mulheres, como, por exemplo, não poder usar palavras que tenham as mesmas sílabas presentes nos nomes de seus sogros. A prosódia proibida é mais uma forma de marcar a suposta inferioridade feminina. Além disso, sociedades machistas tentam proibir as mulheres de falar palavras "obscenas", de xingar e de blasfemar. Essas ações verbais deveriam ficar reservadas aos homens como um dos meios para a aquisição ou o reforço do exclusivo prestígio da virilidade. Nenhum desses fenômenos diz respeito à "natureza" feminina e masculina das línguas, de suas e de seus falantes. Não se trata aqui de algo que venha da genética, da anatomia ou da fisiologia. A conformação de distintas marcas morfológicas e a prescrição de diferentes usos linguísticos para homens e mulheres de uma

11 Bagno, 2017, p. 131-134.

comunidade são produtos de sua história, de seus laços sociais e de suas relações de gênero.

Desde o século 19, a linguística já tinha promovido uma pequena grande revolução, ao avançar este princípio: não há uma língua superior à outra. Todas elas têm formas e meios para falar do mundo e interagir com outrem. Já na segunda metade do século seguinte, se consolidaria outra constatação revolucionária: não há uma maneira de falar superior à outra. Além de se modificarem no tempo, as línguas variam no espaço, ou seja, numa comunidade linguística, sempre haverá diversos modos de fala. A sociolinguística dirá que em toda língua há várias normas. Não há nada intrinsecamente linguístico que faça a norma padrão ser melhor do que a popular ou do que qualquer outra com menos prestígio social. Uma vez mais, são as relações de poder no plano geopolítico e no interior das sociedades que criam e fortalecem juízos de valor que inventam superioridade e inferioridade, onde efetivamente há apenas diferenças. Além dessas duas revoluções, uma terceira surgiu com a noção de gênero. Ela nos permite identificar pontos cegos e desconstruir preconceitos e opressões. Após seu surgimento, a noção se espalhou por diversas áreas das ciências da linguagem, mas consiste no núcleo duro de alguns campos dos estudos linguísticos.

A linguística feminista e a linguística *queer* são pontos de chegada de um caminho que passou por profundas modificações com a entrada dos estudos de gênero nas reflexões e análises sobre a linguagem e seus usos[12]. Apesar de haver

12 Além de fugir de nossa alçada, não é nosso propósito retraçar aqui a história dessas linguísticas e indicar seus mais recentes desenvolvimentos. Para conhecer melhor sua emergência, avanços e certo estado da arte, ver, entre outros: Borba (2020), Moita Lopes (2022), Vallada e Pinto (2021) e Ostermann e Fontana (2010). A maioria dos trabalhos da linguística feminista e da linguística *queer* foi produzida no interior da sociolinguística, da análise da conversação e da análise crítica do discurso. Autoras e autores da análise do discurso (AD) também têm se dedicado a estudos das relações entre linguagem, gênero e sexualidade, a partir de uma abordagem materialista e/ou foucaultiana. Particularmente quanto às relações entre as mulheres e o discurso, ver: Fontana e Ferrari (2017a; 2017b), Bittencourt (2018) e Fontana e Biziak (2021); além de nossos próprios trabalhos, entre os quais, mencionamos: Braga e Piovezani (2020).

diferenças entre elas, seus principais postulados parecem atualmente convergir para a crítica e a recusa da heterocisnormatividade como padrão que opera e cristaliza divisões e oposições com base nas relações de gênero e nas diferenças de sexualidade, ora mais ora menos conjugadas com as de raça e de classe. Em consonância com a pragmática e a análise do discurso, elas reiteram o poder das práticas discursivas e da performatividade da linguagem. Tendem a compartilhar o princípio de que os discursos materializam as ideologias de uma sociedade e controlam não somente o que pode e deve ser dito pelas pessoas dos mais diversos grupos sociais, mas também as formas como elas podem e devem falar em distintas circunstâncias, com variadas doses de concentração de poder. Além disso, comungam tanto da ideia segundo a qual os discursos constroem os seres, as coisas e os fenômenos de que falam quanto da que considera as identidades de gênero e de sexualidade não como essências existentes fora e antes dos discursos, mas como configurações produzidas por práticas discursivas e performances de linguagem que repetem, modificam ou subvertem consensos binaristas como homem/mulher, heterossexual/homossexual etc.

Os discursos produzem as falas, as falantes e os falantes de uma língua. Ditos no nascimento ou quando são vistas as imagens de uma ultrassonografia, "É uma menina!" e "É um menino!", são enunciados que vão definir em boa medida o destino de quem acaba de nascer ou de quem só verá a luz do dia meses mais tarde. Os pensamentos e as condutas, os gestos e as falas dessa ou de qualquer outra pessoa, que poderiam ser quaisquer outros, vão se inclinar a certas conformações previstas e condicionadas por discursos que constroem, distinguem e opõem "a masculinidade" e "a feminilidade". As repetições desse processo darão a impressão de que se trata de algo natural, universal e não modificável. Por essa razão, a partir de certa altura de seus avanços, os movimentos feministas passaram a se empenhar em demostrar que a noção essencializante e universalizante construída pela expressão "a mulher" é uma criação da dominação masculina, concebida para organizar o mundo, mas também para melhor fixar estigmas e menosprezos, opressões e exclusões em pessoas que não sejam homens, brancos e detentores de privilégios. Muitos de seus usos no plural, "as mulheres", não modificam essa vontade de poder para si e de submissão alheia. Trata-se aí de um plural gramatical sem compromisso com a pluralidade humana. Subscrevemos essa demonstração dos movimentos feministas e pretendemos contribuir aqui para sua extensão e fortalecimento. Assim, nos empregos que fizemos ao longo deste livro da palavra "mulher" no singular ou no plural, não há de modo algum a ideia de uma "natureza feminina" ou de uma "condição feminina". Muito ao contrário.

Cada uma e cada um de nós pensa e age, fala e sente a partir do que foi dito a nosso respeito e a respeito do mundo. A força dessas coisas ditas, que tentam nos definir e limitar o arco de possibilidades do que podemos ser, vem em larga medida de suas reiterações e justificações. Mas nem só de repetições vivem os corpos, as almas e as palavras das falantes e dos falantes. Podemos nos conformar aos padrões, seguindo o que ditam os discursos dominantes, porém também podemos nos identificar com discursos dissidentes e passar a pensar e a agir, a falar e a sentir de forma ora mais, ora menos desviada das normas da "normalidade". Em todo caso, quanto mais amplos e constantes forem os discursos, quanto mais consistentes forem os consensos que eles criam e maiores os poderes que concentram, mais difícil se torna a possibilidade de enxergarmos o círculo vicioso, de enfraquecê-lo e de superá-lo. De fato, não há um perfeito equilíbrio histórico e social de forças entre o poder e a resistência, entre a norma e o desvio. Embora não devamos negligenciar nem diminuir todo o potencial de desestabilização e de desconstrução presente em cada uma de nossas falas, seria equivocado pensar que elas lutam em igualdade de condições com as práticas e os discursos da dominação. Com seu grande poder, eles inventaram "a fala feminina".

A fala feminina é uma invenção da dominação masculina. Certa utopia nos permite melhor compreender o que isso significa. Poderíamos viver numa sociedade em que o importante seriam as coisas ditas e não as pessoas que as dissessem. Nela, "pouco mais se ouviria do que o rumor de uma indiferença: 'Que importa quem fala?'"[13]. Assim, não atribuiríamos valor positivo ou negativo à aparência de quem fala, à cor de sua pele, às formas de seu corpo, aos contornos de seus gestos, às características de sua voz. Esse seria um reino sem rei, onde reinaria uma igualdade radical entre todas as pessoas. Não poderia nem deveria haver diferença prévia em suas falas. Seus valores seriam estabelecidos no momento em que elas fossem ouvidas e à medida que produzissem maiores ou menores benefícios coletivos. Nessa sociedade não faria sentido algum distinguir a fala de homens e de mulheres, de heteros e de homossexuais, de pessoas cis ou transgêneros... para nos limitarmos somente aos planos dos gêneros e da sexualidade. Em contrapartida, as ditas sociedades ocidentais se constituem e funcionam com base na projeção das diferenças entre os sexos e de suas relações primárias e sexistas de poder. O Brasil é uma dessas sociedades, com os agravantes que conhecemos bem e dos quais trataremos aqui em nossas considerações sobre as lutas pela palavra de nossos movimentos feministas e sobre os silenciamentos das mulheres na política brasileira. Por ora, voltemos a falar de mais um ou outro aspecto da fala feminina, antes de encerrarmos esta nossa *Introdução*.

Não é porque ela foi inventada que a fala feminina deixa de ser algo real e de produzir efeitos e afetos concretos. Sua invenção serviu e serve ao propósito de contrastá-la com as falas masculinas dos homens viris, nas quais os poderes e privilégios serão cada vez mais investidos e incrementados com a construção e a consolidação de uma série de propriedades negativas nas denúncias e reivindicações, nas declarações e pronunciamentos das mulheres, mas também das desviadas e dos desviados da comunidade LGBTQIAP+. Em conjunto com essas divisões e oposições, os demais fatores da con-

13 Foucault, 1992, p. 71.

figuração interseccional de cada uma e de cada um de nós, ou seja, nossas classes sociais e nossas raças, nossos espaços de residência e de circulação e nossos capitais culturais e simbólicos, reforçam os investimentos e os incrementos, as reduções e as supressões do poder de nossas falas. Para conservar ou aumentar seus poderes e privilégios, a dominação masculina conta com recursos e instrumentos amplos e maleáveis. Um deles é a extensa presença e a difusa atuação de um *double bind*. A expressão inglesa é frequentemente traduzida por "duplo vínculo" ou "dupla mensagem" e costuma se referir a situações nas quais um indivíduo recebe dois comandos conflitantes, cujos efeitos tendem a ser sua hesitação, seu emudecimento e sua imobilização[14]. Nossa abordagem do *double bind* que pesa sobre a fala feminina não concebe o fenômeno, os sujeitos envolvidos e seu funcionamento como algo individual e situacional. Suas causas e seus efeitos são históricos e sociais, institucionais e coletivos.

Essa dupla pressão se impõe sobre a fala feminina, venha ela da boca de uma mulher cis, de um homem gay ou de uma pessoa trans. Com esse *double bind*, a dominação masculina pretende produzir e perpetuar um déficit no dizer de qualquer falante que não seja um homem branco heterocisnormativo. Por essa razão, uma escuta atenta e respeitosa, legitimadora e fiduciária não será consagrada às falas de homens subalternizados por suas raças, por seus comportamentos de gênero e por suas sexualidades fora do padrão e ainda pelas dívidas de capital econômico, social e cultural. Mas é ainda menos provável que ela seja dedicada a falas das mulheres subalternizadas. Estudos clássicos de linguistas feministas indicam que a fala pública de mulheres tem de enfrentar o "dilema simpatia/competência". Ele está presente em vários setores sociais, mas parece ser ainda mais atuante sobre as mulhe-

14 Para detalhes sobre o *double bind* experimentado por mulheres no campo político, ver: Cameron (2020). Voltaremos a tratar desse *double bind* no final do capítulo *Revoluções de fala e prenúncios do feminismo*, no capítulo *Os feminismos e suas lutas pela palavra dentro e fora do Brasil*, em várias passagens do capítulo *Silenciamentos das mulheres na política brasileira* e em nosso epílogo *As palavras de Marielle Franco*.

res no campo político. Do discurso da dominação masculina, chega a seus ouvidos uma espécie de voz sem corpo e sem nome que lhes diz: "Você precisa ser competente!". Antes, ao mesmo tempo ou logo em seguida, essa mesma voz afirma o seguinte: "Você precisa ser simpática!". Articulada a essa dupla pressão desnorteante, se lhes impõe ainda uma "dolorosa escolha" ou, antes, uma "condenação prévia".

As mulheres devem falar como *ladies*... Suas falas e elas próprias estarão condenadas, quer sigam ou se recusem a seguir esse comando. Se elas se manifestam em público de forma "feminina", conforme essa expectativa e essa exigência, suas falas são avaliadas como algo atípico e deficitário na esfera política. A integral condição humana e a legítima pertença à comunidade de falantes lhes são negadas. Assim, as marcas negativas desse *layout* de fala comprovariam que elas são incapazes de falar publicamente e de participar de processos decisórios. Em contrapartida, se suas intervenções se desviam dos padrões estereotipados do que seria a feminilidade, isto é, se as mulheres não se mostram suficientemente femininas, elas são estigmatizadas e insultadas. Os efeitos desse dilema podem ser a insegurança linguística, as hesitações e os medos de falar e ainda os silenciamentos mais ou menos definitivos. Antes que o impasse consiga calar as suas vozes, elas já sofrem com essas duas "opções – ser menos do que uma mulher ou ser menos do que uma pessoa – extremamente dolorosas"[15]. Os feminismos plurais, que compreendem os movimentos das mulheres negras e indígenas, lésbicas e trans, denunciarão suas exclusões ainda mais graves da comunidade humana de falantes: negras e indígenas seriam apenas parcialmente humanas, porque mulheres, e, ainda menos, por serem vistas com as lentes do colonialismo. Já as lésbicas e as trans seriam misturas indesejáveis, porque "mulheres que querem ser homens" e "homens que querem ser mulheres", onde a moral conservadora só queria pureza. Em razão da força e do alcance dos silenciamentos que se

15 Lakoff, 1973, p. 48.

abatem sobre suas falas e sobre as falas de todas as mulheres subalternizadas, humilhadas e agredidas, denunciá-los e criticá-los, confrontá-los e desconstrui-los exige enormes doses extras de coragem e obstinação. Tudo isso para que elas possam falar e ser ouvidas.

As lutas pela palavra são batalhas decisivas dos feminismos. Uma de suas conquistas é a substituição cada vez mais bem-sucedida de frases como "Lugar de mulher é o lar", estampada na revista brasileira *Querida*, em novembro de 1954, pela fórmula pregnante e poderosa "Lugar de mulher é onde ela quiser!", dita e repetida por feministas de nossos dias[16]. Ou a recente substituição análoga de "Bela, recatada e do lar" por "Nem bela, nem recatada, nem do lar. Bonita mesmo é qualquer mulher que se levanta e luta". Outra é a de que as subalternizadas podem falar e devem ser ouvidas. A denúncia de seu silenciamento foi feita pela crítica feminista. Essa crítica também aponta para a condição insubstituível de suas próprias vozes[17]. O coro pode ser engrossado com outras vozes progressistas, igualitárias e inclusivas, mas elas não substituem as próprias falas de quem sofre na própria pele as dores de uma vida preenchida de privações e esvaziada de autonomia. Por tudo isso, os movimentos feministas lutaram e continuam lutando pela palavra. Essas lutas alcançaram os estudos da linguagem e conformaram as já mencionadas linguística feminista e linguística *queer*.

A maioria de seus objetos são conversas, interações em ambientes de trabalho e de instrução, propagandas, publicidades e textos da mídia. Isso porque, conforme dissemos, os trabalhos foram predominantemente desenvolvidos no interior da sociolinguística, da análise da conversação, da linguística aplicada e da análise crítica do discurso[18]. Algumas de

---

16 Merece registro, porém, o fato de que correntes críticas do feminismo sustentam que essa fórmula costuma ser empregada por feministas de posição liberal.

17 Spivak, 2010.

18 Não há pretensão de exaustividade nessa relação de objetos analisados por essas áreas da linguística. Além dos mencionados, há ainda, por exemplo, estudos dedicados a textos e interlocuções produzidas no campo jurídi-

suas análises iniciais não conseguiram se livrar de uma abordagem essencialista dos gêneros e da sexualidade, mas, sem dúvida, a maior parte adotou mais ou menos rapidamente posição antiessencialista e contribuiu bastante para a denúncia e a crítica de sexismos linguísticos e para a desconstrução de preconceitos e discriminações de linguagem. No entanto, a fala pública feminina ainda não foi devidamente contemplada nos estudos da linguística feminista e da linguística *queer*. Há alguns poucos e importantes trabalhos estrangeiros que se dedicaram à fala das mulheres no espaço público[19]. Essa lacuna é maior na produção bibliográfica brasileira. Não há sequer uma obra publicada no Brasil consagrada à história de seus silenciamentos e de suas resistências. Este nosso *A fala feminina* pretende ser um primeiro passo no caminho de seu preenchimento.

O dispositivo de silenciamento da fala feminina é poderoso. Ele é composto de práticas e discursos presentes e atuantes nas mais variadas esferas e nos mais diversos segmentos da sociedade. Vimos e voltaremos a ver que os discursos concen-

---

co, tal como os de Débora Figueiredo. Ver, entre outros, o seguinte: Figueiredo (1997). O campo jurídico, aliás, porque se trata de esfera de alta concentração de poder, de modo análogo ao que ocorre com a política, está repleto de sexismo e misoginia. Eis um único exemplo: as declarações do juiz Francisco José Mazza durante audiência realizada no dia 26 de julho de 2023, que tratava da denúncia de três vítimas de violência sexual cometida por um médico, entre 2020 e 2021. Mazza disse o seguinte: "Tinha aluna que chegava se esfregando em mim – aqui não tem nenhuma criança, todo mundo é adulto –, e dizia: 'Professor, não sei o quê, não sei o quê...' Eu dizia: 'Minha filha, é o seguinte, quando eu deixar de ser seu professor, você faça isso comigo. Certo?'"; "Quem acha que mulher é boazinha, estão tudo enganado, viu. Eita, bicho... bicho de mão pesada, bicho da língua grande e que chuta nas partes baixas, são as mulheres. Achar que mulher é boazinha...". Além de casos como essa abjeta misoginia, é patente a tendência no campo jurídico a conceder alguma credibilidade a denúncias de abusos e violências masculinas de diversas ordens somente quando há vários depoimentos de diversas mulheres.

19 Entre outros, novamente sem pretensão de exaustividade, destacamos os seguintes: Beard (2018), Perrot (1998), Coulomb-Gully (2022; 2012) e Jamieson (1988, particularmente, o capítulo *The 'effeminate' style*). Embora não trate propriamente da fala pública das mulheres, vale, ainda assim, a referência ao ensaio de Isabela Pinho (2023), consagrado ao pensamento de Walter Benjamin, Jacques Lacan e Giorgio Agamben sobre as relações entre a linguagem e o feminino.

tram em si muitos poderes e os distribuem desigualmente entre os sujeitos de diferentes classes e grupos sociais, de distintas raças, gêneros e sexualidades. Com sua força, a dominação masculina cria e reproduz um predominante regime de escuta, no qual as vozes da fala feminina são ouvidas sem muito ou sem nenhum prazer, com alguma indisposição ou mesmo com grande repulsa. A força desses discursos que menosprezam, deslegitimam e interditam a fala das mulheres pode ser constatada em seu grande poder de se conservar, de se reproduzir e de se expandir, ultrapassando fronteiras do tempo e do espaço, das instituições e dos campos do conhecimento, dos gêneros do discurso e até das posições ideológicas. Mesmo com a emergência (tardia e insuficiente) do respeito pela fala das mulheres e com o crescente reconhecimento de sua legitimidade e de sua condição insubstituível no espaço público, suas intervenções continuam a ser desvalorizadas e descredenciadas, interrompidas e caladas. Eis mais uma das várias formas de silenciamento de suas falas, que identificamos aqui: os diversos ataques simbólicos às mulheres que falam e/ou ao modo como elas se expressam consistem num meio cujo fim é a diminuição ou a supressão da pertinência e da relevância do que elas dizem. Frequentemente, esses ataques pretendem ainda reduzir as mulheres atacadas a uma única e insultada faceta: "a louca", "a agressiva", "a negra", "a índia", "a favelada", "a sapatão", "o traveco" etc. etc.

Mulher é pra ficar em casa e cuidar da família... Mulher na rua já é ruim, mas, na praça pública, é pior ainda. Se estiver falando e participando da vida política, se torna intolerável. Caso seja uma mulher negra ou uma indígena, uma lésbica ou uma trans, com pouco ou quase nenhum capital econômico, social e cultural, que queira falar publicamente e ser ouvida, para assim poder participar dos processos de decisão de sua sociedade e combater injustiças e desigualdades, sua vontade e sua ação passam a ser insuportáveis aos olhos e ouvidos da dominação masculina. Como vimos, o sexismo, o machismo e a misoginia vão mover seus adeptos a dizer estas e outras coisas do gênero: "Mulher é a perdição do homem", "Ponha-se no seu lugar e fique quieta", "Mulher é fofoqueira", "Cala a boca", "Você só fala besteira", "Mulher só fala do que não sabe", "Mulher fala demais", "Corta o microfone dela" etc. etc. Em postagens, comentários e mensagens em redes digitais ou em conversas mais ou menos cotidianas, a misoginia pode ainda subir a patamares altíssimos de vulgaridade e barbárie.

Mas os silenciamentos da fala feminina nem sempre se mostram tão explicitamente. Muitas vezes, eles assumem formas mais palatáveis e insidiosas para operar e para impor seu "Cala a boca". Eles se modificam para continuar sua relativamente bem-sucedida busca por manter o campo da fala pública como um *Clube do Bolinha*, onde Plínio Raposo não só seria bem-vindo, mas também do qual assumiria a presidência. Para perpetuar sua exclusividade, quando as violentas reações reacionárias têm de ser disfarçadas, seus membros passam a dizer outras coisas do gênero. Nesse caso, elas podem ainda ser ofensas e interdições, tal como em "Dilma discursando... Pior coisa que pode existir...", "Comunista, defensora de bandido" e "Eu indefiro sua fala, deputada". No entanto, tendem com certa frequência a ganhar a forma de comentários singelos ou de manifestações cheias de boas intenções: "Você está nervosa", "Não foi isso que eu quis dizer", "O que ela está tentando dizer é o seguinte..." etc. etc. Esses e todos os outros meios e modos de silenciamento da fala feminina consistem numa metalinguagem sexista da exclusão, porque são falas que tratam direta ou indiretamente da fala de mulheres com o objetivo de calá-las, de perturbar sua escuta e de reduzir seus efeitos. Uma metalinguagem feminista da inclusão e da autonomia, da igualdade e da diversidade é fundamental para o seu enfrentamento. Apesar de seu machismo, os sofistas e retores antigos nos legaram uma arma linguística poderosa para travarmos as lutas progressistas pela palavra. Trata-se do que eles chamavam de "antifonia": tudo o que pode ser feito por um discurso pode ser desfeito por outro... Não podemos abrir mão dessa arma nem podemos deixá-la exclusiva ou predominantemente nas mãos dos que querem continuar tentando calar as mulheres, sobretudo as subalternizadas.

"Escrever é uma maneira de sangrar", essa é uma das pregnantes e comoventes formulações de uma das maiores mestras de nosso pensamento. Com ela, Conceição Evaristo aponta para o fato de que as metalinguagens da desconstrução de opressões e exclusões sangram e fazem sangrar, porque recitam e revivem as falas opressivas e excludentes. Sem dúvida, muito sangue das pessoas desumanizadas já jorrou e continua a jorrar no Brasil. Esse sangue é tanto mais abundante e seu sofrimento tanto mais intenso quanto mais marcas das injustiças e desigualdades brasileiras houver em seus corpos e em suas vidas. Falar dessas dores é doloroso, mas absolutamente necessário para o longo e árduo caminho de sua denúncia e de sua desconstrução. Nesse percurso, precisamos de certo pessimismo para o diagnóstico, mas também de um otimismo para a ação. Esse pessimismo é composto pela inteligência da crítica, que nos ajuda a identificar os silenciamentos da fala feminina e a conhecer seu funcionamento e seus expedientes. Já o otimismo é outro nome dado à esperança de que os bons combates conseguem mudar os rumos da história. Nós o reforçamos com a descoberta e a valorização das resistências de quem sofreu muito e continuou lutando. Além deles, precisamos ainda de desconforto. O incômodo racional e afetivo com o triste e terrível destino imposto a tanta gente que sofre muito mais do que cada uma e do que cada um de nós é fundamental para as transformações que queremos e de que nossas sociedades tanto necessitam.

Toda palavra humana é presença e performance, é uma perspectiva da realidade e certa projeção de nossas vidas. Ela pode servir ao poder da opressão, mas também pode ser potência, proposta e promessa de um novo mundo. Já vimos este filme com final feliz: o rebaixamento e a vergonha de subalternizadas e subalternizados transformados em combustível para suas batalhas, elevação de sua autoestima e reforço de seu orgulho. Para alcançarmos mais dessas conquistas, as lutas pelas palavras são fundamentais. Não agimos sobre o mundo sem as ações da linguagem. Ele vai passar por uma revolução, quando qualquer mulher puder falar e ser ouvida. Já avançamos bastante, mas ainda há muitos silêncios a serem quebrados, como disse uma grande ativista do feminismo negro. Para resistir à dominação masculina e continuar quebrando esses tantos silêncios, ouvir o que as mulheres têm a dizer e falar dos silenciamentos da fala feminina são ações necessárias e urgentes. Não tardemos mais a começar a realizá-las.

PARTE 1

UM LONGO SILENCIAMENTO: DA GRÉCIA ANTIGA À EMERGÊNCIA DO FEMINISMO

CAPÍTULO 1
SILENCIAMENTOS ANTIGOS

NO MUNDO ARCAICO

Palavra e perigo, poder e perdição... essa aliteração nos remete a mitos muito conhecidos. Comecemos por um deles: Prometeu desafiara Zeus, ao roubar o fogo do Olimpo para dá-lo aos humanos. A criação da primeira mulher é uma punição que então lhes foi infligida por terem aceitado essa oferta. Sob as ordens de Zeus, Hefesto e Atena a conceberam com o auxílio de outros deuses, que lhe ofereceram os mais diversos dons.

Além da bela aparência de seu corpo e de seu rosto, Pandora ainda terá uma voz sedutora e aptidões físicas extraordinárias, que a tornam semelhante a uma "deusa imortal". Ela terá não só dotes e aptidões corporais, mas também sagacidade e malícia em seu espírito. Entre seus tantos outros adornos e talentos, estão os terríveis e poderosos dons que Hermes lhe outorgou: as mentiras, as histórias ludibriadoras e os hábitos corrompíveis, que se conformam perfeitamente em sua voz encantadora e na capacidade expressiva com que a ninfa Persuasão a agraciou.

Assim tão bem-dotada para o mal dos homens, para a "desgraça dos varões", ela foi oferecida ao imprudente Epimeteu, que a aceitou sem antes refletir ou sem dar ouvidos ao conselho de Prometeu: nunca aceitar um presente de Zeus, pois este certamente seria um mal aos mortais. Essa primeira mulher é um divisor de águas na vida humana: "Pois antes sobre a terra as tribos de homens viviam/afastadas de males e longe de duro labor/e aflitivas doenças, as que dão morte aos varões". Já desde seu encontro com os humanos, eles passam a sofrer e a envelhecer rapidamente, quando "a mulher tirou à mão a grande tampa do cântaro/e espalhou entre os homens as mais funestas agruras"[20].

Em meio a muitas dores e a tantos males, a Esperança parece ficar no fundo do cântaro menos como promessa de atenuação dos sofrimentos humanos e da dureza da vida do que como consolo para a continuação dos dias. Desde então, teríamos saído da idade de ouro, passado pelas de prata e de bronze, para chegar e permanecer na degenerada idade de ferro, em que grassam fadigas, agonias e tormentos. Na lenda dessa queda, derivada de um litígio masculino, a linguagem feminina desempenha um papel fundamental. Dentre os demais encantos da primeira mulher, se destacam a beleza de sua voz, sua expressão eloquente e sua disposição para as mentiras e para as formas e maneiras manhosas e perversas.

Há outra versão da criação de Pandora em que o poeta reitera os potentes dons da fala feminina de várias personagens: em sua teogonia, enquanto as Musas têm vozes doces e inesquecíveis, falas afáveis e canto sedutor, Belavoz, filha de Zeus e superior a todas as suas irmãs, indica seu talento em seu próprio nome. Por sua vez, Afrodite é dotada de palavreado de menina, de sorriso e farsas que produzem amores e deliciosos prazeres. Finalmente, Persuasão, filha de Tétis e Oceano, personifica divinamente a própria eloquência.

Em certas circunstâncias, essas divindades femininas emprestam tais dádivas oratórias à promoção da justiça masculina, ou seja, reproduzem "a palavra ajustada do grande Zeus". Já em outras ocasiões, elas concedem esses seus talentos persuasivos ao acesso e à elevação das virtudes viris: ao assis-

20 *Trabalhos e dias*, 2013b, versos 60-82 e 90-95, p. 35-37.

tirem ao nascimento de um rei, as filhas de Zeus "vertem doce orvalho" sobre sua língua e, assim, de sua boca "fluem palavras amáveis". Toda a gente, então, o mira e o admira, quando esse rei decreta suas sentenças "com retos juízos", "falando com segurança" e pondo fim às mais hostis disputas: "Por isso, reis são prudentes, pois às gentes/prejudicadas na ágora ações reparatórias completam/fácil, com palavras macias persuadindo"[21]. Em que pesem esses eventuais empréstimos e concessões, todas as astúcias e todos os dotes expressivos das figuras femininas do Olimpo estarão encarnados na primeira mulher. Com eles a seu dispor, ela cumprirá seu destino: a sedução dos homens e a perdição da humanidade.

Em outro e mais célebre mito, a fala feminina produzirá o mesmo efeito. Deus criou os céus e a terra, a luz, as plantas e os animais e, finalmente, o homem, feito à sua imagem e semelhança. Com toda a criação, Deus formou o jardim do Éden e concebeu o homem para habitá-lo: "E formou o Senhor Deus o homem do pó da terra, e soprou em seus narizes o fôlego da vida; e o homem foi feito alma vivente". Deus concede a Adão a prerrogativa de nomear os animais, gesto que é signo de sua superioridade e de seu comando sobre os bichos. Mas Adão está só e Deus vai lhe dar uma "adjutora": "Então o Senhor Deus fez cair um sono pesado sobre Adão, e este adormeceu: e tomou uma das suas costelas, e cerrou a carne em seu lugar. E da costela que o Senhor Deus tomou do homem, formou uma mulher: e trouxe-a a Adão. E disse: Esta é agora osso dos meus ossos, e carne da minha carne: esta será chamada varoa, porquanto do varão foi tomada"[22]. Depois de criados o mundo, os animais e os humanos, ocorreria a tentação de Eva e a queda da humanidade provocadas pela serpente.

Consumada a transgressão do interdito divino, o primeiro homem e a primeira mulher se percebem nus, se envergonham com sua nudez e providenciam cobertura de suas ver-

---

21 *Teogonia*, 2013a, versos 10, 29, 39-40, 79-90, 97, 205-206 e 349, p. 31, 33, 37, 45 e 57.

22 *A Bíblia Sagrada*, 1969, Gênesis, cap. I, vers. 1-31, e cap. II, vers. 1-25.

gonhas. Deus surge no jardim, Adão e Eva se escondem e ele ouve o chamado de Deus: "Onde estás?". Adão lhe fala de seu medo e de sua desonra. Deus lhe pergunta se ele comeu do fruto proibido e ele não hesita em fazer esta delação: "A mulher que me deste por companheira, ela me deu da árvore, e comi". Após amaldiçoar a serpente, Deus se dirige à mulher: "Multiplicarei grandemente a tua dor, e a tua conceição; e com dor terás filhos; e o teu desejo será para o teu marido, ele te dominará". Antes de anunciar a punição de Adão e dos homens, Deus lhe diz: "Porquanto deste ouvidos à voz de tua mulher...". É por essa razão que o caminho do homem estará de agora em diante repleto de cardos e espinhos, que ele comerá o pão com o suor de seu rosto e que voltará ao pó de que proveio.

A condição humana congrega a necessidade de explicar sua origem, suas propriedades e seus fins, bem como o desejo de contar histórias. Esse encontro se processa fundamentalmente na mitologia. Mas os mitos não podem ser reduzidos a explicações universais dos mistérios envolvidos nos movimentos dos astros, na mudança das estações, nas diferenças entre a luz e as sombras e em suas supostas extensões e distinções naturais entre o bem e o mal, o masculino e o feminino. Além de serem uma tentativa de compreensão desses e de outros mistérios, eles são discursos sobre o mundo, os fenômenos e os seres, que materializam ideologias, crenças e valores presentes em condições históricas específicas. Se as narrativas sobre Eva e Pandora buscam compreender o prodígio da diferença entre os sexos, com mais forte razão, encarnam uma visão de mundo, as práticas e as ideias de um tempo, de um lugar e de um grupo social. Sob esse ponto de vista, nelas o que se destaca é menos a diferença do que a assimetria, a hierarquia e a tentativa de certa imposição de papéis cristalizados de gênero. Este último entendido como um saber que se constrói a partir da projeção e da identificação das diferenças entre os sexos e como uma forma primária e sexista de relações de poder.

Nesses dois mitos, o homem fora criado antes da mulher e essa precedência indica superioridade. Isso fica ainda mais claro na narrativa judaica: o homem não é só um corpo constituído diretamente por Deus a partir da terra, mas é também uma alma que vem do próprio sopro do criador. Adão tem o privilégio de dar nome aos animais e de comandar o mundo. Já o corpo de Eva, antes de ser um original divino, deriva de um pedaço de Adão e no relato do Gênesis não há passagem manifesta em que Deus se ocupe de lhe inspirar uma alma. Entre os antigos, a linguagem humana é entendida como um sopro que provém do espírito. Sem ela, o que se produz são ruídos naturais e bestiais, mas não voz e palavra humanas. O mito, então, oscila entre dois extremos: por um lado, uma negação de capacidade e de direito de fala à mulher e, por outro, uma denúncia dos poderes e perigos de sua linguagem.

Além disso, a origem e a essência absolutas do mal na mulher somente se relativizam se ela se dobrar ao homem e seu esposo. Uma vez que a sedução de Adão e a perdição da humanidade derivariam da escuta da fala feminina, o desejo da mulher "será para o teu marido, ele te dominará". De modo análogo, depois de espalhados os males sobre a terra, os homens da degenerada idade de ferro podem encontrar um consolo no casamento, desde que suas esposas lhes sejam obedientes e devotadas ao lar: "quem das bodas fugir e dos feitos infelizes das mulheres/e não quiser casar, atingirá velhice ruinosa/e carente de quem o cuide". Em contrapartida, "quem compartilhar do casamento,/e obtiver consorte devotada", poderá desfrutar de sua juventude e sempre contrabalancear o mal com algum bem[23]. Apontar a assimetria entre homens e mulheres e os vícios do universo feminino é ensejo para o tema da "boa esposa", que "coabita com um homem em sua casa, dividindo com ele uma tarefa crucial: a de gerir o patrimônio, a gestão do *oîkos*, do 'lar doce lar', mediante uma divisão *gendrada* das tarefas"[24].

Assim, os deuses, a natureza e as leis retroalimentam-se para decretar que nessa coabitação a mulher tenha sido feita

---

23 *Teogonia*, 2013a, versos 603-610, p. 72-73.

24 Silva, Andrade, 2009, p. 328.

e esteja destinada ao espaço interior da casa, ao passo que o homem tenha sido criado e esteja determinado ao espaço exterior da praça pública. O casamento, então, seria o mais perfeito equilíbrio e a mais bem-acabada complementaridade entre os sexos. Com efeito, o mito do mal feminino vem de realidades históricas e é uma solução social real que busca implantar a lógica da dominação masculina. Nessa lógica, o poder e o perigo da fala feminina, decisivos na tentação do homem e na maldição da humanidade, são intuídos, observados ou alegados como pretextos para a imposição de limites e de silenciamentos à mulher.

Em outros mitos de outras sociedades, ocorrem distribuições mais equilibradas entre os sexos, os gêneros e suas falas. Mas há também muitas outras e diversas narrativas que reiteram a suposta necessidade de que os homens falem e de que as mulheres se calem: "Na tradição japonesa, o primeiro casal era formado por Izanagi e Izanami. Seu primeiro filho nasceu deformado porque, na cerimônia de casamento, a mulher, Izanami, falara primeiro. Na segunda vez, Izanagi foi o primeiro a falar, e, a partir de então, eles tiveram filhos saudáveis"[25].

Em nossa *Introdução*, vimos que há no final do primeiro canto da *Ilíada* a projeção de subserviência e menosprezo da fala feminina e ainda silenciamento de uma poderosa deusa. Muitas outras passagens das duas epopeias de Homero materializam discursos que detratam a fala e a voz femininas. Mas, em princípio, elas não o fariam do mesmo modo, porque a *Ilíada* seria representante de uma concepção masculina do mundo, proveniente de mitos e panteões indo-europeus e semitas elaborados e difundidos por pastores nômades e guerreiros, ao passo que a *Odisseia* consistiria numa espécie de restauração da importância do feminino, tal como ele teria sido nutrido com a ideia ancestral da "Grande Deusa" entre populações de agricultores de partes da África e da Ásia. Entre estas últimas supostamente predominariam índoles mais

25 Dell, 2020, p. 129.

pacíficas, por meio das quais se restabeleceria um equilibro de forças, magias e mistérios entre homens e mulheres no mundo. Essa grande deusa dos primeiros agricultores representaria o poder mágico da Terra e das mulheres de conceber e de nutrir a vida e seus mitos concorreriam para prestigiar o universo feminino. Porém, com um influxo dos pastores guerreiros indo-europeus, teria se processado "a derrocada da Deusa". Entre outros, o nascimento de Atena da cabeça de Zeus seria um exemplo de como a cultura patriarcal teria assimilado e diminuído a Deusa no panteão grego[26].

A *Ilíada* seria, portanto, uma típica materialização dessa assimilação e diminuição da deusa, bem como do predomínio e da superioridade do masculino. Trata-se ali de mais um protótipo, desta vez, escrito, da culpa, da vaidade e da perversão femininas para boa parte do chamado mundo ocidental. Já que a guerra de Troia teria sido causada por deusas e mulheres, os deuses e os homens podem e devem tomá-las soberanamente sob seu comando. Tudo começa com a Discórdia e, desde o início, a palavra feminina desempenha função decisiva. Éris ou Éride é o nome grego da deusa Discórdia, tal como ela era chamada entre os romanos. Como forma de vingança por não ter sido convidada para o casamento de Peleu e Tétis, futuros pais de Aquiles, Éris invade sorrateiramente o banquete e lança sobre a mesa o "pomo da discórdia", uma maçã dourada em que se lia: "Para a mais bela". A partir de então, Afrodite, Hera e Atena passam a reivindicar o pomo e o título. Zeus se recusa a arbitrar a disputa e, por meio de Hermes, a delega a Páris, mortal, filho de Príamo e notável por sua inteligência e senso de justiça. Ele estava no alto de um monte, cuidando de seu rebanho, quando o mensageiro de Zeus, acompanhado das três deusas, o aborda e o incumbe de decidir com quem ficaria o pomo de ouro. Páris reluta, mas acaba por aceitar a incumbência, estabelecendo com as deusas o compromisso de não haver revanche nem rancor das derrotadas e lhes pe-

---

26 Campbell, 2015, p. 17-88 e p. 174.

dindo que se despissem de suas roupas e de seus acessórios, para que sua avaliação fosse feita individual e isoladamente.

> — Examine-me conscienciosamente — disse Hera enquanto dava uma volta lenta, exibindo suas magníficas formas — e, lembre-se de que, caso me declare a mais bela, eu o farei senhor de toda a Ásia e o homem mais rico do mundo.
> — Não me deixo subornar, senhora... Muito bem, obrigado. Já vi o suficiente. Aproxime-se, divina Atena!
> — Cá estou — disse Atena, entrando a passos largos. Escute aqui, Páris: se você tiver suficiente senso para me conceder o prêmio, eu o farei vitorioso em todas as batalhas e o tornarei o homem mais belo e mais sábio do mundo.
> — Sou um humilde pastor, não um soldado — replicou Páris. Mas, prometo considerar imparcialmente a sua aspiração ao pomo. Agora, pode voltar a vestir suas roupas e o elmo. Afrodite está pronta?[27]

Em conjunto com os desígnios dos deuses, o corpo e a postura, a voz e a fala daquela que conquistaria a maçã dourada foram decisivos para a sedução e para a decisão de Páris:

> Afrodite aproximou-se dele silenciosamente e Páris ruborizou-se, porque ela chegou tão perto que eles quase se tocaram.
> — Examine-me atentamente, por favor, sem omitir nenhum detalhe... A propósito, assim que o vi, pensei comigo mesma: "Pois não é o mais belo jovem da Frígia? Por que perde tempo neste deserto cuidando de um gado estúpido?" Bem, por quê, Páris? Por que não vai a uma cidade e leva uma vida civilizada? O que teria a perder casando-se com alguém como Helena de Esparta, que é tão bela quanto eu e não menos apaixonada? Estou convencida de que, tão logo vocês se conheçam, ela abandonará o lar, a família, tudo, para se tornar a sua amante. Certamente ouviu falar de Helena, não?
> — Até agora não, senhora. Ficarei grato se a puder descrever.
> — Helena tem uma pele formosa e delicada, pois nasceu de um ovo de cisne. Ela pode reclamar Zeus como pai, adora caçar e lutar, provocou uma guerra quando ainda era uma crian-

---

27 Graves, 2018, p. 385-386.

ça e, ao chegar à idade adulta, todos os príncipes da Grécia foram seus pretendentes. Agora ela está casada com Menelau, irmão do rei supremo Agamênon, mas isso não é um empecilho, pois você pode consegui-la se quiser.

— Como é possível, se já é casada? — retrucou Páris.

— Céus! Como você é inocente! Nunca ouviu dizer que é o meu dever divino acertar esse tipo de coisa? Sugiro que percorra a Grécia com meu filho Eros como guia. Quando chegarem a Esparta, ele e eu faremos com que Helena se apaixone loucamente por você.

— Promete? — perguntou Páris, ansioso.

Afrodite jurou solenemente, e Páris sem pensar duas vezes, concedeu a ela o pomo da discórdia.[28]

Hera, Atena e Afrodite tinham sido igualmente vaidosas, mas não puderam contar com os mesmos encantos e com a mesma astúcia argumentativa. A vitoriosa foi mais ousada, insidiosa e envolvente que as derrotadas. Estas não se atreveram a se aproximar o bastante de Páris, de modo a quase tocá-lo, e se precipitaram em suas tentativas de suborná-lo, enquanto Afrodite fica a ponto de roçar seu corpo no do pastor e juiz, estende esse *frisson* e produz certo suspense, ao guardar o silêncio durante algum tempo. Ela ainda é solícita em seu pedido de um exame minucioso de suas formas e oportuna em sua bajulação do príncipe de Troia, antes de tentá-lo com a oferta aparentemente aleatória de Helena. Em sua atraente descrição da rainha de Esparta, são vários os elementos sedutores destacados: a formosura e delicadeza de sua pele, sua condição quase divina, sua vivacidade, o desejo que ela já havia provocado em muitos e ilustres pretendentes e seu casamento com Menelau, obstáculo transponível, que a torna ainda mais desejada por Páris. A culpa, a vaidade e a perversão femininas, sempre responsáveis pela guerra e pela perdição dos homens, se estenderiam das três deusas à Helena.

Páris fora enfeitiçado por Afrodite. Já os erros de Menelau foram o de não suspeitar dos flertes entre sua esposa e

28 *Ibidem*, p. 386-387.

o filho de Príamo e o de deixar Helena como responsável pela hospedagem dos convidados em sua casa e pelo governo de Esparta durante sua ausência, quando de sua partida para Creta, onde ocorria o funeral de seu avô. Esses seus erros são escusáveis, porque devidos à confiança em sua mulher e em seus hóspedes e ao zelo pelos laços familiares. Por sua vez, a rainha retribuiu essa confiança imerecida que recebera com uma traição desleal: "Helena fugiu com Páris naquela mesma noite e se entregou a ele amorosamente no primeiro porto da escala, a ilha de Cranae"[29]. Machismos e patriarcalismos do passado e do presente contribuíram para que essa versão da história tivesse poder e alcance mais do que suficientes para diminuir e até suprimir outras versões, em que Helena resiste aos avanços de Páris, que só teriam tido sucesso pelo desejo dos deuses, pelo uso de sua força física ou pela irresistível sedução de seu discurso[30]. Em todo caso, os alegados atos e palavras de Éris, Afrodite, Atena, Hera e Helena dariam ensejo e justificativa para tudo o que padeceriam as mulheres gregas e troianas.

Sob certa perspectiva, o julgamento das três deusas por Páris é "a patriarcal humilhação da Grande Deusa". O "sagrado feminino" responsável pela geração da vida humana, por sua nutrição e por sua condução moral, representadas no estímulo erótico de Afrodite, na maternidade e conjugalidade de Hera e na coragem, sabedoria e castidade de Atena, teria sido solapado com a submissão dessas três graças femininas ao juízo de um débil pastor: "Então, chega Páris, um jovem lânguido, e as julga como se fosse um concurso de beleza barato! E elas, pasmem, lutam por seu voto, fazendo promessas e oferecendo propina"[31]. Além disso, na *Ilíada* reside o império masculino, uma vez que se considere sua narrativa como negócio de homens e como posse e sacrifício de mulheres. Porque Helena é propriedade de Menelau, Agamenon tem razão

---

29 Graves, 2018, p. 389.

30 Górgias, 2005, p. 293-301.

31 Todas as passagens entre aspas desse parágrado são de Campbell, 2015, p. 180-181.

ou pretexto, a honra ferida de seu irmão, para a guerra contra Troia. Depois de superada a dificuldade de recrutar os demais reis gregos e seus exércitos, entre os quais Ulisses e Aquiles, já com a enorme frota reunida e a postos, eles enfrentam outro obstáculo: não há vento algum. Seguindo o conselho de seu sacerdote, Agamenon sacrifica sua filha, Ifigênia, para que os ventos voltem a soprar e os gregos possam se dirigir a Troia.

A guerra seria uma vingança masculina pelo desrespeito e pela usurpação da posse de uma mulher. Menelau havia recorrido a Agamenon para que se processasse a reparação de sua perda. A resposta do rei de Micenas teria sido algo como: "Hmmm! Isso não está certo! Temos que pegá-la de volta". Numa linguagem ainda mais clara: "Temos aí a suposta causa da Guerra de Troia, dos dez anos de coisas de machão: mulheres e butim". Quando Aquiles se retira da guerra e vai remoer sua mágoa e sua ira em sua tenda, qual é a razão de sua atitude e de sua desavença com Agamenon? Numa formulação crua e datada, a resposta é: "Eles brigaram para ver quem ficava com a loira"[32]. A *Ilíada* conta a cólera de Aquiles e sua ira é primeiramente despertada pela ameaça feita e, depois, cumprida por Agamenon de lhe retirar a posse da escrava Briseide: "Para teu gáudio, grandíssimo despudorado, seguimos-te/cão sem nenhum descortino, a vingar-te do ultraje dos Troas/a Menelau. Mas sequer te perturbas, nem cuidas de nada./E, para cúmulo, ameaças de vires a escrava arrancar-me,/que dos Acaios obtive por prêmio de grandes trabalhos"[33]. Aquiles destaca ainda a grande injustiça no fato de ele próprio ser quem sempre mais se empenha e mais sofre nas batalhas vencidas e quem nunca fica com uma recompensa equivalente, pois é a Agamenon que cabe "sempre o quinhão mais valioso, enquanto eu me contento/com recolher-me ao navio, alquebrado, com paga mesquinha"[34].

---

32 Todas as passagens entre aspas desse parágrado são de Campbell, 2015, p. 181-189.

33 *Ilíada*, 2022, I, versos 158-162.

34 *Ibidem*, versos 167-169.

Aceleremos a sequência já bastante conhecida: Pátroclo, o companheiro de Aquiles, é morto por Heitor, do que deriva uma segunda ocasião da cólera do filho de Peleu, que, por essa razão, volta para a guerra. Depois de algum tempo, com a astúcia do presente sob a forma do grande cavalo de madeira, os gregos finalmente vencem os troianos, saqueiam a cidade e iniciam a volta a seus lares. Menelau retoma a posse de Helena. Além dessa retomada da posse de uma mulher, há ainda outros elementos que indicariam a supremacia masculina que a *Ilíada* reproduzia e ajudava a perpetuar e a difundir. Desses elementos, retenhamos somente o que se passa quando do retorno de Agamenon a Micenas. Sua esposa, Clitemnestra, revoltada com o sacrifício da filha, Ifigênia, se vinga do rei grego, assassinando-o. Seu filho, Orestes, então, também se vinga, cometendo um matricídio, em honra de seu pai assassinado. Ora, de modo geral, num grande número de culturas, o matricídio é o ato mais hediondo que alguém pode executar. Mas, na Grécia antiga, já se tinha estabelecido o predomínio da linhagem patrilinear em suas leis: "Se a herança segue pela linha paterna, e o pai foi assassinado, então é dever do filho matar o assassino de seu pai, neste caso, a própria mãe"[35]. Ancestrais cosmovisões e sistemas de justiça de base matriarcal tinham sido suplantados por seus congêneres patriarcais indo-europeus: "Como representantes do sistema patriarcal, Apolo e Atena declaram que Orestes não tem culpa. Ele sai limpo e o princípio masculino domina"[36]. Nesse universo da dominação masculina, o desprezo pela fala feminina e seu radical silenciamento mediante o assassinato de mulheres se tornam não somente aceitáveis, mas justificados, inevitáveis e necessários.

Já a *Odisseia* teria feição feminina. Por isso, cogitou-se até que ela tivesse sido escrita por uma mulher. Porém, o fator mais importante para sustentar a afirmação de sua perspectiva feminina não é essa alegada autoria, mas a restauração da importância do feminino e o equilíbrio entre as forças e fra-

35 Campbell, 2015, p. 195.

36 *Ibidem*, p. 195-196.

gilidades distribuídas entre homens e mulheres. Essa restauração e esse equilíbrio seriam gênese e estrutura do *nostos*, do regresso ao lar, por excelência: "Odisseu empreende essa busca para voltar para casa decentemente, voltar para Penélope, sua esposa – e não para uma loira qualquer, alguém que é vítima e butim de guerra, mas para *sua esposa*". Sob esse prisma, uma esposa "é alguém com quem contracenamos como o outro lado do mistério da androginia, de modo que Odisseu precisa ser despojado de sua atitude de guerreiro, papel que não comporta nenhum diálogo entre as forças do masculino e do feminino"[37]. O caminho, os encontros e as provações de Ulisses em seu retorno a Ítaca são também bastante conhecidos. Entre tantos, há os seguintes: ele enfrenta Polifemo, o ciclope gigante filho de Poseidon, e o ludibria, dizendo que seu nome é "Ninguém"; encara a poderosa feiticeira Circe e tem de contar com a ajuda de Hermes para não ser transformado num animal, como ela já havia feito com os batedores de Odisseu e muitos outros homens; contorna o poder do canto das sereias, ao ser amarrado ao mastro de sua embarcação; vive com a sedutora ninfa Calipso em sua ilha durante sete anos e consegue voltar ao caminho para Ítaca com a intervenção de Zeus; passa pela ilha dos feácios e resiste ao interesse de Nausícaa, a filha do rei Alcínoo, antes de finalmente retomar de modo definitivo o percurso de retorno a seu lar.

Restaurar a importância do feminino e promover seu reequilíbrio com o mundo masculino, eis o que seria o cerne da odisseia de Ulisses: "ele veio de um mundo que rejeitou e negou o princípio feminino, tentando dominá-lo ou substituí-lo por um sistema patriarcal. Agora ele terá de encarar a força crua do feminino e submeter-se a ela". Noutros termos, a jornada atribulada de Ulisses buscaria restabelecer esta ideia: "o homem não como dominador, mas como parceiro e contraparte correspondente à outra metade do andrógino formado por homem e mu-

---

37 Assim como esse enunciado, a formulação anterior entre aspas também é de Campbell, 2015, p. 197.

lher"[38]. Podemos reconhecer essas diferenças entre a *Ilíada* e a *Odisseia* e mesmo certa inclinação feminina desta última, se comparada à primeira. Mas, isso não significa que a *Odisseia* não contenha discursos que detratam as figuras femininas, suas falas e suas vozes. Para atestar sua presença, examinemos duas passagens de dois de seus cantos. A primeira retrata o silenciamento de Penélope por seu filho Telêmaco. Há pouco, ele tinha recebido conselhos de Atena, cuja fala poderosa lhe produzira consideráveis efeitos: "A de olhos glaucos, Atena, afastou-se ao dizer tais palavras./Desapareceu como pássaro, tendo-lhe ao peito insuflado/força e coragem, fazendo-o ainda mais de Odisseu recordar-se/do que até então o fizera"[39]. Telêmaco, então, vai ao encontro dos pretendentes de Penélope. Ao ouvir o canto de um célebre aedo sobre o regresso dos gregos de Troia, ela desce de seus aposentos acompanhada de duas criadas e, chorando, lhe pede que cesse seu canto tão nostálgico e doloroso. Diante dessa manifestação de Penélope,

> Tal resposta deu à mãe o prudente Telémaco:
> "Minha mãe, por que razão levas a mal que o fiel aedo
> nos deleite de acordo com a sua inspiração? Não são
> culpados os aedos, mas Zeus: aos homens que por seu pão
> trabalham estabeleceu o destino que entendeu.
> Não é justo levarmos a mal que ele cante a desgraça dos Dânaos.
> Pois os homens apreciam de preferência o canto
> que lhes pareça soar mais recente aos ouvidos.
> Que o teu espírito e o teu coração ousem ouvir.
> Não foi só Ulisses que perdeu o dia do retorno
> em Tróia; também pereceram muitos outros.
> Agora volta para os teus aposentos e presta atenção
> aos teus lavores, ao tear e à roca; e ordena às tuas servas
> que façam os seus trabalhos. Pois falar é aos homens
> que compete, a mim sobretudo: sou eu quem manda nesta casa."[40]

38 *Ibidem*, p. 198-204.

39 *Odisséia*, 2010, I, versos 319-322.

40 *Ibidem*, I, versos 325-359.

O "canto tão triste" lhe trazia a memória de seu marido, de quem ainda esperava o retorno da Guerra de Troia. Telêmaco, por seu turno, manifesta sua indisposição com a presença de Penélope no salão do palácio, a interpela com veemência e desautoriza sua solicitação, alegando que os aedos não tinham culpa do destino de Ulisses. Além disso, lhe ordena o retorno ao espaço privado e aos trabalhos domésticos. Penélope até pode falar e concentrar em sua fala algum poder, desde que suas palavras sejam proferidas nesse espaço particular e dirigidas a outras mulheres, ainda mais desfavorecidas, porque suas servas. Mas uma fala mais ou menos pública, endereçada a homens ou testemunhada por eles, que tenha a pretensão de modificar sua conduta, deve ser uma competência exclusivamente masculina: "falar é aos homens que compete". A misoginia e a hostilidade de Telêmaco foram, então, caracterizadas pelo narrador homérico como gesto e postura de alguém "ajuizado" e "prudente".

Sob essa ótica, a intervenção de Penélope é uma sequência de erros. Na perspectiva homérica, ela erra pelo excessivo sentimentalismo, pela demanda dirigida aos aedos, pela ausência de empatia para com outros que, além de Ulisses, se perderam no retorno de Troia, e por ter deixado seu espaço recluso e seus afazeres domésticos. Mas Penélope parece errar muito mais por ter ousado falar num espaço relativamente público, por não ter reconhecido a autoridade de seu filho e, mais particularmente, por desconsiderar a suposta e exclusiva competência masculina para o exercício legítimo e poderoso da fala pública. Na formulação de Telêmaco se materializa manifestamente o discurso segundo o qual as mulheres, à distinção dos homens, são incompetentes para falar na esfera pública. Trata-se ali de uma passagem em que se coadunam a detratação e a interdição da fala feminina. As palavras das deusas e das mulheres devem ser depreciadas e caladas não somente porque elas não teriam capacidade para falar, mas também, e mais fundamentalmente, porque suas falas são meios privilegiados de sedução dos homens e de perdição da humanidade. Caso não lhes seja possível calá-las, os homens precisam de expedientes para questionar sua legitimidade, para enfraquecer seus poderes e para limitar seus efeitos.

Ulisses recorre a um desses expedientes em seu encontro com as sereias. Circe o adverte dos perigos de um "destino nefasto" que elas encarnavam em seu canto, porque "dotadas de voz maviosa", e lhe confere o privilégio exclusivo de ouvi-las: "Somente a mim concedeu que as ouvisse". De certa forma, há aí duas denúncias: a dos perigos contidos na fala e na voz femininas e a da discórdia entre os seres femininos, na medida em que é Circe quem revela os artifícios das sereias. De modo análogo às intrigas e rivalidades promovidas por Éris, há nessa segunda denúncia a reprodução e a consolidação do discurso segundo o qual as mulheres têm muito ciúme e muita inveja umas das outras e, por isso, falam para delatar os maus comportamentos e as ameaças daquelas que são objeto de seus despeitos e cobiças. Esse discurso dá ensejo à seguinte argumentação: se as mulheres são tão perversas entre si, por que razão não o seriam contra os homens ou contra quaisquer benefícios coletivos?

Movido pela advertência de Circe, Ulisses toma duas providências. Ordena a seus marinheiros que o amarrem seguramente ao mastro de sua embarcação e que o façam de modo ainda mais firme, caso ele lhes dê o comando de desprendê-lo. Além disso, ele tapa com cera os ouvidos de seus marujos, para que eles não caiam na tentação do canto melodioso: "Com o bronze afiado cortei pedaços de um grande círculo/ de cera e amassei-os com as minhas mãos fortes./Logo se aqueceu a cera por causa da grande pressão/e dos raios do soberano filho de Hipérion, o Sol./ Besuntei depois com a cera os ouvidos dos companheiros"[41]. Agora ele próprio, que poderá usufruir daquele canto, e seus companheiros, privados dessa possibilidade, estão prontos para enfrentar o encanto das sereias. Eis o modo como elas tentaram seduzi-lo com a promessa de um grande prazer de escuta e de um não menor deleite cognitivo:

41 *Ibidem*, XII, versos 160-164 e 173-177.

> Vem até nós, famoso Ulisses, glória maior dos Aqueus!
> Para a nau, para que nos possa ouvir! Pois nunca
> por nós passou nenhum homem na sua escura nau
> que não ouvisse primeiro o doce canto das nossas bocas;
> depois de se deleitar, prossegue caminho, já mais sabedor.
> Pois nós sabemos todas as coisas que na ampla Troia
> Argivos e Troianos sofreram pela vontade dos deuses;
> e sabemos todas as coisas que acontecerão na terra fértil.[42]

A beleza desse canto, entoado em suas "belas vozes", produz a vontade de sua escuta: "e desejou o meu coração ouvi-las: aos companheiros/ordenei que me soltassem". Porém, dos conselhos de Circe e das providências de Ulisses, que reiteram sua célebre astúcia, surtem os devidos efeitos: "mas eles caíram sobre os remos com mais afinco./De imediato Perimedes e Euríloco se levantaram/para me atar com mais cordas, ainda mais apertadas"[43]. Assim, Ulisses pôde se encantar com a beleza da voz das sereias, sem o ônus da perdição. Como vimos, nesse episódio, estão concentradas, de um lado, movidas por maldades, ciúmes e invejas, as delações, as tentações e as seduções femininas, e, de outro, a razão, a coragem, a amizade e a firmeza masculinas. Num ilustre ensaio filosófico, se afirma o seguinte: "As medidas tomadas por Ulisses quando seu navio se aproxima das Sereias pressagiam alegoricamente a dialética do esclarecimento"[44].

Guardadas diferenças e proporções, a *Ilíada* e a *Odisseia* materializam discursos que enaltecem as falas e as vozes masculinas e que rebaixam as femininas. Na primeira epopeia, a hegemonia do universo masculino é flagrante e compreende a valorização da alegada eloquência dos homens, dos heróis e dos deuses. Desde seu primeiro canto, os nobres gregos são frequentemente retratados nestes termos: "Guerreiros, de soltos cabelos", "a túnica fina, nova e brilhante", "as formosas sandálias nos pés delicados, nos ombros largos a

---

42 *Ibidem*, XII, versos 184-191.

43 *Ibidem*, XII, versos 192-196.

44 Adorno; Horkheimer, 1985, p. 44.

espada". A exaltação de sua aparência, correlato de sua retidão moral, é acompanhada da consagração de suas falas: "por modo discreto lhes disse", "termos brandos", "palavras afáveis" e "cheio de bons pensamentos", excetuados somente os justificados arroubos de cólera nos confrontos entre Aquiles e Agamenon, que são devidamente amenizados por Nestor, o mais eminente dos oradores homéricos[45]. Conjugar a beleza e a virtude é particularmente importante nas "assembleias, onde os homens de glória se cobrem" e "nos discursos das ágoras, onde os heróis se enaltecem"[46]. Não há dúvidas de que a glória e o enaltecimento são aqui prerrogativas da oratória masculina. A conquista dessa glória decorreria ora de inspirações divinas ora de uma aprendizagem privilegiada, tal como a que Peleu, o pai de Aquiles, lhe proporcionou por meio da Fênix, que foi encarregada de lhe ensinar a falar bem e a operar grandes feitos[47].

Enquanto homens ilustres e heróis são inspirados e ensinados a falar em público e, por seus desempenhos oratórios de padrão exclusivamente masculino, passam a ser intensa e extensamente reconhecidos, mulheres, heroínas e deusas são retratadas como perigosas, invejosas e sedutoras nas epopeias homéricas e em outros mitos gregos antigos. Não poderia haver, por conseguinte, um conjunto de práticas que lhes inspirassem e ensinassem a fala pública. Muito ao contrário: o que ocorrem são denúncias dos perigos e poderes perversos de suas palavras e "constatações" de sua inaptidão para os pronunciamentos no espaço público. Tanto as denúncias quanto as constatações justificam e dão ensejo aos menosprezos e silenciamentos da fala pública feminina. Re-

---

45 "Nestor é o orador ideal da Ilíada. (...) Ele é muito bem-sucedido na persuasão. Num sistema que julga o estilo da fala pelo lastro dos feitos e pelos resultados que se obtém com o uso da palavra, Nestor ocupa um lugar de destaque. Essa característica marcará todas as suas intervenções no poema. Já seu primeiro discurso é altamente inventivo na tentativa de apaziguar três públicos distintos, os dois heróis que se confrontam e ainda os aqueus que se encontram no acampamento." (Martin, 1992, p. 132 e 168).

46 *Ilíada*, 2022, I, 490; e IX, 440.

47 *Ibidem*, IX, 438-443.

side aqui um dos poderosos mecanismos de reprodução de desigualdades que mencionamos em nossa *Introdução*: ignorar ou escamotear processos históricos e relações sociais, que compreendem profundas diferenças de instrução formal e de experiências práticas e formadoras e dos quais derivam as consideráveis e naturalizadas distinções de competência e de desempenho.

De fato, as competências e os desempenhos são produtos históricos e sociais, mas frequentemente são concebidos e difundidos como se fossem dons inatos ou bens adquiridos, que prosperariam em situações marcadas por igualdade de oportunidades. Nesse caso, as mulheres não receberam instruções para falar em público, foram e continuam a ser depreciadas como falantes e excluídas da condição de oradoras, se defrontam com sólidos padrões oratórios masculinos e sofrem constantes silenciamentos. As ocasiões e os meios para que elas se tornassem boas oradoras lhes foram usurpados. Então, nas raras circunstâncias em que conseguem falar, suas intervenções são julgadas segundo esses padrões masculinos, de modo que as propriedades de suas falas são concebidas como um atestado de sua "natural" incapacidade para exercer publicamente a palavra. Porque não teriam o que dizer nem saberiam como falar ou ainda porque suas falas seduzem os homens e os levam à perdição, as mulheres deveriam ficar no interior de suas casas, limitadas a uma vida de submissão privada e ausentes ou, ao menos, discretas e emudecidas no espaço público. Diante de tudo isso, a violência dos silenciamentos da fala feminina foi concebida não apenas como algo legítimo, mas também necessário para a boa condução das decisões e ações políticas.

O bem coletivo é muitas vezes evocado para justificar a hostilidade de falas e ações que tentam calar as mulheres. Telêmaco quer ocupar o vácuo de poder deixado pela ausência de Ulisses. Para isso, precisa controlar, ainda jovem, os ímpetos dos pretendentes de sua mãe, mas também tolher alguma possível ascensão de Penélope. Nesse embate entre a juventude masculina e a maturidade feminina, o filho exerce seu suposto direito de calar a mãe. Se nos limitarmos ao chamado mundo ocidental, é possível que esse seja o "primeiro exemplo registrado de um homem mandando uma mulher 'calar a boca' e afirmando que a voz dela não deveria ser ouvida em público"[48]. Essa sua condição de primeiro registro escrito da opressão masculina sobre uma mulher não corresponde certamente à primeira ocasião em que ocorreu esse "cala a boca". O enunciado de Telêmaco atesta a existência e sugere a consistência de práticas e discursos anteriores de um já bem assentado dispositivo de silenciamento da fala pública feminina. Em seu próprio interior ou em suas ramificações, a detratação da fala das mulheres se conjuga e se consolida com o enaltecimento da competência da fala masculina. Já estabelecido, tal dispositivo daria ainda ensejo a uma longa história de discriminações.

Outras figuras femininas são objeto de discursos que desempoderam suas falas no período arcaico da Antiguidade. Não se trata ali de não lhes reconhecer algum poder, mas, ao contrário, de identificar suas propriedades positivas para mais eficazmente limitá-las, com vistas a torná-las sem efeito. Esse é o caso da ninfa Eco. Em algumas versões do mito, ocorre o seguinte: depois de ter sido rejeitada por Narciso, ela pede a Afrodite que ceife sua vida. Como a deusa do amor e da beleza não queria privar o mundo e a si própria do encanto proporcionado pela voz da ninfa, decidiu suprimir seu corpo, mas preservar sua voz, que se limitaria, então, a repetir apenas as últimas palavras ditas por outros. Em outras versões, teria sido Hera que a teria condenado a essa limitação, justamente porque Zeus teria usado a voz de Eco para ludibriá-la e, assim, prosseguir com seus adultérios. Aqui, evidentemente, há uma vez mais referência aos supostos ciúmes e invejas das mulheres, que as tornam inimigas umas das outras. Além disso, Eco teria dado motivos para o limite de sua fala, porque contra ela pesava o estigma de querer dar a última palavra nas discussões de que participava.

48 Beard, 2018, p. 15.

Caso análogo é o de Cassandra, exemplo emblemático de persuasão malsucedida. No panteão grego antigo, a persuasão estava encarnada numa divindade: *Peithô*. Ela representa o poder da palavra sobre o interlocutor e concentra em si a magia da fala e a sedução da voz. Assim se produz a adesão do ouvinte ao que lhe foi dito, de modo que ele passa a compartilhar do ponto de vista alheio e a fazer o que lhe é indicado.

A filha de Príamo não faz parte dos maus oráculos e adivinhadores que enganam quem os consulta, simulando que conhecem o futuro realmente ignorado. Sua fala é profética e performativa, mas não persuasiva, porque ninguém lhe dá ouvidos. Novamente, haveria razão para isso. Apolo a privou do poder de persuadir, depois que ela se recusou a cumprir uma promessa e a se entregar ao deus do sol. Cassandra tem o dom de ouvir a voz dos deuses, de prever o futuro e de concorrer para sua realização por meio de suas palavras, mas sua fala não exerce qualquer poder sobre o outro. Pretensamente por culpa de sua princesa, os troianos não acreditaram em suas profecias e Troia sucumbiu aos gregos. Esse silenciamento que lhe foi imposto era justo e necessário e sua predição era uma vez mais fala feminina responsável pela queda dos homens[49].

NA GRÉCIA CLÁSSICA

Os discursos que fundamentam o dispositivo de silenciamento da fala feminina não estão presentes apenas nas epopeias homéricas e em mitos gregos difundidos no período Arcaico. Ao longo de toda Antiguidade, assistiremos a uma constância e a uma expansão de seus enunciados, que irão promover a consolidação de uma série desses discursos. Na passagem do período Arcaico ao Clássico da Grécia antiga, durante a qual se iniciava a entrada num regime democrático de governo, outra obra, desta vez uma comédia, reiteraria e difundiria esse silenciamento.

---

49 Detienne, 2006, p. 126-128.

Ekklesiazousai, que poderia ser traduzida por "As mulheres que se reúnem em assembleia", é a décima peça de Aristófanes. Seu enredo consiste na reunião de um grupo de mulheres que, lideradas por Praxágora, se vestem com trajes masculinos para ir a uma assembleia, espaço interditado à presença feminina. Lá elas pretendem tomar a palavra para defender a entrega do governo da cidade às mulheres. A comédia narra, então, os obstáculos encontrados pelo grupo para a realização desse seu projeto. Entre os empecilhos com que se depararam, estaria sua escassa habilidade oratória, o que funciona, no texto, como parte de sua graça. Vejamos, a seguir, algumas passagens que materializam mais manifestamente o menosprezo pela fala feminina:

> [1ª Mulher] E como uma associação de mulheres frágeis vai discursar na assembleia?
> [Praxágora] De um modo excelente. Pois não se diz dos jovens que, quanto mais são enrabados, melhores e mais terríveis são no ato de discursar. Assim, a coisa começa muito bem para nós.
> [1ª Mulher] Não sei. A falta de experiência é algo terrível.
> [Praxágora] Mas não é esse o intuito de estarmos aqui reunidas: ensaiar o que devemos discursar lá? Você aí, não se antecipe em prender a barba; suponho que as outras já treinaram como falar.
> [1ª Mulher] E qual de nós já não é perita em falar, querida?
> [Praxágora] Então vai, põe a coroa: vai dar tudo certo. Agora tente falar bonito como um homem, apoiando a postura na bengala.
> [2ª Mulher] Eu preferia que outra pessoa falasse, um homem, desses acostumados a discursar, ele faria isso bem melhor do que nós. Enquanto ele estivesse falando, eu estaria assistindo calmamente sentada...[50]

Esses versos concentram o absurdo narrado pela comédia, que reside justamente no desejo das mulheres de discursar

50 *Ecclesiazusae*, 1973, versos 110–120 e 148-152. Tradução direta do grego antigo realizada pelo Prof. Lucas Consolin Dezotti, da UFPB, especificamente destinada a seu uso neste livro. Registramos aqui nosso agradecimento ao Prof. Dezotti.

na assembleia e de reivindicar poder político. Aqui se reproduz uma oposição que lhe dá fundamento: por um lado, a afirmação da "natural" fragilidade feminina torna risíveis sua vontade e seu plano de falar em público; por outro, como um resíduo sintomático, se reitera e reforça o discurso segundo o qual a força física, equivalente da firmeza de caráter e da retidão moral, é um pré-requisito para a fala. Uma vez que a força seria um atributo viril, a habilidade, a legitimidade e a credibilidade da fala pública se tornam apanágio masculino. Uma paráfrase possível do que se enuncia na comédia de Aristófanes é a seguinte: "Os homens são fortes e, por isso, podem discursar" e, seu correlato, "As mulheres são frágeis, logo, não tem condições nem direito de fazê-lo". Do mesmo modo, a exposição do que poderia ser uma alternativa que favoreceria as mulheres frente a sua suposta inaptidão concorre para os efeitos de humor da comédia: uma delas afirma que frequentemente se diz que os jovens, "quanto mais são enrabados, melhores e mais terríveis são no ato de discursar". Na busca feminina por uma boa desenvoltura oratória, se ressalta o papel sexual passivo exercido pelos efebos e pelas mulheres, de que decorreria certa paridade na competência de fala. A validade dessa equivalência é refutada logo em seguida, na medida em que se destaca a "terrível falta de experiência" das mulheres nas práticas de fala pública, ainda que, hipoteticamente, fossem tão "enrabadas" quanto os jovens e bons oradores.

"Toda língua são rastros de velho mistério." A constatação da beleza e da propriedade da conhecida frase de Guimarães Rosa não corresponde a uma impossibilidade de descobrirmos alguns dos enigmas das línguas. Elas cristalizam em signos e regras os modos como as comunidades linguísticas enxergam os seres, as coisas e os fenômenos do mundo. Nesse caso, a distinção biológica entre o sexo masculino e o feminino foi histórica e socialmente estendida para uma determinada divisão do imaginário e das experiências da sexualidade distribuída entre homens e mulheres. Essa divisão, por sua vez, se estendeu às práticas e representações da linguagem, com base na oposição entre os gêneros masculino e feminino. Todo esse processo deixou marcas na língua grega antiga. A depreciação da fala feminina está incrustada nos distintos empregos dos verbos λέγειν (lê-se: *léguein*) e λαλεῖν (lê-se: *lalêin*).

Com o verbo λέγειν, as gregas e os gregos faziam referência ao pronunciamento a ser feito em assembleia, que compreendia preparos, poderes e perigos. Esse é o verbo empregado pelas mulheres da comédia de Aristófanes neste verso: "Mas não é esse o intuito de estarmos aqui reunidas: ensaiar o que devemos *discursar* lá?". Em seguida, por meio do verbo λαλεῖν, as mulheres falam de sua própria fala: "E qual de nós já não é perita em falar, querida?". De um lado, o poderoso e perigoso pronunciamento masculino na assembleia; de outro, a frágil e frívola fala das mulheres. Ainda que os dois verbos remetam à mesma ação, eles definitivamente não produzem os mesmos os sentidos.

Em suma, para designar o ato de discursar em assembleia, gregas e gregos empregam λέγειν, cuja definição seria, entre outras, "ler em voz alta; recitar; cantar; dizer; ordenar; dizer com insistência ou com autoridade; falar como orador". Já a fala das mulheres, por sua vez, é referida pelo verbo λαλεῖν, cuja definição, no mesmo dicionário, seria "emitir sons inarticulados; tagarelar; assunto objeto de falatório"[51]. É especificamente no exercício de fala proposto pelo verbo λαλεῖν que Aristófanes enquadra a fala feminina: é nele que as mulheres são "peritas". Não por acaso, na sequência do excerto, Praxágora sugere a uma das mulheres que fale "bonito como um homem". A resposta de sua interlocutora expressa sua preferência e seu desejo por uma cômoda abstenção: que um homem falasse em seu lugar, dado o seu costume em discursar. Nessa referência à fala masculina, novamente se utiliza o verbo λέγειν.

De modo geral, a constância e a frequência, a intensidade e a difusão dessas práticas de estigmatização e de silenciamento da voz e da fala pública femininas sofreriam raros aba-

---

51 Malhadas; Dezotti; Neves, 2022, p. 622 e 626.

los no mundo antigo. Tais práticas somente seriam suspensas em duas ocasiões na Grécia clássica: em circunstâncias nas quais o acesso à fala pública se tornava possível às mulheres para que elas se manifestassem na condição de vítimas ou de mártires. Ainda assim, em geral, essas manifestações não estavam investidas de significativa legitimidade. Além dessas situações, as mulheres podiam eventualmente tratar de temas femininos: em algumas ocasiões, elas poderiam falar em defesa de seus lares, filhos e maridos. Em outros contextos, não lhes era permitido falar como porta-vozes de um grupo ou em nome de uma comunidade, sobretudo quando essa coletividade compreendia os grupos masculinos. Sua expressão pública deveria, então, se restringir à defesa dos interesses femininos. Excetuando-se esses relativamente raros episódios, os discursos nos quais se alega que as mulheres deveriam reservar sua fala à esfera e aos assuntos domésticos e femininos são constantes, frequentes e amplamente difundidos: "na maioria das circunstâncias, uma mulher que falasse em público não era, por definição, uma mulher"[52].

Antígona protagoniza um desses raros episódios. Considerada um ícone da revolta e da justiça, ao menos desde as primeiras encenações da tragédia homônima de Sófocles, no século V a. C., a jovem encarna a coragem e a contestação, quando se vê diante da morte de seus irmãos: Etéocles e Polinices espalham sangue pela cidade de Tebas e se matam num confronto pelo trono. Ao primeiro, seu tio Creonte, o novo rei, concederá todos os ritos fúnebres, assim como eles sempre tinham sido concedidos aos demais nobres e ilustres cidadãos tebanos. Já, ao segundo, Polinices, acusado de trair e incendiar a terra pátria, Creonte impõe a interdição de seu sepultamento, de modo que seu corpo permaneceria exposto, à mercê dos animais que iriam maculá-lo e devorá-lo. A sede de justiça de Antígona consiste em poder enterrar o irmão morto, bem como em realizar os ritos funerários, conforme os costumes familiares e as leis dos deuses – superiores, segundo ela,

52 Beard, 2018, p. 16 e 29.

ao poder dos homens. Flagrada quando sepultava Polinices, ela será levada até Creonte e, frente a frente, eles protagonizarão o célebre debate da tragédia.

Logo em seu início, Creonte a interpela nestes termos: "E tu, quero que fales, com poucas palavras,/se sabias que isso havia sido proibido por mim"[53]. Deste misto de expressão da vontade real, de injução da interlocutora e de concessão do direito de fala, "quero que fales", decorre a primeira intervenção de Antígona diante do soberano. Trata-se aí do momento em que, justamente como mártir para quem a punição não tardaria, Antígona é provocada a falar. No mesmo ato injuntivo de fala, Creonte lhe interdita o direito de ficar em silêncio e lhe determina como deve se expressar: se, por um lado, ele a impele a falar, por outro lado, lhe impõe que o faça "com poucas palavras". Sem demora, corajosa e sinteticamente, Antígona responderá: "Sabia! Como não saberia? Todos sabiam"[54].

Na sequência, numa fala que ocupará 20 versos, ela fará ainda mais: reivindicará a legitimidade de seu ato, fundada nas "imutáveis" leis divinas; anunciará seu destemor diante da punição que derivava do injusto julgamento de seu gesto; afirmará as vantagens da morte que então se anunciava; e acusará de insanidade o soberano que de insanidade a acusava. Se Antígona fala em defesa de si mesma, ela fala mais ainda em defesa das determinações dos deuses, da dignidade de sua família e do sangue de seu irmão: o sangue derramado do corpo de Polinices, cuja exposição seria, para ela, a verdadeira desgraça. Com a firmeza de sua postura, se processa uma dupla desobediência, que desencadeia decisivamente a cólera de Creonte. Antígona não só havia tentado sepultar Polinices, desrespeitando a proibição de fazê-lo, mas também teve a ousadia de estender sua fala para além do limite de "poucas palavras" que lhe fora imposto. Nos versos seguintes, se materializam a divisão e o confronto entre fa-

---

53 *Antígona*, 2004, versos 446-447, p. 41.

54 *Ibidem*, verso 448, p. 41.

las investidas e desinvestidas de poder, capazes de produzir maiores e menores efeitos:

> Creonte
> Não são convenientes palavras arrogantes
> na boca de quem é escravo de seu vizinho.
> Ela foi arrogante ao passar por cima
> das leis publicadas. Também foi arrogante
> ao zombar e ao se vangloriar pelo que fez.
> Na verdade, será ela o homem, e não eu,
> se seus atos não forem punidos energicamente.
>
> Antígona
> O que esperas então? Tuas palavras não me agradam
> e nada nelas poderia me agradar, assim como a ti
> soam desagradáveis as palavras que pronuncio.
> Que honra mais sublime poderia haver em mim
> do que prestar honras fúnebres ao meu irmão?
> Todos esses diriam que aprovam o que fiz,
> se o terror não travasse suas línguas.
> Mas é privilégio do poder tirano
> fazer e dizer tudo que deseja.[55]

Creonte responde e confronta a exposição que Antígona havia feito das justas razões de seu ato. Em sua resposta, o soberano acusa a sobrinha de duas arrogâncias complementares, nas quais a segunda agrava ainda mais a primeira já bastante grave: Antígona não foi apenas arrogante no desrespeito à lei, mas também o foi em sua fala sem medo diante do poder masculino e concentrado do rei. Ela passou "por cima das leis publicadas", usou "palavras arrogantes" ao se dirigir àquele que ocupa o mais alto posto de poder em Tebas, e ainda, sempre segundo o monarca, zombou de seu poder e se vangloriou do que fez. Sua transgressão tornaria impossível a manutenção da ordem, por ter transgredido uma lei dos homens, mas, principalmente, por ter desrespeitado essa forma primária e sexista das relações de poder que se estabeleceu e

55 *Ibidem*, versos 479-485 e 499-507, p. 42-43.

se cristalizou na divisão entre os gêneros masculino e feminino: "Na verdade, será ela o homem, e não eu,/se seus atos não forem punidos energicamente". Com efeito, a desobediência de Antígona coloca em xeque e rompe com uma série de oposições que estão na base dessa divisão: o lugar de poder do homem adulto e racional, responsável pela manutenção da ordem e pela defesa da cidade, em cuja fala se concentram a legitimidade, a autoridade, a prudência e a coragem, é ameaçado por uma mulher jovem tomada por paixões negativas, imprudente e arrogante, cuja fala manifesta tanto a infração da lei quanto a transgressão no modo de se dirigir a seu mais alto superior.

Os alegados erros de Antígona estariam no que ela fez, no que ela disse e em seus modos de dizer. De fato, seu "erro" consistiu em mostrar que a força e a coragem para enfrentar as adversidades não eram atributos exclusivos dos homens, sobretudo, daqueles da aristocracia. A virtude por excelência entre os gregos antigos era a coragem viril, a *aretê*, ligada a Ares, deus da guerra, junção entre qualidades excelsas do corpo e da alma dos aristocratas, pois eram eles que se arrogavam de não temer o combate e de nunca fugir dos perigos. Essa noção da qualidade elevada à máxima potência deriva de certo imaginário do heroísmo de guerreiros e de certo ideal cavalheiresco da nobreza. Seu uso distingue aqueles que são excelentes, porque conjugam a saúde, o vigor, a velocidade e a resistência, virtudes do corpo, e a sagacidade, a inteligência, a honra e a coragem, virtudes do espírito[56]. Antígona tem o ânimo e a valentia de desobedecer e confrontar esse lugar-comum sobre os gêneros, que pretende beneficiar exclusivamente os homens e os supostos valores masculinos, em detrimento das mulheres e dos pretensos atributos femininos.

Sua firmeza e sua altivez não dão margem a concessões. Ao longo daquela situação tão adversa em que se encontrava, Antígona continuará a fazer frente ao soberano. Para tanto, sua consciência, agudeza e atitude linguística e metalin-

56 Jaeger, 1986, p. 19.

guística são fundamentais. Ela não apenas avalia negativa e enfaticamente a inadequação da fala de Creonte: "Tuas palavras não me agradam/e nada nelas poderia me agradar", mas também se manifesta como legítima porta-voz de sua família: "Que honra mais sublime poderia haver em mim/do que prestar honras fúnebres ao meu irmão?". Mas Antígona faz ainda mais: após a afronta ao poder durante todo seu embate com o rei, já ao fim de sua fala, ela identifica e denuncia o discurso hegemônico que deslegitima e interdita suas palavras e que reforça a exclusividade da potência e da autoridade do que diz o monarca: "Mas é privilégio do poder tirano/fazer e dizer tudo que deseja". Nesse ponto, o ciclo de insubordinação se fecha: a discussão volta ao controle do rei e a corajosa intervenção da sobrinha retorna à condição de rara e relativamente breve exceção de uma fala feminina que se levanta contra o maior poder da cidade. A fala de Antígona é muito potente e perigosa. Por essa razão, o poder soberano vai se valer desse mais radical dos atos de linguagem: a condenação à morte. Só assim ela será calada. Essa não seria a primeira nem a última vez que ocorreria esse brutal silenciamento da fala feminina.

Outra tragédia grega que trata da condição e de comportamentos das mulheres é *Medeia*, de Eurípides. Sob o ponto de vista patriarcal, que predominava nos tempos de suas primeiras encenações e se estenderia com maiores ou menos diferenças até nossos dias, Medeia é uma mulher histérica, raivosa e doentiamente ciumenta. Além de matar o rei, Creonte, e sua filha, a princesa Glauce, objeto de seu ciúme, porque ela se casaria com seu marido, Jasão, ela chacina seus próprios filhos apenas para caprichosamente se vingar da infidelidade de seu esposo, o comandante dos argonautas. Já sob uma perspectiva protofeminista, que algumas interpretações atribuem a essa obra de Eurípides, Medeia é uma mulher justa, corajosa e diligente. Ela fora traída por Jasão, usada por ele para seus propósitos na conquista do velo de ouro, forçada a abdicar da condição de princesa de Cólquida e a abandonar sua família para segui-lo para Corinto, onde seria trocada por Glauce e ainda humilhada pela nobreza local. Diante de todo seu sofrimento, Medeia formula um lapidar diagnóstico da condição feminina na Grécia clássica: "Entre os seres com psique e pensamento,/quem supera a mulher na triste vida?".

A árdua experiência de Medeia causada pelo descumprimento das promessas de Jasão lhe dá plena consciência de um rebaixamento interseccional: ela não só é uma mulher, mas uma mulher bárbara. Não há quem supere em tristeza esse ente duplamente rebaixado: ser do segundo sexo e em exílio. Enquanto as mulheres de Corinto, que compõem o coro, "dispõem de pólis, elos de amizade, lar paternal, desfrutes na vivência", Medeia é só "butim em solo bárbaro", sem urbe, ela fora "rebaixada por Jasão", "sem mãe, sem um parente", sem ninguém, ela não pode ter esperança alguma de sair daquele seu pesadelo. Além dessa consciência, como dissemos, ela tem coragem, diligência e senso de justiça. Os quatro últimos versos de uma relativamente longa declaração de Medeia[57] poderiam nos conduzir ao equívoco de tomá-la como covarde, ciumenta e vingativa. Cotejados com vários elementos contextuais, contornamos esse equívoco. Ela sustenta ali que as mulheres enfrentam situações mais terríveis do que os homens e manifesta seu destemor em punir Jasão, mesmo com todos os poderes e privilégios de seu marido e do rei Creonte. Além disso, sua fala é corajosa o bastante para denunciar o descumprimento de um compromisso firmado como razão para sua busca por justiça e para todo seu empenho nessa busca[58].

Em mais de uma ocasião, as personagens reiteram os poderes e perigos da fala de Medeia. No diálogo com Creonte, quando lhe pede para não ser exilada, ela tenta tranquilizá-lo, lhe dizendo que não há o que temer: "Que condição teria eu para agir contra quem reina? Deixa disso! Não foste injusto a

---

57 *Medeia*, 2010, versos 230-266, p. 44-47.

58 "Não estamos diante de um crime motivado por ciúme, pois não fica evidente a existência de um vínculo afetivo forte entre ela e Jasão. Medeia comete brutalmente assassinatos em série por não suportar a ingratidão do ex-marido, personagem cínico, ambicioso e calculista. Não é de manifestação afetiva que Medeia sente falta, mas da manutenção de compromisso." (Vieira, 2010, p. 158).

ceder a filha a quem querias. Eu desdenho meu marido, mas agiste por bem. Não ambiciono tua prosperidade. Bom proveito com as bodas, mas não me exiles! Mesmo por baixo, calo, pois me vence um forte". Creonte replica com estes termos: "Tua fala é um bálsamo, mas me amedronta que acalantes no peito planos torpes. Soçobra a fé que tive em ti: o sábio silente é menos policiável que a pessoa irritadiça. Aperta o passo na retirada, e guarda a língua lábil! Ponto final! Tua engenhosidade não muda nada. Assume o ódio e some!". Medeia insiste e o soberano fala novamente das palavras de sua interlocutora e de seu próprio poder: "Tua verve não reverte o que eu decido!" Obstinada, astuta e loquaz, ela consegue persuadi-lo: "Fica, mas fia que fixo um dia ao fim do qual te vais. Não fazes mal nesse ínterim!"[59]. A eficiência persuasiva de sua fala lhe daria ensejo para operar a terrível saga mortífera que repararia toda a injustiça que se abatera sobre ela, por sua condição: uma mulher estrangeira. O que irá lhe conferir um perene e controverso reconhecimento será o gesto atroz com o qual Medeia recusou a redução de toda mulher à maternidade ideal e por meio do qual ela se rebelou contra o enorme poder masculino. Mas, não deveríamos nos esquecer de que o encanto de suas palavras convenceu o rei Egeu a aceitá-la em Atenas. Elas foram o começo do fim de seus inimigos, sob a forma da reparação que a própria Medeia promoveu.

59 *Medeia*, 2010, versos 308-315, p. 51; versos 316-323, p. 51-53; verso 325, p. 53; e versos 355-356, p. 57.

NA GRÉCIA HELENÍSTICA E NO IMPÉRIO ROMANO

Ainda na Grécia antiga, mas já em outro tempo e em outro campo do saber, também foram produzidos outros textos que continuaram a materializar o discurso de discriminação da voz e da fala femininas. No período Helenístico, Aristóteles realizou um estudo sobre a história natural, que se assentava no princípio de que a descrição das espécies poderia ser feita mediante o julgamento de suas vozes: "Há animais que emitem sons, outros são mudos e outros têm voz. Destes últimos, uns usam uma linguagem articulada, outros desconexa; uns são tagarelas, outros, taciturnos; uns, cantadores, outros, avessos ao canto. Mas a todos é comum cantar ou palrar, sobretudo na época do acasalamento"[60]. No bojo desse princípio, se inscreve a "Diferença entre os sexos", título de um dos capítulos do Livro IV dessa sua *História dos animais*. Num de seus parágrafos, lemos esta afirmação fundamental, segundo sua perspectiva:

> Em todos os animais, as partes superiores e anteriores dos machos são mais fortes, mais potentes e mais protegidas, enquanto nas fêmeas o são as partes consideradas posteriores e inferiores. Nesse aspecto, o mesmo se passa com o homem e com todos os outros vivíparos terrestres. A fêmea é também menos musculada e tem as articulações menos robustas; tem os pelos mais finos, nas espécies com pelos, ou o mesmo acontece com aquilo que lhes é análogo, nas que não os têm. As fêmeas têm igualmente a carne mais flácida do que os machos, os joelhos mais unidos e as pernas mais delgadas.[61]

Logo em seguida, na passagem em que trata particularmente da voz, Aristóteles sustenta o mesmo argumento, desta vez, de modo mais específico:

> No respeitante à voz, todas as fêmeas a têm mais fina e mais aguda, em todos os animais com voz, menos o boi. Neste

60 *História dos animais*, 2006. Livro I, 488a-488b, p. 57.

61 *Ibidem*, Livro IV, 538b, p. 197.

caso, as fêmeas têm uma voz mais grave do que os machos. As partes que, naturalmente, correspondem à defesa, como os dentes, as presas, os cornos, os esporões e todas as outras do mesmo género, aparecem, em certas espécies, nos machos, mas não nas fêmeas. Assim, por exemplo, a corça não tem hastes, e em certas aves com esporões as fêmeas não os possuem. Do mesmo modo a fêmea do javali não tem presas; em certas espécies, porém, estas características existem em ambos os sexos, mas mais fortes e mais desenvolvidas nos machos. É o caso dos cornos dos touros, que são mais poderosos do que os das vacas.[62]

Um pouco adiante, esse argumento é reiterado e reforçado, por meio do acréscimo de alguns elementos, antes, sugeridos e, agora, manifestos, e de uma nuance que tende a se tornar bastante discreta frente às generalizações que a precedem:

De um modo geral, a fêmea, na maioria dos animais, tem uma voz mais aguda, como também os mais jovens em relação aos mais velhos; assim, os veados têm a voz mais grave do que as corças. Os machos balem na época do acasalamento, e as fêmeas, por efeito do susto. Por outro lado, o balido da fêmea é curto e o do macho prolongado. Também nos cães, com o envelhecimento, a voz torna-se mais grave. Há igualmente diferenças no relincho dos cavalos: desde que nascem as fêmeas têm uma voz mais suave e mais curta; os machos começam por ter um relincho curto, mas mesmo assim mais forte e mais grave do que o das fêmeas; com o tempo vai-se tornando mais potente. Portanto, na maior parte das situações, a voz dos machos difere da das fêmeas, sendo que os machos emitem uma voz mais grave do que elas, em todos os animais cuja voz se prolonga.[63]

Essa última passagem compreende certa sutileza. Ante as generalizações anteriores ("Em todos os animais", "todas as fêmeas a têm mais fina e mais aguda"), Aristóteles se vale de alguns recursos para introduzir aqui uma relativização: "De um modo geral", "na maioria dos animais", "na maior parte das

62 *Ibidem*, Livro IV, 538b, p. 197-198.

63 *Ibidem*, 2006, Livro V, 545a, p. 216-217.

situações". Essa nuance está em boa medida destinada a praticamente se apagar, em razão do sobrepeso da abordagem generalizante e da insistência sobre as diferenças "naturais" entre os machos e as fêmeas das diferentes espécies. Os machos são mais fortes e mais potentes, enquanto as fêmeas, mais frágeis e inferiores. Elas são menos musculosas, suas articulações, menos robustas, e suas carnes, mais flácidas do que as dos machos. No que respeita especificamente às vozes das fêmeas, elas seriam mais finas e agudas. Toda a argumentação de Aristóteles tem a verdade da natureza como lastro e chancela. Nela se confundem consistente e insistentemente sexo, sexualidade, anatomia, fisiologia, comportamento e conduta.

Porque os indivíduos do sexo masculino de todas as espécies desempenhariam "naturalmente" papel sexual ativo, eles são mais belos, mais fortes e mais atraentes do que suas fêmeas. Há aqui um entimema do sexismo, cuja premissa maior é "Os indivíduos do sexo masculino de todas as espécies são superiores a suas fêmeas", cuja premissa menor é "Os homens são os indivíduos do sexo masculino na espécie humana, e as mulheres os do sexo feminino" e cuja conclusão só poderia ser "Logo, os homens são superiores às mulheres". Comportamentos sexuais ativos e passivos são aí respectivamente origem e destino da superioridade masculina e da inferioridade feminina. Da diferença biológica entre os sexos, o argumento conduz a projeções imaginárias e generalizadoras da sexualidade e, destas, para a divisão desigual entre os lugares ocupados e os papeis desempenhados por homens e mulheres numa sociedade. A própria série de diferenças é menos diversidade do que distinção e hierarquia: "a voz dos machos difere da das fêmeas, sendo que os machos emitem uma voz mais grave do que elas". Veremos adiante que Darwin afirmará algo semelhante: emissões vocais têm importante função na sedução masculina das parceiras. Na conjunção entre voz, encanto e cópula, Aristóteles reforça a desigual distribuição de características e condutas positivas e negativas: "Os machos balem na época do acasalamento, e as fêmeas, por efeito do susto". Não só o corpo e a voz das fêmeas são inferiores, também o são seus espíritos, porque naturalmente passivos e acovardados.

A coragem é um privilégio masculino. Essa virtude viril presente e atuante no corpo e no espírito dos homens não estaria ausente das discussões que Aristóteles dispensa à técnica retórica de "discernir os meios de persuasão mais pertinentes a cada caso"[64]. Sua primeira ocorrência indireta e pelo avesso na *Retórica* é a seguinte: "Além disso, seria absurdo que a incapacidade de defesa física fosse desonrosa, e não o fosse a incapacidade de defesa verbal, uma vez que esta é mais própria do homem do que o uso da força física"[65]. Aqui, "homem" corresponde à espécie humana, uma vez que o termo empregado é *ánthropos* e não *anér*. Noutra passagem, desta vez, explicitamente, a coragem reaparece com destaque entre as virtudes louváveis no capítulo dedicado ao gênero epidítico, logo após a justiça: "Os elementos da virtude são a justiça, a coragem, a temperança, a magnificência, a magnanimidade, a liberalidade, a mansidão, a prudência e a sabedoria". Cada uma delas é ali sinteticamente definida.

Eis a conhecida definição de coragem: "é a virtude pela qual se realizam belas ações no meio do perigo"[66]. O capítulo que trata do que é digno de elogio e de censura contrapõe virtudes e vícios, mas também a beleza, de que podemos nos orgulhar, e a feiura, de que devemos nos envergonhar. Depois de já ter listado algumas das coisas belas, Aristóteles acrescenta o seguinte: "Também são belas as coisas pelas quais o homem luta sem temor; pois, no que toca aos bens que conduzem à glória, é isso que lhe sucede. E são mais belas as virtudes e as ações das pessoas que são mais distintas por natureza, como, por exemplo, as do homem mais do que as da mulher"[67]. Eis novamente a "natureza" como causa, efeito e sina. Há "na-

---

64 *Retórica*, 2005, Livro I, cap. I, 1355b, p. 94.

65 *Ibidem*.

66 *Ibidem*, cap. IX, 1366b, p. 125.

67 *Retórica*, 2005, Livro I, cap. IX, 1367a, p. 126.

turalmente" pessoas mais distintas do que outras. "Naturalmente", os homens o são mais do que as mulheres. De modo diverso daquela primeira ocorrência, que indicava a exclusiva faculdade de linguagem na espécie humana, aqui não há dúvida: "do homem" é a tradução de ἀνδρας (*ándros*), que equivale a "másculo", "viril", "forte", "probo" e "corajoso", enfim, ao que é masculino[68]. Na Retórica, de Aristóteles, o substantivo "orador" jamais será flexionado no gênero feminino. Veremos que a ausência dessa flexão vai marcar a longa posteridade dos discursos e das práticas da oratória.

Ainda em outra obra de sua autoria dedicada à expressão, Aristóteles vai reiterar esses valores bastante distintos à voz grave e à voz aguda. Num trecho de sua *Fisiognomía*, lemos a seguinte afirmação: "Quanto à voz, a grave e intensa indica coragem, e a aguda e fraca, covardia"[69]. Ela lhe dará ensejo para reforçar a correspondência entre a voz aguda e fraca e o espírito frágil e covarde. Esse é um meio de menosprezar as mulheres e de tentar lhes interditar a fala no espaço público, mas é também uma forma de fazê-lo com os homens a quem se atribui traços considerados femininos. A natureza uma vez mais daria provas de que suas supostas irritabilidade e covardia, o avesso de um homem viril, estariam atestadas na impressão de agudeza e de debilidade de sua voz:

> No que diz respeito à voz, se fizermos seu exame considerando sua relação com as paixões, podemos atribuir a aguda à pessoa irada, e isso por duas razões: porque, em primeiro lugar, aquele que se indigna e imita a indignação tende contrair sua articulação e a falar com tom agudo, enquanto o que permanece calmo distende sua articulação e fala gravemente. Em segundo lugar, porque, entre os animais, os valentes são os que emitem sons graves, enquanto os covardes são os que emitem sons agudos: o leão, o touro, cachorro latindo e galos valentes produzem sons graves, ao passo que o cervo e a lebre produzem os afinados. Talvez fosse preferível não tomar esse critério por algo absolutamente definitivo, de

68 Malhadas; Dezotti; Neves, 2022, p. 70-71.

69 *Fisiognomía*, 1999, Livro I, 806b, p. 47.

> modo que todo valente terá uma voz baixa e grave e que todo covarde a terá alta e aguda. Mas, em todo caso, não estaremos equivocados ao supor que uma voz poderosa é marca característica do homem corajoso e que uma voz frouxa e débil é marca característica do pusilânime.[70]

Um pouco adiante, para não dar margem a nenhuma dúvida, o estagirita adiciona esta afirmação: "Quanto aos que falam com voz aguda, doce e oscilante são afeminados, e podemos compará-los às mulheres. Enquanto uma voz poderosa é própria do homem corajoso, uma frouxa, afeminada e fraca é própria do inseguro"[71]. Antes de Aristóteles, ainda no campo da filosofia, seu célebre mestre já depreciava o pretenso comportamento das mulheres e dos homens afeminados no espaço público: "Para sua cidade ideal, Platão sonhava com uma arena pública purificada de toda e qualquer desmesura: juramentos, imprecações, súplicas e gemidos femininos"[72]. Em suas *Leis*, ele sustentará o seguinte: "Porque, quando os homens deixam-se apoderar pelos insultos mútuos e quando se atacam mediante palavras vergonhosas, à maneira das mulheres, inicialmente, se trata de meras falas, de coisas efêmeras, das quais nascem, de fato, em seguida, as inimizades e os ódios mais pesados e duradouros"[73].

O dispositivo de silenciamento de que tratamos aqui busca calar as mulheres, mas também os homens que não correspondem a padrões masculinos idealizados. Ele tem muitas faces e age por diversos meios. Tachar a voz feminina ou afeminada de inadequada, débil e covarde é mais uma forma de tentar depreciar, deslegitimar e silenciar a fala pública das mulheres e desses homens fora das normas, antes mesmo que elas e eles articulem qualquer palavra. Linguistas e filósofos nos ensinaram que a voz humana, mesmo quando ainda não articulada sob a forma da fala, já não é mais mero ruído da

70 *Ibidem*, 807a, p. 49.

71 *Ibidem*, 813b, p 75.

72 Montiglio, 2015, p. 34.

73 Platão. *Leis*, Livro XI, 934a-935b, apud Montiglio, 2015, p. 34.

natureza nem mais rumor bestial[74]. Sua projeção é imediatamente o sinal de um corpo falante, de um ser que pensa, sente e tem algo a dizer. É esse fato, ao mesmo tempo ontológico e histórico, que a detratação da voz feminina não quer reconhecer ou pretende enfraquecer, ocultar ou recusar. Mulheres e afeminados não pensariam corretamente, não experimentariam nem controlariam adequadamente seus afetos e, por extensão, não teriam exatamente o que dizer nem saberiam bem como fazê-lo. Ceder-lhes espaço para falar em público seria inócuo e inadequado, na melhor das hipóteses, e produziria efeitos avassaladores, na pior delas. Os homens viris, justos e razoáveis não poderiam correr esses riscos.

Um deslocamento da Grécia para a Roma antiga não iria significar a suspensão ou mesmo uma profunda atenuação dos discursos que menosprezam a voz e a fala femininas. Tampouco a passagem da filosofia para a mitologia romana e ainda outras tantas modificações históricas e sociais seriam suficientes para promover essa suspensão. No início da Era cristã, Roma assiste ao nascimento das *Metamorfoses*, de Ovídio. Uma de suas personagens femininas é Filomela. Sua irmã, Procne, havia se casado com o poderoso Tereu, da Trácia, que tinha libertado vastos territórios gregos de hordas estrangeiras. Já transcorridos cinco anos de seu casamento, Procne estava com saudades de sua irmã. Ela, então, pede a seu marido que a busque junto de seu pai e que a traga à sua presença. Tereu aceita o pedido e vai buscar Filomela. Para conseguir levá-la até sua esposa, tem de persuadir seu sogro, Pandíon, das saudades de Procne e da segurança de Filomela no trajeto e na estada em sua casa. Quando Tereu vê sua cunhada, "rica pelo sumptuoso traje,/mas ainda mais rica de beleza", ele se inflama de uma intensa e crescente paixão. Para convencer Pandíon, ele se vale de diversos recursos oratórios: "Com palavras sôfregas, reitera/o pedido de Procne e perora a sua causa como se dele fosse./A paixão tornara-o

74 Entre outros que trataram dessas questões, ver: Agamben (2006) e Benveniste (1989).

eloquente, e sempre que se excedia/nos pedidos, afirmava que era Procne que assim o queria./Até juntou lágrimas".

Tereu consegue a permissão de Pandíon para conduzir Filomela ao encontro de sua esposa, já ardendo cada vez mais de desejo pela cunhada. Com muito custo, retém seus apetites e impulsos durante a viagem. Mas, logo ao desembarcar numa praia de seus domínios, ele a arrasta para um curral e a estupra. Enquanto sofre aquela abominável violência, Filomela chama pelos deuses, por seu pai e por sua irmã, mas não é ouvida. Apavorada, ela treme e tem as pernas encharcadas de sangue. Mesmo dilacerada, Filomela tem ainda forças para arrancar os próprios cabelos de desespero, para retalhar os braços, para dizer a seu algoz que preferiria estar morta a ter sofrido o que sofreu e ainda para lhe anunciar que denunciará seu crime: "Lançando fora o pudor,/contarei o que fizeste. Se me for dada a oportunidade,/irei contar aos povos; se ficar prisioneira nestes bosques,/gritá-lo-ei às florestas e comoverei as pedras ao saberem./Isto ouvirão os céus e os deuses, se algum neles vive". As palavras de Filomela têm poder e representam grande perigo para Tereu: "Com tais palavras, a cólera do cruel tirano incendeia-se,/e não menos receio". Quem tem medo da fala feminina? Todo homem que quer agredir e oprimir uma mulher e que não suporta as ideias e os gestos de sua autonomia ou de sua resistência. Acossado por sua cólera e por seu receio, Tereu estenderá ainda mais a sua crueldade:

> Aguilhoado pelos dois sentimentos,
> puxa da bainha a espada com que estava armado,
> e, agarrando-a pelos cabelos, torce-lhe à força os braços
> atrás das costas e ata as mãos. Filomela oferecia a garganta,
> pois, à vista da espada, esperançara-se de que iria morrer.
> Enquanto a língua protestava e invocava o nome do pai,
> e se debatia para falar, ele agarra-lha com tenacidade
> e corta-a com cruel espada. A base da língua lateja ao fundo.
> A língua, essa jaz, trémula, a murmurar na terra negra,
> tal como costuma saltitar a cauda cortada da cobra,
> e, a palpitar, ao morrer, busca o rasto de sua senhora.[75]

---

75 *Metamorfoses*, 2014, Livro VI, versos 412-560, p. 161-165.

Depois de lhe arrancar a língua, Tereu ainda a estupraria outras vezes, manteria Filomela presa num estábulo, sob a guarda de um vigilante, e dissimularia toda aquela atrocidade, contando para sua esposa uma triste história da suposta morte de sua irmã, num relato que era salpicado de lágrimas e gemidos fingidos. Padecendo de todos esses males, Filomela com "a boca muda não consegue denunciar o caso". Mesmo diante de todas essas dores e de todas essas limitações, ela conseguirá elaborar uma via para expressar sua voz e denunciar sua agonia, que já se prolongava por mais de um ano:

> Mas grande
> é o talento do sofrimento, e na desgraça surge o engenho.
> Prende uma urdidura num tear do povo bárbaro e tece
> astuciosamente letras de púrpura entre os fios brancos,
> revelando o crime. Ao terminar, confia-a à única serva,
> instando com gestos que a leve à senhora. Esta, instada,
> levou o tecido a Procne, sem ter ideia do que ali levava.
> A consorte do malvado tirano desenrolou o tecido
> e leu a pungente inscrição da irmã. Fica então sem fala.
> (Incrível como pôde!). A dor comprime-lhe os lábios,
> palavras de indignação apropriadas faltam à língua
> quando as procura. Sem uma lágrima, lança-se pronta
> a confundir lícito e ilícito, e urde, absorta, a vingança.[76]

Procne espera a ocasião oportuna e consegue resgatar sua irmã. Ao encontrá-la, "destapa o rosto envergonhado da pobre irmã/e abraça-a. Mas esta não ousa erguer os olhos para os dela/sentindo-se adúltera em relação à irmã. De olhar no chão,/quer fazer juras e invocar os deuses por testemunhas/ de que aquela desonra sua lhe fora imposta pela força. Fá-lo com as mãos em vez da voz". Procne consegue desanuviar o sentimento de culpa de sua irmã e extravasa sua cólera, contando-lhe seus planos de vingança. Elas matarão Ítis, filho de Tereu e da própria Procne, o esquartejarão e o servirão num banquete a seu pai: "Tereu come e atafulha o estômago de sua própria carne". Mais do que saciado, ele pergunta por seu

---

76 *Ibidem*, versos 574-586, p. 165.

filho. Sua esposa lhe responde: "Quem procuras tens aí dentro". Enquanto Tereu busca pelo garoto e o chama novamente, "salta Filomela, tal como estava, com os cabelos salpicados/ da tresloucada matança, e atira a ensanguentada cabeça/de Ítis à cara do pai".

A violência física e simbólica de que Filomela foi objeto é atroz. Em que pese a crueza dessa atrocidade, ela não é algo exclusivo de um passado alheio e já bastante afastado. Em certo sentido, nossos tempos são ainda piores. Apesar de muitas importantes conquistas e de avanços fundamentais no desigual processo civilizatório, muitos dos atuais assediadores e agressores das mulheres sabem que não precisam arrancar a língua de suas vítimas. Apenas uma pequena minoria delas os denuncia e, quando isso é feito, suas revelações costumam ser desacreditadas. São vários os motivos históricos e sociais desse descrédito da palavra feminina. Antes mesmo de recentes e exponenciais aumentos de casos de feminicídios, estupros, assédios, homo e transfobia lastreados pela ascensão da extrema-direita no Brasil, já havia por aqui números espantosos desse terrível cenário e uma série de causas do silenciamento de quem sofreu esses crimes: muitas vezes, certos consensos dificultam a identificação do que ocorreu como um caso de assédio; há frequente receio de que familiares e instituições não acreditem nas vítimas, conforme dissemos; os delitos geram muito medo dos criminosos; elas tendem a sentir vergonha, a carregar sentimento de culpa e a ser culpabilizadas; há ainda os medos de reviver a experiência traumática na denúncia, de perder o emprego, de o processo administrativo ou judicial não culminar na punição dos culpados e do tratamento desabonador e hostil que as instituições podem lhes dispensar[77]. Em larga medida, tudo isso se deve à força de discursos e práticas machistas e afins, que deslegitimam e silenciam a fala feminina. Como se as dores físicas e psíquicas de um estupro já não bastassem, as línguas das Filomelas reais são arrancadas, de modo a lhes aumentar o

77 Gragnani, 2017.

trauma já tão cruel e ainda a lhes retirar o direito de voz e de reparação.

Nas *Metamorfoses*, há outros enunciados que materializam discursos e ações de interdição da fala feminina. Duas personagens têm sua capacidade vocal usurpada. A primeira delas é Io. Motivado pelos ciúmes e pela ira de Juno, sua esposa, Júpiter transforma Io em uma vaca, para ocultar sua traição. Ao fazê-lo, sacrifica sua faculdade de linguagem articulada. Além disso, Juno outorga a Argo, "que tinha a cabeça inteiramente rodeada de cem olhos", a tarefa de vigiá-la constantemente. Diante de todos os seus sofrimentos, tais como pastar erva amarga sob o sol a pino, estar presa por uma corda atada a seu pescoço, ter um leito de terra e beber de rios lamacentos, Io desejava relatá-los ao vigilante, revelando-lhe sua verdadeira identidade. Mas seu desejo estava fadado à frustração: "Ela bem queria estender, suplicante, os braços para Argo,/mas não tinha braços que pudesse para Argo estender;/quando tentava lamentar-se, da boca só saíam mugidos./Assustava-se com o som, aterrada com a própria voz"[78].

Já a segunda personagem feminina é a ninfa Eco, de que já tratamos aqui. Em sua versão romana do mito, na qual relata a paixão da ninfa por Narciso, Ovídio a descreve como muito tagarela e insolente: "Era a ressonante Eco,/que não sabia calar-se quando lhe falavam, nem falar primeiro". No tempo em que ainda tinha um corpo e não era somente uma voz, Eco já fazia jus ao rótulo de "faladora" e devolvia, "de entre muitas, as últimas palavras". Esse castigo lhe fora infligido por Juno, novamente acometida por seus despeitos amorosos: "Isso fora causado por Juno. É que estando, tanta vez, prestes/a surpreender ninfas deitadas nos montes com o seu Júpiter,/Eco, sagaz, costumava entreter a deusa com longas conversas/ até as ninfas se escapulirem". Juno descobriu seu artifício e a puniu: "Mal a filha de Saturno percebeu,/'Sobre a tua própria língua, com a qual me enganavas', disse,/'ser-te-á outorgado diminuto poder e brevíssimo uso da voz.'/E confirma a ameaça

78 *Metamorfoses*, 2014, Livro I, versos 588-638, p. 52-53.

com actos. Eco passou tão-só a duplicar/as palavras do fim das frases e a devolver os termos que ouve"[79]. Essas limitações impostas ao seu poder de fala e ao seu uso da voz concorreram para sua abordagem malsucedida de Narciso: "Oh! quantas vezes quis chegar à sua beira com doces palavras/e lançar-lhe ternas súplicas! A sua natureza, porém, opõe-se,/e impede-a mesmo de começar". Rejeitada por Narciso, seu amor cresce e sua dor aumenta: "Os cuidados das insónias emagrecem o lastimável corpo,/a magreza engelha-lhe a pele, e toda a humidade do corpo/envola-se para os ares. Somente restam a voz e os ossos:/a voz ficou; os ossos, dizem, tomaram o aspecto de pedra"[80].

Os ciúmes e invejas de Juno são um dos motes dos mitos de Ovídio. Além de conservar e estender discursos de detratação da voz e da fala feminina que já se materializavam em tantos textos da Antiguidade, os relatos do poeta romano comportam ainda outro elemento de depreciação do campo feminino. Excetuando-se a narrativa sobre Filomela e Procne, em cujo ato de justiça, que guarda certa semelhança com os feitos de Medeia, divisamos a empatia e a amizade entre as irmãs, nos relatos sobre Io e Eco ocorrem assaltos da capacidade linguística das personagens femininas, diminuições de seus recursos vocais e reduções dos poderes concentrados em suas falas e em suas vozes, mas se destaca também o que chamaríamos hoje de falta de sororidade. A solidariedade que poderia haver entre as figuras femininas é ali substituída por rivalidade, despeito, ódio e vingança. Assim, conforme já o indicamos, o efeito que se produz é o de que as próprias mulheres seriam em boa medida as responsáveis por silenciamentos que se abatem sobre elas. Nesse caso, não seria o universo masculino que sequestraria a fala e a voz femininas, mas, antes, as próprias deusas, heroínas e humanas é que o fariam umas às outras.

---

79 *Metamorfoses*, 2014, Livro III, versos 356-369, p. 94.

80 *Ibidem*, versos 375-399, p. 95.

Se os discursos do preconceito contra a palavra das mulheres estão presentes no mito e na filosofia da Antiguidade, eles não estão ausentes do próprio campo que busca regular a fala pública. Mais do que isso: em tratados de retórica, nos quais um dos objetivos é o de estabelecer normas para os exercícios da fala e para os usos do corpo e da voz nos desempenhos oratórios, tais preconceitos são frequentemente reproduzidos. Ali, nas avaliações de suas diferenças, não há espaço nem possibilidade de mistura entre as falas de homens e de mulheres, entre as vozes masculinas e femininas. Nesse domínio, a consagração e o descrédito são produzidos, principalmente, por separações que se pretendem absolutas e definitivas. Diante dessas excludentes separações, não há espaço para o surgimento de oradoras nem para as performances femininas. Vejamos alguns exemplos desse funcionamento no mais completo compêndio de retórica da Roma antiga, a *Instituição oratória*, de Quintiliano, publicada por volta do ano de 95 de nossa Era.

Já no início do primeiro livro de sua obra, Quintiliano anuncia seu principal objetivo: "formar o orador perfeito. Ele somente pode existir, se for um homem de bem. Por isso, exigimos dele ao mesmo tempo uma exímia capacidade de falar e todas as virtudes da alma". Logo em seguida, acrescenta o seguinte: "Com efeito, não admito que se reserve aos filósofos, como alguns pensam, a tarefa de expor as regras de uma vida direita e honesta, porque o homem que pode verdadeiramente desempenhar essa função de cidadão e que é capaz de administrar os negócios públicos e privados, o homem que está apto a governar as cidades por meio de decisões coletivas, fundamentadas em leis e corrigidas em julgamentos, esse homem certamente só pode ser o orador"[81]. O "homem de bem" de que fala Quintiliano não é o *homo bônus*, um ser humano dotado de bondade e senso de justiça, mas o *vir bonus*, e dele o autor da *Instituição* exige "todas as virtudes da alma", ou seja, as *animi virtutes*, porque apenas ele pode re-

81 *Institution oratoire*, 2003, Livro I, Introdução, 9, p. 51.

uni-las em si. Por "natureza", as mulheres estão excluídas da fala pública e do governo das cidades.

Essa sumária exclusão não significa que Quintiliano não irá se referir ao universo feminino. São, aliás, relativamente numerosas as referências às mulheres e a traços "afeminados". Em todas elas há um ponto em comum: sua carga essencialmente negativa. Vejamos apenas algumas delas. Ainda no primeiro livro, num capítulo em que trata de etimologia e de outros temas linguísticos, o retor menciona dois autores que postularam a derivação do termo "celibato" da palavra "céu". Ao fazê-lo, de passagem, produz um ligeiro e sintomático elogio dos celibatários, que estariam no céu, *caelibes in caelo*, porque, afastados da convivência com as mulheres, se livram de muitos problemas e inquietações. Um pouco mais adiante no mesmo livro, Quintiliano fala da necessidade de instruir o orador em formação nos usos de sua emissão vocal e de seus gestos: "Com efeito, não quero que a criança que eu preparo para se tornar um futuro orador seja diminuída por ter uma voz fina de mulher"[82].

Já no quinto livro da mesma obra, quando se trata dos indícios materiais como integrantes dos conjuntos de provas persuasivas, lemos o seguinte: "Ora, se a mulher tomar banho com homens é indício de adultério, também será indício de sua corrupção um homem conviver com adolescentes e ainda manter amizade muito próxima com alguém. Podemos dizer que um corpo depilado, um andar requebrado e uma vestimenta afeminada serão indícios de um homem afeminado ou de um homem menos homem"[83]. Na conclusão desse parágrafo, Quintiliano afirma que aqueles indícios podem servir de prova de que um tal comportamento deriva de uma depravação pessoal. Bem mais adiante, quase no final de sua obra monumental, há um minucioso capítulo dedicado à ação oratória, no interior do qual os usos da voz na fala pública são

---

82 *Ibidem*, cap. XI, 1, p. 143.

83 *Institution oratoire*, 2003, Livro V, cap. IX, 14, p. 126.

pormenorizadamente considerados. Ali, entre outros, há os seguintes enunciados:

> Se com um cuidado atento conseguimos desenvolver as qualidades da voz, tal como fazemos com todas as demais, a negligência e a ignorância irão enfraquecê-las. Mas esse cuidado não deve ser o mesmo para os oradores e para mestres do canto. Há muitas condições comuns aos dois casos: a robustez da constituição corporal, para que nossa voz não seja fina e estridente, como a dos eunucos, das mulheres e dos doentes. Atingiremos esse resultado graças à marcha, aos exercícios físicos, à continência e a uma digestão fácil, ou seja, à frugalidade.
>
> Porque aquele que está comprometido com inúmeras obrigações para com seus concidadãos precisa ter uma voz robusta e resistente, ao invés de uma suave e delicada, uma vez que todos os cantores, modulando suas vozes, amolecem até mesmo os sons mais elevados, ao passo que nós, nós somos forçados em geral a adotar um tom áspero e veemente, a passar noites em vigília, a absorver a fumaça das velas e a prosseguir nosso trabalho com as vestes banhadas de suor[84].

A robustez e a resistência da voz podem ser compartilhadas por oradores e cantores, na medida em que permitem sua oposição à estridência da voz dos eunucos, das mulheres e dos doentes. Contudo, a suavidade, o amolecimento e a delicadeza da voz masculina apenas podem frequentar a leveza e a recreação do entretenimento proporcionado pelos cantores, ao passo que na gravidade e na seriedade dos usos públicos dessa voz tais propriedades e inflexões vocais devem estar ausentes, em benefício do "tom áspero e veemente", que só se encontra nos "homens de bem", os únicos que podem ser oradores. Como vimos, Quintiliano já o havia ressaltado ainda no início do primeiro livro de sua *Instituição* e volta a fazê-lo ao

---

84 *Ibidem*, Livro XI, cap. III, 19 e 23, p. 227-228. Dois mil anos mais tarde, a fala de homens considerada "afeminada" continua a ser objeto de discriminações no Brasil. Essas discriminações das qualidades de voz e das pronúncias "gays" foram analisadas por Mendes (2011).

final de sua obra: *vir bonus dicendi peritus*. Esse é seu orador ideal: um homem de bem, que é exímio no exercício da fala. Jamais uma mulher, um afeminado ou um homem desvirtuado. Essa equivalência não dá margem à dúvida, porque aqui o universo feminino corresponde à ausência de virtude e à plenitude dos vícios.

Falar como um homem... eis um imperativo categórico de estilo da retórica. Mediante o uso das provas técnicas do *ethos*, do *pathos* e do *logos*, oradores têm de perseguir o modelo viril e ideal proposto pelos retores latinos: *docere*, *delectare* e *movere*. Antes de Quintiliano, Cícero já postulava que a excelência oratória compreendia o cumprimento dessas três tarefas:

> Portanto, será eloquente aquele que no tribunal e nas causas civis falar de tal modo que consiga dar provas do que diz, ser agradável e emocionar seus ouvintes. Dar provas do que diz é uma condição necessária para o orador convencer seu público, mas mostrar-se agradável é fundamental para a obtenção de seu consentimento e emocioná-lo é uma exigência incontornável para persuadi-lo. De fato, entre essas três funções, é a emoção suscitada nos ouvintes a mais poderosa para que saiamos vitoriosos das causas que disputamos. Há para o desempenho de cada uma dessas tarefas do orador um estilo próprio de linguagem: um estilo preciso para provar algo, um estilo ameno para agradar ao público e um estilo veemente para comovê-lo. É somente neste último que reside toda a potência do orador.[85]

É possível observar uma hierarquia entre essas funções nessa recomendação. A capacidade de instruir e bem argumentar, de *docere*, é indispensável ao convencimento nos desempenhos oratórios dos gêneros judiciário e deliberativo, mas ela não basta para persuadir o público. Para isso, é preciso ainda se mostrar agradável, *delectare*, sempre como a franqueza de um homem e nunca com a bajulação de uma mulher ou de um afeminado, no intuito de tornar seus ouvintes benevolentes. Porém, o objetivo mais importante é o de

85 *L'orateur*, 2008, cap. XXI, 69, p. 25.

conseguir tocar seus corações, *movere*. Sem a disposição passional favorável dos ouvintes, condição necessária para a adesão afetiva a certa posição, as demonstrações ao cérebro e as imagens positivas do próprio orador seriam insuficientes para a eficácia discursiva. Além disso, Cícero sustenta que para o desempenho de cada uma dessas funções há estilos apropriados de linguagem. Na execução da mais relevante tarefa, o estilo a ser usado deve ser o veemente, ele é o único que concentraria e daria vazão a "toda a potência do orador". É difícil imaginar uma formulação que fosse mais conforme aos padrões viris da oratória. Também em Roma, a *res publica* e as falas que a governam são domínios do império do varão.

A sociedade romana era patriarcal e sua estrutura social compreendia patrícios e plebeus, clientes, proletários e escravos. No âmbito familiar, as mulheres estavam submetidas a seus pais e a seus maridos. Apesar disso, seus direitos econômicos costumavam ser mais amplos do que os de suas congêneres gregas. Além disso, lhes era reconhecida a disposição de ter qualidades morais, entre as quais, a compostura, a afabilidade, a sobriedade, o pudor e a castidade. A suspensão da *Lex Oppia*, lei que restringia a acumulação de bens pelas mulheres e a exibição de sua riqueza, que lhes interditava o uso de roupas coloridas, principalmente as de cor púrpura, e o deslocamento em veículos de tração animal, não compreendeu a conquista de direitos políticos. Mas as condições econômicas privilegiadas de algumas mulheres romanas lhes permitiam desempenhar importantes papeis sociais. Isso, porém, estava longe de significar igualdade de condições com os homens. Já sobre as esposas e filhas dos plebeus, mas também dos clientes, e, sobretudo, dos proletários e dos escravos, a carga dos menosprezos, das opressões e das exclusões era muitíssimo mais pesada[86].

86 Para mais detalhes sobre a condição das mulheres na Antiguidade, ver: Duby e Perrot (1993) e Chatelard (2016).

Por fazerem parte da nobreza, algumas mulheres puderam participar da vida pública na Antiguidade. Contudo, sobre essa participação recaíam muitas restrições. Hipatia, de Alexandria, foi uma dessas mulheres que conquistaram espaço social e direito ao exercício da fala pública. Sem poder gozar de postos e títulos oficiais, ela foi matemática, filósofa e professora com considerável renome[87]. Porém, nem o notório saber que lhe era reconhecido foi suficiente para aplacar as desconfianças que pesavam sobre uma mulher solteira, que desfrutava de importante lugar na vida política e social de sua cidade.

Em larga medida, o reconhecimento de que ela pôde usufruir ainda em vida derivou de seus desempenhos de fala pública. A qualidade desses desempenhos contribuiu para sua posteridade, porque foi com suas falas que Hipatia adquiriu os seguintes atributos, em contextos bastante diversos de recepção: heroína anticlerical, vítima do obscurantismo, pioneira representante do iluminismo, que padeceu da vitória da religião sobre a ciência, referência para a prática científica "no feminino", ícone do feminismo e encarnação da liberdade e da rebelião contra os poderes autoritários. Na primavera do ano de 415, ela foi arrastada pelas ruas da urbe por fanáticos religiosos e esfolada viva no interior de uma igreja. Seu corpo foi esquartejado e queimado em praça pública. Como já ocorrera e ainda ocorreria com tantas outras mulheres, boa parte delas sem direito sobre suas próprias vidas, Hipatia foi calada por meio desse radical silenciamento imposto pela violência, pela tortura e pela morte.

87 Watts, 2017.

CAPÍTULO 2
SILENCIAMENTOS MEDIEVAIS

MALDITAS PALAVRAS DAS FILHAS DE EVA

"O que é a mulher?" Essa teria sido uma das questões que o imperador Adriano dirigiu a Segundo, o filósofo silencioso. Sua resposta é uma concentrada dose de misoginia:

> A origem dos desejos do homem; uma besta selvagem com quem convivemos; uma preocupação que nos atormenta desde o início de todos os nossos dias; a libertinagem que se impregna em nossos corpos; um animal feroz em sua cama; uma víbora adornada; a razão de um combate incessante e espontâneo; a intemperança em seu leito; um castigo cotidiano; uma tormenta em nossa casa; um entrave à tranquilidade; a perdição do homem, que se torna intemperante; a preparação dos adultérios; o saque de nossas vidas; uma guerra dispendiosa; uma besta perversa; um fardo pesadíssimo; uma tempestade incontrolável e avassaladora; uma cobra venenosa; um instrumento de procriação; um mal necessário.[88]

O silencioso não havia se estendido assim em nenhuma das suas noves respostas anteriormente dadas às perguntas do imperador. Em sua definição da mulher, pululam metáfo-

88 Secundus, o silencioso *apud* Philonenko, 1991, p. 377.

ras, paradoxos e hipérboles. As formas e figuras predominantemente particulares, tais como "uma besta selvagem com quem convivemos", "uma víbora adornada", "uma tormenta em nossa casa", conduzem às mais gerais: a mulher é "um instrumento de procriação" de que a humanidade precisa, mas como é também fonte do pecado e quintessência da maldade, se torna "um mal necessário", algo de que não se pode prescindir e alguém de quem não se deve aproximar e menos ainda manter proximidade. Ela é origem dos desejos do homem e, ao mesmo tempo, fonte de sua perdição[89].

Ao longo da longa Idade Média, Segundo foi tomado como *auctoritas* e *exemplum* em obras virulentamente misóginas dos campos da teologia, do direito e da predicação. Sua obra e o predominante pensamento sexista medieval foram responsáveis por uma sólida e extensa corrente de misoginia[90]. Teólogos, juristas e pregadores reproduziram e ampliaram ideias, ações e afetos contra as mulheres e contra os atributos e valores femininos. As enormes forças, constâncias e abrangências dos elos dessa corrente eram nutridas pela conhecida onipresença da religião católica e da religiosidade cristã do mundo medievo ocidental. Em seus fundamentos, estavam palavras contidas nas Sagradas Escrituras. Vimos aqui que já em seu primeiro livro figura a afirmação de uma relação constitutiva entre palavra e perigo, poder e perdição na fala feminina. Eva deu ouvidos à serpente e tentou Adão, que, por sua vez, se deixou convencer pelas palavras de sua mulher. Porque ela assim operou, ouvindo o que não deveria ter ouvido e falando o que não poderia ter falado, fez por merecer o seu castigo: a multiplicação da dor do parto e a entrega e obediência ao marido. Adão também será punido, mas seu pecado é menor, porque é efeito da fala de Eva: "Porquanto deste ouvidos à voz de tua mulher...". Ele tem culpa, porém, a causa da queda e o dolo caem no colo de Eva.

89 Philonenko, 1991, p. 378.

90 Cotos, 2003.

Seu primeiro nome foi "varoa", porque ela fora feita por Deus dos ossos e da carne do varão: *virago* provém de *vir*. Adão lhe deu esse e ainda seu segundo nome: "E chamou Adão o nome de sua mulher, Eva; porquanto ela era a mãe de todos os viventes"[91]. A palavra vem do hebraico *Hava* e significa "vida". Essa significação está ligada ao exercício de seu papel materno, porque ela será reduzida ao útero que vai parir a humanidade, ao seio que vai alimentá-la e à boca que vai lhe ensinar a falar. Mas no bojo dessa relação entre o feminino e a palavra, entre a gênese do mundo e a nutrição da vida, um antigo abismo é anunciado, reproduzido e espalhado. Vários teólogos medievais admitiam que a vida humana derivava de Eva, mas sustentavam que a sonoridade de seu nome remetia aos gemidos e lamentos da humanidade, pelos quais ela era a culpada. Adão teria sido feito à imagem de Deus; Eva, somente à semelhança de uma cópia muito rebaixada do criador[92]. Isso justifica o abismo que distingue e separa a mulher de fala sedutora, pérfida e danosa, de um lado, e o homem, que lhe deve resistir, de outro. Como foi feito à imagem de Deus, em Adão predomina o espírito, enquanto em Eva o domínio é o do corpo. Desde então, todas as filhas de Eva carregariam esse estigma e obrigariam os homens a desconfiar de suas palavras. Agora com a chancela da mais potente instituição medieval, se reforça a condição corrompida e corruptora da fala feminina, se justifica sua condenação e se recomenda seu silenciamento.

Uma das molas propulsoras do cristianismo medieval foi sua grande capacidade de comunicação. Na Idade Média, em contraposição aos religiosos adeptos da distância dos fiéis, do hermetismo da palavra de Deus e do latim como língua única do apostolado, a adoção de vitrais e de outros ícones nas igrejas para ilustrar passagens bíblicas, a pregação em língua vulgar, a difusão de textos que comentavam questões teológicas relativamente complexas em linguagem mais ou menos

---

91 *A Bíblia Sagrada*, 1969, Livro do Gênesis, cap. III, vers. 20.

92 *D'alverny*, 1997.

clara e simples, bem como a dramatização de cenas do Antigo e do Novo Testamento desempenham importante papel na difusão e consolidação da fé cristã. Todo esse arsenal era usado para tratar, dentre outros temas e questões, da condição da mulher no mundo e de sua relação com Deus e com o homem. Formulações intrincadas dos Padres da Igreja não eram de fácil compreensão e exigiam esforço para sua propagação. A seguinte passagem de Tomás de Aquino rebaixa a mulher em termos absolutos e lhe reconhece o cumprimento de uma função fundamental em termos relativos:

> Na sua natureza particular, a fêmea é um ser deficiente e falho. Porque a virtude ativa, que está no sémen do macho, tende a produzir um ser perfeito semelhante a si, do sexo masculino. Mas o facto de ser a fêmea a gerada provém da debilidade da virtude ativa, ou de alguma indisposição da matéria. (...) Mas, por comparação com a natureza universal, a fêmea não é um ser falho, pois está destinada, por intenção da natureza, à obra da geração. Ora, a intenção da natureza universal depende de Deus, seu autor universal. Por isso, na instituição desta, produziu não só o macho, mas também a fêmea.[93]

Não há verdadeiro equilíbrio entre afirmar e infirmar a natureza deficiente, falha e débil da mulher nem no texto de Tomás de Aquino nem provavelmente na maioria de suas recepções. O predomínio da misoginia no pensamento medieval tende a envolver e sobredeterminar o postulado da sabedoria divina em criar "não só o macho, mas também a fêmea". Movidos pelas presumidas dificuldades de compreensão dessas e de outras nuances pela maioria da audiência cristã, vários pregadores se valiam de textos que as simplificavam, tal como o "História d'abreviado testamento velho", publicado em Portugal no século 13. Por intermédio de textos bíblicos como esse, se consolidou nas então "incipientes literaturas das línguas românicas o tema da oposição entre Ave e Eva, no qual Ave

---

93 Aquino, Tomás. *Suma teológica*, segunda parte, questão 92, *apud* Schmidt, 2018.

equivale à Maria, a nova Eva doadora da vida, e Eva, à mãe da espécie humana, que introduziu a morte física e espiritual entre nós"[94].

Em suas reproduções das narrativas da criação, se destacam o fato de o homem ter sido feito antes da mulher e o de que a concepção de Adão compreendeu o manejo do barro de que derivou seu corpo e o sopro divino que lhe deu uma alma, enquanto a de Eva não contemplou a dádiva do espírito. Ele vem diretamente de Deus e recebe uma alma do criador, ao passo que ela vem do homem e não recebe a mesma graça espiritual. Antes mesmo da queda do homem, já existia uma nítida diferença hierárquica entre ele e a mulher. Depois dela, a culpa feminina só fez se agravar. Em quem só tem corpo ou em quem não tem uma alma plena, costumamos reconhecer a voz e eventualmente alguma linguagem, mas não completa competência de fala nem integral direito de falar.

Outro exemplo de divulgação simplificada das Sagradas Escrituras eram as peças de teatro. Uma delas é *Mystère d'Adam*, que é uma das mais antigas peças em língua vulgar. Publicada no final do século 12, há nela um diálogo relativamente longo entre Adão e Eva, em que a primeira mulher é ainda mais pérfida do que sua versão quase emudecida do Gênesis. Vejamos somente algumas passagens desse diálogo:

> Eva: Come, Adão, tu não sabes o que é isto! Peguemos este bem que nos é dado.
>
> Adão: É tão bom?
>
> Eva: Logo o saberás! Não podes sabê-lo sem experimentar.
>
> Adão: Tenho medo de fazê-lo!
>
> Eva: Experimenta!
>
> Adão: Não o farei!
>
> Eva: Que hesitação covarde é essa!
>
> Adão: Então a pegarei.
>
> Eva: Come, pega! Assim reconhecerás o bem e o mal. Eu comerei primeiro.
>
> (Aqui Eva deverá comer um pedaço da maçã e dizer a Adão: Experimentei. Deus, que sabor! Nunca comi algo tão doce.

---

94 Isquerdo, 2003, p. 60.

> Que sabor tem esta maçã!)
> Adão: Que sabor?
> Eva: um sabor que nunca homem algum experimentou. Agora os meus olhos tornaram-se tão claros, que eu me sinto como Deus todo poderoso. Tudo o que foi, tudo o que será, tudo o sei, e sou seu senhor. Come, Adão, não hesites, tu vais comê-la em boa hora.[95]

Antes desse trecho, o diabo já havia tentado Adão, que conseguiu lhe resistir. Esse primeiro homem é ainda mais bem apresentado, pois "com a autoridade de um homem que se sente senhor da sua casa e que sabe que, objetivamente, tem toda a razão, justificando claramente a sua posição, proíbe a Eva todo trato com o diabo"[96]. Diante de um Adão firme, idôneo e racional, em princípio, uma Eva, a quem Deus criou como auxiliar, não poderia lhe representar algum perigo. Mas isso ocorre, porque ela é a essência encarnada da maldade. No drama medieval, "Eva é pouco hábil, muito pouco hábil, ainda que esta falta de habilidade não seja, de forma alguma, difícil de compreender, pois sem a ajuda do diabo ela é, apesar de curiosa pecadora, fraca, dirigível pelo marido, muito inferior a ele". As ordens de Deus são o mando de Adão e a obediência de Eva. Por isso, ela é "medrosa, submissa, acanhada; ela sente que não pode enfrentar sua vontade clara, sensata e máscula". É a intervenção da serpente que modifica essa situação, invertendo a ordem estabelecida por Deus, quando "faz da mulher o senhor do homem e leva, desta forma, os dois à perdição"[97].

No *Mistério de Adão*, a serpente fez de Eva uma mulher manipuladora, que se vale da tentação, da provocação e da sedução para fazer Adão provar da maçã. Ela lhe diz que ele pode se apropriar de objeto valioso, de que não dispõe e do qual pode facilmente se apossar, que está abdicando dessa

---

95 A reprodução de uma passagem mais longa desse diálogo de *Mystère d'Adam* e uma acuradíssima análise desse trecho da peça se encontram em Auerbach (2013). É de Auerbach que extraímos as ideias formuladas aqui.

96 Auerbach, 2013, p. 129.

97 *Ibidem*, p. 130.

posse por covardia e que comer do fruto proibido lhe fará experimentar do delicioso gosto de um enorme conhecimento. Sua fala insistente e persuasiva se torna ainda mais convincente à medida que é acompanhada de uma ação efetiva e de um crescendo de credibilidade e de entusiasmo lastreado pela experiência: "Experimentei. Deus, que sabor! Nunca comi algo tão doce. Que sabor tem esta maçã!". Adão já estava inclinado a comer a maçã depois da provocação de Eva, mas, agora, seu interesse foi redobrado. A intervenção da serpente nada mais é do que uma repentina e surpreendente mudança no regime de interlocução e no padrão da fala feminina: "A mulher, que até há pouco tagarelava de modo tão infantilmente inconsciente, tão insensata e saltitante, que ele acabara de repreender com umas poucas palavras sérias, para as quais não houve resposta, manifesta, subitamente, uma vontade própria, totalmente independente da sua". O efeito dessa mudança é profundo, porque já não há mais a tranquilidade e a segurança do domínio masculino correspondente à ordem estabelecida por Deus: "os papeis estão trocados. As poucas palavras, entrecortadas, que Adão ainda fala, mostram-no totalmente perturbado"[98]. Ele sofre um abalo que excede sua força e sua compreensão e ela passa a dominar a situação.

Eva tomou posse da palavra. É nisso que consiste o caos, o perigo e o poder dessa inversão da ordem divina. Com uma fala eficaz, que convence a cabeça e que manipula o coração de Adão, a Eva desse imaginário medieval aprendeu com o diabo a dominar seu marido. A ameaça e a destruição estão "na irreflexão dos atos, na falta de um sentido moral próprio, de tal forma que ela ultrapassa os limites fixados com a audácia da minoridade, tão logo o homem não mais a tem sob sua férula"[99]. A peça diz em linguagem simples e clara, alegórica e figurada, que esse Adão é um bom homem, um camponês ou um pequeno burguês de qualquer canto da França medieval. Aqui está sua grande capacidade de comunicação: a condição

---

98 *Ibidem*, p. 131.

99 *Ibidem*, p. 131-132.

sublime dos mistérios da doutrina e da fé cristã se converteu em circunstância e personagens de uma realidade cotidiana, de que se fala num estilo simples e baixo de linguagem. Diferentemente de uma antiga tendência que separava o *sermo sublimis* e o *sermo humilis*, parte do cristianismo do medievo conjuga esses estilos elevado e cotidiano, em benefício deste último, e, por vezes, o privilegia sem disfarce. Assim, se divulgava com ampla eficácia a detratação da fala feminina.

O HOMEM FALOU ANTES... A MULHER DEVE SE CALAR PARA SEMPRE

O menosprezo pelas mulheres e por suas palavras circulava por segmentos sociais médios e populares ao longo da era medieval, mas não estava ausente de seus círculos eruditos. Vimos que Tomás de Aquino tratou do tema no campo teológico no século 11. Seu compatriota, Dante Alighieri, também o fez no início do século seguinte no campo de uma reflexão filosófica e literária e de uma política linguística. Seu *De vulgari eloquentia* contribui para dar início ao que se tornaria conhecida como a *questione della língua*[100], isto é, a uma série de debates linguísticos sobre as relações e diferenças entre o latim e as línguas vulgares, em geral, e o italiano, em particular, cujo ápice ocorrerá no *Cinquecento*. Nos três primeiros capítulos do primeiro livro, Dante não só contesta o consenso de que o latim é a língua nobre e as línguas neolatinas, plebeias, mas também afirma a nobreza dessas últimas. Além disso, ele reitera o antigo discurso de que os seres humanos são a única espécie racional e dotada de fala. Já no capítulo seguinte, se propõe a responder a estas questões: qual foi o humano a quem originariamente se atribuiu o dom da fala? Quem foi a primeira pessoa a falar? O que foi dito nessa primeira manifestação da fala humana? A quem ela foi endereçada? Onde,

100 Para detalhes sobre a "questão da língua", ver, entre outros: Trabant (2021) e Scarpa (2012).

quando e em que língua ela foi produzida? À primeira dessas perguntas, Dante respondeu nestes termos:

> Segundo lemos no princípio do Gênesis, onde as Sagradas Escrituras tratam dos primórdios do mundo e a mulher descobriu a fala antes do homem, entende-se que foi a muito presunçosa Eva, quando respondeu ao diabo: "Podemos comer do fruto das árvores do paraíso. Mas o fruto da árvore que está no meio do jardim, Deus nos proibiu de comê-lo e tocá-lo, se não quisermos morrer".
>
> No entanto, embora as Escrituras narrem que foi a mulher quem primeiro descobriu a fala, nos parece razoável crer que o homem tenha sido o primeiro a falar, pois seria inconveniente pensar que um ato tão nobre do gênero humano proceda de uma mulher e não de um homem. Portanto, acreditamos, seguindo esse raciocínio, que Aquele que modelara Adão também lhe deu a fala.[101]

Dante prefere correr o risco de uma acusação de heterodoxia a reconhecer a primazia da palavra concedida à primeira mulher na narrativa bíblica. Evoca a razão para fazê-lo: é razoável que Deus tenha oferecido ao homem, e não à mulher, um dom tão distinto da espécie humana. Em princípio, uma passagem como essa do *De vulgari eloquentia* poderia ser dispensável, na medida em que a superioridade masculina no domínio da linguagem e do resto do mundo já estava devidamente marcada no Gênesis. Como já vimos e havemos de nos lembrar, Deus outorgou a Adão o privilégio de nomear "todas as almas viventes", ou seja, os animais e a primeira mulher, chamada, num primeiro momento, de "varoa" e, num segundo, de Eva. A prerrogativa e o exercício da nomeação dos outros seres correspondem à elevação e ao comando de quem nomeia sobre os que são nomeados. Ainda assim, Dante vai deliberada e manifestamente se posicionar contra a possibilidade de que a mulher tivesse emitido a primeira palavra humana na Terra. Aqui, porém, como tudo o que deriva dos processos históricos e das estruturas sociais, não se trata de

101 Alighieri, 2021, Primeiro livro, cap. IV, 2-3, p. 53.

algo pessoal, porque essa passagem da obra de Dante é mais uma materialização do notório discurso da misoginia, que parece ter se disseminado por praticamente toda a sociedade da Baixa Idade Média. Forçando a barra, diríamos hoje, ele interpreta a Bíblia de modo a fazer com que tenha sido "o homem o primeiro a falar, e não a mulher. Esse ato de fala seria um diálogo entre Adão e Deus, anterior ao diálogo bíblico entre Eva e a serpente"[102]. O bem masculino precede e é superior ao mal feminino.

A condenação da fala feminina não é exclusividade do Gênesis e de suas misóginas interpretações medievais. Em muitas outras passagens da Bíblia, as detratações das mulheres e de suas manifestações são abundantes. Fosse no mundo físico ou no espiritual, o pensamento e as práticas de muitos então conjugavam a exaltação e o temor de suas palavras. Porque elas continham poderes e perigos, uma particular inquietação com a fala feminina grassava entre exegetas, pregadores e moralistas. Dessa inquietação decorria a necessidade de sua tutela, de sua redução e de seu silenciamento. Para tanto, a autoridade de são Paulo impressa nas Escrituras era bastante apropriada. Em boa medida, Paulo está na gênese da ambivalência do cristianismo diante da dualidade do mundo entre homens e mulheres, pois, se numa de suas cartas ele indica certo universalismo, ao dizer: "Porque todos quantos fostes batizados em Cristo já vos revestistes de Cristo. Nisto não há judeu nem grego; não há servo nem homem livre; não há macho nem fêmea; porque todos sois um em Cristo Jesus", em duas outras se afirma o androcentrismo de seu tempo, que convenientemente foi destinado à posteridade pela maioria dos teólogos e dos sacerdotes medievais:

> As mulheres estejam caladas nas igrejas; porque não lhes é permitido falar; mas estejam sujeitas, como também ordena a lei. E, se querem aprender alguma coisa, interroguem em casa a seus próprios maridos; porque é indecente que as mulheres falem na igreja.

---

102 Del Olmo, 2021, p. 240.

> Que do mesmo modo as mulheres se ataviem em traje honesto, com pudor e modéstia, não com tranças, ou com ouro, ou pérolas ou vestidos preciosos, mas como convém a mulheres que fazem profissão de servir a Deus com boas obras. A mulher aprenda em silêncio, com toda a sujeição. Não permito, porém, que a mulher ensine, nem use de autoridade sobre o marido, mas que esteja em silêncio. Porque primeiro foi formado Adão, depois Eva[103].

Em tais enunciados, se reitera o dever de submissão das mulheres a seus maridos e se estabelecem duas interdições: a que proibe a fala feminina durante as assembleias nas igrejas e a que exclui o direito das mulheres exercerem uma função docente no domínio religioso e no laico. Entre as duas interdições, o que paira como denominador comum não é simplesmente a custódia da fala feminina, mas a proibição de seu exercício no espaço público. Evidentemente, essas restrições à fala pública feminina na Idade Média dizem menos respeito aos espaços físicos do que aos lugares de poder: na passagem do privado ao público, o exercício oratório abandona o plano da comunicação entre indivíduos particulares para atuar nos campos social e político, onde há possibilidades de intervenção e de transformações da sociedade. Aqui ecoam longinquamente as palavras de Telêmaco: "falar é aos homens que compete". Muito próximas e carregadíssimas de autoridade estão as de Tertuliano, santo Ambrósio, são Jerônimo, santo Agostinho e são Tomás de Aquino, que, a despeito de suas diferenças, consolidam o androcentrismo e a misoginia medievais. Por essa razão, como regra, no medievo cabe exclusivamente aos homens falar nos tribunais e nas escolas, nas praças e nas igrejas. A palavra letígima da justiça, do conhecimento, do governo e da salvação continua a ser privilégio masculino.

No intuito de depreciar, deslegitimar e excluir a fala feminina, veremos que o mundo católico produziu uma proliferação

---

103 *A Bíblia Sagrada*, 1969, Primeira epístola aos Coríntios, cap. XIV, vers. 34-35; e Primeira epístola a Timóteo, cap. II, vers. 9-13.

de meios para condenar as mulheres e suas manifestações públicas na Idade Média. Além dos expedientes que já indicamos e em consonância com eles, há ainda o seguinte: o discurso segundo o qual as mulheres não só falam em demasia, como também o fazem com maldade e ardilosamente, se tornou um lugar-comum nos sermões e tratados morais daquele período. Ali, elas tagarelam, se lamuriam, fofocam e mentem. Essa crença também está atestada em *De regimine principum*, de Gil de Roma, um guia para orientar governantes do mundo laico publicado no século 13. Vários elementos de sua filosofia e de sua teologia escolástica estão presentes nesse seu guia para os príncipes. Ao tratar da condição dos governantes, Gil de Roma menospreza as mulheres e o universo feminino, que seriam atavicamente constituídos pelo domínio das emoções. O descontrole emocional das mulheres lhes impediria o uso racional, comedido e prudente da palavra. Uma vez que elas eram incapazes de conter suas paixões e de restabelecer a ordem ao caos de seus pensamentos e de suas falas, seria inevitável que "as mulheres falassem coisas estúpidas e inoportunas"[104].

TAGARELAS, IMPRUDENTES E PERVERSAS

A inconveniência e a ignorância da fala feminina se tornam ainda piores porque, como vimos, a maldade é propriedade atávica das mulheres. Além disso, essas reduções e estigmatizações de suas palavras são sempre reforçadas com suas antípodas que marcam as intervenções públicas dos homens distintos. É essa constitutiva maldade feminina que Gil de Roma atribui às já bastante negativas inaptidões, indiscrições e tagarelices das mulheres. O pensamento do frade italiano consiste em mais uma materialização desse discurso misógino que reproduz e difunde em larga medida no imaginário medieval os perigos da fala feminina. Por um lado, as mulheres até poderiam exercer a função de conselheiras no

104 Roma, Gil de. *De regimini principum*, livro III, apud Casagrande, 1990.

interior das famílias, mas, por outro, todos os seus conselhos tenderiam a carecer de ouvidos masculinos atentos e prudentes que avaliassem sua pertinência, conveniência e retidão. Haveria ainda agravantes dos riscos nos casos em que determinado assunto tivesse elevado valor e/ou fosse particularmente delicado: "a incapacidade de as mulheres guardarem um segredo deve induzir os familiares a limitar ao mínimo a troca confidencial de palavras que a intimidade da casa consente"[105]. Imprudentes, perversas e faladoras, as mulheres dizem o que deveria permanecer em silêncio. Diante do caos promovido por essa sua natureza, se impõe o estabelecimento da ordem pela civilização de padrões viris e supremacias masculinas.

A "má linguagem" feminina guarda poderes e perigos, porque ronda e atrai os homens, arruinando seus pensamentos, suas ações e suas palavras. Em fontes diversas, se reitera essa espécie de lugar-comum: "Como um caçador à espera da caça, a mulher espreita. A sua estratégia é hábil, a sua palavra de mel seduz, ela engana, o mal está feito. Eis escapado o segredo"[106]. O ato feminino de fala que revela os segredos é origem e difusão do mal. São muitos os ditados populares que circularam na Europa, particularmente entre os séculos 13 e 14, nos quais esse preconceito contra a fala feminina está concentrado: "Não digas à tua mulher o que queres manter em segredo" e "Uma mulher só cala o que não sabe", entre muitos outros[107]. Com a constância, a frequência e a difusão dos discursos que denunciam sua natureza insensata e perversa, ignorante e verborrágica, a palavra das mulheres se torna objeto de um pesado dispositivo de silenciamento. A despeito de seu peso e de sua considerável eficiência, ele não conseguia estabelecer um silêncio absoluto entre as mulheres. Uma vez que algumas delas podiam mais ou menos ocasionalmente falar, era preciso produzir e reproduzir discursos e empreen-

105 *Ibidem*, p. 137.

106 Régnier-Bohler, 1990, p. 549.

107 Lincy, 1859, p. 222-231.

der ações que depreciassem e deslegitimassem suas falas. Elas até poderiam falar, mas não seriam ouvidas.

O conselho para a conquista de um bem-estar conjugal dado por Eustache Deschamps nestes seus versos compreende esse regime de não escuta da fala feminina: "Quem quer viver bem no casamento/Seja cego e seja surdo, sem nada ver e ouvir/Não queira em nenhum momento a sua mulher inquirir"[108]. Essa deslegitimação da palavra feminina se espraiava pela teologia e pela literatura ,e estava também presente no campo jurídico. Já no ocaso da Idade Média, ao tratar da credibilidade dos depoimentos em processos judiciais, Jean Bodin afirmava o seguinte: "como testemunhas, as mulheres são sempre menos confiáveis que os homens". Uma tal descrença laica transpunha para o domínio da justiça terrena o que se dizia na esfera teológica. Dois célebres pregadores franceses dos últimos tempos medievais, Olivier Maillard e Jean Glapion, sustentavam que "as línguas tagarelas das mulheres causam grandes males". Glapion se recusava, inclusive, a considerar o testemunho de Maria Madalena sobre a ressurreição de Jesus Cristo, alegando que "a mulher, entre todas as criaturas, é a mais variável e mutável, pelo que suas palavras não poderiam ser provas suficientes contra os inimigos de nossa fé"[109]. Um profundo descrédito recai aqui com ainda maior ênfase sobre a fala feminina.

Os discursos que a silenciam e detratam se tornaram uma verdadeira ladainha medieval e consolidaram ainda mais uma crença profundamente impiedosa. Embora eventualmente pudesse não haver correspondência exata entre o que se dizia das mulheres e o que a ampla maioria dos homens e delas mesmas pensava e fazia no cotidiano ou em certas circunstâncias de suas vidas, uma série de fundamentos lastreava esses discursos que pretendiam calar e menosprezar a fala

---

108 Deschamps, 1791, p. 109. Versão original dos versos: "Qui bien vivre veult en son marriage,/Aveugle soit et sourt sanz rien oir,/Et se gart bien de sa femme enquerir".

109 Os enunciados de Jean Bodin, Olivier Maillard e Jean Glapion foram citados por Delumeau (1989, p. 321).

feminina. Predominava na mentalidade medieval esta divisão clara e bem estabelecida, na qual o universo feminino era marcado por "fraqueza e qualidades negativas: por natureza, a mulher só pode ocupar uma posição secundária, procurar o apoio do marido. Homem e mulher não se equilibram nem se complementam: o homem está no alto, a mulher em baixo". Esse imaginário é tão consistente que "homens e mulheres partilham essa mesma visão do feminino"[110]. A diferença entre os sexos na Idade Média cristã norteava o pensamento sobre a vida humana na Terra e nos Céus e sobre essa diferença se assenta uma ordem, sempre concebida sob a forma de uma hierarquia e sem a qual o mundo seria um caos. Para instaurar essa organização, funcionam o "princípio da polaridade" e o da "superposição", ou seja, "uma classificação binária e horizontal" e uma "interdependência hierárquica e vertical" entre as categorias do masculino e do feminino. Evidentemente, tudo isso se reforça com a história da tentação e da queda do homem, mas já está presente na própria criação da humanidade, porque a inferioridade da mulher e sua submissão ao homem são assinaladas na sucessão temporal e na composição material de Eva. Há enorme insistência no "fato" de que ela foi criada depois de Adão, somente para auxiliá-lo, e no de que foi composta a partir da costela do primeiro homem. Por isso, ele é mais racional, espiritual e próximo do divino do que mulher, que é praticamente reduzida às emoções, ao corpo e ao terreno.

Ciências teológicas, naturais e políticas alicerçam essa crença. Deus, a natureza e os poderes políticos e sociais indicam a condição necessária da inferioridade feminina e da imperativa subordinação das mulheres aos homens. A interdição da fala feminina e sua deslegitimação são ações básicas da reprodução e da confirmação dessa inferioridade e dessa subordinação. Nesse pensamento misógino medieval, era preciso privar as mulheres de seus corpos, de suas vozes e de suas falas, para tentar alijá-las de sua capacidade de agir na

110 Kaplisch-Zuber, 2002, p. 137.

sociedade e de transformar a história. O culto à virgem Maria e a romàntização das damas no amor cortês não conseguiram enfraquecer efetivamente a depreciação das mulheres: "Sobre seu pedestal, a mulher continua sendo uma essência obediente à obsessão da virgindade que a faz pender em direção à abstração. A mesma obsessão inspira o desejo de perfeição, elevando Maria muito acima das outras mulheres, e a dama do amor cortesão acima de todas as suas rivais, inacessível ao amante, perdida nas terras longínquas do desejo impossível". Quanto maior for o perigo pressentido no poder de atração dos corpos, das vozes e das falas femininas ou quanto maior for a inquietação com alguma de suas ambivalências, maiores serão a repulsa que as mulheres inspiram nos homens de bem e as medidas para demonizá-las: "porque é assimilada a seu corpo, a mulher que realça sua beleza natural com unguentos, pinturas, joias e adereços, a que se veste como um homem, a que toma a palavra publicamente, que profetisa ou pretende dar os sacramentos, transgridem claramente a lei divina, e a lei humana tem que punir estes erros"[111]. Ao lado de judeus e muçulmanos, as mulheres são agentes privilegiados de satã para os cristãos do medievo.

Uma diabolização da mulher se processa na Idade Média. Convicções reais ou simuladas na onipresença demoníaca impunham aos clérigos maiores vigilâncias, continências e sacrifícios. Diante dessas condições cada vez mais rigorosas de vida na igreja, em geral, e no interior dos monastérios, em particular, experimentadas pelos religiosos, "pode-se legitimamente presumir, à luz da psicologia das profundezas, que uma libido mais do que nunca reprimida transformou-se neles em agressividade". A frustração sexual era redobrada com o contínuo das tentações e produzia nos frustrados o subterfúgio de projetar em outrem o que não queriam reconhecer em si mesmos. Por extensão, surge a necessidade de eleger bodes expiatórios, a quem se pode acusar, desprezar e perseguir. Nesse cenário, "a mulher é um ser predestinado

---

111 *Ibidem*, p. 145 e 149.

ao mal"[112] e cumpre muitíssimo bem essa sua vocação, se não houver o distanciamento de seu corpo pecaminoso, se não houver os silenciamentos que lhe são impostos pelos homens, principalmente, em nome de Deus, e se não houver os tantos outros controles masculinos. Para consolidar e difundir essa crença purificadora dos desejos eclesiásticos, os discursos misóginos desempenharam um papel decisivo. Além dos poderes simbólicos e materiais da igreja, as obras teológicas, os compêndios e as antologias sacras, os sermões e os cânticos religiosos contavam ainda com muitos, variados e eficazes recursos retóricos e poéticos para propagar os discursos monásticos de afastamento, medo e ódio das mulheres. Seus enunciados emergiram, se fortaleceram e se alastraram no meio eclesiástico e, mais tarde conjugados com o poder da imprensa nascente, se disseminaram em parcelas crescentes do público leigo: "O que na alta Idade Média era discurso monástico tornou-se, em seguida, pela ampliação progressiva das audiências, advertência inquieta para uso de toda a Igreja discente que foi convidada a confundir vida dos clérigos e vida dos leigos, sexualidade e pecado, Eva e Satã"[113].

ELA É UM DEMÔNIO... FONTES DA MISOGINIA MEDIEVAL

Uma das obras que contribuiu para o aumento da misoginia medieval foi *De planctu ecclesiae*, redigido pelo franciscano espanhol Alvaro Pelayo, a pedido do papa, por volta do ano de 1330. Praticamente tudo o que o conhecido *Malleus maleficarum*, o *Martelo das feiticeiras*, dos dominicanos alemães Heinrich Kramer e James Sprenger, publicado pela primeira vez um século e meio mais tarde, "conterá de mais misógino é explicitado no *De planctu*". Tal como ocorre no famoso manual da Inquisição, a obra de Pelayo, "talvez o documento maior da hostilidade clerical à mulher", está repleta de fontes e argumentos de autoridade, apoiados no Eclesiástico, no Livro

112 Delumeau, 1989, p. 320.

113 *Ibidem*, p. 322.

dos provérbios, em são Paulo e nos Doutores da Igreja, e de recortes que descontextualizam e intensificam as passagens citadas: "Essas citações se tornam incendiárias porque são cortadas de seu contexto e extraídas de maneira arbitrária no sentido de um antifeminismo virulento". As mulheres não somente teriam todos os vícios dos homens, mas também um próprio e extenso conjunto de defeitos e devassidões: "Suas palavras são melífluas", "Ela é enganadora", "Está cheia de malícia", "É faladora", "lamurienta", "tagarela", "briguenta", "invejosa" e "colérica"[114].

Esses e outros estigmas que lhes são ali atribuídos estão espalhados por sete tópicos fundamentais: i) as mulheres são a fonte de toda perdição; ii) atraem os homens com sua sensualidade: "não há nenhuma imundície para a qual sua luxúria não conduza"; iii) têm poderes mágicos e misteriosos, que são usados para esterilizar e trair os homens, para arrastar as virgens à libertinagem e até para matar seus próprios filhos; iv) são "ministros da idolatria, pois tornam os homens iníquos e os conduzem à apostasia; v) são indiscretas e descontroladas, sua fala e sua cólera não têm limites; vi) provocam e dão razão à desconfiança de seus esposos, porque são adúlteras e ciumentas; e vii) trazem perturbações profundas à vida na igreja, porque falam durante os ofícios, excitam os homens com a exposição de sua lascívia nos templos e algumas se arrogam do direito de pregar durante as celebrações. A quinta e esta última acusação, na qual aparecem manifestamente a misoginia monástica, ligada a frustrações sexuais dos clérigos, e a batalha pelo monopólio masculino dos poderes da igreja, concentram a detratação da fala feminina e sua censura, particularmente em espaço público e sagrado. Mas, efetivamente, em todas as demais denúncias, ainda que de forma mais ou menos indireta, estão presentes a difamação da palavra das mulheres e a defesa de seu necessário silenciamento.

---

114 *Ibidem*, p. 323. A subdivisão dos argumentos de Pelayo em sete tópicos também é proposta por Delumeau nessa mesma passagem de sua obra.

Os receios, medos e ódios masculinos pelas mulheres são antiquíssimos. De modo geral, consistem em contraponto desigual e não elaborado às atrações, admirações e amores dos homens pelo "segundo sexo", misterioso e mal compreendido. A esses antigos afetos se somam profundos temores do fim dos tempos, dos infernos e do "príncipe deste mundo" típicos da Idade Média. Vimos que o diabo, essa entidade do mal por excelência no imaginário medieval, tem nas mulheres um de seus agentes privilegiados. A correspondência entre o demônio e a mulher foi consolidada pela instituição mais poderosa de seu tempo e em nome da maior entidade de todo o universo. Nada poderia ser mais intenso. Outras invenções medievais como a exaltação de Maria, sua consagração com extraordinárias catedrais e formidáveis obras de arte e ainda o amor cortês produziram uma idealização da mulher, sob a forma da pureza imaculada da virgem mãe de Cristo e da dama do homem apaixonado, que é modelo de todas as perfeições. Aspectos importantes do pensamento, das ações e dos discursos do culto mariano e da literatura dos trovadores se prolongariam em diversos processos históricos e relações sociais e é provável que tenham concorrido no longo prazo para a promoção da mulher. Se isso efetivamente ocorreu, parece mesmo ter se dado a longo prazo, porque na Idade Média a consagração da Virgem teve como contrapartida a desvalorização da sexualidade. A literatura cortês, por seu turno, não conseguiu produzir modificações profundas nas estruturas e relações sociais:

> Assim, a Idade Média "cristã", em uma medida bastante ampla, somou, racionalizou e aumentou as queixas misóginas recebidas das tradições de que era a herdeira. Além disso, a cultura encontrava-se agora, em vastíssima medida, nas mãos de clérigos celibatários que não podiam senão exaltar a virgindade e enfurecer-se contra a tentadora de quem temiam as seduções. Foi bem o medo da mulher que ditou à literatura monástica esses anátemas periodicamente lança-

dos contra os atrativos falaciosos e demoníacos da cúmplice preferida de Satã.[115]

Diante dessa imensa força da hegemônica misoginia medieval, lhe fazer oposição não era tarefa fácil. Uma das provas dessa força reside na massiva adesão feminina à ideologia misógina. Entre outros de seus registros, há o seguinte enunciado de uma destacada abadessa: "A mulher é fraca, ela vê no homem o que pode lhe dar força, da mesma maneira que a lua recebe sua força do sol. É por isso que ela é submissa ao homem, e deve estar sempre pronta a servi-lo"[116]. A responsável por sua formulação, Hildegarda de Bingen, conseguiu grande reconhecimento ainda em vida e após sua morte. Sua qualificada e prolífica produção nos campos da teologia, das ciências naturais, da música e da poesia, sua atuação como mestra de um mosteiro e seu desempenho como pregadora lhe renderam a concessão do título de doutora da igreja e sua santificação. Não fosse sua consonância com essa concepção sobre a mulher que reinava em seu tempo, Hildegarda provavelmente teria tido um menor e mais tardio reconhecimento. A busca por respeito e certo espaço, bem como a produção de dissidências eram ainda mais difíceis às vassalas do que às senhoras feudais e às mulheres do alto clero e da nobreza. Algumas destas últimas conquistaram direitos e espaços para atuar na vida religiosa, social e política de suas comunidades. Em que pesem tais conquistas, havia diversas limitações, que dificultavam essa sua atuação.

Em contrapartida, a ampla presença da misoginia não significava sua ubiquidade, sua alta frequência não significava constância ininterrupta e sua longa conservação não significava imobilidade. O discurso misógino esteve muito presente, era bastante frequente e teve vida longa durante toda a Idade Média. Mas, não estamos diante de uma onipresença e de uma perenidade absolutas. Em meio a seu enorme po-

---

115 *Ibidem*, p. 318-319.

116 Formulado no século XII e mencionado por Kaplisch-Zuber (2002, p. 137).

der, havia também tensões, ambivalências e confrontos. Além disso, qualificados medievalistas já demonstraram que nem todas as relações sociais e familiares entre homens e mulheres ocorriam plenamente sob rígidos ditames desse imaginário[117]. Há, inclusive, quem afirme que naquele contexto teria surgido uma feminista *avant la lettre*: Christine de Pizan. Seu pai era astrólogo do rei Carlos V, da França, e seu marido, secretário real. Aos 25 anos, já mãe de três filhos, ela se torna viúva. A viuvez contribuiu para lhe proporcionar uma considerável liberdade, mas também lhe impôs a necessidade de incrementar o orçamento para o sustento dos filhos. O exercício dessa liberdade e a resposta a essa imposição fizeram de Pizan a primeira escritora profissional do ocidente. Sua obra ampla e diversificada se inscreveu nos campos da literatura, da filosofia e da política. Mas, uma das vertentes mais conhecidas de sua produção é a que se poderia chamar de "defesa das mulheres".

A cidade das damas de 1405, costuma ser concebida como uma das primeiras obras feministas da história[118]. Nessa narrativa, a protagonista debate com "três damas (Razão, Retidão e Justiça) que a ajudam a construir uma cidade amuralhada para proteger as mulheres virtuosas das calúnias injustas lançadas pelos homens". Pizan constitui ali uma alegoria sob a forma do gênero "vida das mulheres ilustres", na qual menciona "uma centena de heroínas do passado e contemporâneas como *exempla* contra os estereótipos negativos do feminino disseminados pelos filósofos e pelos poetas, no objetivo duplo de refutá-los e de motivar suas leitoras a aspirar

---

117 Duby, 2013. Duby já havia afirmado em outra obra que o período medieval era "a idade dos homens"; nesta, indica que ela era também a de algumas mulheres. No já citado verbete "Masculino/feminino", de autoria de Christiane Kaplisch-Zuber (2002), do *Dicionário temático do ocidente medieval*, sua autora também sustenta essa posição, fazendo referência a registros mais ou menos populares, nos quais as mulheres não são depreciadas.

118 Para uma referência incontornável sobre Christine de Pizan e sua *A cidade das damas*, ver: Pizan (2006).

à busca pela virtude nos diferentes aspectos de suas vidas: intelectual, social e espiritual"[119].

Antes de seu *A cidade das damas*, as correspondências reunidas no título *Querelle de la Rose* (*Debate da rosa*) parecem ter composto o primeiro debate público em defesa do sexo feminino. Numa série de cartas, Pizan criticava a misoginia presente na obra *Romance da Rosa*, de Jean de Meun. Essa "feminista" medieval escrevia em francês, e não em latim, seus textos estavam repletos de recursos literários, distintamente da frequente aridez que caracterizava boa parte das obras teológicas, filosóficas e políticas de sua época, e incluía as mulheres em seu público leitor. Tratava-se aí de uma "opção" estilística que tanto contornava as restrições que pesavam sobre a subversiva e praticamente inaceitável atividade das mulheres que escreviam fora do contexto monástico quanto contemplava e atraía uma comunidade leitora mais ampla e diversa. Embora já fosse reconhecida por suas obras, numa de suas manifestações no *Querelle de la Rose*, se destacam a antecipação da acusação de presunção de que ela seria objeto, a admissão de uma suposta instrução insuficiente e o reconhecimento de uma alegada incapacidade de eloquência:

> Que eu não seja acusada de presunção por ousar repreender autor tão famoso e habilidoso, mas que seja notada a firme opinião que me move contra algumas particularidades do que ele afirma. E ainda que eu não seja instruída ou eloquente em estilo (e não saiba usar belas e elegantes palavras bem ordenadas de modo que minhas razões se destaquem), não deixarei de dizer efetivamente e de modo vulgar minha opinião, ainda que não a saiba expressar apropriadamente com palavras adornadas e organizadas.[120]

Os efeitos produzidos pelo que diz e por seus modos de dizer compreendem a delicada situação de elaborar e manifestar sua crítica à obra de um já célebre autor, a reiteração de

---

119 Schmidt, 2018, p. 15.

120 Pizan, Christine. Carta enviada a Jean de Montreuil, *apud* McWebb, 2013, p. 118.

seu escasso domínio de estilo de linguagem para fazê-lo e a coragem de confrontar o que ele afirma em contexto adverso e sem os devidos meios. Sem dúvida, a presença de recursos retóricos em sua formulação, que produzem a relativa modéstia para captar a benevolência de seu leitor, seu contemporâneo sucesso editorial e a posteridade de sua obra desmentem essa sua inaptidão linguística. Mas, os processos históricos e as relações sociais que formaram e consolidaram a misoginia medieval dão lastro factual ao anúncio de sua firmeza de opinião e à necessária coragem de Pizan para manifestá-la contra a autoridade do autor e contra consensos muito estabelecidos. A solidez e a amplitude desses consensos foram manifestamente referidas por ela nestes termos: "muitos homens, clérigos e leigos já afirmaram e continuam a dizer e a escrever coisas profundamente terríveis e ofensivas sobre as mulheres e seus modos de vida". Em seguida, Pizan ainda acrescenta o seguinte: "Esse é o comportamento dos filósofos, poetas e oradores. Todos parecem falar em uníssono uma mesma coisa e são mesmo unânimes em sua visão de que a natureza feminina é completamente constituída de vícios"[121].

A coragem de confrontar a supremacia masculina é marcante em *A cidade das damas*. Esta constatação se impõe, na medida em que consideramos a já reiterada misoginia medieval. Pizan reavalia ali a condição das mulheres ao longo dos tempos, por meio de uma compilação variada de figuras históricas, lendárias e mitológicas, investidas de muitas qualidades morais, de considerável vigor físico e de grandes capacidades intelectuais e oratórias. Uma espécie de extensão dessa sua obra mais conhecida é *O livro das três virtudes*, também por vezes intitulado *O espelho de Cristina*. Desta vez, não se trata "apenas" de combater a misoginia, mas também de ponderar as diferentes condições sociais e econômicas das mulheres. Como alguém de seu tempo, Pizan evidentemente não conhece a noção de soberania popular nem sonha com uma revolução proletária. Justamente por essa razão,

---

121 Pizan, 1996, p. 37.

sua consideração dessas diferenças é ainda mais merecedora de nota. Há aqui essa inovação: uma mulher, e não um homem, se dirige às mulheres para aconselhá-las. Pizan rompe com a tradição das obras desse gênero, porque a sua fora escrita de um ponto de vista feminino. As projeções da autora e das leitoras dignificam as mulheres. *O livro das três virtudes* foi dedicado à rainha Marguerite de Borgonha, mas Pizan se dirige a todas as mulheres. Ela, porém, não o faz de modo indistinto. Fala primeiramente às senhoras da nobreza, tomando-as como quem deveria servir de exemplo de conduta às demais mulheres de toda a sociedade, conforme certa ideologia medieval em que os sujeitos dos estratos sociais superiores seriam "espelhos" para os de mais baixa condição, porque essa sua superioridade social seria uma concessão de Deus, que lhes imporia códigos e costumes morais mais rigorosos. Seus conselhos a essas mulheres reiteram a necessidade de comedimento e da compaixão.

A linguagem feminina está no cerce dessas recomendações de moderação: o corpo e o rosto, a fala e a voz devem ser rigidamente controlados, uma vez que as mulheres precisam falar pouco, manter os olhos baixos e sorrir discretamente e apenas quando for conveniente. Além disso, Pizan reproduz a ideia de que elas devem ser submissas a seus maridos e se dedicar à criação de seus filhos. Guardadas algumas diferenças, são semelhantes os conselhos dados às mulheres dos vassalos, a trabalhadoras e a prostitutas. Uma recomendação geral de Pizan era a de que essas mulheres do povo se mantivessem permanentemente ativas, envolvidas em ações de cuidados com a casa e com a educação dos filhos e em eventuais atividades externas ao lar movidas pela compaixão, tais como o amparo material e espiritual de miseráveis e o tratamento de doentes. Prontidão e ocupações domésticas e morais podiam distanciar as mulheres do mal. Ao seu modo, essa recomendação prenuncia o ditado: "Cabeça vazia, oficina do diabo". Se a cabeça vazia fosse de uma mulher, tanto pior e maior seria o temor masculino. Essas tarefas constantes desempenhadas pelas mulheres produziam e reproduziam seu afastamento da vida pública, onde sua voz não poderia ser ouvida. À sua revelia e a contragosto, esse temor masculino da fala feminina reconhece o poder da palavra das mulheres. A despeito de preservar um cristalizado estereótipo de gênero, Pizan destaca esse poder: "A doçura da fala da mulher reduz a aspereza do homem, assim como a água apaga o fogo, com sua umidade e frieza".

Falar e escrever era sua forma de participar dos debates públicos de sua época, enfrentando obstáculos e desafios impostos às mulheres. Não houve, efetivamente, um silêncio absoluto das mulheres na Idade Média. Num crescendo, sobretudo, a partir do século 12, elas passaram a falar e a escrever cada vez mais, embora o fizessem principalmente em setores mais ou menos precisos da sociedade, tais como nos universos poéticos e místicos.

Apenas mais tarde e ainda de modo limitado, algumas mulheres da alta sociedade medieval conseguiram romper limitações e se manifestar em público nos campos da moral e da política. Mais ou menos excepcionalmente, mesmo mulheres do povo alcançaram a duras penas alguns restritos espaços de manifestação. Com alguma reserva, poderíamos subscrever a afirmação de que as mulheres falaram bastante durante a Idade Média[122]. Em contrapartida, não teríamos nenhuma hesitação em reconhecer que elas foram bem menos ouvidas do que poderiam e deveriam ter sido. Já antes da resposta de Segundo, o silencioso, a Adriano, sobre elas já pesavam processos históricos e relações sociais que lhes impunham um amplo e carregado silenciamento. Ao longo do vasto período medieval, essa dimensão básica da misoginia passou por um ou outro episódico refluxo e por frequentes aprofundamentos e expansões.

Esse cenário em quase nada positivo e bem pouco promissor ainda iria, em seguida, piorar bastante para milhares de mulheres, até que elas conseguissem alguns espaços e certa

---

122 Essa afirmação sobre a proliferação da fala feminina na Idade Média e, em seguida, a correlata sobre seu silenciamento se encontram em Régnier-Bohler (2006).

legitimidade para a fala feminina. Porém, isso só ocorreria em avançados contextos da Era Moderna, em meio a importantes, mas tardias e insuficientes transformações.

CAPÍTULO 3
SILENCIAMENTOS MODERNOS

BRUXAS E BEGUINAS ANTES DAS LUZES

Mistérios e maravilhas ancestrais continuavam a mover os medos modernos. Outros fatores, então mais recentes, contribuiriam ainda para o aumento de um de seus elementos centrais: os temores masculinos do "segundo sexo". De modo geral, se produziram entre os homens certas e variadas atrações pelo universo feminino, cujas semelhanças e diferenças com a própria masculinidade lhes causam espantos e fascínios. Essa projeção masculina suscitou uma terrível contrapartida. Inconformados com algumas facetas desse encanto pelas mulheres, eles lhes impuseram reservas, hostilidades e aversões. Sabemos que uma relativa constante antropológica não fica imune às ora mais ora menos profundas transformações históricas e às ora mais ora menos diversas variações sociais. "Jamais fomos modernos", mas, nem por isso, o projeto da modernidade deixou de alcançar objetivos atrozes[123]. Nele,

123 Em *Jamais fomos modernos*, Bruno Latour (1994) sustenta que o projeto moderno, assentado na distinção entre natureza e cultura, entre fatos do mundo e valores humanos, não conseguiu cumprir seu destino, diante dos impasses derivados da presença e da multiplicação de objetos e fenômenos híbridos.

tudo o que seria do reino feminino da natureza ou de condição híbrida poderia e deveria ser submetido ao domínio masculino da cultura e da civilização na Era Moderna.

Não foi preciso esperar pelo século 15 para assistirmos à sua chegada. Ideias e ações modernas já circulavam e eram praticadas ao menos desde o *Trecento* italiano. Além desses relativos consensos históricos, há outro que aqui nos interessa: Francesco Petrarca teria sido o primeiro homem moderno. A alegria (*gaudium*) e a dor (*dolor*) são antigas conhecidas da espécie humana. Descontroladas, elas nos deixariam à mercê das contingências e agruras do destino. Os remédios para as excessivas desventuras do otimismo e do pessimismo, da alegria e da dor deveriam ser extraídos de uma razão movente e adaptável. Essa é a recomendação central de Petrarca[124]. Contudo, esse primeiro homem moderno também pode ser considerado o último homem medieval. As chamadas sombras do medievo não desaparecem imediatamente diante dos supostos primeiros raios de luz da modernidade. No que diz respeito às mulheres, a mais ampla e mais ambiciosa obra de Petrarca lhes dedica várias passagens, quando trata do casamento, da esposa, das relações amorosas e dos filhos. Essas passagens se encontram tanto em seu primeiro livro, no qual a "Razão" responde à "Alegria" e à "Esperança", e quando trata da perda da mulher, da falta de pudor e da esterilidade femininas, quanto em seu segundo livro, no qual a "Razão" responde à "Dor" e ao "Medo". A título de ilustração dessas passagens, vejamos o capítulo "Um belo casamento":

> Alegria: Eu me casei com uma mulher notável.
> Razão: Eu preferiria que você tivesse papagaios e pegas ou mesmo corujas, ao invés de uma esposa. Essas aves cantariam, ao passo que sua mulher rosna. As aves anunciariam os perigos que rondam sua casa, ao passo que ela é o próprio perigo. Se as aves o incomodassem, você poderia jogá-las fora, mas já se livrar da sua esposa é impossível.
> Alegria: Eu me casei muito bem.
> Razão: Você se aprisionou numa jaula de ouro. Somente a

124 Petrarca, 2002.

> morte poderá libertá-lo.
> Alegria: Esse belo casamento me fez muito feliz.
> Razão: Você seria bem mais feliz se continuasse casto. O cúmulo da felicidade estava no seu celibato.
> Alegria: Esse belo casamento me trouxe muita distinção.
> Razão: A escolha de uma esposa é algo bastante delicado: se ela é feia, você terá um desgosto constante, mas, se ela for bela, você não terá sossego! (...)
> Alegria: Tive a sorte de conseguir um casamento tão nobre quanto honesto.
> Razão: O que poderei dizer dessa sua arrogância, dessa sua insolência? Você conhece mesmo muito pouco do caráter das mulheres, não é? Você terá de aprender a obedecê-la, a suportá-la e a se afastar de seus mais queridos amigos. Agora, já não existe mais nada além do seu casamento. Adeus amizades! A mulher controla todas as afeições de seu marido. (...)
> Alegria: Tomei como esposa uma mulher muito agradável.
> Razão: Que erro grosseiro! Foi ela que o tomou. Durante muito tempo, você foi seu próprio mestre. Mas, agora tem um para dominá-lo. Você encontrou um carrasco para seus filhos, uma rival para sua mãe, um instrumento de tortura para toda sua família, um tornado na cozinha de sua casa, um flagelo em sua adega, uma gastadora incontrolável. Você encontrou, enfim, algo como um vaso na sacada de sua morada, que, durante o dia, fica se exibindo na janela, e que, durante a noite, só lhe perturba em cima de sua cama. (...)
> Alegria: Encontrei uma mulher nobre, casta, doce, humilde, respeitosa, virtuosa e fiel.
> Razão: Que tipo de vendedor de pássaros é você?! Você acha que tem nas mãos um corvo branco! Mas, na verdade, todo mundo vê que ele é negríssimo![125]

Outros capítulos de *Os remédios* não detratam menos as mulheres. Essa misoginia de Petrarca não o impediu de louvar sua musa, Laura, naquela que é sua mais conhecida obra, *Il Canzoniere*. Certo eco do amor cortês está presente nos versos dos poemas reunidos sob esse título. Neles, a mulher ama-

125 *Ibidem*, Livro I, cap. 65, p. 307-311.

da é sublime, praticamente divina, de modo que a exaltação dessa sua condição excepcional e de sua feminilidade ideal contrastam com o tratamento injurioso e opressor dispensado às mulheres reais, tal como já ocorria na Idade Média. Nas circunstâncias em que essas mulheres têm competências e habilidades de linguagem, apesar de todas as restrições sociais que limitam seu desenvolvimento, a "Razão" de Petrarca é implacável. Quando a "Alegria" lhe diz que tem uma esposa fecunda, a "Razão" lhe responde nestes termos: "Ela lhe será uma fonte de dores e de preocupações. Uma mulher estéril é um peso e uma perturbação para sua casa, mas, ao menos, é só uma. Já uma mulher fértil é um fardo que se multiplica". Em seguida, a "Alegria" insiste que sua mulher não é apenas fecunda, mas também fala muito bem. A resposta da "Razão" é a seguinte: "De um lado, crianças e babás, de outro, palavras bem-ditas e marcas de sagacidade! Ela vai querer discutir com você o tempo todo e se arvorar de lhe ser superior. Você buscava uma esposa, mas encontrou um ser pedante que o oprime com suas lições. Você nunca mais vai poder dizer algo simples, sem que ela o censure e o escarneça. Não há nada mais incômodo no mundo do que uma mulher que sabe formular belas frases. Ninguém é capaz de detê-la"[126]. Os mistérios e as maravilhas femininas têm sede privilegiada em seu ventre, mas também em sua boca, em sua voz e em sua fala. Elas encantam e amedrontam a maioria dos homens e o medo masculino dos poderes do corpo feminino e de sua linguagem vai produzir uma série inaudita de atrocidades na aurora dos tempos modernos.

O processo de diabolização da mulher foi gestado e desenvolvido ao longo da Idade Média. Conforme dissemos, a frustração sexual, principalmente, de muitos homens da igreja, mas também de fora dela, suscitou a eleição da mulher como um bode expiatório. Entre o fim do período medieval e o início da Era moderna, essa demonização do feminino conhece um sensível recrudescimento em importantes setores das socie-

---

126 *Ibidem*, cap. 67, p. 315.

dades ocidentais. Naquele contexto, se constitui uma mentalidade obsessiva, marcada por uma escalada de excessos e de exasperações, que conjugava o medo das pestes, das guerras e do fim do mundo. Por mais diversos que fossem os temores, satã estava por trás de cada um deles[127]. A soma de medos experimentados ou simulados dá vazão à vontade de eliminar suas fontes e seus objetos. Contingências históricas concorreram para que os homens europeus elegessem os judeus, os muçulmanos e os nativos do futuro continente americano como agentes privilegiados de seus receios e pavores, sobretudo entre os séculos 12 e 19. Se as condições históricas e as relações sociais foram decisivas na eleição desses "inimigos" de Deus e da civilização, a integração das mulheres a esse conjunto dos temidos e odiados contou ainda com o lado sombrio da ambivalência masculina, presente na constante antropológica a que nos referimos. A experiência particularmente intensa da diversidade linguística e cultural vivida pela Europa desde o final do século 15, com a "descoberta" do Novo Mundo, com a Reforma Protestante e com a consolidação das línguas vulgares, produziu majoritariamente um mal-estar e uma série de violentas reações contra os protagonistas de modos diversos de pensar, fazer e falar.

Deus e a natureza teriam colocado os seres e as coisas em seus devidos lugares. Nessa disposição divina e natural da vida, o homem europeu, branco, católico e heterossexual nasceu para comandar o mundo. Ainda que em diferentes graus, as grandes e as pequenas subversões dessa ordem e dessa hierarquia não foram poupadas de censuras, perseguições e ataques. A fala que tem o direito de circular em público e de ditar o que se pode e o que não se pode pensar, fazer e falar na gestão dos lares e na condução das sociedades é a desse homem, que se alçou à condição de ser humano universal. Como sabemos, sua palavra era e continuaria a ser durante muito tempo a mais legítima para o juízo e para o governo, para a cultura e para a salvação. Por essa razão, a profunda misogi-

127 Delumeau, 1989, p. 319.

nia medieval censurou, perseguiu e atacou as Beguinas e se estendeu ainda nas atrocidades perpetradas contra todas as "bruxas" durante a Inquisição.

A seu modo, as Beguinas constituíam um movimento que contestava os discursos e as práticas que detratavam e desautorizavam a fala das mulheres. Nas Beguinarias, que se disseminaram pela Europa a partir do século 13, elas oravam, trabalhavam, educavam as crianças e cuidavam dos empobrecidos. Por sua forma de praticar a fé cristã e de desenvolver ações sociais, em perspectiva fraterna e, digamos, igualitária, as Beguinas davam margem a questionamentos e contestações da estrutura religiosa e do privilégio concedido à palavra masculina. A hierarquia eclesiástica e as limitações e proibições aí imputadas às mulheres estão no cerne dessas contestações[128]. Com sua espiritualidade leiga, as Beguinas se mostravam autônomas e competentes para discutir as Escrituras e para ser suas próprias confessoras. Tudo isso correspondia à reclamação do pleno e livre exercício de uma vocação religiosa que lhes fora negada pelo poder clerical exclusivamente masculino.

Junto a esta espiritualidade feminina, nasce uma palavra cuja legitimidade será reivindicada e afirmada. À frente do rebanho de crianças, miseráveis e enfermos que conduziam, as Beguinas se empenhavam na relação pedagógica e na pregação pública da palavra divina: falavam não apenas entre si em suas próprias vilas, mas também em vários outros espaços públicos. Assim, elas ignoravam os limites dos conventos e indicavam a possibilidade de substituir ou mesmo de equiparar a mediação masculina. Suas intervenções públicas eram frequentemente marcadas por altivez e autoridade que encantavam seus ouvintes. Outro fator concorria para esse encanto: elas ensinavam e pregavam na "língua do povo", ou seja, nas línguas vernaculares, num momento em que os sermões eram muitas vezes proferidos em latim. Em

128 Para mais informações sobre as Beguinas, ver: Miller (2014), Santoja (2006) e Gari e Wolff (1995).

suma, elas falavam, eram ouvidas e se faziam ouvir. Esta era sua subversão: intervir no espaço público e investir suas falas de legitimidade, num domínio exclusivamente masculino. Aos olhos dos clérigos, a situação se agravava, porque nas palavras das Beguinas se falava das possibilidades de uma relação direta com Deus e de uma expressão religiosa com sua voz própria, o que contornava a necessidade da autorizada interpretação eclesiástica. Além disso, suas falas encontravam cada vez mais ouvidos atentos à sua vontade de democratizar a religião.

As Beguinas foram submetidas a uma perseguição implacável pela vigilância inquisitorial. No início do século 14, no Concílio de Viena, elas foram condenadas por heresia. Os círculos eclesiásticos se enfureciam e temiam a consolidação de um movimento que validava abertamente a palavra feminina e que em boa medida não se subordinava ao poder masculino (na família, na Igreja e na política). Foi por essa razão que a Inquisição perseguiu, torturou e matou muitas Beguinas e milhares de outras mulheres, numa resposta direta e violenta ao exercício feminino do direito de falar em público, de investir suas falas de legitimidade e de serem ouvidas. O gatilho da "caça às bruxas" tinha sido disparado.

Entre o final do século 14 e meados do século 18, houve uma repressão contínua, ampla e sistemática do feminino na Europa e no Novo Mundo. As estatísticas variam, mas são estarrecedoras, em todos os casos: no mínimo, cerca de cem mil "feiticeiras" foram queimadas nas fogueiras da Inquisição. Esse número, porém, sobe à escala de milhões, segundo outros estudos[129]. Embora não houvesse aí uma exclusividade absoluta, em larguíssima medida a feitiçaria e o satanismo correlato eram atribuídos às mulheres. As mais visadas eram as que exerciam práticas de cuidado e que desempenham importantes funções sociais, tais como curadoras, sacerdotisas e parteiras. Seus conhecimentos dos ciclos da natureza e suas falas eram poderosos e perigosos. Por isso, foram

129 Muraro, 2004, p. 13.

descreditados e amaldiçoados. O que elas sabiam, faziam e diziam era obra do diabo e um risco aos poderes masculinos, porque ameaçavam o "poder médico, que vinha tomando corpo através das universidades no interior do sistema feudal", e ainda porque "formavam organizações pontuais (comunidades) que, ao se juntarem, formavam vastas confrarias, as quais trocavam entre si os segredos da cura do corpo e muitas vezes da alma". Além disso, mais tarde, "essas mulheres vieram a participar das revoltas camponesas que precederam a centralização dos feudos"[130].

O *MARTELO* DA MALDADE MISÓGINA

Por vezes, se afirma que essa caça às bruxas que se estendeu por volta de quatro séculos era produto de uma histeria coletiva. Há, contudo, muitas comprovações históricas para nos convencer de que as perseguições, torturas e assassinatos foram obras bastante planejadas, com vistas a dissuadir tentativas de vida diversa e a tentar eliminar quaisquer riscos aos poderes dominantes. A misoginia já grassava durante a Idade Média, como vimos, mas a aversão às mulheres e o grau de violência contra elas passaram por expressivos saltos de quantidade e de qualidade do começo até meados da Era Moderna. Durante o período medieval, os pais da igreja e outros eminentes teólogos davam fundamento direto ou indireto aos ataques ao universo feminino. Já na modernidade, esse papel é desempenhado principalmente pelo *Malleus Maleficarum*. No intuito de melhor sistematizar os planos e estabelecer as regras de execução das terríveis punições inquisitoriais, o papa Inocêncio VIII nomeou em 1482 Heinrich Kramer e James Sprenger como coordenadores dos julgamentos das feiticeiras na Alemanha. Ambos da ordem dominicana, o primeiro era prior de Salzburgo e o segundo, deão da Universidade da Colônia. Dois anos depois de sua nomeação, eles publicariam o *Martelo das feiticeiras*. Além de servir de

130 *Ibidem*, p. 14.

inspiração para obras congêneres, o *Martelo* teve um enorme sucesso editorial. Sem demora, esse mais célebre tratado de demonologia da história atingiu a marca de dezenove edições. Duas das principais razões de seu sucesso foram as seguintes: uma metódica reiteração da misoginia, que contava com argumento de autoridades clássicas da igreja, testemunhos e rumores sobre a perversão moral das mulheres e sobre as práticas femininas de bruxaria e supostas confissões de algumas dessas próprias mulheres; e uma consistente e manifesta articulação entre eventuais transgressões sexuais e o que se concebia como a mais pura expressão da heresia.

A bruxaria não era ali atribuída exclusivamente às mulheres, mas Kramer e Sprenger sustentam que em sua ampla maioria as práticas de feitiçaria são obras femininas. Em conjunção com as ideias e as práticas misóginas, uma vontade de cada vez mais centralizar e monopolizar os poderes políticos e teológicos concorreu para a implantação do terror da Inquisição. Num mundo moderno ainda teocrático, as inflexões em interpretações de dogmas católicos se tornavam blasfêmias e as "heterodoxias" sexuais tendiam a ser concebidas como possessão demoníaca e subversão política. Praticamente com um mesmo gesto, os setores dominantes masculinos oprimiam as mulheres e os sujeitos das camadas populares. Entre estas últimas, parecia haver maior liberdade sexual, tomada ou anunciada como transgressão, que ameaçava a ordem e a hierarquia da fé e do poder. Há uma longa história da produção aristocrática e, depois, burguesa da correspondência entre as classes populares e as mulheres[131]. Por seu intermédio, as condenações de umas ou de outras retroalimentam as discriminações de ambas, principalmente no que seria sua degeneração moral. Abordaremos a força atroz dessa conjunção, quando tratarmos adiante de detratações e opressões

131 O discurso segundo o qual os homens das classes baixas, assim como as mulheres, são covardes, se estendeu quase inabalavelmente da Antiguidade até a Revolução Francesa (Delumeau, 2007). Voltaremos a tratar dessa correspondência na próxima seção, examinando particularmente sua reatualização em *Psicologia das massas*, de Gustave Le Bon.

de mulheres empobrecidas. Por ora, retornemos especificamente ao *Martelo*. Ele compreende três partes: a primeira é dirigida aos juízes de processos da Inquisição e seu objetivo consiste em lhes ensinar a reconhecer as feiticeiras, que se camuflam com múltiplos disfarces e atitudes contrafeitas; a segunda indica e classifica os tipos maléficos da bruxaria; e a terceira estipula as regras e as formalidades dos processos para que as bruxas sejam devidamente inquiridas e torturadas, justamente condenadas e legalmente executadas. Para tanto, valia mais uma vez um princípio bíblico, presente no Êxodo: "À feiticeira não deixarás viver".

As teses centrais do *Martelo* postulam estas intrínsecas ligações entre o demônio e as mulheres e ainda entre elas, sua sexualidade e a perdição dos homens: 1) O demônio procura fazer o mal aos homens a fim de se apossar do maior número possível de suas almas; 2) Esse mal é feito principalmente mediante o corpo, único "lugar" por onde o demônio pode entrar, já que "o espírito do homem é governado por Deus"; 3) Esse domínio do corpo ocorre pelo controle e pela manipulação dos atos sexuais, uma vez que é pela sexualidade que o demônio pode se apossar do corpo e da alma dos homens, tal como ocorreu com o primeiro deles que pecou pelo sexo; 4) Como as mulheres estão essencialmente ligadas à sexualidade, elas se tornam as agentes por excelência do demônio e, nessa condição de feiticeiras, elas têm maior conivência com ele, "porque Eva nasceu de uma costela torta de Adão, portanto nenhuma mulher pode ser reta"; 5) A primeira e principal ação das feiticeiras e da qual elas extraem todo seu poder é a cópula com o demônio, pois Satã é o senhor do prazer e de todo mal; 6) Uma vez obtida a intimidade com o demônio, as feiticeiras são capazes de desencadear todos os males: a impotência masculina, a possessão de paixões desordenadas, os abortos e oferendas de crianças a Satanás, os estragos das colheitas, as doenças nos animais etc.; 7) Esses pecados são mais hediondos do que os próprios pecados de Lúcifer, quando da rebelião dos anjos, e de Adão e Eva, quando de sua expulsão do paraíso, porque agora as bruxas pecam contra

Deus e contra Cristo, de modo que seus crimes se tornam imperdoáveis e que sua punição deve compreender a tortura e a morte[132].

A fala feminina não poderia ser poupada. Em todo esse processo de depravação sexual e de decadência moral, que teria sido promovido quase exclusivamente por mulheres, sua "língua traiçoeira" está entre os motivos dessa sua inclinação ao pecado e ao mal. Kramer e Sprenger listam estas três razões para supostamente explicar "o maior número de mulheres supersticiosas do que de homens": primeiramente, elas são mais crédulas do que eles. Além disso, elas são mais impressionáveis. Finalmente,

> A terceira razão é que, possuidoras de língua traiçoeira, não se abstêm de contar às suas amigas tudo o que aprendem através das artes do mal; e, por serem fracas, encontram modo fácil e secreto de se justificarem através da bruxaria. Ver as passagens do Eclesiástico, já mencionadas: "É melhor viver com um leão ou um dragão que morar com uma mulher maldosa" e "Toda a malícia é leve, comparada com a malícia de uma mulher"[133].

Mesmo com a maior propensão feminina à credulidade, com sua condição mais impressionável e com sua língua traiçoeira, a condenação das mulheres poderia soar injusta e anacrônica, caso os inquisidores alemães desconsiderassem Maria, mãe de Jesus, e toda a tradição medieval do culto mariano. Os dois dominicanos não só não o fizeram, como também buscaram se precaver contra essa contestação: "É verdade que no Antigo Testamento as Escrituras têm muito a dizer sobre a malevolência das mulheres, e isso em virtude da primeira mulher sedutora, Eva, e de suas imitadoras; depois, contudo, no Novo Testamento há uma mudança do nome de Eva para Ave (conforme nos diz S. Jerônimo), e todo o pecado de Eva é expungido pela bem-aventurança de Maria. Portanto,

---

132 Essas sete teses centrais do *Martelo das feiticeiras* foram identificadas por Muraro (2004, p. 15-16).

133 Kramer; Sprenger, 2004, Parte 1, Questão 6, p. 115-116.

cabe aos pregadores muito louvá-las sempre que possível". Mas, evidentemente, apenas quando fosse possível. A especificidade crítica daqueles tempos e o próprio conhecimento dos clérigos mostravam que uma mulher louvável era, então, agulha no palheiro: "em nossos tempos a perfídia é mais encontrada em mulheres do que em homens, conforme nos ensina a experiência; por serem mais fracas na mente e no corpo, não surpreende que se entreguem com mais frequência aos atos de bruxaria". A reafirmação da fragilidade espiritual, corporal e mental das mulheres no *Martelo* conta com vários argumentos de autoridade. Entre outros tantos, este fragmento ilustra o emprego desse recurso: "Pois no que tange ao intelecto, ou ao entendimento das coisas espirituais, parecem ser de natureza diversa da do homem; fato que é defendido pela lógica das autoridades respaldadas em vários exemplos das Escrituras. Diz-nos Hecira: 'As mulheres são intelectualmente como crianças'. E declara-nos Lactâncio (Institutiones, III): 'Nenhuma mulher chegou a compreender a filosofia, exceto Temeste'". Sustentada por essas e outras autoridades, a afirmação pode ser reiterada de forma ainda mais crua: "Mas a razão natural está em que a mulher é mais carnal do que o homem, o que se evidencia pelas suas muitas abominações carnais"[134].

A ladainha misógina prossegue com o argumento pelo exemplo extraído da história. Helena, Jezebel, Atália e Cleópatra ilustram a responsabilidade feminina por catástrofes sofridas por gregos e troianos, por judeus e romanos. Antes e depois dessa passagem, as autoridades religiosas e filosóficas se misturam para melhor validar e reforçar o desprezo pelas mulheres e sua condenação: Cícero, Sêneca, Catão e São Jerônimo, entre outros, dão lastro à extensa e intensa detratação do feminino. A reprodução sob a forma de discurso direto dessas autoridades também contribui para consolidar a misoginia. Kramer e Sprenger reproduzem, por exemplo, esta frase de Catão: "Se o mundo pudesse libertar-se das mu-

---

134 *Ibidem*, p. 116.

lheres, não careceríamos de Deus em nossas relações". Logo abaixo, reportam esta outra de Valério Máximo: "Tu não sabes que a mulher é a Quimera, mas seria bom que o soubesses; pois aquele monstro apresentava três formas: a cabeça, nobre e radiante, era a de um leão; o ventre obsceno era o de uma cabra; e a cauda virulenta era a de uma víbora". Depois de reproduzi-la, os inquisidores acrescentam este comentário: "Queria assim dizer que a mulher, embora seja bela aos nossos olhos, deprava o nosso tato e é fatal ao nosso convívio"[135]. O ataque virulento e manifesto à voz e à fala feminina vem em seguida:

> Consideremos outra de suas propriedades: a voz. Mentirosas por natureza, o seu discurso a um só tempo nos aguilhoa e nos deleita. Porque sua voz é como o canto das Sereias, que com sua doce melodia seduzem os que se lhes aproximam e os matam. E os matam esvaziando-lhes os bolsos, consumindo as suas forças e fazendo-os renunciar a Deus. Torna a dizer Valério a Rufino: 'A mulher, ao falar, provoca um deleite com sabor de pecado; a flor do amor é a rosa, porque sob o seu botão se escondem muitos espinhos'. Ver ainda Provérbios (V, 3-4): 'Porque os lábios da mulher alheia destilam o mel, seu paladar é mais macio que o azeite. Mas, o seu fim é amargo como o absinto e agudo como a espada de dois gumes'.[136]

Uma propriedade constitutiva dos poderes e perigos da voz e da fala das mulheres é a dissimulação. Por seu intermédio, elas seduzem os homens com deleites do corpo sob os quais se esconde a perdição da alma. Sua beleza, doçura e maciez dissimulam sua real natureza: dor e pecado, definhamento e morte. Quando provocada pela mulher, a morte é ainda mais amarga, pois, quando ela ocorre naturalmente, "destrói somente o corpo", mas, quando o pecado e a morte vêm da mulher, eles destroem a alma. Assim, a morte se tor-

---

135 *Ibidem*, p. 120.

136 *Ibidem*, p. 121.

na "mais amarga", ao ser provocada por esse "inimigo secreto e enganador"[137].

Há ainda outros trechos do *Martelo* que avançam contra a fala feminina e seus usos na feitiçaria. Já numa passagem de sua terceira parte, "Que trata das medidas judiciais no tribunal eclesiástico e no civil a serem tomadas contra as bruxas e também contra todos os hereges", se sustenta que "a justiça comum exige que a bruxa não seja condenada à morte a menos que tenha sido declarada culpada por própria confissão". Como contra a acusada pesavam ou a "evidência direta ou indireta do fato" ou a "declaração legítima de testemunhas", ela deveria ser exposta a interrogatórios e à tortura para que fosse "exortada à confissão do crime". De suas falas, só a confissão tinha valor, ao passo que praticamente qualquer testemunha que lhe imputasse culpa era considerada "legítima". Eis um exemplo da força e do reconhecimento que os inquisidores investiam em rumores e declarações interessadas e produzidas nos contextos mais ordinários:

> Certo homem honesto barganhava com uma mulher e não conseguia chegar a acordo com ela a respeito do preço de determinado artigo; não tardou muito para que ela, irritada, o ameaçasse: 'Logo desejarás teres concordado'. As bruxas em geral usam essa forma de falar, ou alguma semelhante, quando desejam enfeitiçar uma pessoa pelo olhar. O homem então, não sem razão também irritado com a mulher, olhou por sobre os ombros para ver com que intenção ela havia pronunciado aquelas palavras. E, pasmem os leitores, viu-se repentinamente enfeitiçado, sua boca estirou-se para os lados até as orelhas, numa deformidade monstruosa. Não a conseguia trazer de volta ao normal, e assim ficou deformado, por muito tempo.[138]

O fragmento é precedido por esta afirmação "E para tornar mais claro o assunto citaremos um caso que ocorreu em Spires e chegou ao conhecimento de muitos", que lhe reforça o

---

137 *Ibidem*, p. 121.

138 *Idem*, Parte 3, Questão 13, p. 428.

efeito de verdade. Ao lado desse enorme desequilíbrio entre o crédito depositado na fala de testemunhas contra as acusadas de bruxaria e a difamação das palavras das mulheres, em geral, e das incriminadas, em particular, há a escusa e a necessidade de um uso poderosíssimo da linguagem do poder contra os alegados perigos da fala feminina: "É lícito por meio de palavras sagradas afastar as serpentes"[139]. Esse era um dos "métodos para destruir e amaldiçoar a bruxaria". Toda a força e toda a violência disponíveis poderiam e deveriam ser mobilizadas para silenciar as mulheres, sobretudo as que encarnavam duas apavorantes ameaças ao monopólio masculino: liberdade sobre seus corpos e participação nas decisões políticas. É por essa razão que se processa na alvorada da modernidade essa cruel, sistemática e delirante perseguição às mulheres e ao prazer: "Sim, porque as feiticeiras se encontram apenas entre as mulheres orgásticas e ambiciosas, isto é, aquelas que não tinham a sexualidade ainda normatizada e procuravam impor-se no domínio público, exclusivo dos homens"[140]. Além da frustração sexual de religiosos e eventualmente de outros homens, de seu ressentimento e do medo da redução de seu poder, parece haver aí certa observação ou talvez alguma intuição de que a liberdade da libido feminina e o prazer sexual das mulheres contribuem para a promoção de maiores níveis de autoconfiança, criatividade e diligência[141]. Em todo caso, o aumento dessas suas capacidades não interessa de modo algum à dominação masculina.

---

139 *Idem*, Parte 2, Questão 2, cap. 6, p. 350.

140 Muraro, 2004, p. 16.

141 Conforme indicam os resultados de algumas pesquisas em neurociências, mencionadas no controverso *Vagina: uma nova biografia*, da não menos controversa Naomi Wolf (2013). A condição, no mínimo, controversa da autora e de sua obra se deve, entre outras razões, ao fato de que, enquanto o movimento feminista defende que as mulheres não podem ser definidas por fatores biológicos, Wolf sustenta que em boa medida a autoestima, a inventividade e agência femininas estariam concentradas em seus órgãos sexuais.

RUÍDOS BESTIAIS E FOFOCAS PERVERSAS

A misoginia medieval dava sólida sustentação ao *Martelo* e ele, por sua vez, a impulsionou muito além das fronteiras do tempo e do lugar nos quais ocorreu sua publicação. Praticamente toda Europa o tomava como uma bíblia da Inquisição. Um século depois que a obra de Kramer e Sprenger veio a lume, seus ecos eram ainda ouvidos em alto e bom som na França. O franciscano Jean Benedicti publica em 1587 seu *A soma dos pecados e o remédio para curá-los*. Também evocando a autoridade dos "antigos sábios", Benedicti indica os terríveis prejuízos decorrentes de conversas com as mulheres: "Os antigos sábios nos ensinaram que, todas e quantas vezes o homem falar por muito tempo com a mulher, ela causará sua ruína e ele se desviará da contemplação das coisas celestes e, finalmente, sucumbirá ao inferno". Esses "perigos" eram incontornáveis e sua origem residia no "prazer de tagarelar, rir e mexericar com uma mulher", fosse ela boa ou má, como costumavam ser as mulheres[142].

Em todos esses casos, porque a fala feminina é considerada poderosa e perigosa, se afirma que suas palavras são excessivas e vulgares, inflamadas e sedutoras. Daí deriva a exortação a se manter distante desses seus poderes e perigos. Essa advertência de Benedicti se sustenta ainda nesta conhecidíssima comparação: assim como Adão teria se afastado da contemplação das coisas celestiais para ouvir aquilo que Eva lhe dizia sobre as possibilidades terrenas de prazer, saber e poder contidas no fruto proibido, também os homens que o sucederam "cairiam no inferno", se não aprendessem a lição exemplar das Escrituras. Era preciso se distanciar do universo feminino, fonte de toda a maldição que se abateu e que continuaria a se abater sobre a Terra. A antiga divisão sexista na produção dos discursos sobre a linguagem humana prosseguiu em sua difusão na modernidade. Nesses discursos, a fala masculina permanece como norma no duplo

142 Benedicti, 1587, p. 347.

sentido do termo: como o que é normal e como o que deve reger as relações entre as classes, os grupos, os gêneros e os sujeitos de uma sociedade. Na normalidade e na regulação masculinas, a fala feminina é causa e signo da desordem e do desajuste, de potência descontrolada e de incessantes ameaças. Por essa razão, se reproduzem suas condenações e as inúmeras tentativas de seu silenciamento. A força e a frequência, a intensidade e a amplitude de práticas e discursos desse silenciamento podem ser atestadas em sua onipresença. As detratações e deslegitimações, as condenações e interdições que compõem esse silenciamento da fala feminina não são exclusividade do campo religioso. Elas estão presentes em várias instituições, nas diversas esferas, classes e grupos sociais, em diferentes ideologias e em distintos domínios do conhecimento.

Em conversas cotidianas, na França do século 16, se costumava repetir a fórmula: "Duas mulheres já formam uma assembleia; três, um grande cacarejo; quatro são um mercado completo"[143]. Do outro lado do canal da Mancha, por volta do mesmo período, certo deslocamento de sentido da palavra "*gossip*" também indica a reprodução desse discurso de menosprezo e de exclusão da fala feminina. Inicialmente, *gossip* consistia numa maneira de se referir a uma amiga próxima. Porém, sob o influxo montante da misoginia moderna, a palavra passa a designar uma conversa fútil e perversa. Antes dessa referência e de sua modificação, uma primeira acepção de *gossip*, derivada dos termos *God* (Deus) e *sibb* (aparentado), correspondia à ideia de *god parent* (padrinho ou madrinha), isto é, alguém próximo com quem uma criança a ser batizada mantém uma relação espiritual. Na sequência, seu sentido se expande e a palavra passa a nomear tanto o apoio que as mulheres mantinham entre si especificamente no momento do parto quanto a amizade nutrida nos círculos femininos, de modo geral. Entretanto, a partir do século 16, o termo começa a funcionar como expressão de difamação e ridicula-

143 Lincy, 1859, p. 221.

rização desses fortes vínculos entre as mulheres: desde então, *gossip* se tornaria sinônimo de "fofoca", de uma conversa feminina informal, em que as mulheres se satisfazem com a difusão de detalhes da vida privada alheia e com a depreciação dessas pessoas que são objeto de seus boatos[144].

Os resultados dessa perversa mudança semântica estão ainda conservados nos dicionários de nossos dias: "1. nome (depreciativo): conversas informais ou histórias sobre a vida privada de outras pessoas, que podem ser indelicadas ou falsas: 'Ela é ótima para fofocas (= 'Ela gosta de espalhar histórias sobre outras pessoas que provavelmente não são verdadeiras'); 2. uma conversa sobre a vida particular de outra pessoas; 3. uma pessoa que gosta de falar de forma maldosa sobre a vida privada de outras pessoas; 4. verbo (depreciativo): falar maliciosamente sobre a vida privada de outras pessoas: 'Ela está fofocando sobre você.'"[145]. Evidentemente, a repetição de "Ela" na acepção desse verbete não é um mero acaso.

Particularmente, ao longo dos séculos 16 e 17, as mulheres perderam espaço em todos os setores das sociedades europeias. Entre outros planos, as restrições nos direitos de realizar atividades econômicas e as limitações na circulação social baseadas numa renovada e ampliada divisão sexual do espaço público entre homens e mulheres. Enquanto na França, elas "perderam o direito de fazer contratos e de representar a si mesmas nos tribunais, tendo sido declaradas legalmente como 'imbecis'", na Itália, as mulheres "começaram a aparecer com menos frequência nos tribunais para denunciar abusos perpetrados contra elas". Em outros países, a situação não era melhor. Na Alemanha, "quando uma mulher de classe média tornava-se viúva, passava a ser comum a designação de um tutor para administrar seus negócios. Também foi proibido às mulheres alemãs que vivessem sozinhas ou com outras mulheres". No caso das mais pobres, "elas não

---

144 Federici, 2019, p. 180.

145 *Oxford Advanced learner's Dictionary*, 2000, p. 583.

podiam morar nem com suas próprias famílias, afinal, pressupunha-se que não seriam adequadamente controladas". No bojo dessas restrições, "além da desvalorização econômica e social, as mulheres experimentaram um processo de infantilização legal"[146]. Infantilizadas, elas não podiam fazer negócios, gerir seus bens e nem mesmo desempenhar funções assalariadas. Não apenas na esfera econômica, mas também no âmbito social, as limitações impostas pelos homens foram se avolumando. A legislação de vários lugares da Europa passou a proibir ou, ao menos, reduzir a circulação feminina pelo espaço público:

> Nos países mediterrâneos, as mulheres foram expulsas não apenas de muitos trabalhos assalariados, como também das ruas, onde uma mulher desacompanhada corria o risco de ser ridicularizada ou atacada sexualmente. Na Inglaterra ("um paraíso para as mulheres", na visão de alguns visitantes italianos), a presença delas em público também começou a ser malvista. As mulheres inglesas eram dissuadidas de sentar-se em frente a suas casas ou de ficar perto das janelas; também eram orientadas a não se reunirem com suas amigas.[147]

Foi nesse contexto que *gossip* se tornou sinônimo de fofoca e que se constituiu a expressão "*gossip bridle*": o freio de fofocas. Esse instrumento era usado para castigar mulheres supostamente desobedientes e consistia numa "engenhoca sádica de metal e couro que rasgaria a língua da mulher se ela tentasse falar"[148]. Um decreto inglês que data de 1547 passava a proibir encontros e conversas femininas em público. A partir de então, as mulheres não mais poderiam sair de suas casas para "tagarelar e fofocar". Competia a seus maridos o direito e o dever de mantê-las em suas casas.

O filósofo David Hume é quem denuncia dois séculos mais tarde o descabimento desse decreto. Mas sua denúncia não

---

146 Federici, 2019, p. 181.

147 *Ibidem*.

148 *Ibidem*, p. 182.

implica necessariamente uma desconstrução da ideia de uma superioridade masculina. Aliás, Hume a confirma. Mas sustenta que ela deve se afirmar de outro modo: "Como a natureza deu ao homem superioridade em relação à mulher, ao dotá-lo de maior força mental e corporal, ele precisa atenuar ao máximo possível essa superioridade pela generosidade de seu comportamento". A misoginia pareceria se atenuar no pensador iluminista, em benefício da preservação do pensamento colonial: "Nações bárbaras expõem essa superioridade masculina, reduzindo suas mulheres à escravidão mais abjeta, ao confiná-las, violentá-las e vendê-las. Mas o sexo masculino, entre os povos educados, descobre sua autoridade de uma maneira mais generosa, porém não menos evidente"[149]. Ainda neste capítulo, trataremos de alguns discursos sobre a fala feminina produzidos durante o Iluminismo e, no próximo, veremos que o colonialismo e a misoginia caminharam de mãos dadas ao longo de toda a história do Brasil.

Voltemos por ora à Europa daquele período. As discussões sobre as diferenças entre homens e mulheres se intensificavam e compreendiam duas tendências. A primeira consistia na construção de novos modelos sociais e culturais que buscavam ampliar exponencialmente as diferenças entre os dois sexos, produzindo estereótipos cada vez mais cristalizados do que seria o mundo feminino e o masculino. Já a segunda residia na reafirmação da condição intrinsecamente inferior das mulheres em relação aos homens, uma vez que elas eram excessivamente emocionais e luxuriosas, volúveis e descontroladas. Essa sua condição lhes impunha o controle masculino. De modo análogo ao que ocorrera com a condenação das feiticeiras, se estabeleceu uma hegemonia discursiva sobre essa inferioridade feminina, que atravessava e ultrapassava as divisões ideológicas e que se materializava em práticas e discursos de diversas tradições religiosas e de distintas correntes intelectuais. Novamente, a linguagem humana era

149 Hume, David. Das origens e dos progressos das artes e das ciências, *apud* Gomes, 2011.

usada para calar a linguagem humana, num contexto em que os homens se valiam de seus privilegiados e praticamente exclusivos lugares de fala para depreciar a palavra feminina: "Do púlpito ou por meio da escrita, humanistas, reformadores protestantes, contrarreformadores católicos, todos cooperaram no aviltamento das mulheres, constante e obsessivamente". Nas acusações de que elas eram pouco razoáveis, vaidosas, selvagens e esbanjadoras, havia frequentemente referência à sua fala: "A língua feminina era especialmente culpável, considerada um instrumento de insubordinação"[150]. O conjunto das mulheres condenáveis era relativamente variado e incluía as "esposas desobedientes", as "desbocadas", as "bruxas" e as "meretrizes".

DOMAR AS PALAVRAS DA MEGERA

Todas elas eram acusadas e condenadas por discursos da igreja e da moral, mas também do drama e da literatura. Esse uníssono assegurava uma ampla circulação do menosprezo pelas mulheres e justificava as práticas de violência que se abatiam sobre elas. *A megera domada*, de Shakespeare, se torna um manifesto da época. Catarina é a figura exemplar da mulher rebelde, que não quer se casar e que se outorga o direito de manifestar pública e corajosamente suas opiniões não convencionais. Porém, ainda mais exemplar é a lição que lhe é dada e que deveria se estender a todas as outras mulheres. O rude Petruchio vai conseguir controlá-la por meio de suas falas e ações, típicas de um homem rude e másculo, que sabe como domar uma fera selvagem. No final da comédia, quando já estão casados, Petruchio manifesta o domínio que exerce sobre sua esposa: "Catarina, esse chapéu não combina com você. Tire-o agora mesmo e o jogue no chão". A esposa o obedece, a viúva, que a acompanha e que já dera demonstrações de sua insubordinação feminina, protesta, e Bianca, irmã de Catarina, responde com firmeza a uma nova investida de um pretenden-

150 Federici, 2019, p. 183.

te. Petruchio, então, se dirige novamente à sua esposa: "Catarina, explique a essas mulheres rebeldes todo o respeito que elas devem a seus maridos, seus senhores e seus mestres". A viúva resiste e retorque. Petruchio reitera sua ordem e Catarina lhe obedece e faz uma longa e subserviente declaração, endereçada, inicialmente, à viúva, sobre os deveres e os ganhos da submissão feminina: "Pare com isso! Pare com isso! Vamos, desfaça a dureza e a ameaça de seu semblante e pare de lançar esse seu olhar de desprezo, que tenta ferir seu senhor, seu rei e seu governante. Isso reduz sua beleza, como a geleira arrasa as pradarias, isso destrói sua reputação, como um furacão devasta os delicados botões das flores".

Nessa declaração de Catarina, há ainda estes e outros tantos enunciados que vão no mesmo sentido: "Seu marido é seu soberano, sua vida, seu guardião, seu chefe e seu rei", "O respeito e a submissão que um súdito deve a seu príncipe, a mulher deve a seu marido" e "Por que a natureza nos fez frágeis, sensíveis e delicadas, incapazes de suportar as fadigas e as agitações do mundo, se não fosse para que nossas qualidades pacíficas e nossos doces corações estivessem em harmonia com essa nossa condição?". Ela a encerra nestes termos:

> Vamos lá, vamos lá. Como o de vermes revoltados e impotentes, desde meu nascimento, meu caráter era intempestivo como o seu. Meu coração era tão orgulhoso, e talvez eu até tivesse alguma razão para a renitência das minhas palavras e para a sequência das minhas ameaças. Mas, agora, vejo que nossos arroubos são apenas fogo de palha, que nossa força é só fraqueza e, mais, uma fraqueza extrema. E quando parecemos ser mais fortes, na verdade, somos ainda mais fracas. Vamos lá, vamos nos livrar desse nosso orgulho, porque ele não nos serve de nada, e coloquemos nossas mãos sob os pés de nossos maridos, como prova da obediência que devemos a eles. Se meu marido me der essa ordem, a minha mão está pronta para obedecê-la e para jamais desagradá-lo.[151]

151 Shakespeare, *s. d.* Ato 5, cena 2, p. 228-229.

A lição exemplar de subordinação feminina dada pela comédia de Shakespeare se repetia em várias outras obras da literatura inglesa ao longo dos reinados de Elizabeth I e de Jaime I: "Obra típica do gênero é '*Tis a Pity She's a Whore*' [Pena que ela é uma prostituta], (1633), de John Ford, que termina com o assassinato, a execução e o homicídio didáticos de três das quatro personagens femininas". Além dessa, "outras obras clássicas que trataram da disciplina das mulheres são '*Arraignment of Lewed, Idle, Forward, Inconstant Women*' (1615) [A denúncia de mulheres indecentes, ociosas, descaradas e inconstantes], de John Swetnam, e '*The Parliament of Women*' (1646) [Parlamento de mulheres], uma sátira dirigida basicamente contra as mulheres de classe média, que as retrata muito ocupadas criando leis para conquistar a supremacia sobre seus maridos". Toda essa produção literária dava ensejo à implantação de "novas leis e novas formas de tortura destinadas a controlar o comportamento das mulheres dentro e fora de casa, o que confirma que o vilipêndio literário das mulheres expressava um projeto político preciso com o objetivo de deixá-las sem autonomia nem poder social". Na Europa moderna, considerada a Era da Razão, os homens poderosos colocavam "focinheiras nas mulheres acusadas de serem desbocadas, como se fossem cachorros, e elas eram exibidas pelas ruas. As prostitutas eram açoitadas ou enjauladas e submetidas a simulações de afogamentos, ao passo que se instaurava a pena de morte para mulheres condenadas por adultério"[152].

O silenciamento das mulheres no teatro e na literatura, nas leis e nos costumes da Inglaterra não seria integralmente reproduzido na França daquele mesmo século 17. Ao menos, não na obra de Jean-Baptiste Poquelin, o célebre dramaturgo francês Molière. Aliás, segundo hipóteses pouco prováveis, a escolha de seu pseudônimo poderia já indicar sua identificação com as mulheres e sua defesa das causas femininas. Isso

---

152 Todas as passagens entre aspas desse parágrafo são de: Federici, 2019, p. 184.

porque "Molière" poderia remeter à palavra "*mulier*", mulher em latim. Mais crível, porém, é a possibilidade de que a adoção desse nome se deva a uma razão toponímica, porque "era, então, relativamente usual para os artistas escolher o nome de um lugar como pseudônimo". A "molière" era a "meulière", isto é: "um caminho de pedras de moinho ou, simplesmente, um terreno pantanoso". Molière não era exatamente um feminista *avant la lettre*. Há quem o acuse, inclusive, de misoginia. Mas, de modo geral, se costuma identificar na diversidade de suas comédias uma vontade de crítica e de mudança social, o que inclui reprovações da supremacia masculina. Sintomaticamente, esse ciclo dos "grandes combates" será aberto pela peça "A escola de mulheres", de 1662. Seu enredo consiste basicamente no seguinte: Arnolfo tem por volta de quarenta anos de idade e resolve adotar Inês, uma menina de quatro anos, a quem pretende moldar como sua futura esposa ideal, que será ingênua, submissa e inteiramente devotada a ele próprio e à sua casa. Além de outros privilégios que a ingenuidade, a submissão e a devoção de Inês lhe dariam, Arnolfo pretendia assim garantir a fidelidade de sua esposa. Por efeitos que ele mesmo provocou, esse seu propósito fracassará fragorosamente. Certa fortuna crítica sustentará que "A escola de mulheres" é uma sátira, por meio da qual Molière tanto denunciaria e censuraria a dominação masculina quanto indicaria as proezas femininas para resistir e escapar ao monopólio dos homens: "os pais abusivos, o casamento, as filhas enclausuradas e forçadas a se casar contra sua vontade são os alvos de sua peça"[153].

Em que pese sua importância, a posição de Molière estava longe de ser amplamente compartilhada pela maioria dos franceses da Idade Clássica. Particularmente, no campo da fala pública, há severas reprovações ao universo feminino. De fato, nos compêndios de retórica e oratória, reina um silêncio sepulcral: não há sequer uma mínima possibilidade de que as mulheres sejam concebidas como oradoras. Além

153 Barbier, 2021, p. 20-21. Ver também Molière (2007) e Albanese (2013).

disso, a fala e a voz femininas eram profunda e amplamente detratadas nesses compêndios. Essa detratação se estendia aos supostos e eventuais traços femininos ou afeminados encontrados ou projetados na fala pública dos homens. Como já vimos, a retórica é pródiga em discursos que desprezam os "afeminados". Seus preconceitos, discriminações e exclusões já estavam presentes nos tratados da Antiguidade grega e latina e continuam a frequentar as obras francesas dos séculos 17 e 18. Eis três fragmentos de dois desses tratados que o confirmam:

> Uma voz forte e sonora tem a energia seminal, que produz a elegância masculina e que somente se mantém com a firmeza viril. Homens, devem ter voz masculina.
> O maior pecado que acomete os oradores suaves e delicados, dos quais flui demasiada ternura, é o de que seu corpo seja afeminado, de modo que sua voz se assemelhe ao piado de aves.

> A pronúncia deve ser regular, clara, ornada e decorosa. Ela será regular, se o orador falar de uma maneira espontânea, agradável, que nada tenha de dissonante e de rústico; se ele tiver uma voz sã e nítida, ou seja, que não seja desarmônica, nem seja demasiadamente aguda ou grave e lenta, embaraçada, fraca ou afeminada; se não tiver um fôlego curto e se respirar sem dificuldade. Os senhores terão uma voz ornada, se ela conseguir produzir todos os tons que se possa desejar, com a condição de que ela saia de um órgão bem consistente, sustentado pela força de um pulmão e de uma respiração vigorosos; e com a condição de que ela sustente facilmente os maiores esforços.

> Uma voz máscula e natural, em que não se sinta nem afetação nem artifício, é uma grande dádiva que a natureza oferece. Sempre se louvaram os grandes homens nesse quesito. Ennodius disse a propósito de Santo Epifânio que ele tinha uma voz sonora, elegantemente temperada com o mais puro suco viril e sustentada na mais pura solidez masculina. No mesmo sentido, Santo Ambrósio fazia esta recomendação: Que a voz do Orador seja distinta em sua pronúncia e plena

> do vigor masculino; que ela não tenha nada de vulgar nem de cômico. Observamos que os Oradores que têm a voz mole, afeminada, fluida e demasiadamente composta em seus tons também o são em suas débeis ações[154].

Os compêndios antigos já afirmavam que a voz é um elemento privilegiado de sedução e os modernos continuam a repeti-lo. Mas, a única sedução moralmente aceitável para esses religiosos que trataram da fala pública é a que faz brotar a palavra de Deus no coração dos fiéis. Em todo caso, à sua revelia ou não, a voz e o sexo, a fala e a atração estão intimamente ligados nesses seus enunciados sobre as qualidades e recursos vocais nos pronunciamentos públicos. Uma voz de "oradores suaves e delicados", que fosse produzida por "corpos afeminados", que fosse constituída de amolecimentos e de inflexões e que estivesse destituída de "elegância masculina" e de "firmeza viril", se tornaria o signo de um homem que, numa palavra, se curvaria à força alheia e que, por isso, colocaria em xeque ou, ao menos, em grande risco sua própria energia seminal.

Essa eloquência masculina não se confunde, porém, com rudeza ou grosseria, porque o vigor da veemência não deve derrapar para a hostilidade. Mas, degeneração ainda mais grave é a da suavidade que se torna afetação e "moleza afeminada"[155]. A *virilitas* que habita a voz verdadeiramente masculina proporcionaria por meio de uma fala viril a inseminação dos espíritos, nos quais se pretende fazer frutificar as ações e ideias cristãs. Embora as vozes afeminadas possam proporcionar um gozo, este seria um falso e efêmero deleite provocado pelo canto dos demagogos ou das mulheres despudoradas e não consistiria no verdadeiro prazer, que somente seria

---

154 Cressoles, 1620, p. 472-473; Dinouart, 1761, p. 104-105 e p. 148.

155 Fumaroli, 2015, p. 97. Fumaroli ainda afirma que, caso ocorresse alguma dúvida ao orador entre optar por uma voz viril ou uma suave: "A resposta, apoiada na autoridade de Quintiliano e de Santo Ambrósio, não deixaria dúvidas: só é nobre uma voz viril. Os sofistas, recorrendo às inflexões suavemente enfraquecidas de uma garganta fluida acariciam os ouvidos de sua audiência, mas lhe revelam também a efeminação de sua alma, inflada de glória vã." (Fumaroli, 2015, p. 107).

experimentado na fruição da fala que conjuga a força masculina do corpo e o poder divino do *logos*.

O ILUMINISMO E AS ILUMINADAS

A aurora da Era moderna conservou sem maiores abalos a milenar sedimentação da misoginia no mundo ocidental. Mas, amplas e profundas agitações iriam sacudir as convicções das práticas e dos pensamentos sexistas e antifemininos. O Iluminismo e as revoluções do século 18 concorreriam para produzir modificações no generalizado menosprezo pelas mulheres. Nesse cenário, a opressão que se abatia sobre elas continuava um ponto cego para a maioria esmagadora dos homens, inclusive daqueles que, então, lutavam contra os superpoderes das monarquias absolutistas. Por essa razão, cabia às próprias mulheres denunciar seus sofrimentos e exclusões e reivindicar seus direitos. Num movimento crescente, Mary Astell, Catharine Macaulay e, mais tarde, Mary Wollstonecraft desempenharam distintos e importantes papeis nessas denúncias e reivindicações na Inglaterra setecentista. Sua tarefa era particularmente difícil, pois, salvo raríssimas exceções, mesmo os grandes mentores do Iluminismo tendiam a repetir, com maiores ou menores modificações, os terríveis estereótipos sobre as mulheres que se alastraram e que se consolidaram entre o final da Idade Média e o começo da Modernidade.

Apesar da diversidade das ideias iluministas, há uma que parece atravessá-las e constitui-las: guiados pela razão, os homens poderiam avançar num processo civilizatório cuja finalidade seria o progresso das sociedades, das nações e da humanidade. Um de seus pressupostos fundamentais era a afirmação do poder dos seres humanos de fazer e de transformar sua própria história. Essa afirmação se tornara possível, passara a circular e a se difundir, porque perdia força a crença de que Deus e, mais tarde, a natureza determinavam as ações e os destinos dos homens. A extensão desse princípio às mulheres não foi imediata nem ocorreria sem o embate contra a sólida conservação das depreciações e das exclusões de que elas já sofriam há vários séculos.

Iluministas célebres, como David Hume e Adam Smith, não mais as reproduziam integralmente, nos mesmos termos e com a mesma caução de Deus, mas, ainda assim, reiteravam juízos muito negativos sobre as mulheres. Smith afirmava que elas não desempenhavam nenhuma função produtiva no mundo do trabalho moderno e suas tarefas se resumiam e se reduziam a promover momentos de relaxamento e distração aos homens. Por sua vez, como vimos, ao tratar das diferenças entre homens e mulheres, Hume reproduzia um pensamento colonialista, que compreendia um machismo gentil e generoso, ancorado em certo naturalismo. Como também observamos, é com base nessa sua concepção do mundo que ele sustenta a distinção entre os povos educados e os bárbaros na presença ou na ausência dessa generosidade masculina para com as mulheres.

Os pensadores iluministas já estão distantes da misoginia medieval e renascentista, mesmo que ainda reproduzam práticas e discursos que reiteram a suposta superioridade dos homens em relação às mulheres. Mais frequentemente à sua revelia, eles estabeleceram ideias, tais como as que promoveram a crescente liberação do destino humano das determinações divinas e naturais, a partir das quais algumas mulheres também passaram a fazer suas denúncias e reivindicações. Quando não são mais unanimemente reduzidas à sua biologia nem limitadas aos restritos papeis que lhes foram impostos pelos desígnios de Deus, elas se tornam agentes de sua própria história e podem transformar e ampliar suas atuações em sociedade e a condição feminina. Noutros termos, a crítica de concepções divinas e naturalistas dos direitos e deveres sociais e civis abria espaço para se pensar sobre as funções das mulheres no processo civilizatório, que representava o progresso da humanidade. De modo semelhante, mas não idêntico à operação de Hume, o médico escocês, Willian Alexander, mistura crença no progresso, pensamento colonial e possibilidade de transformação do estatuto e dos papeis das mulheres na sociedade. Os distintos tratamentos que lhes eram dispensados em diferentes povos poderiam servir de parâmetro para situar as nações em graus variados de desenvolvimento. Mediante uma analogia entre o mundo humano e o animal, Alexander afirma, inicialmente, que a superioridade física dos machos em relação às fêmeas na natureza se deve somente ao exercício de sua força para a sobrevivência. Em seguida, acrescenta que entre os humanos esse uso da força não é tão constante nem tão necessário. Por isso, a defesa da submissão feminina aos homens com base nesse critério é falaciosa e insustentável[156]. Além disso, Alexander destaca esta diferença: enquanto os machos não exercem nem parecem aspirar a um comando incessante sobre as fêmeas, os homens insistem nesse propósito de contínua e intensa dominação das mulheres.

Ao respirar esse ar renovado de seu tempo, algumas mulheres que tiveram o privilégio de receber instrução formal se tornariam porta-vozes das causas femininas. Essa conquista e o desempenho dessa função foram sendo aperfeiçoados e não emergiram sem obstáculos e contradições. É o que podemos observar no pensamento de Mary Astell. Sua vida e obra eram financiadas por mulheres da aristocracia de Londres e suas publicações conciliavam posições conservadoras, defesa da monarquia, crença no dever de obediência das esposas a seus maridos e demandas de extensão dos espaços e das atuações das mulheres na sociedade. Por um lado, Astell postula que, do mesmo modo como o rei está investido de um poder divino para comandar seus súditos, os homens dispõem do direito de governar suas esposas. Assim, ela condena tanto as ideias de revolta contra a monarquia quanto as de rebelião feminina contra o mando masculino. Por outro lado, sustenta que as mulheres são seres integralmente racionais, dotadas, portanto, de faculdade que deveria lhes permitir maior liberdade de ação, pensamento e expressão. A despeito dessas contradições e motivada também por sua crítica aos iluminis-

156 Alexander, Willian. *The history of women, apud* O'brien, 2009, p. 104.

tas liberais e republicanos, Astell cumpriu o importante papel de lhes indicar a condição feminina como seu ponto cego, ao denunciar que frequentemente os mesmos homens, que acusam os abusos do poder monárquico absoluto no espaço público, agem da mesma forma tirânica com suas mulheres no espaço privado: "Não é injusto que os homens pratiquem no interior de suas famílias o poder arbitrário que eles afirmam repudiar no Estado? Se esse poder arbitrário é mesmo um mal, ele não deveria ser praticado em lugar algum. Se todos os homens nascem livres, por que todas as mulheres nascem escravas?"[157]. Há ao menos dois subentendidos aí: o primeiro é o da admissão de dois tipos de tirania, a dos monarcas sobre os homens e a destes últimos sobre as mulheres. Já o segundo consiste na existência de focos da "rebelião feminina", uma vez que Astell se propõe a criticá-las.

Outras pensadoras, mais afinadas com o Iluminismo e com ideias republicanas, passaram a insistir na contradição entre a ideia de progresso das nações e da humanidade e a conversação da retrógrada subordinação feminina. Uma das principais vozes desse discurso protofeminista foi a historiadora Catharine Macaulay. Identificada com o partido liberal, ela era republicana, crítica dos abusos monárquicos, adepta da limitação dos poderes dos governantes e defensora do princípio de que os direitos reivindicados pelos homens iluministas (para os homens) deveriam se estender às mulheres. Ponto chave de seu pensamento é a ideia segundo a qual o progresso da sociedade está condicionado à liberdade individual de que deveriam gozar todos os seres humanos, de modo que homens e mulheres livres pudessem se expressar no espaço público e participar das decisões políticas. Consciente do peso que recaía com maior carga sobre as mulheres, Macaulay antecipou e manifestou numa de suas obras o silenciamento da fala feminina e a necessidade de lhe resistir e de enfrentá-lo: "Ao me lançar nessa vereda da escrita da história,

157 Astell, Mary. *Some reflections upon marriage, apud* O'brien, 2009, p. 36-44.

que é muito raramente trilhada pelas pessoas do meu sexo, posso vislumbrar as detestáveis censuras de que minha obra será objeto. Essas censuras não vão me emudecer e me impedir de continuar em minha defesa da liberdade"[158]. Em sua produção historiográfica, porém, Macaulay é mais republicana e antimonarquista do que exatamente protofeminista. A luta pelos direitos das mulheres e o estabelecimento de um seu postulado capital virá alguns anos mais tarde com a publicação de uma obra concebida como um divisor de águas por futuros feminismos.

Sob a forma de um marcante protesto, Macaulay trata das razões e fatores que produziriam a inferioridade social das mulheres em suas *Cartas sobre a educação com observações acerca de temas religiosos e metafísicos*. Ao longo de séculos, senão de milênios, a condição feminina foi concebida ou projetada como inferior, devido à vontade de Deus ou às leis da natureza. Macaulay rechaça essa crença e insiste no princípio segundo o qual são os processos históricos e as relações sociais que produzem maiores ou menores capacidades nos seres humanos. Nesses processos e relações, a educação tem papel fundamental, porque seu acesso aos homens e sua negação às mulheres é o que provocou a alegada inferioridade feminina. A correção dessa injusta desigualdade deveria ocorrer por meio da oferta das mesmas oportunidades de instrução aos homens e às mulheres, uma vez que as pessoas de ambos os sexos têm efetivamente as mesmas competências e habilidades intelectuais. Visionária, Macaulay já sustentava que implantar iguais condições e oportunidades não beneficiaria somente as mulheres, mas também toda a sociedade. Ela afirmava que "Todos os vícios e defeitos atribuídos ao caráter feminino não procedem de modo algum de causas sexuais e são, na verdade, consequências das situações sociais e da ausência de educação sofridas pelas

---

158 Macaulay *apud* O'brien, 2009, p. 66.

mulheres"[159]. Assim, Macaulay refutava a suposta inclinação natural feminina à vaidade e a refinamentos frívolos e insistia na ideia, inspirada em John Locke, de que a mente de todos os seres humanos se assemelha a uma folha de papel em branco, que será preenchida a partir das experiências e ocasiões que lhes forem oferecidas ou recusadas. Com base nessa e em outras ideias igualitárias, outras vozes femininas e feministas iriam se erguer e levar as denúncias, revoltas e reivindicações das mulheres a novas e maiores alturas e extensões.

159 *Ibidem*, p. 115. Para um conciso panorama sobre a emergência do pensamento protofeminista no Iluminismo inglês, ver Gomes (2011). Esse movimento no Iluminismo francês pode ser conhecido em Schöpke e Baladi (2024).

CAPÍTULO 4
REVOLUÇÕES DA FALA E PRENÚNCIOS DO FEMINISMO

REIVINDICAÇÃO DOS DIREITOS DA MULHER... E A FALA SEM FLOREIOS

A história das resistências femininas, o arrefecimento da misoginia no Iluminismo e os encontros, decisões e ações de sua própria vida fizeram de Mary Wollstonecraft uma das mais importantes pensadoras do que mais tarde seria considerado como uma filosofia feminista. Ela vinha de uma família de classe média trabalhadora, mas conseguiu travar contato com intelectuais e ativistas que defendiam o sufrágio universal, a liberdade de expressão e a extensão dos direitos e exercícios de cidadania a todas as pessoas, independentemente de sua classe social e de seu sexo.

Mesmo com acesso relativamente errático a alguma instrução formal, Wollstonecraft se tornou professora, tradutora, escritora e filósofa. Sua fecundidade e sua versatilidade como autora estão atestadas na extensão e na diversidade de sua obra, que compreende cartas, panfletos, histórias infantis, manual de conduta, romance e tratados filosóficos, entre outros gêneros. Não raramente, o estilo de sua escrita é marcado pela densidade e sagacidade de seus argumentos, pela clareza, conveniência e propriedade de sua linguagem, pela defesa rigorosa de suas causas, pelo enfrentamento direto das posições adversárias, materializadas na produção de grandes nomes do pensamento iluminista, e por frequentes ironias e formulações metalinguísticas no tratamento de seus temas e das polêmicas nas quais se envolve. Em que pese a importância do conjunto de sua obra e ainda sua diversificação, Wollstonecraft se tornou particularmente conhecida pela publicação, no ano de 1792, de seu *Reivindicação dos direitos da mulher*, considerado um dos textos fundadores do feminismo. Não somente por sua relevância, mas também pela pertinência de seus assuntos para nossas próprias considerações sobre os discursos que tratam da fala feminina, destacaremos apenas algumas passagens desse tratado de Wollstonecraft, nas quais se formulam comentários metalinguísticos.

Logo em sua Introdução, ao anunciar o objetivo de sua obra, a autora já aborda alguns aspectos da linguagem:

> Desejo persuadir as mulheres a se esforçarem para adquirir força tanto da mente quanto do corpo e convencê-las de que as frases suaves, a susceptibilidade do coração, a delicadeza dos sentimentos e o gosto refinado são quase sinônimos de epítetos de fraqueza, e de que os seres que são apenas objeto de piedade e daquela espécie de amor que, por definição, lhe é próxima logo se tornarão alvo de desprezo.
>
> Dispensando, então, aquelas belas frases femininas que os homens usam com condescendência para suavizar nossa dependência servil e desdenhando a débil elegância da mente, a sensibilidade notável e a suave docilidade dos modos, que são supostamente características do sexo mais frágil, desejo mostrar que a elegância é inferior à virtude, que o primeiro objetivo de uma ambição louvável é obter caráter enquanto ser humano, independentemente da distinção de sexo, e que as considerações secundárias devem conduzir a essa simples pedra de toque.
>
> Esse é um esboço aproximado do meu plano; e, se eu expressar minha convicção com o sentimento e a energia que sinto quando penso no assunto, alguns de meus leitores serão tocados pelos ditames da experiência e da reflexão. Animada por esse importante objetivo, abdicarei de escolher minhas frases ou polir meu estilo. Pretendo ser útil, e a sinceridade me fará sem afetações, já que, preferindo persuadir pela força

> de meus argumentos, em vez de deslumbrar pela elegância de minha linguagem, não perderei tempo com circunlóquios nem com a fabricação da retórica bombástica e túrgida dos sentimentos artificiais, que, vindos da cabeça, nunca chegam ao coração. Estarei preocupada com coisas, não com palavras! E, na ânsia de tornar as pessoas do meu sexo membros respeitáveis da sociedade, tentarei evitar aquela dicção floreada que se move lentamente dos ensaios aos romances e, destes, às cartas familiares e conversações. Esses graciosos superlativos, que a língua pronuncia com fluência, viciam o gosto e criam uma espécie de delicadeza doentia que se afasta da verdade simples e sem adornos; e um dilúvio de falsos sentimentos e de sensações exageradas, sufocando as emoções naturais do coração, torna insípidos os prazeres domésticos, em vez de suavizar o exercício desses severos deveres que educam o ser racional e imortal para um campo de ação mais nobre.[160]

As falas de Wollstonecraft sobre sua própria fala e sobre as falas alheias atravessam e constituem todo seu texto. Elas consistem numa enunciação desdobrada, em que a enunciadora se volta para sua própria fala e formula comentários metalinguísticos sobre o que diz e/ou sobre seus modos de dizer. Tais comentários compreendem o distanciamento entre o que ela diz e o que teria sido dito por outro, a tentativa de precisar e controlar o sentido de termos ou expressões e a referência ao desencontro entre as palavras e as coisas do mundo. No fragmento que acabamos de ler, o correlato necessário de seu desejo de fazer com que as mulheres se esforcem para fortalecer suas mentes e seus corpos é a consciência de que "as frases suaves, a susceptibilidade do coração, a delicadeza dos sentimentos e o gosto refinado são quase sinônimos de epítetos de fraqueza", antessala do desprezo. Em resumo, Wollstonecraft manifesta suas opções e suas recusas éticas e estéticas.

Ao recusar as "belas frases femininas" e a "suave docilidade dos modos", entre outras formas e propriedades asso-

---

160 Wollstonecraft, 2016, p. 27-28.

ciadas às mulheres, ela sustenta que tais características não são da natureza do "sexo mais frágil". Há ali uma insistente recusa a "polir meu estilo", a "deslumbrar pela elegância de minha linguagem", a fazer "circunlóquios" e a fabricar "retórica bombástica e túrgida dos sentimentos artificiais", "dicção floreada" e "graciosos superlativos". Essa ostensiva expressão de seu desprendimento é sintoma da constante redução das mulheres à vaidade e à frivolidade das formas, preconceito e discriminação contra os quais Wollstonecraft se insurge. Na escrita de um célebre poeta, a luta com as palavras é vã, mas incessante. Nos combates feministas, ela é incontornável e consiste provavelmente em sua batalha mais decisiva. À sua revelia e sob a forma de uma enfática denegação, "Estarei preocupada com coisas, e não com palavras!", essa voz fundadora do feminismo prenuncia o que dirá um também célebre filósofo: "o discurso não é simplesmente aquilo que traduz as lutas ou os sistemas de dominação, mas aquilo por que, pelo que se luta, o poder do qual queremos nos apoderar"[161].

De modo análogo ao que fizera em seu *Reivindicação dos direitos dos homens*, quando tomou o pensamento de Edmund Burke como objeto de crítica, aqui, Wollstonecraft elege Jean-Jacques Rousseau como seu oponente. Burke era um grande pensador do Iluminismo e um dos mais notáveis membros do partido liberal britânico. Nem por isso ela subscrevia seu julgamento aristocrático da Revolução Francesa e sua concepção excessivamente moderada das transformações históricas e sociais. Com mais forte razão, Wollstonecraft se opunha ao modo condescendente e discriminatório como Burke afirmava conceber as mulheres: "A beleza, qualidade encontrada principalmente no sexo feminino, quase sempre carrega consigo uma ideia de fraqueza e de imperfeição". Depois de afirmá-lo, Burke acrescenta o seguinte: "As mulheres sabem disso. Por essa razão, elas aprendem a falar com defeitos de pronúncia e a andar de forma cambaleante, para simular fraqueza e até mesmo debilidade". Por seu turno,

161 Foucault, 2001, p. 10.

Rousseau sustentava algo similar em seu conhecido tratado de educação, *Emílio*:

> A língua das mulheres é muito ágil; elas falam mais cedo, com mais facilidade e de modo mais agradável do que os homens. Além disso, elas são acusadas de falar muito mais: mas assim deve ser, e eu estaria disposto a converter essa censura num elogio; seus lábios e olhos têm a mesma vivacidade, por esse motivo. Um homem fala do que sabe, uma mulher, do que a agrada; ele necessita de conhecimento, ela, de gosto. O principal objeto do discurso de um homem deve ser o que é útil, o de uma mulher, o que é agradável. Não deve haver nada em comum entre as diferentes conversações de homens e de mulheres, a não ser a verdade. (...) Na infância, enquanto ainda são incapazes de discernir o bem do mal, as meninas devem observar essa regra como se fosse uma lei: nunca dizer nada desagradável àqueles com quem falam.

Wollstonecraft reproduz essa e ainda outra passagem sexista de *Emílio*, para comentá-las inicialmente nestes termos: "Os direitos da humanidade têm sido, assim, confinados à linhagem masculina, começando por Adão". O confronto com o renomado filósofo suíço é direto e aberto: "Rousseau leva sua aristocracia masculina ainda mais longe, insinuando que não condenaria aqueles que lutam para deixar a mulher em um estado da mais profunda ignorância". Essa atitude seria compreensível e mesmo necessária para Rousseau, conforme a severa crítica da autora do *Reivindicação*, uma vez que seu intuito seria o de preservar a castidade das mulheres, o de justificar as escolhas masculinas e o de oferecer a elas apenas "um conhecimento mínimo sobre os homens e os costumes produzidos pelas paixões humanas"[162].

Um pouco mais adiante, Wollstonecraft volta novamente a tematizar a linguagem. Desta vez, numa longa passagem, se trata de condenar as formas de expressão dirigidas às mulheres e os discursos que restringem a condição e as ações femininas ao sentimentalismo.

---

162 Wollstonecraft, 2016, p. 116.

Sou particularmente contra as frases amorosas inflamadas de paixão que se espalham por toda parte. Se as mulheres pudessem ter autonomia, por que elas deveriam ser seduzidas, por meio de lisonjas artificiais e cumprimentos sexuais, para que fossem virtuosas? Falem com elas a linguagem da verdade e da sensatez e deixem de lado o tom de afeição condescendente das cantigas de ninar! Deixem que elas aprendam a se respeitar como criaturas racionais, e não que sejam levadas a se apaixonar por sua própria pessoa insípida. Irrita-me ouvir um pregador dissertar sobre roupa ou trabalhos de costura e, ainda mais, ouvi-lo se referir às belas inglesas, as mais belas dentre as belas, como se elas só tivessem sentimentos.

Mesmo quando recomenda devoção, ele usa o seguinte argumento:

'Nunca, talvez, uma bela mulher causa maior impressão do que quando, serena em pio recolhimento e investida das mais nobres considerações, assume, sem se dar conta, uma dignidade superior e novas graças; de tal modo que a beleza da santidade parece resplandecer ao redor dela, e os que estão ao seu lado são quase induzidos a imaginá-la já adorando entre os anjos, seus iguais'.

Por que, então, as mulheres são criadas com um desejo de serem conquistadas? Devem elas sempre se rebaixar por terem sido feitas para atender ao sexo de seus companheiros? Devem elas ser ensinadas sempre a agradar?

Por que se diz às meninas que elas parecem anjos ou que uma gentil e inocente fêmea é o objeto que mais se aproxima da ideia que formamos de anjos do que qualquer outro, senão para rebaixá-las como mulheres? Ao mesmo tempo, se diz a elas que só se parecem com anjos quando são jovens e bonitas; consequentemente, sua pessoa, e não suas virtudes, recebe essa homenagem.

Palavras vazias e vãs! A que pode levar essa adulação enganosa, senão à vaidade e à insensatez? O amante, é verdade, tem licença poética para exaltar a dona de seu amor; seu mote é a ilusão de sua paixão, e ele não comete uma falsidade quando toma emprestada a linguagem da adoração. Seriam felizes as mulheres que fossem lisonjeadas apenas pelos homens que as amam; quero dizer, que amam a pessoa, não o sexo; mas deve um pregador sério intercalar seus discursos com tais tolices?

> Em sermões ou romances, contudo, a voluptuosidade é inerente ao texto. Os moralistas permitem aos homens cultivar, como manda a Natureza, diferentes qualidades e assumir os diversos aspectos que as paixões, modificadas quase ao infinito, dão a cada indivíduo. Um homem virtuoso pode ter uma constituição colérica ou otimista, ser alegre ou sério, sem ser reprovado; ser firme o mais que puder ou tão dócil que não tenha vontade ou opinião própria; mas todas as mulheres têm de ajustar-se, por meio da mansidão e da docilidade, a um mesmo caráter de doçura condescendente e de amável submissão.
> Utilizarei as palavras do próprio pregador:
> 'Deve-se observar que, para o seu sexo, os exercícios viris nunca são graciosos; que o tom, a postura, o ar e o porte masculinos que eles encerram são sempre proibidos; e que homens civilizados desejam em toda mulher feições suaves, voz melodiosa, formas não robustas e um comportamento delicado e gentil'.[163]

Se havia alguma, já não existe mais dúvida de que as lutas com as palavras e pelas palavras são batalhas decisivas do feminismo então nascente. Essas lutas o precederam, estão na gênese de sua emergência e o sucederão de modo cada vez mais plural e encorpado. Wollstonecraft insiste no fato de que tanto a fixação do discurso masculinista na beleza, inocência e delicadeza das meninas e mulheres quanto o estilo bajulatório mediante o qual esse discurso lhes é endereçado reduzem as pessoas aos estereótipos do universo feminino. Com essa redução, o que se pretende é limitar os pensamentos, as ações e as manifestações das mulheres a uma "doçura condescendente" e a uma "amável submissão". Seu dever era o de evitar quaisquer traços masculinos em seus gestos e condutas e seu desejo teria de espelhar o dos homens, que as queriam com "feições suaves", "voz melodiosa", "formas não robustas" e "comportamento delicado e gentil". Esse dever e esse desejo uma vez mais resumiam a vontade de po-

---

163 *Ibidem*, p. 123-124. O pregador a que ela se refere é o clérigo presbiteriano escocês, James Fordyce, autor de *Sermons to young women* (1765).

der masculina de dominar o corpo feminino e de silenciar a fala das mulheres no espaço público. Wollstonecraft afirma que a idealização, a docilização e o silenciamento das mulheres as elevavam à condição de "anjos" ou as rebaixavam à de "asnos", de forma que de um modo ou de outro se lhes retirava "qualquer traço de caráter humano e de razão". Assim, cada mulher se reduziria a uma "serva doméstica, cujo ser é sugado pelo ser do tirano". O encerramento dessa seção de seu *Reivindicação* se dá também com um comentário metalinguístico sobre as obras moralistas e sexistas, de que ela tratara ali: "Como esses livros são postos com frequência nas mãos das jovens, dei mais atenção a eles do que estritamente merecem. Mas, ao contribuírem para viciar o gosto e debilitar o entendimento de muitas de minhas semelhantes, não poderia me calar".

O feminismo que se delineia na obra de Wollstonecraft ainda não é o da interseccionalidade e do feminismo negro. Porém, as diferenças de classe sociais entre as mulheres, as prerrogativas da aristocracia e as mazelas da escravidão não estão ausentes de suas "Observações sobre o estado de degradação a que, por causas diversas, se encontra reduzida a mulher". Também em outras partes de seu tratado, mas, principalmente, nesse quarto capítulo do *Reivindicação*, se abordam as diferenças de classe, as intersecções e os paralelos entre escravidão e subordinação feminina:

> Para se tornarem virtuosas, as mulheres pobres devem trabalhar, e as mulheres de classe média, caso tivessem outras preocupações que não copiar a moda da nobreza, poderiam empregá-las, instruindo os filhos e exercitando a própria mente. A jardinagem, a filosofia experimental e a literatura lhes proporcionariam assuntos para pensar e matéria para conversação que de alguma forma exercitariam seu entendimento.
>
> No que diz respeito à virtude, para usar a palavra no sentido pleno, eu a tenho visto mais na classe baixa. Muitas mulheres pobres sustentam os filhos com o suor de sua fronte e mantêm unida a família que os vícios dos pais teriam dispersa-

> do; mas as mulheres nobres são indolentes demais para ser ativamente virtuosas, e são mais refreadas do que refinadas pela civilização.
>
> Por que submeter a mulher ao decoro – decoro cego –, se ela é capaz de agir por um princípio mais nobre, se ela é herdeira da imortalidade? O açúcar há de ser sempre produzido pelo sangue vital? Deve metade da espécie humana, como os pobres escravos africanos, ficar sujeita a preconceitos que a brutalizam apenas para adoçar a chávena do homem? Isso não é indiretamente negar a razão à mulher? Porque um dom é um escárnio, se é impróprio para o uso.[164]

A semelhança entre as mulheres sem oportunidades de instrução e as pessoas das classes rebaixadas é também evocada em mais um embate contra Rousseau e uma típica ideia elitista. Wollstonecraft reproduz essa sua afirmação: "Eduquem as mulheres como os homens", disse Rousseau, "e quanto mais se parecerem com nosso sexo menos poder terão sobre nós". Logo depois, ela acrescenta: "Nesse mesmo sentido, tenho ouvido os homens argumentarem contra a instrução dos pobres, pois muitas são as formas que a aristocracia assume. 'Ensine-os a ler e a escrever', dizem eles, 'e eles serão retirados da posição que lhes foi designada pela natureza'". Wollstonecraft vai rebatê-los, subscrevendo a posição igualitária num debate sobre a participação popular na Revolução Francesa: "Mas, os elitistas não sabem que, quando fazem do homem um animal, podem esperar a cada instante vê-lo se transformar em uma besta feroz". Diante da afirmação de Rousseau de que o correlato da educação das mulheres seria a perda do poder feminino sobre os homens, ela será assertiva em sua formulação de uma espécie de necessário mantra do feminismo, empregado para rebater os frequentes simulacros e as descabidas incompreensões de que o movimento é objeto: "Isso é exatamente o que pretendo. Não de-

---

164 *Ibidem*, p. 102. 103 e 185.

sejo que as mulheres tenham poder sobre os homens, mas sobre si mesmas"[165].

A Grã-Bretanha do século 18 era uma sociedade altamente estratificada. Por essa razão, o tratamento dispensado às mulheres das diferentes classes sociais era bastante distinto. Aquelas que pertenciam às classes médias e altas podiam receber instrução formal e se dedicar às artes e à moda, sem, contudo, participar efetivamente das ações e decisões do espaço público. Já as que formavam as classes rebaixadas não recebiam educação formal, eram ainda mais cerceadas e sua atuação frequentemente se limitava à esfera doméstica. Disso decorre certa seletividade na defesa da igualdade das mulheres em relação aos homens, porque somente as da burguesia e da aristocracia, que puderam ter acesso a alguma instrução, teriam condições econômicas, sociais e educacionais para desempenhar outras funções na sociedade, além dos tradicionais papéis da vida doméstica. A observação crítica dessa conjuntura da sociedade britânica, mas também a consciência das lutas das mulheres que a precederam, o ensejo de certo refluxo do pensamento misógino e a experiência bem aproveitada dos fatos e encontros de sua própria vida concorreram para a emergência, a consolidação e a difusão da obra de Wollstonecraft. Assim como ocorria com pensadoras e pensadores de vários outros lugares do mundo, ela estava bastante atenta ao efervescente movimento revolucionário francês daquele período, foi influenciada por seus princípios e o testemunhou pessoalmente.

O REI ESTÁ MORTO... VIVA A FALA FEMININA

O advento da Revolução Francesa vai perturbar práticas, discursos e tradições do Antigo Regime. Novos atores e desempenhos surgem no palco da história da fala pública, sem que necessariamente essas transformações carreassem a completa eliminação de cenas protagonizadas por velhos

---

165 *Ibidem*, p. 87.

hábitos, por imaginários persistentes e por ancestrais discriminações. No bojo da Revolução, porta-vozes das classes populares conquistaram algum direito de fala, porque a ideia de soberania popular concorria para incluir no campo da fala pública certos oradores que não provinham nem da nobreza nem da burguesia. A despeito dessas conquistas mais ou menos democráticas, os deputados eram praticamente os únicos que atendiam a critérios legais e condições efetivas para o acesso à palavra e para o desempenho da fala considerada legítima na Assembleia Nacional. Nela, não havia sequer uma única deputada. Era com base nesses critérios e condições que se excluía a maioria da população, em particular os pobres e as mulheres, da efetiva participação nos debates públicos e nas ações políticas.

No que diz respeito particularmente às mulheres, a resistência feminina e sua busca por reconhecimento e por espaço na sociedade e na política revolucionárias foram intensas. As mulheres que tinham tomado a iniciativa de marchar até Versalhes para denunciar a miséria e a fome por que passavam suas famílias se encaminharam no início de outubro de 1789 à Assembleia Nacional, onde pretendiam renovar suas denúncias e reivindicações. Conforme registros da época, à sua frente, caminhava Stanislas-Marie Maillard, capitão da guarda nacional da França, que havia participado ativamente da queda da Bastilha. Mais do que estar à frente daquele grupo feminino, ele as liderava e era seu porta-voz. Ou seja, era o único que podia falar; e o fez até que sua intervenção também fosse silenciada pelos deputados[166]. As lutas pelo direito de fala no desenrolar daquela convulsão social eram constantes e várias mulheres protagonizaram muitos desses embates. Eis um dos exemplos mais marcantes dessas lutas e de suas complexidades e ambivalências: pouco depois da queda da Bastilha e da publicação da *Déclaration des droits de l'homme et du citoyen*, surgiria em 1791 a *Declaração dos direitos da mulher e da cidadã*, de autoria de Olympe de Gouges. Em

166 Cf. Guilhaumou, 2015, p. 163.

seu preâmbulo e em seus primeiros artigos, podemos ler algo que era revolucionário mesmo para aquele contexto francês:

> As mães, as filhas, as irmãs, representantes da nação, solicitam ser integradas à Assembleia Nacional. Considerando que a ignorância, o esquecimento ou o menosprezo da mulher são causas das infelicidades públicas e da corrupção dos governos, nós mulheres resolvemos expor numa declaração solene os direitos naturais, inalienáveis e sagrados da mulher, para que essa declaração, constantemente acessível a todos os membros do corpo social, os relembre sem cessar de seus direitos e de seus deveres, para que os atos de poder das mulheres e aqueles dos homens, uma vez que podem ser comparados a todo instante, com o objetivo de aprimorar toda instituição política, sejam mais respeitados, para que as reclamações das cidadãs, fundamentadas desde então em princípios simples e incontestáveis, se convertam em benefício da Constituição, dos bons costumes e da felicidade de todos. Por conseguinte, o sexo superior, tanto em beleza quanto em coragem, nos sofrimentos maternos, reconhece e declara, na presença e sob os auspícios do Ser supremo, os seguintes Direitos da Mulher e da Cidadã.[167]

Novamente, não há dúvidas de que se trata ali de uma luta pela palavra das mulheres e pela autoafirmação feminina. Os artigos 7, 8 e 9 afirmam manifesta e reiteradamente a vontade de igualdade, de modo a dificultar os argumentos contrários que sustentariam a ideia de que as mulheres estariam reivindicando privilégios e não equidade de direitos e deveres em relação aos homens, em consonância com o pensamento fundamental de Wollstonecraft. Com vistas a defender e a insistir nessa ideia de igualdade, Gouges postula em sua *Declaração* que as leis devem ser rigorosamente aplicadas indistintamente aos homens e às mulheres e que os delitos somente podem ser objeto de punição de acordo com legislação estabelecida e promulgada que lhes forem anteriores. Assim, se uma mulher é declarada culpada por alguma infração, deve

---

167 Gouges, 2021, p. 23.

recair sobre ela todo o rigor da lei. Esse é o ensejo para o que se lerá nos artigos 10 e 11:

> Ninguém deve ser perturbado por suas opiniões fundamentais. A mulher tem o direito de ser condenada ao cadafalso, ela deve ter igualmente o direito de subir à Tribuna, desde que suas manifestações não perturbem a ordem pública estabelecida pela lei.

> A livre comunicação de seus pensamentos e opiniões é um dos direitos mais preciosos da mulher, uma vez que essa liberdade garante a legitimidade dos pais em relação aos seus filhos. Toda cidadã pode, portanto, dizer livremente "Eu sou a mãe de uma criança que lhe pertence", sem que qualquer bárbaro preconceito a force a dissimular a verdade, com exceção somente das circunstâncias em que ela terá de responder pelo abuso dessa liberdade conforme os casos determinados pela Lei.

A participação das mulheres na Revolução foi decisiva e não se limitou à *Declaração* de 1791. Antes e depois de sua publicação, a atuação feminina foi fundamental para a emergência e para certos desdobramentos revolucionários. Entre agosto e setembro de 1789, houve dezenas de protestos femininos pelas ruas e praças de Paris. No dia 5 de outubro, por volta de sete mil mulheres, principalmente, vendedoras de peixe da capital francesa, foram a Versalhes para protestar contra a escassez de alimentos e contra os altos preços do pão.

As pressões dessas manifestantes culminaram na condução de Luís 16 para Paris, onde o rei passava a ficar mais exposto às reivindicações populares, menos sujeito às influências de membros da corte e com menor margem para vetar as propostas de reformas. Nesses e em outros acontecimentos de lutas e resistências femininas, ao mesmo tempo inéditos e carregados de memórias, emergem e se consolidam essa ambivalente, mas compreensível, associação entre liberdade de expressão e designação legítima da paternidade de uma criança por sua mãe, como vimos na *Declaração*, assim como esse seu excessivo apego à ordem pública e à legalidade. Mas, há ainda outras e mais profundas ambivalências e mesmo muitos preconceitos contra as mulheres em formulações da própria Olympe de Gouges, tal como na seguinte:

> As mulheres fizeram mais mal do que bem. Constrangimento e dissimulação têm sido seu destino. A força que lhes foi roubada, elas recuperam com seus ardis. Elas podiam se valer de todos os recursos de seus encantos e, assim, a pessoa mais irrepreensível não lhes resistiria. O veneno e a espada se sujeitavam a elas... O governo francês, em especial, dependeu, durante séculos, da administração noturna das mulheres. O gabinete não escondeu nenhum segredo da indiscrição feminina. Qualquer coisa que caracterizasse a insensatez dos homens, profana ou sagrada, tudo isso esteve sujeito à cupidez e à ambição do sexo feminino...[168]

Nossa abordagem dessas e de outras afirmações não deve ser personalista. Não se trata de uma posição exclusiva de Gouges, mas de um pensamento hegemônico no meio revolucionário. Se, por um lado, Mirabeau afirmava que "Enquanto as mulheres não se integrarem a ela, não haverá uma verdadeira Revolução", por outro, grassava entre os revolucionários a "síndrome de Maria Antonieta", que produzia uma correspondência entre a frivolidade e a nocividade do Antigo Regime e o universo feminino. A política derivada das conversas privadas e das relações pessoais na corte deveria sucumbir àquela masculina e virtuosa dos debates públicos e das ações coletivas. É por essa razão que a arte oratória, exponencialmente empregada durante a Revolução, será uma desforra ostentatória da virtude viril e da eloquência masculina sobre a alegada afeminação das conversas de salão e das relações de alcova da corte. A performance retórica que triunfa juntamente com a ala majoritária da Revolução é máscula, têm argumentos veementes e formulações enfáticas, voz enérgica e tonalidade declamatória e ainda gestos largos e arrebatadores. Essa dramaturgia oratória está nas antípodas dos consensos

168 *Ibidem*, p. 30-31.

sobre a expressão feminina. Além disso, essas práticas de linguagem e os discursos a seu respeito se conjugam com o fato de que as mulheres eram proibidas de falar em tribunas públicas, tais como nas das cátedras e do parlamento[169].

O imaginário masculino da Revolução consolidava ainda uma oposição fundamental entre as "mães" da República e as "furiosas do inferno" para separar e inscrever as mulheres nesses dois grupos inconciliáveis. As primeiras eram virtuosas, porque davam à luz, nutriam e educavam os filhos da Revolução e a futura geração de patriotas revolucionários. Já as últimas eram perigosas, porque militavam por causas comuns e "feministas", na maioria das vezes armadas, denunciavam incompetências e corrupções de governantes e reclamavam por sua devida punição. Pauline Léon e Claire Lacombe, entre outras, estão entre essas mulheres perigosas. Em maio de 1793, essas representantes de uma pequena burguesia popular fundam a *Sociedade das republicanas revolucionárias*, por meio da qual reivindicam direitos de cidadania plena às mulheres. Quatro meses mais tarde, depois de muitos rumores insuflados contra essa *Sociedade* e de animosidades e discórdias, promovidas por deputados de alas moderadas e conservadoras, entre essas militantes republicanas e as mulheres da *Sociedade fraterna dos patriotas de ambos os sexos*, ocorreu um conflito entre vendedoras de peixes e militantes. O episódio serviu de pretexto para que o comitê de segurança da Assembleia decretasse o fim não somente da *Sociedade das republicanas*, mas também de todos os outros clubes femininos na França. Assim, o espaço público revolucionário passava a ser vetado às mulheres e seus direitos de organização e de fala, praticamente extintos.

Por essa razão, não é difícil compreender e subscrever esta afirmação: "O discurso revolucionário não era sexualmente neutro". Aqui, duas interpretações da Revolução se misturam e se complementam. Na primeira, se ressalta o fato de que com a ideia de soberania popular, de acordo com a qual so-

169 Perrot, 1998, p. 64-65.

mente o povo tem o direito de governar a sociedade, o poder passava a se concentrar na voz e na pena dos porta-vozes populares. Esse poder não apenas residia na palavra, na medida em que seu exercício consistia em denunciar antigas e renitentes forças ocultas e inescrupulosas, mas também se condensava na fala pública, porque era por seu intermédio que se buscava conquistá-lo e mantê-lo, em meio às ambiguidades e evanescências do que era falar pelo povo e em nome da vontade popular. Desse modo, a Revolução se tornou um contexto inédito na história francesa: a primeira circunstância na qual "a persuasão da massa popular foi fundamental, além de ser parte integrante do fenômeno político. As palavras eram o poder"[170]. Já na segunda, a Revolução pode ser entendida como um acontecimento atravessado e constituído pela estereotipada e interessada diferença entre os gêneros masculino e feminino e ainda por sua divisão sexista das práticas de linguagem. Sob essa perspectiva, praticamente toda fala feminina na França revolucionária já estaria fadada ao fracasso pelo simples motivo de provir do corpo de uma mulher e de se encarnar na voz de uma integrante do "sexo frágil". A eficácia desse imaginário derivava de uma fusão integral entre política e moral na Revolução.

O Antigo Regime era a encarnação do mal e da depravação sexual, ao passo que os revolucionários se apresentavam como fonte e difusão do bem e do virtuosismo moral. Expressões como "casta virtude", "probidade austera" e "virtude masculina e republicana" frequentavam o discurso político na Revolução. Como vimos, a conjunção entre uma estrutura de gêneros, que fez de certa projeção e identificação das diferenças entre os sexos uma forma primária e sexista de relações de poder e de subordinação feminina, e um contexto moralista, que pretende eliminar a degeneração "afeminada" promovida pela aristocracia, produzia o consenso de que o Antigo Regime era um sistema de governo afeminado, por-

---

170 Outram, 1997, p. 142. A autora menciona aí uma das principais teses da original interpretação que François Furet (1978) faz da Revolução.

que constituído por relações privadas e afetos pessoais. Ali, Maria Antonieta, em particular, mas também as mulheres, de modo geral, personificavam antivalores como o mal, o sentimentalismo e o descontrole da libido. A corrupção política não se dissociava da corrupção sexual, nem as mulheres dos vícios da monarquia e da nobreza[171]. Com base na polaridade entre os universos masculino e feminino, que respectivamente concentravam as virtudes viris e o povo, de um lado, e os vícios femininos e a aristocracia, de outro, foram impostos obstáculos quase intransponíveis para a fala feminina no espaço público revolucionário. Além disso, sob a justificativa de promover elevados valores universais, cujas antípodas eram os interesses particulares, os homens brancos, burgueses e heterocisnormativos da Revolução se arrogavam de resumir e representar a humanidade. Por esse motivo, as denúncias e reivindicações de minorias ou de maiorias minorizadas eram relativamente escassas, se tornavam alvo de desconfianças e não raras vezes foram punidas com excessos de rigor, violência e morte.

Em diferentes tempos e lugares, o discurso materializa as relações de força e consiste num poder de que queremos nos apoderar. Certas circunstâncias tornam essa sua condição ainda mais manifesta. Ora, a Revolução Francesa foi um desses contextos. Desde que as condições materiais estejam devidamente atendidas, ser privado do acesso à fala púbica ou ter a legitimidade e a credibilidade de suas palavras bastante reduzidas numa tal situação gera um mal-estar. Diante do silenciamento e dos menosprezos que então pesavam sobre a fala feminina, as mulheres francesas, *grosso modo*, lidaram de diversas formas com seu mal-estar: enquanto muitas atacaram a Revolução, outras aderiram a suas causas. Tanto entre as adversárias das ideias revolucionárias quanto entre suas partidárias havia diversos níveis de intensidades, dis-

---

171 Cf. Outram, 1997, p. 147: a virtude pessoal das mulheres era a castidade, fora da qual tudo era vício; ao passo que a virtude política dos homens era a promoção da igualdade, que colocava o bem-estar coletivo do Estado acima dos interesses pessoais dos indivíduos.

tintas frequências e diferentes alcances em suas manifestações de censura ou de adesão. Por um lado, a historiografia mostrou que em boa medida a contrarrevolução e sua revalorização da igreja e da monarquia conseguiu atrair muitas mulheres. Entre outras causas e consequências, a majoritária adesão feminina ao trono e ao altar concorria para estabelecer uma separação decisiva entre a política dos homens e a política das mulheres, que culminaria na "formação de posturas diferentes entre os sexos": a tendência à defesa do estado laico e republicano por eles e a da religião por elas[172]. A seu modo, essa postura contrarrevolucionária lhes dava régua e compasso para suas intervenções públicas, nas quais a promoção excessivamente viril da justiça da Revolução era denunciada como um ataque a Deus, como ausência da compaixão feminina e como a repetição do sacrifício de seu filho e remissor de nossos pecados.

Por outro lado, houve um bom número de mulheres partidárias da Revolução. A despeito dos preconceitos contra o universo feminino que ela comportava e das exclusões que promovia, várias mulheres não conceberam nem experimentaram a Revolução como um obstáculo para suas manifestações e suas lutas por igualdade de direitos em relação aos homens. Sempre que possível, falar em público em defesa da Revolução lhes era vantajoso por algumas razões. Primeiramente, os auditórios concorridos, compostos de públicos relativamente amplos e formados por pessoas de ambos os sexos lhes permitia estender suas falas além dos círculos mais ou menos restritos e das associações constituídas somente por mulheres. Também havia certo benefício em aderir ao discurso universalista da Revolução, na medida em que a reprodução de seus lugares-comuns, de suas referências e de suas fórmulas e ainda de sua pretensão de que seus porta-vozes falavam em nome da coletividade contribuía para reduzir ou contornar a inconveniente particularidade de que quem intervinha naquela circunstância de fala era uma oradora. Assim,

---

172 Outram, 1997, p. 152.

as mulheres encontravam uma via para tentar escapar de mais esse dilema de linguagem que pesa há tanto tempo sobre elas: ou falar como uma "dama" e não ter legitimidade ou se recusar a fazê-lo e sofrer com os escárnios que lhes acusam de não ser femininas. Outra razão para o apoio de mulheres às ideias e ações revolucionárias residia no seguinte: em determinadas situações, como era o caso da Revolução, sujeitos de classes e grupos excluídos ou periféricos podem usar parcialmente alguns elementos de discursos dominantes para propor e operar suas resistências e ainda para fazer suas denúncias e reivindicações. Desse modo, as mulheres revolucionárias reduziam a atenção dispensada aos seus corpos e à sua condição feminina, no intuito de atraí-la para suas causas e de validar suas falas.

Ao encerrar sua *Declaração*, Olympe de Gouges convoca as mulheres a despertarem da comodidade de seu sono e a se livrarem de sua cegueira. Essa letargia e esse obscurecimento da visão as impediam de perceber que a Revolução havia feito dos homens oprimidos e escravizados cidadãos livres e iguais, às custas da expropriação das forças femininas e da opressão de suas mulheres: "Ao se tornar livre, o homem se tornou injusto em relação à sua companheira". Em seguida, Gouges provoca os revolucionários com estes termos: "Quais são as vantagens que vocês, mulheres, conseguiram com a Revolução?". À provocação sucede uma incisiva acusação: "Um desprezo mais acentuado, um desdém mais marcante". Como vimos, essa sua acusação não a impedia de subscrever o ataque revolucionário ao Antigo Regime e à sua "síndrome de Maria Antonieta". Gouges chama o período antes da Revolução de "séculos de corrupção" e o caracteriza como um tempo em que "as mulheres só podiam reinar em razão da fraqueza dos homens". A nova e promissora era, em que teria passado a imperar a força da "virtude viril" e a "linguagem masculina", promotoras da igualdade e da liberdade, ainda estava assombrada pelas "injustiças do homem". Daí o agudo paradoxo com o qual Gouges arremata sua *Declaração*: "esse sexo, o feminino, antigamente era desprezável e respeitado, agora, depois da Revolução, passou a ser respeitável e desprezado". O usufruto dessa condição respeitável exigia o silêncio da fala feminina no contexto revolucionário: "a mulher que se recusava a ser respeitada passou a enfrentar uma série de escolhas difíceis no ato de falar em público e na seleção das palavras a serem ditas"[173].

A abertura de suas bocas significava uma imediata e ampla perda de virtude e compreendia uma prévia e constante insegurança das mulheres para se manifestar publicamente. Por isso, diante de mais essa forma do silenciamento da fala feminina, o difícil e desejado equilíbrio entre participar da vida pública e conservar o respeito impôs, entre outras soluções, esta atitude de Madame Roland de promover fóruns de discussões e debates, nos quais apenas os homens falavam. Movidas por um sentimento resignadamente otimista, às mulheres caberia tirar o melhor proveito possível dessas ocasiões:

> Eu sabia qual papel convinha a meu sexo e eu jamais deixei de segui-lo. As conferências ocorriam com a minha presença, sem a minha intervenção. Situada fora do círculo e próxima de uma mesa, eu fazia alguns trabalhos manuais ou escrevia cartas, enquanto os homens debatiam e deliberavam... Não perdia uma palavra sequer do que eles diziam e me ocorria de morder os lábios para não dizer nada...
> Se calar, em solidão, não é uma coisa maravilhosa, mas guardar constantemente o silêncio no meio de pessoas que falam de temas pelos quais nos interessamos, reprimir os ímpetos dos sentimentos que nos oprimem, nas circunstâncias em que somos tomadas por uma contradição, não exprimir as ideias intermediárias que escapam aos debatedores e que, por lhes escapar, fazem com que eles ou não concluam bem seus raciocínios ou não sejam devidamente compreendidos, e medir assim a lógica de cada um deles, com um máximo de controle sobre nós mesmas, é um meio privilegiado para adquirir penetração e retidão, para aperfeiçoar sua inteligência e para aumentar a força de sua alma.[174]

173 *Ibidem*, p. 148.

174 Fragmento de *Memórias*, de Madame Roland, citado por Outram (1997, p. 149).

Outras mulheres optaram por não se calar. A divisa "Liberdade, igualdade e fraternidade" não as poupou de interdições discretas, mas também ostensivas, e ainda de silenciamentos, dos mais discretos e insidiosos aos mais manifestos e terríveis, que se abateram sobre elas antes, durante e depois de suas falas e de sua escrita. Numa breve nota biográfica sobre Olympe de Gouges que antecede o texto da *Declaração dos direitos da mulher e da cidadã*, se afirma que ela é "uma pioneira do feminismo". Seu compromisso com a Revolução Francesa e a publicação de sua *Declaração* em 1791 também são destacados. Também o são suas lutas "pela emancipação da mulher e pelo reconhecimento de seu lugar social e de sua atuação política" e sua militância "pela abolição da escravidão". Ressaltam-se ainda sua proximidade com Condorcet e sua adesão ao grupo dos Girondinos em 1792. Mas, a mais chocante, terrível, mas não surpreendente informação é a seguinte: "Condenada pelo Tribunal revolucionário, ela foi guilhotinada no dia 3 de novembro de 1793".

A NATUREZA, A FORÇA DOS MACHOS E A FRAQUEZA DAS FÊMEAS

Como vimos em nossa *Introdução*, a vontade de poder da dominação masculina fez com que homens revolucionários não só matassem de Gouges, mas também profanassem sua memória. Há registros de que depois de sua morte ao menos alguns jacobinos continuaram a chamá-la de "virago", de "mulher-homem" e "impudente", a censurá-la por "abandonar as tarefas de sua casa, porque queria fazer política" e a justificar sua condenação, afirmando que foi "o esquecimento das virtudes de seu sexo que a levou ao cadafalso"[175]. Mais uma

175 Numa outra circunstância, o mesmo jacobino, Pierre-Gaspard Chaumette, também formulou com indignação a seguinte pergunta retórica: "Desde quando se tornou costume as mulheres abandonarem os delicados cuidados com suas casas e os berços de seus filhos, para virem à praça pública, para subirem às tribunas e falarem nas assembleias, no Senado e nas fileiras de nossos exércitos, pretendendo exercer os papeis que a natureza reservou somente aos homens?" (Coulomb-Gully, 2022, p. 42).

vez, o assassinato de uma mulher que lutava por direitos de sua classe e de seu grupo e que tinha muita coragem para fazê-lo, falando em público, foi o meio atroz de que se valeram homens covardes para calar a sua voz e as de tantas outras que a sucederiam com o mesmo propósito.

Suas lutas e seus sacrifícios, assim como também as batalhas e as imolações de muitas outras mulheres, conhecidas ou anônimas, nessa era esclarecida do mundo ocidental, não foram em vão e deram ânimo e ensejo para que várias outras as sucedessem nesses combates pelo direito feminino de falar em público e de participar da vida política de suas sociedades. No entanto, seu sangue, seu suor e suas lágrimas não foram suficientes para suspender machismos e misoginias que continuaram a se reproduzir em diferentes tempos e espaços da Era Moderna. Nessa reprodução, a natureza ainda funciona como base para as discriminações e exclusões sociais das mulheres. Vimos que Hume e Alexander a evocavam para tratar da "natural" diferença entre a força do homem e a fraqueza da mulher. Em face dessa diferença, o primeiro sustentava que os homens deveriam ser gentis e generosos com suas filhas e companheiras, ao passo que o segundo insistia tanto na ideia de que a divisão entre a energia dos machos e a debilidade das fêmeas no mundo animal não precisaria se perpetuar no mundo humano quanto na de que, distintamente do que ocorre na dominação masculina sobre as mulheres, no reino da natureza os machos não praticam nem desejam uma ascendência permanente sobre as fêmeas. Na segunda metade do século 19, a natureza continuaria a ter um papel decisivo na reafirmação da inferioridade feminina. É isso que encontramos no campo das ciências naturais, que então chancelava e difundia essa suposta inferioridade por meio do amplo alcance da teoria da origem e da evolução das espécies.

Já distante dos fundamentos teológicos medievais e próximo do legado Iluminista, Charles Darwin vai reiterar insistentemente a distinção biológica entre machos e fêmeas. Um ponto fundamental em que recai sua insistência é a cisão entre as vozes masculinas e femininas dos animais e sua função capital na seleção sexual, na expressão das emoções nos humanos e nos animais, bem como na evolução dos seres vivos[176]. Darwin reconhece a variedade das funções desempenhadas pela produção vocal no reino animal: indivíduos de diferentes espécies "usam suas vozes com diversas finalidades: ora para alertar quanto ao perigo, ora para chamar um companheiro, ora para que as mães descubram o paradeiro de seus filhotes, ou que estes recorram a elas em busca de proteção etc.". Porém, destaca a seguinte: "Quase todos os animais machos usam suas vozes muito mais durante a época do cio do que em qualquer outra ocasião". Vimos que, em sua *História dos animais*, Aristóteles disse algo muito semelhante, quando não idêntico, a essa e a outras afirmações de Darwin. A oposição entre machos e fêmeas e a especificidade de seus caracteres sexuais estão presentes na compleição corporal e na pilosidade, mas parece ser ainda mais marcada na distinção entre as vozes masculinas e femininas. Estas seguintes passagens de *A origem do homem e a seleção sexual* materializam e concentram a abordagem sexista das diferenças entre homens e mulheres:

> No que se refere ao ser humano, as diferenças entre os sexos são maiores do que na maior parte das espécies dos quadrúmanos. Em média, o homem é considerado mais alto, mais pesado e mais forte que a mulher. Seus ombros são mais largos e seus músculos mais salientes.
> O homem é mais corajoso, agressivo e enérgico que a mulher, além de possuir maior criatividade. Em termos absolutos, seu cérebro é absolutamente maior.

> Com as nações bárbaras, as mulheres são uma causa constante de disputas, quer entre os indivíduos da tribo, quer entre tribos rivais. Isso não é de hoje: ocorre desde o remoto passado. Não fora assim, e não se poderia dizer que tivesse sido Helena "*mulier teterrima belli causa*".

---

176 Cf. Salazar, 2008.

Com respeito às diferenças entre as capacidades mentais entre homens e mulheres, é provável que a seleção sexual tenha representado um papel importante. Sei que certos autores duvidam da existência de alguma diferença inerente entre os sexos, mas as probabilidades são altas. (...) A mulher parece diferir do homem quanto à disposição mental, principalmente no que se refere à ternura e à capacidade de se doar, que nelas são maiores. A mulher, devido a seu instinto materno, ostenta essas qualidades especialmente com relação a seus filhos, sendo natural que também as possua em relação às pessoas de quem gosta. Já o homem é rival de outros homens. Ele aprecia a competição, o que leva inicialmente à ambição, resultando facilmente em egoísmo. É geralmente admitido que, entre as mulheres, certas capacidades como a intuição, a percepção rápida e talvez a imitação são mais fortemente marcadas que no homem, mas como ao menos algumas dessas faculdades são típicas de raças inferiores, cabe presumir que se refiram a um antigo estado inferior da civilização.

A principal distinção entre os dois sexos quanto às capacidades intelectuais se evidencia no fato de que o homem atinge maior eminência que a mulher em tudo quanto executa, seja naquilo que requer raciocínio profundo, razão ou imaginação, ou meramente o uso dos sentidos e das mãos. Se forem feitas duas listas dos homens e mulheres que mais se destacaram na Poesia, na Pintura, na Escultura, na Música, na História, nas Ciências, na Filosofia, com meia dúzia de nomes em cada um desses tópicos, as duas relações nem merecem comparação.

Em algumas espécies de quadrúmanos existe uma grande diferença entre machos e fêmeas adultos, relacionada com o timbre e a intensidade da voz, e com o desenvolvimento dos órgãos vocais. O homem parece ter herdado de seus ancestrais essa diferença. Em comparação com as cordas vocais de mulheres e das crianças, as do homem adulto são cerca de um terço mais compridas.

Animais de todo tipo usam habitualmente suas vozes produzindo diversos ruídos quando estão tomados de emoções fortes. Não seria razoável acreditar que o uso frequente da voz,

> sob a excitação provocada pelo amor, pela fúria e pelo ciúme, repetido durante gerações, possa ter produzido um efeito hereditário sobre os órgãos vocais dos animais?
> Na classe dos mamíferos, os machos de quase todas as espécies usam suas vozes durante a época de cruzamento, muito mais do que em qualquer outra circunstância, e alguns são absolutamente mudos, exceto nessa ocasião.
>
> Imagina-se que as mulheres geralmente possuam vozes mais suaves que os homens, e, se isso pode servir de referência, podemos concluir que elas primeiramente adquiririam sua capacidade musical a fim de atrair o outro sexo. Se assim for, deve ter ocorrido há muito tempo, antes que nossos ancestrais se tivessem tornado humanos o suficiente para tratar e valorizar suas mulheres, considerando-as mais do que escravas úteis. O orador apaixonado, o bardo, o músico, quando com seus tons variados e suas cadências excitam as mais fortes emoções em seus ouvintes, provavelmente estarão usando o mesmo meio pelo qual, num período extremamente remoto, seus ancestrais semi-humanos despertaram uns nos outros ardentes paixões, enquanto se empenhavam em cortejar o sexo oposto ou desafiar seus rivais.[177]

A sedução dos machos pelas fêmeas e a dos homens pelas mulheres não estão ausentes, mas o que sobressai é a suposta incontornável supremacia masculina. Os homens são maiores e mais fortes, mais corajosos e mais enérgicos, mais criativos, habilidosos e inteligentes do que as mulheres. Além de reafirmar a inferioridade feminina, no discurso darwinista se repete a repisada ideia de que elas são terríveis e causam a guerra entre os homens e sua perdição. Com a caução científica da observação da natureza, as diferenças entre machos e fêmeas se explicam e se impõem, partindo dos animais em

---

177 Darwin, 2004, p. 464-504. As considerações sobre a voz voltam a dar ensejo ao pensamento colonial darwinista. Após afirmar que a produção da música e a apreciação musical estão presentes em todas as raças humanas, ele acrescenta: "Cabe lembrar, porém, que tão diferente é o gosto de cada raça, que a música que nós europeus apreciamos não desperta o menor prazer nos selvagens, enquanto que a deles, para os nossos ouvidos soa hedionda e desprovida de sentido." (Darwin, 2004, p. 502).

geral, passando pelos mamíferos e chegando aos humanos. Também sob a forma de uma deriva natural, a afirmação da superioridade dos corpos dos homens sobre os das mulheres passa para a da maior dimensão dos cérebros masculinos e daí para a do predomínio dos homens na criatividade, na habilidade e na inteligência. As capacidades mentais e intelectuais femininas praticamente se restringem ao amor e outros ternos afetos derivados da maternidade. Quando outras qualidades dessa ordem lhes são reconhecidas, tais como a intuição e a rápida percepção, elas são logo em seguida rebaixadas, pois se trataria de faculdades "típicas de raças inferiores", desenvolvidas num "antigo estado inferior da civilização". No pensamento de Darwin, as lutas pela sobrevivência e pela expansão das espécies se desenrolam sucessivamente no tempo e simultaneamente no espaço. A evolução das espécies é, portanto, produto desse desenvolvimento. Nesse aspecto, sua reflexão é aguda, mas não lhe ocorre acuidade similar para constatar que a desigualdade entre homens e mulheres não é um dado estático da natureza, mas algo que decorre de processos históricos ao longo do tempo e de relações sociais travadas em diversos espaços.

Não há dúvidas de que a conservação de pontos cegos nas ideias e nas ações hegemônicas sobre a história e a sociedade beneficia privilegiados. As milenares consolidações e reproduções de processos e relações que fazem das diferenças entre os sexos um modo elementar das lutas pelo poder e da subordinação feminina são pontos cegos para o mais célebre pensador da teoria da evolução. Intelectuais pós-iluministas de sua estatura não poderiam ter na ignorância a sua escusa. Aliás, o próprio Darwin reconhece em seu tempo a presença de discursos que contradizem sua posição sexista: "Sei que certos autores duvidam da existência de alguma diferença inerente entre os sexos"... Ele não os desconhece, não os subscreve e tenta invalidá-los. Darwin também não ignora sociedades de outros tempos e espaços cuja organização não se assenta em práticas e pensamentos machistas e patriarcais. Ao mencioná-las, entra novamente em cena a conjunção entre o rebaixamento das mulheres e o colonialismo: essas sociedades nas quais as "mulheres selvagens têm algum poder de escolher seus companheiros" evidentemente não estão entre as "civilizações evoluídas". De tempos remotos e incivilizados, teria provindo a suavidade da voz feminina usada para seduzir os homens. Na Europa oitocentista, isso já não mais seria necessário, porque seus cultos e esclarecidos homens sabem "tratar e valorizar suas mulheres, considerando-as mais do que escravas úteis". O reconhecimento da força feminina concentrada em sua fala e em sua voz suscitou em várias circunstâncias uma narcísica reação masculina que pretendeu reduzir ou eliminar esse poder da linguagem das mulheres. Movido por essa insegurança, veio o desejo de fazer da fala e da voz apanágios masculinos e meios privilegiados de sedução tanto dos homens pelos homens, com seu domínio da retórica e de outras artes, quanto das mulheres pelos homens, com seu domínio das artes do comando ou, eventualmente, da conquista.

Como se já não tivesse gestado e reproduzido uma longa história de opressões e exclusões, os discursos de discriminação, deslegitimação e interdição da voz e da fala femininas, presentes e atuantes em todos esses tempos, lugares, instituições e campos de saber, continuam a se materializar de formas diretas ou indiretas em textos nos quais, em princípio, os preconceitos contra o universo feminino e a busca pelo silenciamento das mulheres não teriam razão para se apresentar. Assim, a reflexão da psicologia social sobre as então emergentes sociedades de massa no final do século 19 também trouxe consigo novas e antigas formas do sexismo em sua concepção das práticas e das representações da fala pública.

GOVERNO DOS HOMENS E SILENCIAMENTO DAS MULHERES

O nascimento das grandes cidades e as grandes aglomerações humanas fizeram da multidão um acontecimento histórico e um objeto de pensamento, acerca do qual seriam suscitadas questões praticamente inéditas: o que caracteriza as massas? Como dominar o poder das multidões? Como guiá-las? Como arrefecer sua fúria e sua irracionalidade e como convencê-las?

A obra de Gustave Le Bon formulou e respondeu a essas questões. Ali se materializa um medo da multidão urbana típico da derrocada das antigas formas de autoridade e da emergência de uma força política advinda das massas das classes médias baixas e das populares. Em suma, trata-se do medo, compartilhado entre conservadores, como Le Bon, mas presente também entre os progressistas, vide Émile Zola, daquilo que se entendeu como sendo a natureza feminina das multidões, a que já nos referimos. Le Bon, Zola e outros tantos autores das ciências e da literatura escreviam "massa" ou "multidão" e seus leitores fácil e rapidamente associavam esses termos aos poderes e perigos representados pela mulher[178].

As massas e as mulheres compartilhariam propriedades psicológicas e emocionais: elas são impulsivas, irritáveis, inconstantes, sentimentais, crédulas, irracionais e imprevisíveis. Com base nos postulados do darwinismo social, tão em voga naquele momento, Le Bon afirmava que esse conjunto de traços da psicologia e das emoções marcava seres inferiores da cadeia evolutiva. No cerne dessa descrição da multidão, encontramos novamente o sexismo, o machismo e fenômenos que eles compreendem. Um deles se refere justamente à vontade de restringir ou mesmo de interditar os usos da fala pública por sujeitos das massas populares e pelas mulheres. Estamos aqui diante de uma renovação moderna deste antigo, consolidado e duradouro imaginário sobre as vozes populares e femininas: "A multidão vocifera, protesta, geme ou delira – de raiva ou de prazer: a massa não fala"[179]. O povo, aglomerado sob a forma de multidão, de "natureza feminina", colocaria em xeque a estabilidade da clássica organização

---

178 Courtine, 2015, p. 267.

179 *Ibidem*, p. 271.

das cenas oratórias, nas quais o orador detém o poder da palavra à frente e acima de um auditório silencioso.

Essa seria uma ameaça a toda a sociedade. Para melhor apontá-la, Le Bon articula de forma enfática e translúcida o machismo e o colonialismo. Inicialmente, ele afirma que "Várias características especiais das massas, tais como a impulsividade, a irritabilidade, a incapacidade de raciocinar, a ausência de julgamento e de espírito crítico, o exagero de sentimentos, além de outras mais, são observáveis em seres que pertencem a formas inferiores da evolução, tais como o selvagem e a criança". Em seguida, acrescenta o seguinte: "As multidões são irritáveis e impulsivas, sem dúvida, mas com grandes variações de grau. A diferença entre uma multidão latina e uma multidão anglo-saxã é, por exemplo, impressionante. As massas são femininas, em todos os lugares do mundo; mas as mais femininas entre todas elas são as multidões latinas"[180].

Já o segundo fenômeno que essa concepção preconceituosa e machista compreende consiste na alegação da necessidade de um líder. Essa necessidade seria decorrente da mesma natureza feminina das massas, de suas emoções excessivas, de seus perigos e de suas inaptidões à razão, à linguagem racional e à sua articulação na fala. Uma vez que esses atributos da multidão estão assentados no arcaico modelo da dominação masculina, se conclui que "as massas precisam de um guia"[181]. Mais que um simples guia, se trata de um homem (jamais uma mulher), que teria de controlar as multidões, de lhes fornecer as qualidades morais e de se tornar um exemplo a ser seguido. O modelo ideal da fala pública continua a ser o masculino, em prejuízo da fala e mesmo da escuta feminina que, a despeito de eventualmente se fazerem presentes nas ocasiões de fala no espaço público, se mostrariam desarticuladas, irracionais, volúveis, imprevisíveis e perigosas. Essa sua condição desordenada da massa tornaria necessária a figura de um líder, de um homem viril que pudes-

---

180 Le Bon, 2003, p. 17-19.

181 Courtine, 2015, p. 262.

se dominá-la e falar em seu nome. A ideia da "necessidade do chefe" se tornou um lugar-comum e ganhou uma enorme amplitude em várias partes do mundo desde o final do século 19, impondo crenças, práticas e formas de expressão de autoridade e comando em diversos campos, como a política e a guerra, a indústria e as organizações sociais. Nesse cenário, "não apenas uma crise de autoridade era 'detectada', mas também sua solução era invariavelmente encontrada no recurso aos chefes". Mais do que isso: "A questão do comando é um negócio de homens. As discussões entre chefes são, portanto, uma forma de sociabilidade masculina. Nessas discussões entre homens, frequentemente se abordam os atributos viris do comando"[182]. Os perfis e os papeis da chefia são exclusivamente masculinos.

Sombras e temores rondavam as cabeças e penetravam os corações dos homens da burguesia. Seus medos das massas vinham de projeções e observações de práticas e discursos de revolta do proletariado, nos quais aflorariam a desordem social e a violência. A fonte, o veículo e o estímulo dessa violência estariam concentrados nos protestos e greves operárias, mas também nas primeiras manifestações feministas que foram imediatamente tachadas de "histéricas". Diante do mal-estar masculino burguês, o comando viril se impunha como a única alternativa: "Sempre pronto a se sublevar contra uma autoridade frágil, a massa se dobra com submissão diante de uma autoridade forte. Sua coragem a seduz, sua autoridade se impõe sobre ela e sua espada a amedronta"[183]. As palavras de Le Bon e todo o consenso em torno da necessidade de autoridade e comando funcionaram como promessa e performance daqueles que seriam os terríveis tempos do começo do século 20. O fascismo e o nazismo foram respostas narcísicas, radicais e atrozes à ampliação de conquistas e direitos de minorias e de maiorias marginalizadas, que foram concebidas como as ameaças da modernidade. Com tais

182 Cohen, 2013, p. 9 e 644.

183 Le Bon, 2003, p. 28.

conquistas e direitos, judeus, comunistas, ciganos... e mulheres ameaçavam a supremacia branca, ariana, capitalista e masculina. Suas crenças eugenistas e seus genocídios fazem parte de seu propósito de criar talvez menos uma nova raça pura e mais uma nova virilidade toda poderosa e exclusivamente privilegiada. Voltaremos a tratar das relações entre o fascismo, o machismo, a misoginia e a linguagem logo abaixo, nos últimos parágrafos deste capítulo. Por ora, retornemos ao campo da fala pública.

O universo da fala pública é constituído por sexismos e a oratória é um campo repleto de misoginia. Não há lugar para a fala feminina nos tratados de retórica e nos compêndios de oratória dos tempos antigos e medievais. Mas também quase não há espaço para ela entre os tratados e compêndios modernos. Como vimos, os preconceitos contra as intervenções públicas das mulheres são tamanhos que ultrapassam fronteiras do tempo e do espaço, das instituições sociais, das áreas de conhecimento e das posições ideológicas. Já há muito tempo as mulheres são associadas ou reduzidas ao excesso sentimental, ao passo que retórica sempre postulou a necessidade de usar as emoções de modo medido e controlado na persuasão dos auditórios. Apesar de suas diferenças e especificidades, nos manuais de retórica, mas também nos de civilidade e boas maneiras, produzidos e empregados na Europa e na América no século 19, se divulga a ideia de que há uma divisão fundamental no conjunto das emoções: por um lado, há aquelas que são dignas de ser expostas em público ou privadamente e de ser desencadeadas nos distintos interlocutores; por outro, há emoções e excessos emocionais que não poderiam nem deveriam ser revelados e suscitados naqueles a quem se fala em público e com quem se conversa nos salões. Esses instrumentos metalinguísticos desempenharam uma função fundamental na formação dos sujeitos das classes dirigentes dos novos estados nacionais[184]. Para o desempenho dessa função, as obras de retórica e de boas maneiras se conformam e refor-

184 Arnoux, 2024.

çam um dispositivo normativo, amplamente baseado em critérios morais, que ora prescrevia ora indicava quais seriam as marcas de distinção desses sujeitos pertencentes às elites e aos segmentos sociais dirigentes.

Um aspecto decisivo dessas marcas de distinção social era o controle do discurso e, em seu interior, o domínio do universo passional. O princípio de que as emoções devem ser triadas e controladas incide de modo particular sobre as mulheres. Como oradoras, elas estavam ausentes dos compêndios de retórica, mas eram as destinatárias "privilegiadas" de muitos dos manuais de civilidade, que buscavam conformar a mulher idealmente virtuosa e dedicada ao lar, por meio de uma precoce repreensão de sua "vã loquacidade". A seguinte formulação que se encontra numa dessas obras reitera a divisão entre homens e mulheres, para reafirmar que sobre elas deveria pesar um controle ainda maior: "o decoro ditou leis mais severas para o belo sexo do que para os homens. Estes gozam de algumas exceções às regras gerais; mas não há exceção para as mulheres". Os manuais operam um deslocamento da etiqueta, concebida como normas sociais impostas aos indivíduos, para o decoro, que consiste numa internalização e naturalização individual dessas normas sob o prisma da moral. A mulher deve ser virtuosa e, para tanto, precisa ser modesta e agradável, o que impõe doçura e comedimento em suas expressões. Sua doçura não pode descambar para a "bajulação", a "frivolidade" e a "tagarelice abusiva". Para evitar esses vícios, "a verdadeira prudência impõe que a mulher fale pouco"[185]. Se elas deviam falar pouco e conter suas expressões, porque "as faladoras atordoam quem as escuta", não poderiam, por outro lado, ser excessivamente tímidas: "as tímidas enjoam os que delas não ouvem uma palavra sequer". Praticamente interditadas de falar em público e pressionadas por esse *double bind*, isto é, por essa dupla injunção, nas manifestações de salão, as mulheres das classes médias bem-

185 Cuervo, José Rufino. *Breves nociones de urbanidad*. Bogotá: Imprenta de Francisco Torres Amaya, 1856, p. 10, *apud* Arnoux, 2024, p. 73.

-estabelecidas e das elites teriam de se esmerar no domínio de um arsenal de técnicas e de se dedicar a um treinamento intenso, extenso e reflexivo. Com efeito, essas pressões e interdições geravam na maioria dos casos uma insegurança discursiva, que seria interpretada como modéstia e recato ou como uma satisfeita aceitação de seu lugar subalterno. Trataremos de outros aspectos desse *double bind*, quando essa noção será mais bem definida, e dessa insegurança discursiva no próximo capítulo. Por ora, retornemos ao exame da metalinguagem que busca controlar as formas de expressão feminina no universo ibérico e no Brasil.

Dificuldades suplementares ainda agravavam esse quadro. As jovens mulheres tinham de "fazer brilhar mais o talento alheio do que o seu próprio". Suas frases deveriam ser corretas, concisas e convenientes e os poucos temas de que poderiam tratar teriam de ser abordados com moderação e com o difícil equilíbrio entre a leveza e certa gravidade. Nas circunstâncias que lhes permitissem contar histórias ou anedotas, deveriam "utilizá-las muito raramente e é necessário que sejam muito apropriadas e curtas, que tenham graça e que evitem as expressões irritantes, tais como 'Você me entendeu? O que você acha?' etc., assim como devem ser evitados o riso e toda demonstração de que celebram seu engenho e charme". Ao mesmo tempo em que regras rígidas são impostas, a desenvoltura "simples e natural" é exaltada o tempo todo. Além disso, falar de si mesmas era praticamente proibido, porque se trataria de "uma infantilidade vã e indigna de uma jovem decente". As reações femininas às palavras de um interlocutor também eram controladas. Em hipótese alguma, elas poderiam interrompê-lo e, caso discordassem dele, não poderiam "usar expressões como 'Você não me entende', 'Você está errado', 'Não é assim' e outras afins". Deveriam, "antes, empregar estes termos: 'Não tenho certeza, mas acho...'; 'Eu talvez tivesse uma opinião distinta'; 'Talvez não me tenha explicado com clareza'; ou outros semelhantes, com que manifestariam compostura, nobreza e dignidade". Finalmente, recaía ainda sobre as mulheres essa advertência: "Não deve citar textos, ou usar termos rebuscados, ou, enfim, tentar se passar por uma pessoa culta"[186].

Num dos mais conhecidos e bem-sucedidos compêndios de retórica que circularam no Brasil no século 19, o *Lições elementares de eloquência nacional*, de Francisco Freire de Carvalho, a palavra "mulher" só ocorre duas vezes, ambas sob a forma de menção e não de uso. Já "homem" e "homens" aparecem respectivamente trinta e quatro e vinte e seis vezes. Em poucas delas, o sentido é o de ser ou de seres humanos. As mulheres como oradoras são uma completa ausência nessa e nas demais obras do gênero. Ecoando o que já se disse e se repete há muito tempo na retórica e na oratória, seu autor recomenda a postura viril em todos os aspectos das intervenções em público, principalmente no controle da dimensão passional, e ainda condena tudo o que é considerado "efeminado":

> Deve o Orador estudar a fundo a linguagem das paixões, para dela servir-se apropriadamente: advertindo ao mesmo tempo que, se ele observar o modo por que se exprime o homem apaixonado, ou dominado de uma paixão forte, verá que a sua linguagem é sempre simples e isenta de afetação; que, sim, poderá ser animada de um torneio de frases valentes, mas sempre sem ornatos frívolos.
>
> As qualidades que constituem o Orador, denominadas também suas virtudes essenciais são quatro, a saber: 1. a de ser viril, 2. a de ser forte, 3. a de ser natural, e 4. a de ser decente. A estas virtudes opõem-se os quatro vícios seguintes: o de ser efeminado, oposto ao viril, o de ser mole, oposto ao forte, o de ser contrafeito, oposto ao natural, e o de ser incongruente, oposto ao decente.
>
> Com estas virtudes másculas e fortes deve o Orador andar na companhia de uma compaixão ardente pelos males dos seus semelhantes, que o leve a tomar parte em seus sofrimentos e a sentir as injúrias que lhes forem feitas.[187]

---

186 *Ibidem*, p. 75.

187 Carvalho, 1840, p. 79, 90 e 261-262.

As recomendações para que os oradores evitassem a afetação, a frivolidade dos ornamentos, a contrafação e as condições e expressões moles e efeminadas, assim como as que aconselhavam a força, a virilidade, a naturalidade e a decência, não estavam isentas de certas nuances. Ser, se comportar e se exprimir conforme o idealizado padrão masculino não significava estar investido de traços e modos agressivos, porque "gestos descompostos ou desenvoltos e uma voz descompassada na declamação" eram repreensíveis, poderiam comprometer a dignidade do orador e levar seus ouvintes a desconfiar do que ele diz, de sua competência racional e de seu senso de justiça. Por isso, "uma voz forte, mas doce; variada, porém igual; imperiosa, e simultaneamente modesta, será um socorro maravilhoso para ganhar a persuasão"[188]. Caso, porém, a justa medida tivesse de ser comprometida, o pronunciamento do orador deveria, antes, optar pelo estilo forte e veemente, em detrimento do "fraco" e do "florido". Estes últimos seriam formas de expressão dos vícios efeminados, moles, contrafeitos e incongruentes. O entusiasmo com que se fala da veemência de Demóstenes no *Lições* não deixa dúvidas: "Demóstenes, desprezando o modo de dizer florido e afetado dos retóricos, voltou-se todo para a vigorosa e varonil eloquência de Péricles. Por isso é que a força e a veemência são os principais caracteres da sua eloquência"[189].

Os discursos sobre a fala pública, mas também as práticas sociais e os desempenhos oratórios, continuavam a limitar a presença e a atuação das mulheres no espaço público, mesmo num contexto que contava com o legado relativamente igualitário das revoluções do final do século anterior e com as significativas mudanças que se processavam ao longo do século 19. O ano de 1848 foi particularmente agitado em boa parte da Europa e representa um marco dessas mudanças. Publicava-se, então, o *Manifesto do Partido Comunista*, de Marx e Engels, e acontecia na França outra Revolução. Nes-

188 *Ibidem*, p. 202.

189 *Ibidem*, p. 21.

se cenário se deu a emergência de novos e até inimagináveis tipos de oradores, tais como os "proletários eloquentes". Operários, sindicalistas revolucionários, comunistas, anarquistas e marginalizados de toda sorte passaram em boa medida a rejeitar a "retórica burguesa", em nome da "propaganda revolucionária" e da linguagem simples e direta das massas populares. Ali também se dava ensejo para a manifestação, com esse mesmo estilo militante de expressão, de várias mulheres ativistas de diversos matizes políticos e ideológicos, tais como a são-simonista Suzanne Voilquin, a socialista Flora Tristan e a *comunarda* Louise Michel. Ainda que se tratasse de circunstâncias favoráveis à inclusão de marginalizadas e marginalizados, muitas vezes, várias dessas mulheres foram sintomaticamente condenadas por "delitos de fala"[190]. Algumas falavam preservando sua identidade, enquanto outras optaram por escrever e publicar com pseudônimos masculinos, para reivindicar o direito ao divórcio e a viver livremente suas paixões, o direito de estudar e de exercer profissões até então reservadas aos homens, como as do campo jurídico, o direito de se sindicalizar e de votar. Além dessas reivindicações, elas reclamavam outras análogas e ainda mais elementares: o direito de circular livremente, quando desacompanhadas, e, finalmente, o de falar em público.

A despeito das condições precárias e limitadas que lhes foram impostas, os proletários conseguiram algum espaço para se manifestar e certo reconhecimento de suas formas de expressão. Já as mulheres e, em particular, as mulheres proletárias continuavam a sofrer com diversos silenciamentos que lhes eram infligidos e redobrados. Processos históricos de longa data somados a ações sociais e a normas institucionais daqueles tempos conservavam e reproduziam, com maiores ou menores modificações, as depreciações, os menosprezos e as interdições da fala feminina. Seus silenciamentos ainda contavam com a chancela dos compêndios de retórica e dos manuais de civilidade, que consolidavam a construção histó-

190 Douay, 2015.

rica da diferença entre os gêneros masculino e feminino e os estereótipos que lhes são associados, na medida em que estabeleciam os lugares e papéis dos homens e das mulheres, os atributos que lhes eram imputados e as ações que podiam ou não executar. O exame desses instrumentos metalinguísticos mostra como as sociedades patriarcais limitam a educação das mulheres, estabelecem mecanismos coercitivos que controlam intensa e minuciosamente suas paixões e que as instalam tanto na castidade das pretendentes ao casamento quanto na feminilidade das mães e esposas. Essa redução dos espaços e das funções das mulheres e da condição feminina se expressa manifesta e particularmente nas flagrantes restrições para o exercício da fala, não só por suas tentativas, muitas vezes bem-sucedidas, de exclusão da esfera pública, mas também pelas restrições que operam na conversação, como gênero da esfera privada. Diante dessa sua minoração, as mulheres seriam supostamente compensadas com o "privilégio" de sua condição de guardiãs da moral da sociedade, porque protegidas de corrupções do espaço público e da atividade política. A atribuição dessa condição, por seu turno, buscava impeli-las a permanecer no âmbito privado.

O FASCISMO E O TRIUNFO DA VONTADE VIRIL

O longo século 19, na expressão consagrada por Eric Hobsbawm, se estendeu de 1789 a 1914. Além de duradouro, ele também foi diverso. Sua extensão e diversidade compreenderam avanços, conservações e retrocessos na política, na economia, na sociedade e nos comportamentos, experimentados e sentidos diferentemente por classes, grupos e sujeitos. Ao lado dos avanços, e talvez sobre eles, certas manutenções e alguns refluxos buscaram barrar ou ao menos reduzir os efeitos da emergência de uma moderna noção de igualdade, de sua inédita valorização e de sua crescente difusão. Minorias e maiorias marginalizadas conseguiram a duras penas significativas e insuficientes ampliações de seus direitos econômicos, políticos, sociais e comportamentais. Conforme sabemos, o período dessas conquistas e sua última fase de paz entre as nações da Europa, de seu imperialismo e da expansão capitalista foram sucedidos por crises internas e externas e pelo surgimento e ascensão do fascismo e do nazismo. O ressentimento e o ódio foram, então, alçados à condição de paixões aceitáveis e pertinentes na política, na sociedade e nas relações internacionais. Isso porque a hegemonia e todos os privilégios de homens brancos, arianos e heterocisnormativos estariam sob ameaças reais ou imaginárias. Suas reações reacionárias e desumanas incluíram práticas eugenistas e genocidas, em benefício não apenas de uma raça pura, mas também de uma virilidade onipotente.

Fascistas e nazistas fizeram do homem hiperviril sua pedra de toque. Por isso, em seu pensamento e em suas ações, a mulher se tornou "um ser relativo, cuja razão de existência só provém de entidades exteriores". Na saudação e nos elogios que Adolf Hitler dirigiu às integrantes da Organização das mulheres nacional-socialistas, em setembro de 1934, essa condição relativa e inferior é afirmada com clareza: "O mundo da mulher se limita a seu marido, à sua família, a seus filhos e ao seu lar". A natureza feminina inferior torna o confinamento das mulheres uma condição inata e um destino genuíno: "Na Alemanha nazista ou na Itália fascista, a mulher é, portanto, excluída e confinada: devotada a seu marido e a seus filhos, ela não tem plenamente um direito de cidadania. Quando ela aparece no espaço público, é na condição de um ser marginal, passivo ou especular". No conhecido filme nazista, *O triunfo da vontade*, de 1935, "as mulheres somente aparecem olhando com admiração e amor para o *Führer*: elas são a simples superfície de projeção do carisma de Hitler, cuja eficácia se lê nos rostos emocionados e fascinados do público feminino. De todo o resto do filme, as mulheres estão ausentes: o congresso do partido nazista é exclusivamente um negócio dos homens"[191]. Essa obsessão com a hipervirilidade tinha no de-

191 Chapoutot, 2011, p. 277-280.

sempenho oratório de Hitler um elemento fundamental. Por essa razão, o serviço secreto dos EUA chegou a conceber um plano mirabolante: inserir hormônios sexuais femininos nas refeições do chanceler alemão para tornar sua voz cada vez mais aguda e sua compleição física cada vez mais afeminada[192]. As provas de virilidade do homem fascista tinham de ser constantemente apresentadas em todas as suas atuações no esporte e na guerra, na política e na cultura. Boa parte dessas demonstrações eram feitas por uma linguagem excessivamente masculina e por uma estética fálica:

> Os signos e as palavras são muito importantes para esses homens em busca de reabilitação identitária, depois de derrotas e da experiência do desemprego. Na iconografia, o miliciano fascista ou nazista é sempre representado sob tensão, levantado para o alto ou projetado para a frente, numa linguagem somática que é uma semântica do orgulho, da disponibilidade e da ação. Essas expressões de agressividade e de vigilância estão ladeadas por toda uma configuração simbólica fálica, cuja pregnância não se deve ao acaso, porque os nazistas eram muito ciosos de sua mise en scène: o braço estendido da saudação fascista ou nazista é um dos exemplos mais manifestos dessa simbologia fálica, assim como o passo de ganso da marcha militar adotado por Mussolini, depois de sua visita a Berlin, em 1937. Essa simbologia da ereção, que é também da dominação, se manifesta ainda nos usos da voz do orador fascista. Se a arte oratória de Mussolini e de Hitler não se reduz a um simples acúmulo de decibéis, percebemos que a modulação de seus discursos obedece à regra de uma grande simplicidade, que percorre somente uma elementar escala harmônica: além de algumas progressões e certas atenuações, o que predomina é a peroração jaculatória, a projeção gutural e mandibular tensa e as vociferações que chegam ao uivo, tudo isso é a tradução vocal do braço estendido ou da pura e simples violência física.[193]

---

192 Persico, Joseph. *Roosevelt's secret war: FDR and World War 2 espionage*, *apud* Karpf, 2007, p. 376.

193 Chapoutot, 2011, p. 298.

Ostentação fálica e recusa da castração caracterizam o fascismo. O machismo e a misoginia fascistas são essencialmente constituídos pelos afetos ressentidos dos que oprimem os mais fragilizados para nutrir a ilusão de que são onipotentes: "Nem todo machista é fascista, mas a recíproca não é verdadeira"[194]. Em seu sexismo residem convicções ou projeções de superioridade do homem sobre a mulher acompanhadas de violência como expressão de potência e como exercício do poder. Por essa razão, a linguagem fascista desempenha papel fundamental em seus modos de vida. Com essa sua linguagem, os fascistas pretendiam calar a linguagem humana, rebaixar a condição humana e eliminar a vida humana de todas aquelas e de todos aqueles que pensassem, agissem ou falassem diferentemente dos de raça pura e das pessoas de bem. Os fascistas falavam para calar a crítica que lhes fosse ou que lhes pudesse ser dirigida e para eliminar a diversidade das formas de vida de sua sociedade. Seu traço mais característico era a violência tanto nas coisas ditas quanto em seus modos de dizê-las[195]. O Narciso machista e fascista não só achava feio o que não era espelho, mas também o detratava, humilhava, atacava e perseguia, pregava seu extermínio e participava das agressões e mortes que lhe eram infligidas. A linguagem fascista era usada para justificar e fomentar o aniquilamento do outro, fosse ele adversário ou apenas diferente, mas sempre transformado em inimigo. Toda essa exaltação e todo esse fascínio do falo agressivo é mais uma das formas, desta vez, radical e atroz, do silenciamento da fala feminina.

Contra esse e outros silenciamentos análogos, um acontecimento maior já avançava discreto e vagaroso naquele tempo, com passos de pomba, sem fumaça nem alaridos, bem ao modo do Zaratustra, de Nietzsche. A emergência relativamente silenciosa dos primeiros movimentos feministas cederia cada vez mais espaço à sua expressiva consolidação. Ora realizadas de modo mais sutil ora conduzidas de forma

194 Kehl, 2020, p. 183.

195 Piovezani; Gentile, 2020.

mais ostensiva por um crescente conjunto de mulheres e de simpatizantes de suas causas, no cerne de suas lutas sempre esteve a busca pelo direito de falar e de serem ouvidas.

Mais de um século depois do início da organização dos feminismos, as lutas pela fala e pela escuta continuam decisivas. Podemos compreender a razão dessa perseverança. Eis um único exemplo: em Uganda, um ascendente processo de perseguição da comunidade *LGBTQIAP+* ganhou chancela e poderes do Estado em 2014 com a aprovação de uma lei que estabeleceu a pena mínima de 14 anos de prisão para as relações homossexuais. Essa pena pode se estender à prisão perpétua. Como em outros lugares, ali a homossexualidade ou mesmo a homoafetividade se tornou um risco e passou a exigir muita coragem. Se declarar homossexual, abrir um espaço destinado às pessoas perseguidas e ser uma ativista de seus direitos exigem coragem ainda muito maior. Foi nessas condições muito mais do que adversas que Kasha Jacqueline Nabagesera, uma jovem mulher, empobrecida, negra, lésbica e defensora dos direitos humanos, disse em alto e bom som:

> Vou usar minhas palavras para destruir o sistema de opressão.

PARTE 2

RESISTÊNCIAS FEMINISTAS E PERSISTÊNCIAS DA MISOGINIA

CAPÍTULO 5
OS FEMINISMOS E SUAS LUTAS PELA PALAVRA DENTRO E FORA DO BRASIL

Não nos calaremos!
Mulher, solta a tua voz!
Deixa ela falar!

Estas e outras palavras de ordem não deixam dúvidas: as lutas pelo direito de fala são batalhas decisivas do feminismo. Nelas, as mulheres recusam o longo silenciamento que lhes foi imposto, estimulam mutuamente suas próprias falas e censuram as interrupções alheias que usurpam suas vozes e pretendem calar suas manifestações. Recusa do silenciamento, estímulo ao dizer e censura dos apartes ilustram a diversidade dos combates e a convergência de seus objetivos: conseguir falar, ter suas falas devidamente ouvidas e obter o reconhecimento da legitimidade e da credibilidade do que elas dizem. Tais objetivos nada mais são do que a afirmação de uma ideia ao mesmo tempo radical e elementar: as mulheres são seres humanos.

Nossos corpos não se reduzem à matéria orgânica. Todos os seres humanos têm consciência e metaconsciência, linguagem e metalinguagem. O sexismo, o machismo e a misoginia pretendem reduzir as mulheres a um corpo sem voz e a um ser sem fala. Não há aí compromisso com a obviedade empírica nem com coerência lógica. Aliás, subvertidas, tanto a experiência quanto a racionalidade lhes têm servido de instrumento de discriminação, opressão e exclusão. Para saciar sua vontade e para realizar suas ações de rebaixamento das mulheres, a admissão dessa ideia da integral condição humana feminina e sua articulação com esta outra lhes são insuportáveis: todos os seres humanos são capazes de falar sobre qualquer coisa, têm o que dizer e já sabem ou podem aprender como fazê-lo nas mais variadas circunstâncias. A conclusão que deriva dessa articulação é a de que as mulheres dispõem plenamente de capacidades e conhecimentos para entender e modificar o mundo. Negar ou reduzir consideravelmente essas capacidades e conhecimentos são práticas das ideologias patriarcais e machistas, que assim dificultam o desenvolvimento pessoal, profissional, cultural, social, econômico e político das mulheres e diminuem suas contribuições históricas ao aperfeiçoamento da sociedade e à autonomia de seus membros. Por isso, o feminismo é seu grande inimigo.

Reflexões filosóficas e ações políticas constituem o movimento feminista. Das primeiras, deriva a consideração de uma espécie de opressão específica que se estende a todas as mulheres, ao passo que, das segundas, provêm as lutas contra menosprezos, abusos e explorações de classes e grupos sociais sobre outros. Essa é uma das formas como se costuma conceber o movimento. Ora mais, ora menos ao encontro dessa concepção, se processou uma importante transformação, que implicou a passagem do singular ao plural: quando de seu surgimento, o feminismo postulava a igualdade entre homens e mulheres e praticamente ignorava as diferenças existentes entre eles, entre eles e elas e entre elas. Já em nossos dias, os feminismos ressaltam as singularidades étnicas, econômicas e sociais das mulheres, suas distintas performances de gênero e as diversas vivências de suas sexualidades. Agrupados no feminismo da diferença ou discernidos em feminismos negro, indígena, latino-americano, lésbico e trans, eles apontam a força, a frequência e a extensão da subordinação feminina produzida pela sobreposição de marcadores sociais, com base nos quais os sistemas de opressão atuam distintamente sobre mulheres de diferentes classes sociais, raças, sexualidades, faixas etárias e zonas geográficas. A interseccionalidade ora tende a triar, ora tende a misturar esses marcadores. Mas, em todos os casos, em distintos graus, um domínio privilegiado sobre o qual atuam as opressões sobre as mulheres é o da fala, particularmente o da fala pública.

Um homem branco, do hemisfério norte, de classe média ou alta, hétero e cisgênero, com elevado nível de instrução formal e sem deficiência física, exercendo profissões de prestígio e circulando por ambientes que concorrem para incrementar seu reconhecimento social e sua satisfação subjetiva, costumeiramente não enfrenta qualquer prévia avaliação negativa de sua fala. Muito ao contrário. Quanto mais qualquer pessoa se afasta dessa soma de marcas de distinção social, mais sua fala é discriminada e deslegitimada, interditada e não ouvida. Esta é uma equação muito simples dos complexos emaranhados da interseccionalidade. A discriminação, a deslegitimação e a interdição da fala e ainda a negação de sua escuta vão se abater com enormes constâncias, cargas e coberturas sobre uma mulher negra, indígena ou mestiça, do hemisfério sul, pobre, lésbica e trans, com baixo nível de instrução formal e com alguma deficiência física, exercendo profissões estigmatizadas e circulando por espaços que aumentam sua depreciação social e seu mal-estar subjetivo. Diante de toda essa adversidade, não será surpresa se nem sequer ocorrer a essa mulher tomar a palavra no espaço público em qualquer ocasião de sua vida. Caso alguma rara oportunidade lhe ofereça circunstância de falar em público ou frequentes urgências a obriguem a fazê-lo, ela não vai se pronunciar sem enormes riscos e muitos medos.

Por mais que tudo isso possa nos parecer óbvio em nossos tempos, trata-se aqui de um ponto de chegada que alcançamos muito tardia e recentemente, de algo ainda não raras vezes ambivalente e de conquistas ainda insuficientes. De qualquer modo, apenas chegamos a esse ponto depois de um longo processo histórico, de muitas lutas e de grandes modificações sociais. As batalhas e as resistências, as denúncias e as reivindicações antigas, medievais e modernas foram, sem dúvida, fundamentais para os avanços feministas. Mas, como movimento organizado, o feminismo deriva de práticas e ideias do século 19, que, por sua vez, difundem e consolidam principalmente o ideal de igualdade legado pelo século anterior. Evidentemente, essas práticas e ideias não estavam presentes e atuantes de forma indistinta em todas as partes do globo e em seus mais diversos contextos. Mais uma vez, elas foram inicialmente mais incrementadas no hemisfério norte do que no sul, mais em nichos progressistas das metrópoles do que em amplos territórios reacionários das colônias, mais em sociedades com inclinações liberais do que nas que tinham sistema de produção escravocrata e regimes autoritários de governo.

O Brasil não é para principiantes, como já disse um célebre maestro. No princípio e no processo de sua formação, na colônia e no império, ele era ainda bastante avesso à ideia e às práticas de igualdade. Mesmo na República, ela não prosperou como gostaríamos, porque não passamos incólumes pelo colonialismo e pela escravidão nem nos livramos de suas práticas e de suas crenças por decreto, sem elaboração e sem medidas de reparação. As relativamente raras e certamente tardias aparições da igualdade por aqui foram por vezes acompanhadas pelo levante das primeiras vozes nacionais propriamente feministas. Antes delas, importantes precursoras ousaram falar em contextos profundamente adversos. Voltaremos a tratar dos feminismos e de suas lutas pela palavra dentro do Brasil, mas por ora indicaremos brevemente alguns fatos e aspectos de sua emergência, de suas ocorrências e de suas modificações na Europa e nos EUA.

NO PRINCÍPIO, ERA O VERBO... E A VONTADE DE FALAR

O advento do feminismo não foi um acontecimento isolado. De modo análogo, seus desenvolvimentos não ocorreram de modo pontual a partir de marcos temporais precisos. É por essa razão que a história do movimento concebida por suas integrantes costuma ser contada com a metáfora das "ondas". Elas se formaram, se avolumaram, se deslocaram e modificaram práticas e discursos das mulheres e sobre as mulheres[196]. Além das antigas e modernas revoltas femininas, fenômenos contemporâneos concorreram para sua instauração. Entre outros, a explosão demográfica, o nascimento das grandes cidades, a formação das sociedades de massa, a expansão da industrialização e a consolidação do socialismo e do anarquismo abriram espaço para a atuação de pelo menos três personagens relativamente novas e importantes para a organização de um pensamento feminista. Conforme já reiteramos, no cerne desse pensamento, as palavras eram armas fundamentais do arsenal feminista em suas lutas pelos direitos da fala feminina. As donas de casa, que passam a circular no espaço urbano, as operárias, que ocupam as fábricas e tomam cada vez mais consciência da exploração burguesa, e ainda as socialistas e anarquistas, que integram os sindicatos e os movimentos grevistas, desempenharam papéis decisivos no fortalecimento da ideia de que as mulheres não são inferiores aos homens. Para sustentá-la, elas precisavam falar...

Com o relativo declínio da nobreza e de seus salões, nos quais se estabeleciam as conversações femininas, se fechava um espaço de fala às mulheres das elites. Mesmo elas, bastante privilegiadas em comparação com as demais, eram cada vez mais afastadas dos debates públicos. Para tanto, se ressaltava a "natural" diferença entre homens e mulheres e entre suas linguagens, em conjunto com a destacada oposição fundamental entre o Antigo Regime e sua degeneração feminina, de um lado, e a Revolução Francesa e sua promoção das virtudes viris, de outro. Como vimos, para os revolucionários, a aristocracia era frívola e afeminada, enquanto eles dispunham de inabalável firmeza moral. Essa firmeza estava presente em suas falas públicas, que se distinguiriam essen-

---

196 Para mais detalhes sobre a formação do pensamento e do movimento feminista e ainda sobre o desenvolvimento das três ondas do feminismo, ver, entre outros: Zirbel (2024), Hollanda (2019), Dichie (2015), Molony e Nelson (2017), McCann e Kim (2013) e hooks (2018).

cialmente das conversações dos nobres salões: "A arte oratória, levada ao auge pela Revolução, é a desforra ostentatória da virtude viril e da eloquência masculina sobre a efeminação da conversa de salão"[197]. Além da oposição política e moral, assentada na diferença entre os gêneros, a própria ideia de uma "natureza feminina" contribuía para justificar o silenciamento das mulheres, pois elas estariam naturalmente condenadas ao descontrole emocional e à submissão, razão pela qual lhes cabia a discrição e o silêncio. A racionalidade, a solidez e a sobriedade exigidas pelo campo político e pelo espaço público as tornariam ainda mais incompatíveis com o exercício da fala pública e as destinariam ao reduto doméstico.

Mesmo a fala feminina ordinária permanecia sob suspeita. Sua presença e difusão no cotidiano das cidades despertavam antigos medos masculinos. Diante desses medos, a ampla maioria dos homens modernos só tinha um objetivo: "impor silêncio às mulheres"[198]. Essa imposição do silêncio poderia novamente aplacar os temores masculinos e resguardar o poder dos homens. Com raras exceções, eles pretendiam enclausurá-las em suas casas e calar suas vozes. Mas, por outro lado, não conseguiam se livrar completamente de seu interesse e mesmo de seu fascínio pela fala feminina. Havia, então, em sua percepção, um incessante ruído advindo das ruas e dos lavadouros, dos mercados e das praças públicas. São vários os registros em que se materializam relatos preocupados com e interessados por essa relativa liberdade de fala adquirida e exercida pelas mulheres. Em quase todos eles, as manifestações femininas são malditas.

A dona de casa se espalha pela cidade e fala em vários de seus espaços, enquanto seu marido e seus filhos estão encerrados nas fábricas. Diferentemente das camponesas e das mulheres de classe média, ela adquire uma aparentemente inédita relevância no século 19. Por um lado, sua centralidade na família e sua gestão da vida doméstica se acentuam, re-

---

197 Perrot, 1998, p. 64-65.

198 *Idem*, 2005, p. 268.

forçando uma já tradicional divisão do trabalho. Mas, por outro, são as vozes das donas de casa que irrompem e ressoam no espaço urbano. Em dia de pagamento dos operários – ao mesmo tempo, júbilo e devastação da vida popular –, as vozes femininas retumbavam nas ruas, enquanto no interior de seus lares os conflitos entre elas e seus maridos se intensificavam, produzindo injúrias, ameaças e agressões. Nas feiras, são também as donas de casa que animam as revoltas da subsistência. São delas as palavras de ordem que agenciam a comunidade feminina: sob a forma de declarações e de rumores, elas divulgam oralmente os estados de penúria. Os preços disparam e elas se dirigem aos comerciantes e manifestam sua indignação. Diante do problema da moradia e dos altos preços dos aluguéis, são novamente as donas de casa que exigirão a revogação dos aumentos. Reunindo-se em grupos sob as janelas dos proprietários dos imóveis, elas protestam enfaticamente com suas vozes e com a batida de seus utensílios domésticos. Também quando se processava a introdução das máquinas na indústria, que resultaria no desemprego de seus maridos e filhos, as vozes femininas protagonizaram a resistência[199].

Muitas mulheres fizeram dos lavadouros um espaço privilegiado de sociabilidade feminina. Neles, suas conversas e seus rumores se manifestavam praticamente em livre curso. O exercício dessa liberdade supostamente promoveria grandes escândalos suscitados ou aumentados pela "cólera" e pelos "gritos femininos". Teria sido por essa razão que o governo do Segundo Império francês instalou divisórias internas nos lavadouros, no intuito de pôr fim às brigas e às "tagarelices". Com a comunicação reduzida e a sociabilidade dificultada, as mulheres começaram a abandonar esses locais. Antes disso, os lavadouros funcionavam também como lugares de acolhimento e de escuta: ali se refugiavam mulheres em perigo, abandonadas e carentes. Elas dedicavam umas às outras uma escuta atenta, respeitosa e acolhedora. Ali também elas

---

199 *Ibidem*, p. 203, 207 e 208.

divulgavam e comentavam as notícias do bairro, relatavam experiências vividas ou aprendidas, recomendavam estabelecimentos comerciais e profissionais de diversos setores e compartilhavam remédios e receitas. Por tudo isso, os lavadouros se tornaram locais de um "feminismo prático"[200]. No contexto de consideráveis dificuldades que essas mulheres enfrentavam, dadas a consistência e a amplitude dos discursos da depreciação da fala feminina, tais lugares funcionavam como espaço de fala, amparo e escuta. Havia ali circunstâncias para se falar de assuntos privados, mas também de temas públicos e mesmo para os primeiros passos de uma organização política, uma vez que muitas lavadeiras profissionais passaram a integrar cooperativas e a participar de movimentos grevistas.

De modo geral, a fala feminina continuava a despertar temores masculinos, frente aos quais os homens recorriam a diversos meios para depreciá-la e/ou para censurá-la. A expressão das mulheres no espaço público era particularmente objeto das depreciações e censuras. Nesse cenário, a fala popular feminina gozava relativamente de certa liberdade, embora não desfrutasse de qualquer prestígio, muito ao contrário. Sobre ela recaíam diversos, pesados e marcantes estigmas. Em circunstâncias de determinada institucionalização, tal como nos sindicatos e movimentos operários, as restrições impostas sobre as mulheres das camadas populares já eram mais presentes e sentidas. Mesmo assim, elas participavam principalmente das chamadas "greves mistas" e, mais raramente, promoviam greves femininas. O feminismo, que havia nascido como movimento burguês, não alcançava ainda o universo operário, de modo que as pautas e reivindicações feministas tendiam a não produzir identificações e adesões entre as mulheres trabalhadoras. Em boa parte das sociedades industrializadas entre o final do século 19 e o início do século 20, o movimento operário costumava demonstrar pouca preocupação e mesmo um reduzido, quando não inexistente,

200 *Ibidem*, p. 214.

interesse na emancipação das mulheres. Ainda assim, eram elas que iam às ruas, que erguiam suas vozes e que usavam seus corpos em defesa das causas proletárias: "Elas se mostram sobretudo dinâmicas nas passeatas e nos tumultos menores, dando-lhes voz e gesto, hábeis para segurar bandeiras, apupar patrões e quebrar vidraças"[201].

Entre as intervenções e performances das mulheres trabalhadoras dentro e fora dos sindicatos não havia equilíbrio. Nas ruas, elas estavam muito presentes e eram decisivas, ao passo que, no interior dos sindicatos, suas manifestações sofriam intensos controles e menosprezos. A principal justificativa para a limitação das falas femininas era a baixa taxa de sindicalização entre elas, que se devia justamente à exígua representação das mulheres nos sindicatos. Mas os discursos que materializavam tanto a ideia de que suas falas eram demasiadamente intempestivas quanto a de que os homens seriam seus porta-vozes naturais não eram raros entre sindicalistas e sindicalizados. Em algumas organizações sindicais da Europa, por exemplo, a filiação das mulheres era permitida, mas o acesso à direção e à tribuna dos sindicatos lhes era interditado pelos regimentos institucionais. Caso quisessem se manifestar nas assembleias, as mulheres tinham de encaminhar uma solicitação escrita, na qual dois homens de sua família, pais, maridos ou irmãos, lhes davam uma autorização para falar. Mesmo nos sindicatos das fábricas de tabaco e de fósforo, nas quais as mulheres eram maioria, os membros das diretorias eram homens e a presença feminina nas tribunas quase inexistia[202]. Em resumo, como parte da massa dos protestos operários, as vozes e os corpos femininos são bem-vindos nas ruas, mas as falas das mulheres nos sindicatos, cujas razões e argumentos poderiam concorrer para as tomadas coletivas de decisão, praticamente não tinham espaço, quase não eram pronunciadas e eram ainda menos ouvidas.

---

201 *Ibidem*, p. 156.

202 *Ibidem*, p. 164.

Não se trata aqui absolutamente de algo que se restringia às classes populares. Vimos há pouco que as ciências sociais, a literatura e a oratória foram campos nos quais se materializavam os discursos que detratavam as mulheres, prescreviam sua submissão aos chefes masculinos, sustentavam a necessidade de limitação de sua circulação no espaço público e ainda depreciavam suas falas e pregavam sua interdição. O medo das multidões formadas pelas então emergentes sociedades de massa se fundamentava em boa medida nos antigos temores masculinos das mulheres. A solução para reduzi-lo ou eliminá-lo também era antiga: estigmatizar, dominar, comandar e silenciar o que ou quem se teme. Assim, ora nem sequer se cogitava que as mulheres pudessem falar no espaço público, ora suas falas eram menosprezadas e deslegitimadas e ora ainda suas intervenções eram substituídas por aquelas de seus porta-vozes masculinos.

Na Grã-Bretanha, Flora Tritan precisava se vestir como homem para entrar na Câmara dos Comuns, enquanto na França, Jeanne Chauvin teve de enfrentar muitos obstáculos para exercer a advocacia[203]. Outras tantas partidárias de ideologias progressistas, conforme indicamos, foram detidas e condenadas e seus crimes eram "delitos de fala", porque elas se manifestaram publicamente sobre injustiças e desigualdades e reivindicaram direitos elementares. Contra a coragem dessas e de outras mulheres, havia ainda a longa história do padrão masculino de desempenho oratório. Falar em público era necessariamente falar como um homem..., de acordo com um conjunto de estereótipos sobre os gêneros. A imensa maioria das mulheres havia sido completamente excluída do campo da fala pública. Diante daquele hegemônico padrão masculino e dessa exclusão, as raras que conseguiam ultrapassar as grandes barreiras para se expressar não atenderiam aos requisitos de uma performance oratória. Elas não teriam força e veemência em suas falas, suas vozes careceriam de robustez e resistência e seus gestos seriam tímidos e inexpressivos.

203 *Ibidem*, p. 320.

Além dessas deficiências de expressão, lhes faltariam a firmeza moral e o senso coletivo. Por tudo isso, as tribunas da cátedra, do júri, do sindicato e da política permaneciam praticamente proibidas às mulheres oitocentistas.

MEU CORPO E MINHA FALA ME PERTENCEM

Em larga medida, o movimento feminista é uma luta das mulheres pela apropriação de sua própria fala. É também uma resposta a seu silenciamento. Ao longo do século 19 e sobretudo a partir do início de sua segunda metade, a convergência entre a consolidação e o incremento da ideia de igualdade, a convivência conflitiva entre homens e mulheres e ainda as tantas denúncias e reivindicações feministas suscitavam e fomentavam o debate social sobre o domínio do sexo "forte" sobre o "frágil": "O feminismo, desde a origem, é tomada de palavra e vontade de representação das mulheres"[204]. Essa fórmula não poderia ser mais precisa: ao menos desde o evento que é considerado como o marco de sua emergência como movimento organizado, a *Convenção pelos direitos das mulheres*, que ocorreu em junho de 1848, em Nova York, o feminismo reivindica o direito ao exercício da fala pública feminina e postula a necessidade de presença e de representação das mulheres no espaço púbico e em lugares de poder.

É preciso repeti-lo: as lutas pelo direito de fala são batalhas decisivas do feminismo... Em conjunto com as demandas pelo trabalho remunerado, com as reivindicações pelo direito ao voto e com as críticas às leis matrimoniais, as feministas se valem de suas falas para também denunciar a exclusão das mulheres dos congressos e das reuniões políticas. Isto é: elas falam para reclamar o direito de falar em público, de fazê-lo por si mesmas e em nome de suas causas. É o debate feminista que fará frente à rejeição das mulheres nas esferas políticas e sindicais e em vários setores da cultura e das ciências e que dará ensejo à organização de assembleias de mulheres

---

204 *Ibidem*, p. 323.

em diversas partes do mundo. A consciência das militantes feministas despertou para o fato de que a fala feminina era algo central em suas lutas. São elas que tomarão a iniciativa de criar grupos destinados especificamente ao ensino e aprendizagem de técnicas retóricas e oratórias: "As mulheres não ousam tomar a palavra nas reuniões. Se nós nos reunirmos entre nós, aprenderemos rapidamente a nos expressar. Proponho a formação de uma associação da qual os homens estão excluídos". Foi isso o que disse e o que sugeriu às suas colegas a feminista russa, Vera Figner, conforme o relato contido em suas memórias[205].

Ato, agência e abertura... Já no que é chamado de sua primeira onda, o feminismo faz e fomenta uma série inédita de reivindicações da fala feminina. Esses seus pleitos pela palavra são em si mesmos performances políticas, ou seja, atos, agências e aberturas de novos espaços para a manifestação das mulheres. A sequência e a articulação desses atos estabelecerão condutas que ampliarão seus lugares de fala. Por um lado, não havia certeza de sucesso em sua campanha e, por outro, elas provavelmente estavam cientes das reações que teriam de enfrentar. Mas suas iniciativas já conseguiam a proeza de confrontar o longo silenciamento imposto sobre as mulheres com recurso eficaz e com efeito promissor: suas falas tornavam visível a longa história de discriminações, deslegitimações e interdições sofridas pela fala feminina. Como vimos, naquele contexto, as feministas ligadas ao socialismo e ao anarquismo prenunciam as relações entre classe social e gênero na opressão das mulheres operárias e acusam companheiros e colegas de trabalho de calá-las e de não as ouvir, com a pretensão de falar por elas e em nome de causas comuns. Entre o último terço do século 19 e as primeiras décadas do 20, várias associações de mulheres foram criadas, nas quais a organização e o funcionamento eram mais igualitários e a fala feminina, livre e bem-vinda. Antes disso, outros grupos semelhantes já haviam se constituído. Jeanne Deroin,

205 *Ibidem*, p. 323-324.

Désirée Gay e Hortense Wild estavam à frente da formação e do desenvolvimento de alguns deles. Além de grupos dessa natureza, elas fundaram, dirigiram e participaram de jornais feministas e socialistas, como o *La politique des femmes*, o *La femme libre* e o *L'opinion des femmes*, este último, aliás, fundado após o fechamento arbitrário do primeiro.

Jeanne Deroin é uma das mais conhecidas entre essas feministas da primeira onda. Ela era professora, participou da revolução de 1848 e ascendeu no espaço público francês. Foi a primeira mulher a se candidatar a deputada nas eleições legislativas de maio de 1849. Em sua campanha, uma das frases que repetia em suas declarações e pronunciamentos era: "A causa do povo e a causa das mulheres estão intimamente ligadas". Deroin também é considerada uma das precursoras das sufragistas, além de ter sido uma defensora da emancipação das mulheres, do fim dos privilégios de nascimento da nobreza e da melhoria das condições da vida operária. Sua candidatura não conseguiu contornar a misoginia nem sequer aquela alojada em seu próprio campo político. Mesmo os poucos socialistas que não a rejeitam julgam-na "excêntrica", ao passo que mulheres progressistas, como George Sand ou Marie d'Agoult, a consideravam "deslocada". Um dos efeitos dessa relativa publicidade adquirida por Deroin foi sua frequente presença nas séries de caricaturas do artista Honoré Daumier consagradas às mulheres. Essas séries se chamam *Les divorceuses*, *Les femmes socialistes* e *Les bas-bleus* e satirizam respectivamente as mulheres defensoras do direito ao divórcio, as militantes socialistas e as que participavam do mundo artístico e intelectual.

Ainda em 1849, Deroin foi eleita como um dos membros do Comitê central da união das associações dos trabalhadores, entidade que reunia mais de cem associações operárias. O sucesso desse Comitê foi um dos fatores que motivou a violência estatal: muitos de seus escritórios foram invadidos e dezenas de seus associados foram presos em 1850. Deroin estava entre os detidos e ficou encarcerada por mais de um ano. Quando ela conseguiu reaver sua liberdade, voltou a exercer a docência. Nessa condição, pressentiu que sua fala seria novamente objeto de perseguição e que, acossada, voltaria a ser jogada na prisão. Por isso, se exilou em Londres, onde permaneceu até sua morte, em 1894. Quando de seu julgamento, diante do juiz, como uma Antígona moderna, ela dirá não reconhecer a lei com base na qual era julgada, uma vez que se tratava de norma feita exclusivamente por homens. Além de fazer suas denúncias da prerrogativa dos homens de estabelecer as leis com base nas quais as mulheres eram julgadas, Deroin reivindicava constantemente o direito de elas se manifestarem por meio de sua própria voz, a despeito e em detrimento da "representação" que lhes era oferecida pela classe masculina[206]. Desde então, não há mais dúvidas: a emancipação e a autonomia femininas só se realizarão com o direito e o exercício de fala das mulheres. Mais tarde, também ficará estabelecido que essas conquistas dependerão de sua efetiva escuta por toda a sociedade.

Havia, sem dúvida, experiências, pensamentos e sensibilidades interseccionais entre as donas de casa, as operárias e as socialistas e anarquistas que exerciam seus feminismos práticos, proletários e militantes. A reivindicação de espaços de fala para as mulheres e do direito de falar em público com verbo, corpo e voz que lhes fossem próprios era abundante nessa chamada primeira onda do feminismo. Mas ela não se estendia indistintamente a todas as mulheres. Se já havia muitas diferenças entre as trabalhadoras e ativistas de um feminismo progressista e as mulheres da burguesia, essas desigualdades se elevavam a uma máxima potência e se concretizavam em atos de opressão ainda mais graves no tratamento dispensado às mulheres pobres e negras. Estas últimas sofriam um duplo silenciamento: aquele operado pelo recente feminismo burguês, que lutava para reduzir as desigualdades de gênero, mas que se calava em relação às de raça, e aquele operado pelo movimento dos homens negros, que lutavam para reduzir as desigualdades de raça, mas que

206 Patu; Schrupp, 2019, p. 72.

se calava em relação às de gênero. Mais do que se calar, muitas burguesas e muitos negros reproduziam discursos e práticas que perpetuavam essas desigualdades. O abismo que se interpunha entre as mulheres pobres e negras e os direitos de cidadania não estava oculto, mas nem por isso era visível. Em larga medida, esse precipício permanecia aberto, as tragava para a sub-humanidade e era um ponto cego mesmo para grande parte das adeptas e dos adeptos da igualdade. Nesse cenário, a maioria das mulheres negras optou por uma aliança racial com os homens de sua raça. Elas tomaram posição, mas não puderam tomar a palavra. No interior do movimento racial, ocorria então um silenciamento da fala feminina negra. Trataremos na seção seguinte deste capítulo da emergência do feminismo negro, mas também de elementos dos feminismos indígena, lésbico e trans, focalizando aspectos de suas relações com o direito e o exercício da fala pública.

A CORAGEM DAS FEMINISTAS E O MUNDO DE CABEÇA PARA CIMA

Um típico caso de tentativa de silenciamento da fala feminina negra foi o que ocorreu com Sojourner Truth durante umas das primeiras edições das *Convenções Nacionais pelos Direitos das Mulheres* realizadas nos EUA. Antes dessas convenções, outro silenciamento relativamente pontual já havia se processado. Aliás, de certo modo, elas passaram a existir por essa razão. No ano de 1840, sem se conhecerem, Lucretia Mott e Elizabeth Cady Stanton viajaram com seus maridos dos EUA para a Inglaterra, com o objetivo de participar da primeira *Convenção Mundial Abolicionista*, que aconteceria em Londres. Lá chegando, elas foram impedidas de tomar parte na Convenção. O motivo da interdição? Lucretia Mott e Elizabeth C. Stanton eram mulheres. Um laço de amizade se estabeleceu entre elas, a partir do qual decidiram promover uma convenção especificamente dedicada à causa dos direitos das mulheres. Oito anos mais tarde, juntamente com outras três companheiras, elas conseguiram enfim organizar a *Se-*

neca Falls Convention, considerada a primeira convenção de direitos das mulheres. Um dos temas debatidos durante aquela reunião foi o direito feminino ao voto. A convenção conta com cerca de 300 pessoas, das quais aproximadamente 40 homens. Mesmo com uma ampla maioria feminina num congresso pelos direitos da mulheres, o tema causou uma dissensão quase insolúvel. Após muitas discussões e a continuidade dos impasses, ironicamente foi o pronunciamento de um homem, Frederick Douglass, relatado como uma fala tipicamente viril, porque bastante enérgica, que conseguiu subjugar os opositores e fazer aprovar a resolução em apoio ao sufrágio das mulheres[207].

Direta ou indiretamente derivada dessa e de outras convenções, em 1851, se realizava na cidade de Akron, no Estado de Ohio, a *Convenção dos Direitos da Mulher*. Uma vez mais, também naquela ocasião um homem branco não se acanhou em fazer um pronunciamento em que atacava a ideia de igualdade das mulheres com o sexo masculino, que era então ali defendida. Mas, ele não o fazia abertamente. De fato, reproduzia o discurso da "natural" fragilidade feminina, dizendo que as mulheres tinham menos força física do que os homens, razão pela qual deveriam ser preservadas e protegidas. Além da vitimização das mulheres, outro traço daquele pronunciamento era a atroz metonímia com que as brancas eram alçadas à condição universal de todas as mulheres. Foi nesse momento que ocorreu a reação de Sojourner Truth, nome adotado por Isabella Baumfree, mulher negra, nascida escravizada, que conquistou sua liberdade ao fim de um árduo processo[208]. Sua fala foi tão forte, comovente e pregnante que não demorou para ser registrada por escrito, o que concorreria para sua fama e posteridade. Eis o que teria sido dito por ela:

> Bem, minha gente, quando existe tamanha algazarra é que alguma coisa deve estar fora da ordem. Penso que espremidos entre os negros do sul e as mulheres do norte, todos eles

207 Wellman, 1991

208 Painter, 1996.

falando sobre direitos, os homens brancos, muito em breve, ficarão em apuros. Mas em torno de que é toda esta falação? Aquele homem ali diz que é preciso ajudar as mulheres a subir numa carruagem, que é preciso carregar elas quando atravessam um lamaçal e que elas devem ocupar sempre os melhores lugares. Nunca ninguém me ajuda a subir numa carruagem, a passar por cima da lama ou me cede o melhor lugar! E eu não sou uma mulher? Olhem para mim! Olhem para meu braço! Eu capinei, eu plantei, juntei palha nos celeiros e homem nenhum conseguiu me superar! E eu não sou uma mulher? Eu consegui trabalhar e comer tanto quanto um homem – quando tinha o que comer – e também aguentei as chicotadas! E eu não sou uma mulher? Pari cinco filhos e a maioria deles foi vendida como escravos. Quando manifestei minha dor de mãe, ninguém, a não ser Jesus, me ouviu! E eu não sou uma mulher?

E daí eles falam sobre aquela coisa que tem na cabeça, como é mesmo que chamam? (Uma pessoa da plateia murmura: "Intelecto."). É isto aí, meu bem. O que é que isto tem a ver com os direitos das mulheres ou os direitos dos negros? Se minha caneca não está nem pela metade e se sua caneca está transbordando, não seria mesquinho de sua parte não despejar alguma coisa na minha?

Então aquele homenzinho vestido de preto diz que as mulheres não podem ter tantos direitos quanto os homens porque Cristo não era mulher! Mas de onde é que vem seu Cristo? De onde foi que Cristo veio? De Deus... e de uma mulher! O homem não teve nada a ver com Ele.

Se a primeira mulher que Deus criou foi suficientemente forte para, sozinha, virar o mundo de cabeça para baixo, então todas as mulheres, juntas, conseguirão mudar a situação e pôr novamente o mundo de cabeça para cima! E agora elas estão pedindo para fazer isto. É melhor que os homens não se metam.

Obrigada por me ouvir e agora a velha Sojourner não tem muito mais coisas para dizer.

Não há a menor dúvida sobre todo o poder de sua eloquência. Sua fala instrui, agrada e comove, conforme o esquema *docere*, *delectare* e *movere*, que os oradores deveriam seguir em suas intervenções segundo Cícero. Trata-se de uma esmeradíssima construção retórica que articula sofisticada argumentação lógica, apropriada criação de uma imagem segura e firme, corajosa e sagaz de si mesma, além de oportuna produção de um intenso impacto passional em seus ouvintes. Já no início de sua fala, Truth dá provas de sua presença de espírito e se vale de uma ardilosa ironia para satirizar o típico discurso hegemônico do ressentimento dos "homens brancos", diante das reivindicações de direitos dos negros e das mulheres. Ao fazê-lo, ela não apenas enfraquece, mas também ridiculariza esse discurso e sua retórica reacionária, com a qual privilegiados costumam denunciar os supostos riscos, efeitos perversos e perdições que decorreriam de incrementos da igualdade e de reduções de injustiças. Tudo isso e muito mais formulado numa linguagem clara e concisa, correta e conveniente, ao mesmo tempo simples e devidamente adornada. Entre tantos recursos discursivos, destaquemos somente mais estes dois: a pregnância e a bem dosada indignação desta espécie de refrão "E eu não sou uma mulher?", tal como ficaria conhecido seu pronunciamento, e o que poderíamos chamar de "elogio de Eva e de suas filhas", por meio do qual Truth transforma a fraqueza e a culpa da primeira mulher em força para mudar o mundo. Esse recurso não somente se estrutura logicamente como um entimema, cuja composição compreende um sofisticado quiasmo, mas também se vale do lugar-comum do mais e do menos e ainda de um belo, agudo e atraente jogo de palavras: "Se a primeira mulher que Deus criou foi suficientemente forte para, sozinha, virar o mundo de cabeça para baixo, então todas as mulheres, juntas, conseguirão mudar a situação e pôr novamente o mundo de cabeça para cima!".

A reconstituição do que teria sido o desempenho oratório de Sojourner Truth, ou seja, o modo como ela teria usado seu corpo e sua voz para falar, fica em boa medida a cargo de nossa imaginação. Os excessos das eventuais projeções podem contar com as margens sugeridas por um testemunho. Estava presente naquela convenção, cumprindo ali aparentemente o papel de um arauto, a escritora norte-americana e militante feminista Frances Gage. A despeito de seu traquejo com as palavras, ela não deixou de se impressionar bastante com a fala de Truth e registrou nestes termos a cena daquela futura célebre intervenção e ainda o profundo impacto que ela causou:

> Naquele tempo havia poucas mulheres que ousavam se manifestar naqueles encontros e os augustos mestres do povo, segundo parecia, levavam a melhor em relação a nós, enquanto a rapaziada nas galerias e os zombeteiros, sentados nos bancos, se divertiam com o desconforto, que supunham existir, por parte das "teimosas". Algumas de nossas amigas mais sensíveis estavam a ponto de perder a dignidade e a atmosfera prenunciava uma tempestade. Então, levantando-se lentamente de seu assento, num canto, surgiu Sojourner Truth que, até aquele momento, mal havia erguido a cabeça. "Não deixem ela falar!", disseram algumas colegas próximas a mim. Ela caminhou com lentidão e solenidade até a frente, retirou sua velha touca e direcionou para mim seus grandes olhos eloquentes. Ouviam-se sons e murmúrios de desaprovação. Levantei-me e anunciei "Sojourner Truth", pedindo aos presentes que se mantivessem em silêncio durante alguns momentos. O tumulto acabou na hora e cada olhar se fixou naquela criatura que era quase uma amazona, com seus quase um metro e oitenta de altura, cabeça ereta e olhos que perscrutavam o ambiente, como se ela estivesse num sonho. Quando ela pronunciou suas primeiras palavras, fez-se profundo silêncio. Ela falou em tons baixos que, mesmo assim, chegavam ao ouvido de todos os que ali estavam e que, indo além da aglomeração, atravessavam portas e janelas.

Devemos os possíveis exageros do relato de Gage a seu ofício, à provável surpresa causada pela impactante performance oratória de uma mulher negra e à tendência de se pintar com cores fortes as cenas de uma revolução. Frente ao tumulto daquela assembleia, às objeções à cessão de um espaço de fala a uma feminista abolicionista preta e ao hegemônico imaginário da superioridade masculina branca era mesmo necessário algo extraordinário para impor um profundo silêncio e para auxiliar a consolidar um coro feminista negro, cujas vozes atravessariam portas e janelas e não deixariam mais de ecoar. Que Truth o tenha realmente feito dessa forma e de modo deliberado ou não, o fato é que Gage ressalta sua opção pela lentidão, pela solenidade e por um baixo volume de voz. Se a altivez e a força daquela amazona negra fossem acompanhadas por algum arroubo em sua caminhada, pela energia mais acentuada num de seus gestos e por um alto volume vocal, os estigmas da histeria reiteradamente atribuídos às mulheres e os da agressividade frequentemente impostos aos negros seriam somados e, dessa soma, resultaria a selvageria assacada à fala de Truth.

Por todas essas razões, seu pronunciamento histórico e sua pregnante pergunta "E eu não sou uma mulher?" eram ocasionalmente uma resposta ao que acabava de ser dito por um homem branco, que, talvez bem-intencionado, acreditava que as mulheres (brancas) não deveriam ser atacadas e tinham, antes, de ser protegidas pelos homens. Mas pronunciamento e pergunta eram também uma resposta às próprias feministas, que não reconheciam a especificidade das opressões que se abatiam sobre as mulheres negras. De modo análogo à exclusão das mulheres na universalização dos homens como o "ser humano", ocorria a exclusão das mulheres negras na universalização das mulheres brancas e burguesas como a "mulher". Não é por acaso que sua fala tenha sido objeto de insistentes tentativas de interdição vindas das próprias feministas[209]: "Não deixem ela falar!". Reconhecer que uma mulher negra tem o que dizer e sabe como falar implicaria reconhecer sua integral condição de ser humano, quando durante séculos ela tinha sido reduzida a um corpo usurpado de seu próprio ser e destinado ao prazer do outro, à execução do trabalho braçal e à reprodução de força braçal de trabalho. Aí já havia algo fundamental a ser constatado: a conquista do direito à palavra e de seu exercício pelas mulheres é um meio decisivo para a emancipação feminina, mas a autonomia de todas elas

---

209 hooks, 2020, p. 252.

e de cada membro de toda a sociedade só vem com falas que reconheçam, respeitem e valorizem a diversidade humana.

A vida das mulheres negras e pobres era mesmo uma soma de opressões, exclusões e resistências. Em melhores condições, a das brancas no final do século 19 tinha suas próprias dificuldades, mas também suas conquistas. Particularmente, as feministas ligadas aos movimentos socialistas e anarquistas não estavam isentas do sexismo e da misoginia dominantes. Contudo, elas podiam contar com a crescente força do feminismo e com o apoio de alguns militantes progressistas. Originária de uma família pobre da classe trabalhadora do interior da Áustria, depois de ter sido empregada doméstica, costureira e operária, Adélaïd Popp se tornaria um importante nome do ativismo feminista e socialista austríacos em sua atuação como jornalista e política. Depois de relatar parte dos grandes obstáculos que teve de enfrentar, Popp menciona também o árduo percurso para seu ingresso no Partido Socialista, suas dificuldades para participar ativamente das reuniões partidárias, seu esforço para superá-las e, finalmente, a conquista de espaço e de técnica para fazer declarações e pronunciamentos em suas assembleias: "Eu não ousava proferir uma palavra, não tinha nem mesmo a coragem de aplaudir"[210]. Conforme ocorreu com outras feministas, Popp teve de atravessar um penoso caminho de preparação para falar, diante do longo e eficaz silenciamento da fala feminina: em casa, ela ensaiava discursos do alto de uma cadeira. Também em locais de trabalho, quando havia ocasião oportuna, ela lia jornais socialistas em voz alta. Depois de algum tempo, vieram as primeiras reações bastante positivas de seus colegas. Em seguida, a relativa surpresa com sua capacidade oratória. Já numa reunião do Partido, sua primeira iniciativa de tomar a palavra despertou inicialmente muitas desconfianças. Mas, durante o desenvolvimento daquela sua intervenção que tematizava o trabalho das mulheres, Popp foi conseguindo a atenção, o respeito e o reconhecimento de seus colegas de

210 Perrot, 2005, p. 325.

Partido. Ao final de sua fala, ela foi bastante aplaudida. Mesmo após seu duro percurso e a conquista de seu sucesso, Popp não estaria totalmente isenta de outros percalços. Sua facilidade com a palavra pública fez com que alguns operários começassem a questionar sua identidade: muitos trabalhadores a viam como alguém da nobreza, pois apenas uma nobre poderia se expressar daquele modo. Já outra boa parte dos proletários dizia que ela era provavelmente um homem: "Pois somente os homens sabem falar assim"[211].

Outra e mais conhecida feminista enfrentaria dificuldades distintas. Nascida na Lituânia, quando a região báltica fazia parte do Império Russo, Emma Goldman emigrou para os Estados Unidos ainda com dezesseis anos de idade. No ano seguinte à sua chegada na cidade de Rochester, ocorreria uma grande manifestação trabalhista em defesa de oito horas diárias de trabalho em Chicago. A manifestação foi debelada por forte repressão policial, após a explosão de uma bomba. Centenas de operários foram presos e dezenas, gravemente feridos. Mas, o mais grave foi a condenação à morte de quatro trabalhadores. Antes disso, porém, quando ainda era adolescente num vilarejo lituano, Goldman assistiu a uma terrível cena: um camponês açoitado em praça pública. Além desses dois acontecimentos, seu divórcio relativamente precoce, seguido do menosprezo de parte de sua família, também costuma ser mencionado como um dos fatores que a teria conduzido ao anarquismo, às lutas sindicais e ao ativismo pela emancipação das mulheres. Por essa razão, ela deixou Rochester e rumou para Nova York, onde conheceu seu futuro companheiro, Alexander Berkman. Foi ele quem lhe apresentou a Johann Most, editor de um periódico libertário e adepto da *propaganda of the deed*, que pregava a execução de ações violentas para a promoção de transformações sociais. Goldman já ouvira falar dele pela imprensa de Rochester, que o descrevia como ela própria o veria pela primeira vez em pleno desempenho oratório. Nessa ocasião, ela teria ficado profun-

---

211 *Ibidem*, p. 326.

damente impressionada não só com o que ele dizia, mas também com o estilo veemente de sua fala.

Desde então, eles se tornariam muito próximos. Most era vinte e três anos mais velho do que Goldman e a acolheu inicialmente como sua discípula. Em suas próprias palavras, ele seria mais do que seu mestre: "Most se tornou meu ídolo. Eu o adorava". Ainda no primeiro encontro que tiveram, ela lhe relatou sua primeira experiência estética ao assistir à ópera *Il trovatore*, de Verdi. Most lhe disse que seu relato tinha uma forma dramática impressionante e acrescentou que ela devia empregar aquele seu grande talento para falar em público. Ele mesmo cuidaria de sua instrução e faria de Goldman "uma grande oradora", para que ela pudesse ocupar seu próprio lugar, depois de sua morte. Ela acreditou que Most estivesse zombando dela: "Não poderia ser verdade que ele acreditasse mesmo que eu poderia alguma vez ocupar seu lugar, me expressando com o fogo da sua eloquência e com o poder mágico de sua fala". Goldman não se sentia segura para falar em público. Por ocasião da preparação de uma homenagem que anarquistas, socialistas e associações operárias prestariam aos trabalhadores presos, feridos e mortos em Chicago, Berkman e Goldman visitaram muitos sindicatos para convidar seus membros a participar da cerimônia. Nessas circunstâncias, ela precisa falar e não se sente bem ao fazê-lo:

> O convite incluía falas informais que eu devia fazer. Eu estava sempre nervosa. Em ocasiões anteriores, em conferências alemãs e judaicas, eu havia reunido coragem suficiente para fazer perguntas, mas sempre frequentada por uma sensação de fraqueza. Enquanto eu ouvia os palestrantes, as perguntas vinham facilmente à minha cabeça, mas no momento em que me levantava, sentia uma vertigem. Eu então me agarrava a uma cadeira à minha frente para tentar amenizar aquele desespero. Meu coração pulsava violentamente, meus joelhos tremiam, tudo na sala ficava confuso. Então percebia minha voz muito, muito distante e, finalmente, eu voltava para minha cadeira, suando frio.[212]

---

212 Goldman, 2015, p. 33.

Mesmo assim, incentivada insistentemente por Berkman e por colegas anarquistas e preparada por Most, Goldman aceitou enfrentar o desafio de falar em assembleias nas cidades de Rochester, Buffalo e Cleveland. Nos momentos iniciais da primeira circunstância, tudo parecia desastroso: "Na noite seguinte à minha chegada a Rochester, quando tive de enfrentar o público, minha mente ficou completamente vazia. Não conseguia me lembrar de uma única palavra das minhas anotações". Goldmam fecha então os olhos e se lembra dos sofrimentos pelos quais passou durante três anos naquela cidade: "o trabalho árduo, a humilhação, o fracasso do meu casamento, o crime de Chicago". Em seguida, lhe teriam ocorrido uma lembrança e uma espécie de iluminação, que motivaram sua fala:

> Comecei a falar. Palavras que eu nunca tinha ouvido antes começaram a fluir cada vez mais rápido pela minha boca. Elas saíam com uma intensidade muito apaixonada, com a qual eu descrevia as imagens daqueles homens heroicos de Chicago no cadafalso e da visão luminosa de uma vida ideal que eles defendiam. Uma vida plena de conforto e beleza: de homens e mulheres radiantes em sua liberdade, e de crianças transformadas pela felicidade e pelo afeto. A plateia se desvaneceu, o próprio salão desapareceu. Absorta em meu canto, eu estava consciente apenas de minhas palavras.[213]

Toda a intensa preparação de Goldman durante aproximadamente seis meses para falar em público, cujos resultados ali lhe pareciam vir de uma inspiração, não foi em vão. Após terminar seu pronunciamento, ela ouve aplausos. Na reação da audiência, há ainda murmúrios por meio dos quais alguns presentes a elogiam, mas também a criticam. Ela ouve um desses murmúrios: "Foi um discurso muito inspirador, mas e a luta pela jornada de oito horas? Ela não disse nada sobre isso". Inicialmente, Goldman não reage bem à crítica: "Senti como se estivesse sendo derrubada das alturas a que havia chegado, me senti esmagada. Disse ao presidente da mesa

---

213 *Ibidem*, p. 66

que estava cansada demais para responder a qualquer pergunta e fui para casa me sentindo física e mentalmente doente". Ela se dirige à casa de sua irmã, onde estava hospedada. Lá a raiva de Most que a teria colocado naquela situação se mistura com o sentimento de sua própria culpa por sua suposta impostura diante da assembleia. No meio da ebulição daquelas suas emoções e pensamentos, lhe teria acontecido uma "revelação": "minhas palavras eram capazes de deixar as pessoas empolgadas! Palavras estranhas e mágicas que vinham de dentro de mim, de algum lugar desconhecido. A alegria dessa descoberta me fez chorar". Motivada por aquela descoberta, Goldman seguiu para Buffalo, onde falou novamente e recebeu cumprimentos por sua fala clara e lógica. Mesmo assim, ela esteve nervosa durante sua intervenção e havia ficado muito insatisfeita com seu desempenho. Relata que pensou novamente em desistir. Mas, acabou seguindo para Cleveland e discursando na assembleia seguinte.

O conteúdo de sua exposição teria sido o mesmo que o da intervenção em Buffalo, mas sua forma e a reação do público foram bastante diferentes. Goldman estava sarcástica e dirigia sua crítica mordaz contra os próprios trabalhadores, visando sua "fácil disposição a renunciar a um futuro esplêndido, em benefício de pequenas ganâncias pontuais". Um senhor já idoso reage à sua fala, lhe dizendo que compreendia a impaciência de sua juventude diante daquelas "pequenas exigências de umas poucas horas a menos de trabalho por dia e de uns poucos dólares a mais na semana", mas que alguém como ele, naquela sua idade, não viveria o suficiente para assistir à queda do capitalismo. Assim, considerava ser justa a luta por "um pouco mais de tempo para ler um jornal ou sair ao ar livre". Segundo o relato de Goldman, as palavras daquele homem lhe produziram outra revelação: sua seriedade e a clareza de sua análise da situação dos trabalhadores contrastavam com a falsidade da posição teórica de Most. Além disso, ela teria percebido que, ao repetir as opiniões de seu mentor, estava cometendo um crime contra si mesma e contra os trabalhadores. O episódio lhe daria, enfim, duas lições. A primeira sobre sua fala pública: "Entendi por que não havia conseguido atingir o público. Eu havia me refugiado em piadas fáceis e ataques duros aos trabalhadores para mascarar minha própria falta de convicção". Já a segunda sobre sua própria relação com Most e com as autoridades de modo geral: "De alguma forma, aquela situação me curou da minha fé infantil na infalibilidade de meu professor e me convenceu da necessidade de pensar de forma independente".

Apesar desta última "valiosa lição", ao se reencontrar com Most, em seu retorno a Nova York, Goldman queria lhe contar as experiências que tinha tido naquelas suas primeiras falas públicas: "Tentei várias vezes contar a ele sobre minha viagem. Estava muito magoada porque ele não havia me perguntado nada. Most havia me enviado àquela missão contra minha vontade, queria tanto fazer de mim uma grande oradora. E agora ele não estava interessado em saber se eu era uma boa aluna?". Ele lhe respondeu, dizendo que estava, sim, interessado, mas que já havia recebido informes sobre as performances de Goldmam: "de Rochester, lhe chegara a informação de que eu havia sido eloquente; de Buffalo, de que minha exposição havia silenciado todos os oponentes; e de Cleveland, de que eu havia esfolado uns imbecis com meu sarcasmo". Ela, então, pergunta a Most, se ele não gostaria de saber quais eram as próprias impressões que ela tinha sentido e guardado consigo. Sua resposta a enfurece: "Sim, mas em outra ocasião. Agora, eu só quero ficar perto da minha loura!". Goldmam descreve assim sua reação e o consequente rompimento com Most:

> Fiquei furiosa e disse a ele que não seria tratada apenas como uma mulher-objeto. Disse-lhe que nunca mais faria nada às cegas, que havia feito papel de boba e que a breve intervenção do velho trabalhador em Cleveland havia me convencido mais do que todas as suas frases persuasivas. Continuei falando, e meu interlocutor permanecia em silêncio. Quando terminei, ele chamou o garçom e pagou a conta. Eu o segui até o exterior.
>
> Na rua, ele começou uma tempestade de insultos. Dizia que tinha criado uma víbora, uma cobra, uma namoradeira sem

> coração que só havia brincado com ele. Disse ainda que tinha me enviado para defender sua causa e que eu o havia traído. Eu era como os outros, mas ele não toleraria isso. Acrescentou que preferia me arrancar de seu coração agora a me ter como uma meio amiga e finalizou com estas palavras: "Quem não está comigo está contra mim!". Fui tomada por uma grande tristeza, como se tivesse acabado de sofrer uma grande perda.[214]

Goldman se restabeleceria do fim de sua relação com seu já ex-mentor e se convenceria de que a reiteração excessivamente fiel do que lhe ensinara aquele antigo companheiro de causa consistia num silenciamento que se impunha sobre sua própria fala. Cada vez mais imbuída da necessidade das lutas por emancipação e autonomia de diversas ordens, ela se dedicará à redação de textos escritos que comporão sua obra e continuará a frequentar reuniões, conferências e comícios, em que fazia seus pronunciamentos. Tal como acontecera em várias outras ocasiões, alguns anos mais tarde, num grande encontro com operários desempregados na Union Square, em Nova York, Goldman marcha à frente das mulheres com uma bandeira vermelha, sobe à tribuna e faz seu pronunciamento. A agudeza de sua fala, sua energia e sua eloquência serão aclamadas pelas companheiras e pelos companheiros anarquistas e socialistas. Na manhã seguinte, os jornais burgueses reconheciam sua grande capacidade de fala e estampavam manchetes como a seguinte: "*Red Emma* tem grande poder de convencimento", mas, em conformidade com sua posição ideológica, acrescentavam termos deste gênero: "Sua língua vitriólica era exatamente o que a multidão ignorante precisava para destruir Nova York"[215]. Além de ter de enfrentar a maior parte da imprensa, de modo análogo ao peso da dupla jornada de trabalho imposta a muitas mulheres, também se abatem sobre elas consequências domésticas de sua atua-

214 *Ibidem*, p. 42.
215 *Ibidem*, p. 91.

ção no espaço público, quando têm essa oportunidade e principalmente se esta última lhes dá reconhecimento e projeção.

Já consagrada como uma grande liderança progressista e pagando alto preço por isso, em 1892, ela teria de enfrentar novos conflitos conjugais. Berkman havia sido condenado a vinte e dois anos de prisão, em razão da tentativa de assassinato do milionário Henry Clay Frick, durante uma grande greve operária em maio daquele ano. Goldman sofreu bastante com seu afastamento, mas depois de um tempo passou a se relacionar com Edward Brady. Vindo da Áustria, ele havia desembarcado nos EUA há pouco tempo. Na Europa, tinha cumprido dez anos de prisão por publicar obras de literatura anarquista. Desde os primeiros contatos, Goldman ficou muito impressionada com ele: "Me pareceu a pessoa mais erudita que eu já tinha conhecido". Para destacar essa sua erudição, a comparação com Most vinha a calhar: enquanto seu mestre anterior estava limitado aos temas políticos e sociais, Brady não só os conhecia muito bem, mas também era um especialista em grandes clássicos da literatura inglesa e francesa: "Gostava de ler Goethe e Shakespeare para mim e de traduzir passagens de obras em francês, principalmente, Rousseau e Voltaire, seus favoritos"[216].

Todo aquele encanto foi cedendo espaço para o desgaste da relação, causado em larga medida pelo que Brady considerava ser a excessiva dedicação de Goldman aos movimentos políticos e sociais de que ela participava. Manifesta e reiteradamente lhe pediu para desistir de sua vida pública. Como Goldman continuava a militar, a escrever e publicar e a fazer seus cada vez mais célebres pronunciamentos, seu enciumado companheiro tentou se suicidar. Mais tarde, ele diria a Goldman que o fez para assustá-la e para afastá-la dos comícios, reuniões e assembleias[217]. Além de outros e graves percalços, ela teve de enfrentar o despeito de ao menos dois desses companheiros que lhe ajudaram em sua formação.

---

216 *Ibidem*, p. 136.

217 *Ibidem*, p. 172.

Most e Brady desejavam que a retribuição de Goldman pelos apoios que eles lhe prestaram viesse sob a forma de sua recusa à palavra. Ela teria de pagá-los com seu silêncio. A difusão e a consolidação de práticas e discursos machistas tinham e ainda têm força suficiente para capturar até mesmo homens identificados com causas progressistas. Mesmo que não estejam distribuídos igualmente à esquerda e à direita do espectro ideológico, os inimigos da fala feminina estão por todos os lados. Haveria ainda muitas e novas lutas pela frente, pois os silenciamentos das mulheres são ao mesmo tempo sólidos e flexíveis, ora são explícitos, ora insidiosos, se modificam e se adaptam para estender sua duração e para não diminuir seu raio.

O PESSOAL É POLÍTICO... E AS PALAVRAS TAMBÉM

Depois de algumas décadas desde sua emergência como movimento organizado, o feminismo passaria por certa reconfiguração, quando seus ideais e suas ações se juntaram às revoltas estudantis e operárias do fim dos anos de 1960. Palavras de ordem como *Nossos corpos nos pertencem* e *O pessoal é político* agora estabeleciam e reiteravam o questionamento dos papéis sociais desempenhados por homens e mulheres. Uma mais ampla e mais aguda tomada de consciência passava a exigir das feministas a reivindicação de uma efetiva autonomia das mulheres sobre o próprio corpo e de uma reorganização do trabalho doméstico e familiar.

Além dessas pautas e de outras já bem consolidadas no movimento, as feministas dessa segunda onda indicaram a necessidade de atenções e vigilâncias consagradas à observação e ao combate dos casos de violência doméstica e sexual. Mais uma vez, as palavras eram meios e fins decisivos em suas lutas. Em vários países, principalmente no hemisfério norte, muitas delas criaram grupos de diálogo e conscientização política nos quais trocavam experiências e refletiam conjuntamente sobre as formas de opressão às quais eram submetidas. A prática se difundiu, se consolidou e foi acompanhada por marchas e passeatas, por meio das quais uma ideia feminista embrionária se tornou ainda mais bem definida e ganhou forma de protesto expresso e constante: a escuta da fala feminina e a legitimidade que lhe deve ser reconhecida são tão fundamentais quanto o direito e o exercício de sua produção.

O episódio conhecido como "golpe do tomate" ou "arremesso do tomate" é um dos casos em que se materializou essa reconfiguração do feminismo. Frequentemente, se afirma que ele teria sido o responsável pelo ressurgimento do feminismo alemão, em meados do século 20. Em setembro de 1968, a cineasta Helke Sander, fundadora do *Conselho de Ação para a Libertação da Mulher*, era a única mulher com permissão para falar na conferência da *União Estudantil Socialista Alemã* (SDS). O tema de sua intervenção eram os tradicionais papéis de gênero. Sander denunciava ali a estrutura patriarcal em torno da qual se organizava a própria SDS, destacando seu pouco interesse em discutir as demandas das mulheres em conjunto com as reivindicações de classe. Encerrada sua fala, imediatamente os dirigentes da assembleia propõem que se passe a discutir outro tópico. Fosse uma tentativa deliberada de silenciar qualquer repercussão da fala de Sander ou fosse a introjeção de um automatismo sexista, o fato é que a atitude gerou certo incômodo em boa parte das pessoas presentes. Mesmo assim, os integrantes da mesa diretora da SDS determinam o encaminhamento do debate para um próximo tema. É nesse momento que a militante feminista Sigrid Rüger arremessa nos dirigentes os tomates que trazia consigo, na tentativa de obrigá-los a considerar e a deixar repercutir aquilo que acabava de ser exposto por Sander. As mulheres presentes na conferência demonstram seu apoio a Rüger e conseguem discutir a ordem patriarcal da sociedade alemã, a começar pela própria SDS. O ato ganhou uma inaudita repercussão midiática, que contribuiu, inclusive, para a derrocada da *União Estudantil Socialista Alemã* no ano seguinte[218].

---

218 Patu; Schrupp, 2019.

A importância daquele episódio nessa segunda onda feminista não se deve somente à resistência das mulheres diante de mais uma tentativa de silenciamento de suas falas. Seu significado e seu valor se devem também ao foco central depositado na necessidade de uma profunda mudança no regime de escuta da fala feminina. Claramente se vê que o que aconteceu com Sander na assembleia da SDS não foi uma tentativa de interdição de sua fala. Por um lado, houve sem dúvida o silenciamento de outras mulheres, uma vez que apenas ela tinha direito a se pronunciar, mas, por outro, esse seu direito à palavra estava previsto e era assegurado pelo protocolo da conferência estudantil. Como vimos, o silenciamento que se processa logo após sua intervenção é de outro tipo e seu alvo é a reverberação do que foi dito publicamente por uma mulher. Mas não se trata ali somente de calar a repercussão de uma fala feminina, antes se silencia uma denúncia de desigualdade de gênero e uma demanda de transformação da instituição e da sociedade. Enquanto a primeira onda feminista destacou a exclusão feminina dos lugares de poder e de suas respectivas tribunas, destacando em suas discussões e protestos a necessária conquista de direitos e de exercícios da fala pública das mulheres, ou pelo menos das mulheres brancas e das classes médias e altas, a segunda onda ressaltará, por seu turno, a importância de que a esta fala fosse concedido um regime qualificado de escuta e reconhecida sua legitimidade.

No bojo dessa luta feminista contra menosprezos, interdições e deslegitimações da fala feminina, se estabeleceu a necessidade de distinguir, nomear e criminalizar as diversas práticas de violência exercidas contra as mulheres. Reconhecendo a diversidade dessas violências como um silenciamento da fala feminina, como cerceamento da autonomia das mulheres, como expropriação e abuso de seus corpos e como redução da própria condição humana de suas vítimas, o feminismo dos anos de 1970 sustenta que é preciso fazer o diagnóstico dessas práticas, bem como conseguir a devida legitimação da fala das mulheres a seu respeito. Sua identificação, seu diagnóstico, a possibilidade de as mulheres falarem sobre seus sofrimentos e de terem uma escuta acolhedora são passos essenciais para a elaboração de seus traumas e mesmo para sua própria sobrevivência. Não por acaso, os grupos de diálogo e conscientização se tornaram parte essencial do movimento feminista. Foi nesse contexto e no interior desses grupos que ideia de sororidade, isto é, de irmandade entre mulheres, emergiu com contornos mais bem definidos. Além de atender às necessidades mais prementes de compartilhar suas experiências – desde a excessiva carga do trabalho doméstico não reconhecido, passando pelas grandes dificuldades da dupla jornada, até os casos de assédio e de estupro –, e de se contrapor ao misógino discurso da atávica discórdia entre as mulheres, as discussões realizadas nesses grupos conduziram à constatação de que as relações sociais estavam estruturadas pela dominação masculina e pela opressão feminina. Elas existiam fora, mas também dentro de casa, porque o pessoal também era político. Os seguintes versos da poeta Muriel Rukeyser, "O que aconteceria se apenas uma mulher contasse a verdade sobre a sua vida? O mundo cindiria"[219], eram frequentemente recitados para apontar aquela condição estrutural e profundamente desigual nas relações de gênero.

Um traço marcante do feminismo daquele momento era, portanto, a oportuna e necessária busca pela identificação dos fenômenos da opressão masculina que se processavam na vida privada das mulheres. Essa identificação impunha duas exigências: primeiramente, a concepção e a adoção de uma nova linguagem. Inúmeros termos, tais como "assédio sexual" e "violência doméstica", entre outros, foram elaborados naquele contexto, o que começava a tornar viável um mapeamento das variadas práticas de violência sofridas pelas mulheres. Com base nessa cartografia da violência masculina, as feministas tanto revelavam os diferentes fenômenos que a constituíam, seus modos de ação e as dinâmicas de funcionamento de tais fenômenos, quanto fomentavam seu enfrentamento. Mas a devida difusão de cada uma daquelas

---

219 Solnit, 2017a, p. 73.

expressões, os efetivos desdobramentos das denúncias que as empregavam e o ativo combate a que elas davam ensejo compreendiam ainda uma segunda exigência: a incontornável produção da fala feminina e o necessário reconhecimento de sua legitimidade. A força dos discursos de depreciação e difamação das mulheres é tamanha que são elas, e não seus algozes, que se sentiam e ainda se sentem envergonhas para denunciar a violência. Superar esse obstáculo secular já exigia e continua a exigir muita coragem, mas essa não era a única e difícil barreira a ser batida. A fala feminina precisava ainda de um regime qualificado de escuta. Esse regime devia ser capaz não apenas de ouvir o que diziam as mulheres, mas também de validar suas manifestações, de modo a reduzir a histórica desconfiança com a qual frequentemente se escutou a fala feminina, sobretudo no espaço público. Não se travava de uma tarefa fácil, porque a maioria das revelações da violência masculina era rechaçada e se deparava com os antigos discursos que sustentam que as falas das mulheres são exageradas, confusas, levianas e mentirosas.

As conquistas da segunda onda do feminismo foram decisivas. Com a consolidação da ideia de sororidade, a criação dos grupos de acolhimento, escuta e proteção de mulheres assediadas e agredidas, o encorajamento das denúncias e a conquista de confiança na palavra das mulheres, o movimento conseguiu avançar bastante na desconstrução do consenso com que se costumava conceber as violências físicas e simbólicas que elas sofriam. Em última instância, se tratava de restituir a própria humanidade dessas mulheres. Já reiteramos aqui o fato de que o menosprezo, a deslegitimação e a interdição de suas falas são tentativas de exclui-las da comunidade humana, composta de seres que têm o que dizer e que sabem como falar. Trata-se aí de não reconhecer a condição de ser humano em outrem, de não admitir que o outro diverso é um semelhante. Assim, se pode proceder à sua animalização, isto é, se abre o caminho para reduzir o outro à matéria de seu corpo e às funções que ele pode desempenhar para servir um "eu" exclusivamente humano, que lhe seria naturalmente superior. Os rebaixamentos, insultos e abusos repetidos há séculos são elementos do círculo vicioso desse processo que diminui a humanidade feminina. Para romper esse círculo era indispensável a possibilidade de pedir ajuda e ser ajudada, de falar e ser ouvida, de denunciar e ver a justiça sendo feita. Sem essa ruptura, qualquer projeção de autonomia das mulheres era uma quimera infundada, porque sequer o estatuto de ser humano lhes era integralmente reconhecido[220]. Por isso, o movimento feminista dos anos 1970 insistia na necessidade de se enfrentar esse padrão estrutural da violência de gênero, que ora menospreza ora usurpa a mente, o espírito e a linguagem das mulheres, como se eles fossem apanágio masculino ou, ao menos, como se sua presença e funcionamento nos homens fossem maiores e mais qualificados.

Se a condição sub-humana ainda era imputada às mulheres, com mais forte razão essa discriminação continuava a se abater sobre as mulheres negras e pobres. Isso não significava, contudo, que o cenário fosse o mesmo daquele em que Sojourner Truth perguntava "E eu não sou uma mulher?", mais de um século antes. O coro de vozes negras que se levantava agora com a crescente organização do feminismo negro tinha força e difusão muito maiores do que o heroico e relativamente isolado ativismo de suas precursoras. Ainda assim, diferenças e conflitos raciais não deixaram de ser um grande empecilho para a integração efetiva e igualitária das mulheres negras ao movimento feminista. Elas também constatavam cada vez mais a importância de suas lutas pela palavra. O próprio título *A transformação do silêncio em linguagem e ação* da palestra que Audre Lorde proferiu na sessão "Lésbicas e literatura" do congresso da Associação de Línguas Modernas, ocorrido no ano de 1977 em Chicago, é um indício dessa constatação. O modo como ela insistia em se apresentar também ia nessa direção: mulher negra, lésbica, feminista, mãe e poeta guerreira. Essa sua insistência se devia ao fato de que não só no movimento feminista, mas também na comunidade *LGBTQIAP+*,

220 Solnit, 2017b.

a existência do racismo era negada ou minimizada, enquanto no interior dos grupos negros frequentemente o feminismo era considerado um desvio das lutas antirracistas e a lesbiandade, um capricho ou uma degeneração. A essas discriminações e exclusões se somou ainda a debilidade de sua saúde.

Um câncer no fígado foi a causa de sua morte, aos 58 anos de idade, em 1992. Sua intervenção no congresso de Chicago, 15 anos antes, aconteceu logo depois de uma cirurgia à qual ela se submeteu para retirada de um tumor no seio. Em sua fala, Lorde relata que a possibilidade de que se tratasse de algo maligno agravou ainda mais a soma dos medos que ela e suas companheiras já tinham de enfrentar. Esses medos e a situação crítica das três semanas de intervalo entre o diagnóstico e a cirurgia foram decisivos para a formação e o fortalecimento desta sua convicção: "o que me é mais importante deve ser dito, verbalizado e compartilhado, mesmo que eu corra o risco de ser magoada ou incompreendida". Se a exposição compreende esses perigos, só ela pode conduzir à conquista de autonomia: "A fala me recompensa, para além de quaisquer outras consequências. Estou aqui de pé como uma poeta lésbica negra, e o significado de tudo isso se reflete no fato de que ainda estou viva, e poderia não estar". O possível fim de sua vida a fez pensar em quais seriam seus arrependimentos. Dentre eles, o maior foi os seus silêncios. Mas, por que ela teria silenciado? Pelo fato de sentir medo: "Do que é que eu tinha medo? Eu temia que questionar ou me manifestar de acordo com as minhas crenças resultasse em dor ou morte. Mas todas somos feridas de tantas maneiras, o tempo todo, e a dor ou se modifica ou passa". Os silenciamentos alheios da fala feminina e os autoimpostos silenciamentos tinham de ser combatidos com a coragem de dizer as verdades de que Lorde estava em busca. Foi a quebra do silêncio que lhe trouxe a ampliação do contato com outras mulheres que se situavam além dos grupos a que ela pertencia ou frequentava. Esse contato pleno de sororidade dava ensejo a certa ultrapassagem de suas diferenças.

> As mulheres que me apoiaram durante esse período eram

> brancas e negras, velhas e jovens, lésbicas, bissexuais e heterossexuais, e todas nós travamos, juntas, uma guerra contra as tiranias do silêncio. Todas me deram a força e o acolhimento sem os quais eu não sobreviveria intacta. Durante essas semanas de medo intenso veio a compreensão – dentro da guerra, todas lutamos com as forças da morte, de maneira sutil ou não, conscientemente ou não – de que não sou apenas uma baixa, sou também uma guerreira.
> Quais são as palavras que você ainda não tem? O que você precisa dizer? Quais são as tiranias que você engole dia após dia e tenta tomar para si, até adoecer e morrer por causa delas, ainda em silêncio? Para algumas de vocês que estão aqui hoje, talvez eu seja a expressão de um dos seus medos. Porque sou mulher, sou negra, sou lésbica, porque sou quem eu sou – uma poeta negra guerreira fazendo o meu trabalho.

Antes e depois dessa passagem, Lorde reitera sua denúncia da ilusão de proteção dada pelo silêncio: "Meus silêncios não me protegeram. Seu silêncio não vai proteger você". Sexismo, machismo e misoginia são uma eficiente máquina de moer mulheres: essa "máquina vai tentar nos reduzir a pó de qualquer maneira". Resistir às suas tentativas de aniquilação compreende a partilha de "um compromisso com a linguagem, com o poder da linguagem e com o ato de ressignificar essa linguagem que foi criada para operar contra nós". Lorde não contornaria de modo algum as diferenças de raça, classe e sexualidade entre as mulheres, mas sua preocupação maior consistia em propor o enfrentamento das táticas e estratégias usadas para suscitar e fomentar as divergências entre elas. Dessa forma, a dominação masculina encontraria terreno mais fértil e mais fácil para perpetuar sua hegemonia, conforme a máxima francesa: *Diviser pour mieux regner*, cuja tradução "Dividir para melhor reinar", como se vê, é incapaz de manter a força e a pregnância da expressão original. Em todo caso, era fundamental para Lorde indicar como a linguagem dos opressores e a quebra de silêncio das oprimidas desempenham papéis decisivos nas ações de dominação, mas também nas de resistência das feministas. Ela o faz de modo concentrado nestes dois últimos parágrafos de sua intervenção:

> E nos lugares em que as palavras das mulheres clamam para ser ouvidas, cada uma de nós deve reconhecer a nossa responsabilidade de buscar essas palavras, de lê-las, de compartilhá-las e de analisar a pertinência delas na nossa vida. Que não nos escondamos por detrás das farsas de separação que nos foram impostas e que frequentemente aceitamos como se fossem invenção nossa. Por exemplo: "Provavelmente eu não posso ensinar literatura feita por mulheres negras – a experiência delas é diferente demais da minha". E, no entanto, quantos anos vocês passaram ensinando Platão, Shakespeare e Proust? Outra: "Ela é uma mulher branca, o que teria para me dizer?". Ou: "Ela é lésbica, o que meu marido, ou meu chefe, diria?". Ou ainda: "Essa mulher escreve sobre os filhos e eu não tenho filhos". E todas as outras incontáveis maneiras de nos privarmos de nós mesmas e umas das outras.
>
> Podemos aprender a agir e falar quando temos medo da mesma maneira como aprendemos a agir e falar quando estamos cansadas. Fomos socializadas a respeitar mais o medo do que nossas necessidades de linguagem e significação, e enquanto esperarmos em silêncio pelo luxo supremo do destemor, o peso desse silêncio nos sufocará. O fato de estarmos aqui e de eu falar essas palavras é uma tentativa de quebrar o silêncio e de atenuar algumas das diferenças entre nós, pois não são elas que nos imobilizam, mas sim o silêncio. E há muitos silêncios a serem quebrados.[221]

Lorde tinha razão e ainda a teria se o repetisse em nossos dias. Porém, talvez não estivesse assim tão certa em sua afirmação de que a máquina machista pretende reduzir as mulheres "a pó de qualquer maneira, quer falemos, quer não". Numa ampla maioria dos casos, os meios empregados por essa tentativa de redução a pó são muito mais violentos nos casos em que as vozes feministas se erguem e resistem às opressões do que nas circunstâncias em que há silêncio e submissão. Além disso,

221 Lorde, 2019, p. 55.

sua insistência na atenuação e mesmo na superação das diferenças entre mulheres brancas e negras era um indício das profundas desigualdades entre elas nas relações sociais, de modo geral, e no interior do próprio movimento feminista. Mesmo que as mulheres brancas também sofressem com o silenciamento de suas vozes e com a objetificação de seus corpos, esses processos, suas ações e seus efeitos eram muito mais intensos ao visarem as mulheres negras e pobres. Outro nome incontornável do feminismo negro enfatizará esse grande desequilíbrio.

Já em sua primeira obra, cuja publicação é contemporânea da palestra de Lorde, bell hooks narra seu encontro e sua dificuldade com o debate feminista, que não reconhecia sua experiência como mulher negra e tampouco lhe concedia espaço para sua manifestação: "Minha voz, assim como a de mulheres como eu, não era ouvida. Enquanto não consegui fazer minha voz ser ouvida, não consegui pertencer verdadeiramente ao movimento"[222]. O foco praticamente exclusivo do feminismo recaía na violência de gênero, na construção da identidade feminina e na divisão dos papéis sociais desigualmente distribuídos entre homens e mulheres. Mas havia pouco ou mesmo nenhum espaço em suas práticas e discursos para a presença e a atuação essenciais do racismo em cada um desses pontos. Além de certo silenciamento da dimensão racial, havia não raras vezes recusa expressa de considerá-la: "quando eu chamava atenção para as diferenças que raça e racismo criaram na nossa vida, com frequência eu era tratada com desprezo por companheiras brancas que queriam se conectar por meio de noções compartilhadas de sororidade"[223]. Nesse caso, a sororidade funcionava, antes, como exclusão de algo candente e como sua antípoda: a reprodução do discurso da discórdia feminina.

---

222 hooks, 2020, p. 10. bell hooks (grafado sempre em minúsculas) é o nome pelo qual Gloria Jean Watkins se tornou conhecida como escritora, professora, teórica e militante do feminismo e da luta antirracista nos EUA.

223 *Ibidem*, p. 11.

FEMINISMOS NO PLURAL... E NA LINGUAGEM

O corpo, a voz e a vida das mulheres negras começam a ser devidamente respeitados no feminismo dos anos de 1990. Evidentemente, antes disso já havia ali, no pensamento abolicionista, bem como em grupos e movimentos negros, alguma consideração das discriminações, opressões e exclusões a que elas eram mais extensa e intensamente sujeitadas pela conjunção do machismo com o colonialismo. Mas, a percepção desse fenômeno e as ações para conjurar aquele sofrimento ainda mais amplo e profundo do que o experimentado por mulheres brancas, principalmente pelas das classes médias e altas, eram contingentes e ocorriam de modo mais ou menos eventual. Em contrapartida, esse marco temporal não significou uma transformação absoluta e generalizada do feminismo e da sociedade, como se a partir de então homens e mulheres compartilhassem indistinta e irrestritamente do entendimento de que todos aqueles males eram imputados às mulheres negras e se empenhassem em sua desconstrução. Mesmo assim, há certo consenso de que desde então elas conquistaram visibilidade, escuta e importância sociais inéditas. Isso porque remonta a esse contexto o surgimento de um movimento organizado, sistemático e em larga medida coletivo do feminismo negro. Por meio das práticas e discursos de suas militantes, se tornava cada mais evidente o conjunto de fatos e fatores da enorme dívida histórica que privilegiados e privilegiadas de distintas sortes tinham para com elas.

Mais do que a reivindicação de igualdade entre os sexos, entrava agora em pauta e quase se estabelecia como um ponto de não retorno a diversidade das identidades femininas. Com isso, a ideia e a perspectiva da interseccionalidade[224] ganham força, em detrimento de um pensamento hegemônico que acreditava ou fingia acreditar na existência de uma entidade universal: a mulher. De fato, a partir da perspectiva interseccional, o que se sustenta é que há mulheres, com vi-

---

224 Collins, 2022.

das, práticas e experiências distintas, com pensamentos e paixões diversas, em razão de suas diferentes pertenças e identificações com classes sociais, raças, sexualidades, espaços globais, regionais e urbanos, áreas de atuação e desempenho de funções profissionais e níveis de instrução formal variados. Além desse avanço fundamental promovido por uma concepção interseccional dos gêneros e da sociedade, a chamada terceira onda do feminismo foi também marcada por seu esforço de rejeitar o pressuposto de uma natural inimizade entre homens e mulheres e de insistir na crítica às noções essencialistas. Desse modo, se consolidam tanto as recusas da ideia de uma "natureza feminina" quanto os combates às opressões econômicas e sociais, raciais e sexuais, culturais e domésticas. A realização dessas recusas e combates e sua eficiência conduziam cada vez mais ao reconhecimento da condição central da fala feminina.

Já em sua segunda onda, o feminismo não era um movimento homogêneo, porque compreendia feministas liberais, socialistas e radicais. Além delas, havia feministas negras, latinas, proletárias e lésbicas, entre outras, que desenvolviam um extenso conjunto de trabalhos teóricos e de ações de militância, sobretudo a partir da segunda metade do século 20[225]. A terceira onda ampliaria ainda mais essa diversidade, incluindo ou consolidando os feminismos trans, indígenas, descolonialistas e ecologistas, entre outros. Outra de suas marcas é o crescente uso das novas tecnologias da comunicação, por meio das quais integrantes e coletividades desses e de outros grupos conseguiram ser cada vez mais vistas e ouvidas, desde a década de 1990. Assim, elas adquiriram uma relevância social sem precedentes e se colocaram ao lado das feministas brancas de classe média, às quais as mídias tradicionais concediam espaço e visibilidades exclusivas. Em particular, o emprego das mídias digitais concorreu decisivamente para a expansão de sua atuação social e política, permitindo às feministas identificar, denunciar, tornar visíveis e resistir às mais

225 Zirbel, 2024, *s. p.*

variadas formas de opressão e silenciamento[226]. Finalmente, tanto a elaboração de novas ferramentas conceituais que surgem nessas circunstâncias, tais como as noções de gênero, interseccionalidade, epistemologia feminista, conhecimento situado, entre outras, quanto sua considerável difusão, mediante a qual elas passaram a circular não apenas no universo acadêmico, mas também em muitos setores e segmentos da sociedade, são marcas dessa terceira onda. No bojo dessas suas especificidades, se situa um considerável crescimento da importância já antes reconhecida na fala feminina: o direito ao pleno exercício de fala das mulheres se torna inegociável, assim como a exigência de sua escuta respeitosa e do reconhecimento de sua legitimidade. Como veremos, a partir daí, os poderes da linguagem estarão cada vez mais presentes no pensamento e nas ações feministas, de modo que a identificação e a nomeação de distintos fenômenos relativos às interdições, às interrupções e às deslegitimações da fala feminina se tornam objetos centrais de reflexão e de intervenções do movimento.

A noção de *lugar de fala* é um dos pontos de chegada desse percurso de valorização da palavra das mulheres e de outras maiorias minorizadas. Sua difusão se incorpora ao longo processo de uma radical transformação: onde não havia direito algum, pois o corpo da mulher não lhe pertencia e mesmo sua alma devia estar submetida à dominação masculina, passa a haver direito à denúncia das violências físicas e simbólicas de gênero e ao crédito depositado na fala feminina que as denuncia ou as testemunha. Trata-se aí de um enorme avanço, que compreende ainda o inédito reconhecimento do fato de que alguém que tem experiência vivida de sofrimentos na própria pele adquire saberes e sentimentos com os quais pode falar a seu respeito de modo singular e intransferível. Voltaremos a abordar rapidamente alguns aspectos dessa noção. Por ora, relembremos um emblemático caso de conquista de direito

---

226 Patu; Schrupp, 2019.

de fala, de escuta e de validação do que foi dito por uma mulher vítima de violência.

Em 1991, o então presidente dos EUA, George H. W. Bush, indica Clarence Thomas, um juiz negro, de ideologia conservadora, para a Suprema Corte Americana. Durante as audiências e sabatinas do processo de sua indicação, Thomas é acusado de assédio sexual por Anita Hill, professora e advogada negra, de quem ele havia sido supervisor na década de 1980. A acusação de Hill conjuga sua coragem individual e o legado das feministas que tinham identificado claramente aquele tipo de violência e proposto chamá-lo de "assédio sexual" na década anterior. Essas identificação e proposta derivavam da constatação de que existia uma classe específica e recorrente de violência contra as mulheres, cujas ações eram angustiadamente sentidas, mas nem sempre precisamente depreendidas e menos ainda denunciadas. Sob o lastro de mais essa conquista do feminismo, Hill relatou em juízo situações em que Thomas a havia obrigado a ouvi-lo falar sobre pornografia e fantasias sexuais. Além disso, ele a pressionou a encontrá-lo fora do ambiente de trabalho em circunstâncias "românticas". Diante da recusa de Hill, Thomas praticamente não deu mais oportunidade de fala à sua então subordinada. Nos próprios termos de Hill, tudo se passou "como se a palavra 'não', por si só, não fosse válida"[227].

Algo absolutamente capital naquele episódio é a luta pela legitimidade da fala feminina. Antes de mais nada, há a recusa de Thomas em aceitar a resposta negativa de Hill aos seus convites, em função do poder que exercia sobre ela, tanto como homem quanto como supervisor. Durante séculos, em tais situações, o homem poderoso tinha a certeza de poder contar com o silêncio que se impunha às mulheres. Conforme as feministas já haviam constatado, esse silenciamento da mulher agredida é a primeira arma de defesa de seu agressor. Como Thomas já não podia contar com isso, porque Hill quebrou o silêncio e o denunciou, era preciso então atacar a

227 Solnit, 2017b, p. 142.

legitimidade e a credibilidade de sua denúncia. Caso fosse bem-sucedido, o juiz conseguiria estabelecer um regime de escuta atravessado e constituído pela desconfiança. A seu favor, ele tinha o sexismo, o machismo e a misoginia, mas contra ele havia os avanços feministas.

Inicialmente, o jogo machista estava favorecendo Thomas, porque a fala de Hill era bastante descreditada. Diante de suas declarações, a comissão julgadora, inteiramente masculina e branca, oscilava entre a sumária negação de que o assédio tinha ocorrido e o menosprezo do que era dito pela vítima. Uma das testemunhas de defesa de Thomas, novamente um homem, chegou a afirmar que a advogada tinha fantasias sexuais com o juiz. Um senador aproveitou a deixa para lhe perguntar o seguinte: "O senhor acha que existe a possibilidade de que a professora Hill tenha imaginado ou fantasiado que o juiz Thomas disse aquelas coisas que ela o acusa de ter dito?"[228]. O cenário não poderia ser mais adverso: há ali dois homens brancos que concentram muito poder em suas falas, um é senador e outro, testemunha crível; a partir desses seus lugares de poder e da identificação entre eles produzida por vários séculos do machismo, emergem cumplicidade, respeito e anuência; esse poder dos homens e essa identificação masculina se conjugam na construção do descrédito imputado à fala de Anita Hill. A conclusão era a de que nada daquilo tinha acontecido. Mas mais grave do que isso: a depoente teria imaginado e até mesmo desejado a investida e a relação com Thomas. Sua fala era então reduzida a uma mentira gerada pela frustração e pelo ressentimento.

O resultado parecia definido, mas o jogo começaria a virar. Em larga medida, as relações de força se modificam com a repercussão do caso na mídia e com a consequente promoção de uma reflexão de gênero no país. Foi dessa reflexão que surgiu a expressão e o movimento *I believe you, Anita* (*Eu acredito em você, Anita*). Sua ampla difusão, feita até mesmo em adesivos fixados em automóveis, foi decisiva para a concreti-

228 *Ibidem*, p. 143.

zação das reivindicações feministas desde os anos de 1970: não apenas o uso da devida nomeação do fenômeno "assédio sexual", a partir da qual as vítimas poderiam denunciar as violências sofridas, mas também a validação de sua denúncia e a credibilidade de seus testemunhos. Acreditar e fazer acreditar na fala feminina passam a ser concebidos como novos elementos da mais recente revolução feminista. Não por acaso, a expressão se transforma num *slogan* do movimento e o processo de investigação do assédio cometido por Thomas se torna paradigma do que costumavam ser os interrogatórios machistas, que fazem das mulheres vítimas de assédio rés culpadas e condenadas por injúria e difamação em diversos tribunais da sociedade.

Anita Hill foi alçada à condição de símbolo da luta contra o assédio sexual nos Estados Unidos[229]. Mais tarde, o Senado aprovaria a indicação de Thomas e ele se tornaria membro da Suprema Corte. Mesmo num contexto profundamente adverso às mulheres[230], sua aprovação foi bastante apertada, pois, dos 100 votos, 52 foram favoráveis a Thomas e 48 contrários. Apesar da pequena margem, a aprovação foi uma clara demonstração da dominação masculina em espaço de grande concentração de poder. Porém, o resultado positivo para o machismo não significou uma derrota absoluta para as lutas feministas. Desde então, seus esforços para encorajar as denúncias das mulheres assediadas e para legitimar suas falas seriam redobrados. Entre outras conquistas resultantes de mais esse empenho feminista, se destaca o fato de Anita Hill não ter se calado e o de não a terem conseguido silenciar. Em 2014, foi lançado um documentário que trata de sua história. O enfrentamento dos poderes do machismo, a legitimidade de sua fala e a credibilidade de sua denúncia estão realçados

---

229 *Ibidem*.

230 Atualmente, depois de um sucesso eleitoral inédito, a composição do senado norte-americano é a seguinte: 75 senadores e 25 senadoras. No contexto de sua sabatina, o número de senadoras era bem menor.

já em seu título: *Anita: speaking truth to power* (*Anita: falando a verdade ao poder*)[231].

Mas os discursos que coagem, oprimem e silenciam as mulheres não estavam derrotados. Mesmo com os avanços e a consolidação das conquistas feministas, esses discursos ainda costumavam ter maior força, alcance e frequência do que aqueles que lhes resistiam. Mais uma vez, os desprezos, deslegitimações e interdições da fala feminina haviam modificado parte de suas formas para melhor manter quase intacto seu fundo. As batalhas feministas pela palavra tinham de se adaptar a essas metamorfoses para não perder a eficácia de seus meios.

Duas décadas depois de Anita Hill, a ativista negra Tarana Burke fundou o conhecido movimento *Me Too* (*Eu Também*). Seu propósito consistia em revelar, combater e quebrar o silenciamento imposto às mulheres. A repetição desse central objetivo feminista compreendia uma diferença: o uso de novas ferramentas. Havemos de nos lembrar dessa história, que também se tornou bastante conhecida: em outubro de 2017, o jornal *The New York Times*[232] e a revista *The New Yorker*[233] publicam longas matérias com relatos de dezenas de mulheres que se declaram assedias, abusadas e até estupradas por Harvey Weinstein. Tratava-se de um grande escândalo, porque ele era um dos maiores executivos e um dos homens mais poderosos de Hollywood. Na sequência, encorajadas pelas primeiras denúncias, mais mulheres da indústria cinematográfica revelam ter passado por experiências semelhantes. Enquanto negava todas as acusações, Weinstein seria demitido de sua própria empresa, *The Weinstein Company*, e expulso de várias associações profissionais como a Academia de Artes e Ciências Cinematográficas.

Dias depois, a hashtag *#MeToo* seria rápida e amplamente apoiada e difundida numa célebre rede social. O impulso

231 *Anita*, 2014.
232 Kantor; Twohey, 2017.
233 Farrow, 2017.

decisivo foi dado por uma postagem da atriz Alyssa Milano, que pedia às mulheres que respondessem à sua intervenção com a expressão *Me too*, caso também já tivessem sido assediadas ou agredidas sexualmente[234]. A primeira a enviar sua resposta foi a própria Alyssa, seguida por meio milhão de mulheres nas primeiras 24 horas. A partir dali a circulação da *hashtag* se tornaria uma avalanche de denúncias que arrastou muitos homens poderosos (do cinema, da mídia, da política e das *TICs*) em diversas partes do mundo. Alguns deles sofreram sanções de diversas ordens. A profusão de todos aqueles relatos compreendia um pressuposto: o medo e o isolamento de cada uma das mulheres assediadas ou violentadas que as tinham impedido de fazer suas denúncias. Até então, além dos traumas que concorriam para o seu silenciamento, elas receavam a desconfiança que assombraria suas revelações e sabiam dos estigmas que lhes seriam atribuídos. Sozinhas, elas eram mais facilmente silenciadas. O movimento coletivo lhes ajudou a falar e a fazer ecoar o que elas diziam. Desse modo, a ampla difusão dos relatos indicava a contrapelo o longo silenciamento infligido às mulheres, de modo geral, e àquelas que haviam sofrido assédios e violências, em particular. Além disso, vinha à tona o agravante de que eram homens públicos e poderosos quem os tinham cometido, ou seja, justamente homens nos quais o poder da dominação masculina se encontra elevado à máxima potência. Entre outros privilégios desse seu concentrado poder, sempre estiveram o de calar as mulheres, o de fazer prevalecer suas palavras e, enfim, o de estabelecer o que é ou não verdade.

O movimento *#MeToo* foi eleito personalidade do ano em 2017 pela revista *Time*. Na capa daquela edição, além de cinco mulheres de raças e faixas etárias distintas, que encaram diretamente, com olhar ao mesmo tempo sóbrio e corajoso, quem as observa, havia uma única frase: *The silence breakers: the voices that launched a moviment*[235]. Ela poderia ser

234 Milano, 2017.

235 *Time*, 2017.

assim traduzida: "As rompedoras do silêncio: as vozes que lançaram um movimento".

Em 2018, por ocasião do seu primeiro aniversário, quando ele ainda estava em grande ebulição, uma das mais conhecidas advogadas feministas dos Estados Unidos, Gloria Allred concedeu uma entrevista ao jornal *El país*. O título da entrevista, "*MeToo*, ano 1: como as mulheres perderam o medo", e um dos enunciados de Allred, "As mulheres decidiram acabar com o silêncio"[236], apontavam tanto para a paixão triste, o medo, que as fazia ficar em silêncio, quanto para sua suspensão e a consequente tomada feminina de palavra. O *Me Too* ganhará sites na internet em vários países. Ao acessar o brasileiro, visitantes, leitoras e leitores se deparam com a seguinte mensagem de recepção: "O silêncio acabou. Você não está sozinha(o)! O objetivo do *Me Too* é ajudar as vítimas a romperem o silêncio"[237]. Seu bom combate tem adversário e objetivo bem definidos, porque o movimento lutava e continua a lutar contra o silenciamento das mulheres vítimas de assédios e violências e porque suas lutas buscam a quebra do silêncio, a produção da fala feminina, sua escuta atenta e respeitosa e ainda o reconhecimento de sua legitimidade e de seu crédito.

MANTERRUPTING, *MANSPLAINING*, *GASLIGHTING* E *BROPRIATING*

É certo que a conduta de desprezo, deslegitimação e interdição da fala das mulheres ainda não foi eliminada, mas ela já sofreu derrotas importantes. Entre Anita Hill e o #*MeToo*, o feminismo colecionou uma série de conquistas para as mulheres e para a fala feminina.

Uma dessas conquistas se baseia num certo nominalismo. Mais especificamente, o fundamento filosófico desse avanço feminista reside numa ideia compartilhada por pensadoras e pensadores do *linguistic turn* dos anos de 1960 e 70:

---

236 Sandoval, 2018.

237 *MeToo Brasil*: https://metoobrasil.org.br/.

a de que a linguagem cria o mundo ou a de que o discurso constrói o objeto de que fala ou, ao menos, concorre para sua construção a partir de perspectivas e posições determinadas. A partir dessa ideia, as feministas do início do século 21 estenderam certos diagnósticos de suas colegas da década de 1970 e elaboraram o que poderíamos chamar de ferramentas discursivas. Seu objetivo não era exatamente o de criar algo, mas o de conceber devidamente certos fenômenos e de torná-los mais visíveis, ainda que eles não estivessem ocultos. Esses fenômenos compreendiam atos e comportamentos de menosprezo, deslegitimação e interdição da fala feminina. No que antes pareciam ser ora excessos da imaginação das mulheres, ora acontecimentos eventualmente reais, mas cuja existência era disforme, nebulosa e relativamente rara e cujos efeitos não eram necessariamente graves, o movimento feminista identificou e nomeou de forma precisa diferentes fatos, atitudes e dinâmicas do silenciamento da fala feminina. O resultado dessa operação foi o surgimento dos seguintes termos: *manterrupting*, *mansplaining*, *gaslighting* e *bropriating*[238]. Relembremos rapidamente aqui o que eles significam.

Manterrupting é um neologismo inglês composto pela junção das palavras *man* (homem) e *interrupting* (interrompendo, interrupção), que remete à prática masculina de obstrução da fala feminina. Ao interrompê-la, o homem impede que a mulher que está falando conclua a exposição de seu raciocínio. Trata-se de uma espécie de "Cala a boca!" ora mais ora menos escamoteado, que comporta desde apartes insidiosos e aparentemente cordiais até interrupções manifestamente hostis.

Já o termo *mansplaining* deriva da conjunção entre as palavras *man* (homem) e *explaining* (explicando, explicação) e indica o comportamento masculino de assalto ao turno de fala feminino, porque subestima ou simula subestimar a capacidade de compreensão das mulheres. Mediante essa subestimação, os homens que praticam o mansplaining se ou-

238 Para mais detalhes sobre a definição desses termos e sobre os fenômenos afins de depreciação, interrupção e usurpação da fala feminina, ver, entre outros: Tannen (1993), Eecke e Fernández (2016) e Hornsby (1995).

torgam o direito de explicar às mulheres assuntos que lhes são bastante óbvios ou questões nas quais elas têm mais e melhor conhecimento do que eles. Seria, portanto, uma forma de dizer "Deixa que eu te explico...", em que o subentendido e o eventual complemento manifesto é "... porque, certamente, você não entende nada disso", com a qual homens minam e atacam a confiança e o conhecimento, a legitimidade e o protagonismo da mulher relativamente àquilo de que ela fala.

Gaslighting, por sua vez, é inspirada no filme *Gaslight* (*À meia luz*, em sua versão brasileira), de 1944, no qual a protagonista é manipulada por seu marido para acreditar que está enlouquecendo. Tal como proposto pelo movimento feminista, o termo diz respeito a formas de abuso psicológico a partir das quais os homens reduzem as mulheres à instabilidade emocional e questionam seu equilíbrio psíquico, de modo a colocar em xeque a validade e a credibilidade daquilo que enunciam. Exemplos típicos de gaslighting são enunciados como estes: "Você está louca!", "Você é uma histérica!", "Você está exagerando/imaginando coisas".

Finalmente, o termo *bropriating* decorre da articulação entre as palavras *bro* (redução de *brother*, isto é, *irmão*) e *appropriating* (apropriando/apropriação). Ele se aplica a situações em que um homem se apropria das ideias já expressas por uma mulher, as expõe e recebe o crédito por elas.

A concepção desses termos é bastante recente, mas, como sabemos, as práticas machistas de linguagem para as quais eles apontam são antiquíssimas. Seu funcionamento em várias sociedades e sua consolidação ao longo da história estabeleceram regimes de escuta não só distintos mas também opostos para respectivamente acolher e rechaçar as falas masculinas e femininas. A atual taxionomia feminista desses silenciamentos dá corajosa e precisamente nome a cada uma dessas ações de depreciação, de descrédito e de usurpação da fala feminina. Subestimaríamos muito esses gestos de identificação, classificação e nomeação se acreditássemos que se trata aí somente de um capricho de linguagem. Ao executá-los, o feminismo inverte os regimes hegemônicos com que durante muitos séculos avaliamos as interações histórica e socialmente desiguais entre homens e mulheres. Antes da aguda invenção e da ampla circulação desses nomes dos silenciamento, tomávamos geralmente as interrupções, as explicações, os abusos e as apropriações como algo não marcado, isto é, como algo não visto ou, se visto, concebido como natural e não problemático. Depois delas, passamos a ter as possibilidades de reconhecer a condição marcada e equivocada, perversa e intolerável dessas operações da dominação masculina, de identificar precisamente a especificidade de cada uma delas, de denunciá-las, chamando-as por seus nomes, e de confrontá-las com maiores força, exatidão e eficácia.

Esse divisor de águas instaurado pelo feminismo tem ainda o mérito de indicar que as mulheres travam várias batalhas no espaço público. Inicialmente, elas têm de ocupar ao mesmo tempo duas trincheiras distintas e de se defender de ataques vindos de diversas frentes. Às mulheres quase nunca são suficientes o conhecimento de um assunto, sua preparação e sua apresentação ao debate sobre determinado tema, porque lhes é ainda necessário reivindicar vários direitos de fala: o de fazê-lo sem serem interrompidas, o de proporem algo e terem suas propostas avaliadas pelo que valem e não por procederem de uma mulher, o de serem reconhecidas como pessoas que têm informações sobre aquilo de que falam, que têm condições de contribuir com o debate, que dispõem de ideias originais e coerentes, bem como de recursos de expressão para veiculá-las com clareza e conveniência e para torná-las dignas de crédito[239].

Além disso, a abordagem feminista dos usos da linguagem na sociedade mostrou que a fala pública feminina se confronta com o "dilema simpatia/competência" e com o *double bind* que ele impõe às mulheres, conforme mencionamos em nossa *Introdução*. Particularmente, no campo político, mas também em outros setores sociais, as mulheres recebem a pressão

239 Solnit, 2017b.

desse *double bind*. De um lado, ouvem a voz sem nome que lhes diz o tempo todo: "Você precisa ser competente!". Na verdade, essa voz lhes diz ainda outras coisas correlatas: "Você tem de se mostrar competente!", "Você tem de ser mais competente do que os homens... para ser ouvida, para ter algum espaço!" etc. etc. De outro, ouvem essa mesma voz ou outra que lhes diz: "Você precisa ser simpática!" ou "Você precisa ser doce e agradável, como uma mulher deve ser!". As frentes dessa pressão parecem, aliás, ultrapassar a dupla mensagem enviada por essas vozes e se multiplicar neste comando de ar esquizofrênico: "Viva como uma mulher!", "Conheça seu campo de atuação e dê provas desse seu conhecimento como um homem!", "Expresse sua expertise de forma não hesitante... mas, ao mesmo tempo, amistosa e não excessivamente segura!"...

Qualquer pessoa que já tenha tido a experiência de estar dirigindo um carro com quatro acompanhantes por caminho desconhecido, enquanto cada um deles dá sugestões distintas e convictas de trajeto, em alto volume vocal, sabe que isso aumenta bastante as chances de tornar inviável um consenso, de não se tomar uma boa decisão, de acontecer um acidente e de elevar muito o estresse do condutor. Esse quadro mais figurativo que temático ilustra a criação social das mais favoráveis condições para os dilemas, paralisias, induções ao erro e silenciamentos impostos às mulheres.

De modo análogo, operam os processos e agentes que as constrangem aos disparates e preparam o terreno para o *gaslighting*. O funcionamento insidioso da voz sem nome torna o abuso psicológico de uns mais fácil e a instabilidade emocional e psíquica de outras, mais frequente. Desde o momento em que psicólogos da Escola de Palo Alto identificaram sua existência, depreenderam também um dos principais objetivos do uso dos *double binds*: frequentemente eles são um instrumento empregado para controlar o interlocutor[240]. Ao invés de ser coercitivo, esse controle se exerce sob a forma de in-

240 Bateson, 1972, especialmente p. 205-232.

junções que provocam confusão comportamental. No meio do redemoinho, não está só o diabo, mas também a perplexidade para dar uma resposta aos comandos da dupla mensagem e a dificuldade para tomar consciência de sua condição absurda e lhe resistir. Em resumo, cada uma das reflexões e análises feministas consagradas à linguagem reitera e destaca o fato de que as batalhas pela palavra feminina são decisivas, porque fazem parte de uma guerra travada num campo minado por machismos, sexismos e misoginias. Mesmo que praticadas em contexto tão adverso, essas lutas têm conseguido mostrar a existência e o emprego sistemático dessas armas e estratégias perversas da dominação masculina, que, antes, passavam por algo natural e sem efeitos deletérios. Como sabemos, um passo fundamental para a redução das práticas de rebaixamento, opressão e exclusão é que elas sejam conhecidas, apontadas e criticadas.

A reflexão metalinguística do feminismo negro aportou à crítica social a noção de *lugar de fala*. Como costuma ocorrer nos casos em que há grande difusão de uma resposta simples e elegante dada a uma questão complexa, a resolução do problema passa a ser concebida como se fosse algo que sempre foi óbvio. Não raras vezes, essa resposta tem ainda o mérito de apontar claramente para uma questão que sequer havia sido formulada. Desde a retórica antiga, se sabe que o orador deve assentar sua fala em público em lugares-comuns para persuadir seus ouvintes. "Lugar" no singular e no plural é a tradução mais frequente em português para as palavras gregas *topos* e *topoi*, respectivamente. Os lugares-comuns são aí entendidos como modos de pensar e de argumentar sobre vários assuntos, compartilhados por todas as pessoas, isto é, como lugares a partir dos quais qualquer um poderia sustentar que algo é justo ou injusto, útil ou inútil e ainda louvável ou censurável. De certo modo, eles ofereceriam um ponto de vista geral i) que permitiria tratar de diversos temas, ii) que poderia ser aplicado a vários casos específicos e iii) e que seria comum, ou seja, partilhado por todos os seres humanos.

Outro princípio retórico contrabalanceava essa pretensão universalizante dos lugares-comuns: os públicos para os quais falam os oradores não são os mesmos em todas as ocasiões. A referência a esse princípio era feita, entre outras formas, pelo uso da noção de *politropia*, com a qual se afirmava que os discursos que melhor persuadem não são aqueles válidos para todos indistintamente: "bem ao contrário, há os válidos para os jovens, os para as mulheres, os para os arcontes, os para os efebos". A politropia consiste, então, na "faculdade de encontrar os diversos modos de expressão convenientes a cada um"[241]. Como será norma nos campos da retórica e da oratória, as mulheres ou são absolutamente apagadas de suas práticas e de seus discursos ou, quando raras vezes são contempladas, o são apenas na condição de ouvintes.

Desde a *Retórica*, de Aristóteles, os lugares-comuns são divididos entre os gerais, que se aplicavam aos três gêneros da retórica, e os específicos, que se aplicavam aos diversos casos situados no interior de cada um desses três gêneros. A oposição entre o justo e o injusto era o lugar-comum específico do gênero judiciário; já o contraste entre o útil e o inútil era o do gênero deliberativo; e, finalmente, a contraposição entre o louvável e o censurável era o lugar-comum específico do gênero epidítico. Por sua vez, os lugares-comuns mais gerais eram os pares "possível/impossível", "real /irreal" e "mais/menos". Era com base neste último que se formavam dois juízos de valor caros à ideologia dominante da Grécia antiga: "O mais raro vale mais do que o abundante" e "O inato vale mais do que o adquirido". Por mais diferentes que sejam o mundo antigo e o contemporâneo, em ambos, a fala pública inteligente, ética e bela é concebida como algo raro, como uma das mais bem acabadas manifestações do espírito humano e como um dom das elites. Ela é, portanto, um bem idealizado e muito escasso. Por essa razão, os privilegiados nunca quiseram reparti-lo, sob a pena de arriscar a própria manutenção de seus privilégios. Como muitos outros bens raros e altamente valorizados,

241 Plebe, 1978, p. 3.

as formas e padrões apreciados socialmente da fala pública são adquiridos por poucos sujeitos tanto pela teoria quanto pela prática, porque frequentemente, além de seu capital econômico, lhes são oferecidos os benefícios da instrução formal, do capital cultural e do capital social. Para preservar seus privilégios, mais ou menos deliberada ou inconscientemente, os sujeitos das elites adquirem essas formas e padrões por meio da educação escolar e da frequentação social e escamoteiam esse processo de aquisição. Assim, eles detêm algo raro com o qual teriam sido congenitamente agraciados. Trata-se de uma pura pose acompanhada do apagamento do processo que a promoveu.

Com sua metalinguagem crítica, o feminismo negro identificou e denunciou elementos fundamentais dessa trapaça. Já sabíamos que todo corpo ocupa um lugar no espaço, mas as ativistas desse feminismo nos ensinaram que todo corpo falante ocupa um lugar no espaço social. Não há sujeito algum na sociedade que não seja interseccional e cuja fala não seja investida ou desinvestida de valor e de poder conforme determinada configuração de sua interseccionalidade. É com base nesse avanço promovido pelo feminismo negro e apropriado pelos feminismos plurais de nossos dias que afirmávamos no início deste capítulo que, quanto mais qualquer pessoa se afasta da soma de marcas de distinção social – ou seja, da condição de homem branco, hétero e cis, do hemisfério norte, de classe média ou alta, de elevado nível de instrução formal, de compleição física da estética padrão e de ofícios de prestígio, que lhe proporcionam alto reconhecimento social e grande satisfação subjetiva, ao que acrescentamos algo absolutamente fundamental: alinhado às ideologias dominantes... –, mais sua fala é discriminada e deslegitimada, interditada e não ouvida. Eis abaixo uma síntese dessa discussão sobre os silenciamentos e invisibilizações dos grupos subalternizados feita por pensadoras do feminismo negro:

> As experiências desses grupos localizados socialmente de forma hierarquizada e não humanizada faz com que as produções intelectuais, saberes e vozes sejam tratados de modo

> igualmente subalternizados, além das condições sociais os manterem num lugar silenciado estruturalmente. Isso, de forma alguma, significa que esses grupos não criam ferramentas para enfrentar esses silêncios institucionais, ao contrário, existem várias formas de organização políticas, culturais e intelectuais. A questão é que essas condições sociais dificultam a visibilidade e a legitimidade dessas produções. Uma simples pergunta que nos ajuda a refletir é: quantas autoras e autores negros o leitor e a leitora, que cursaram a faculdade, leram ou tiveram acesso durante o período da graduação? Quantas professoras ou professores negros tiveram? Quantos jornalistas negros, de ambos os sexos, existem nas principais redações do país, ou até mesmo nas mídias alternativas?
>
> (...) O falar não se restringe ao ato de emitir palavras, mas a poder existir.
>
> Pensamos o lugar de fala como refutação da historiografia tradicional e da hierarquização dos saberes consequente da hierarquia social.
>
> Quando falamos de direito à existência digna, à voz, estamos falando de locus social, de como esse lugar imposto dificulta a possibilidade de transcendência. Absolutamente, não tem a ver com uma visão essencialista de que somente o negro pode falar sobre racismo, por exemplo.[242]

Experiência de vida, lugar social, estratificação da sociedade, produção e legitimação de conhecimento, subalternização, presença em espaços de poder e direito e exercício de fala pública estão aí absolutamente articulados. Baseadas na valorização da experiência da opressão, mais uma vez as feministas, desta vez, em particular, as integrantes do feminismo negro, mostram o que não estava oculto, mas, nem por isso, era devidamente visível e o que nem tampouco era visto.

Boa parte da intelectualidade branca, bem-nascida, assim como os sujeitos que aderiam a suas ideologias, de dentro ou de fora de seus gabinetes, afirmava o que era a história, a cultura e as relações entre os membros de uma sociedade. Tudo chegava a se passar como se a experiência dos traba-

---

242 Ribeiro, 2019, p. 63-64.

lhos braçais, repetitivos e extenuantes de escravizadas e escravizados, do passado, e de operárias e operários do chão da fábrica, de trabalhadoras e trabalhadores rurais empobrecidos, de empregadas domésticas, entre outros subalternizados, explorados e excluídos do presente, porque imersos no cumprimento de suas rudes tarefas e reduzidos à energia grosseira de seus corpos, não pudessem pensar e produzir conhecimento sobre suas próprias realidades. As feministas negras promovem uma inversão nesse cenário, quando identificam e passam a divulgar o fato de que é justamente por ter experimentado em seus próprios corpos a subalternidade e os sofrimentos de diversas ordens que as subalternizadas e subalternizados produzem conhecimento e afetos que não somente são válidos e importantes, mas também únicos e necessários ao incremento da compreensão dos laços e dinâmicas sociais. Além do reconhecimento, da legitimação e da valorização desses saberes, a crítica feita pelas feministas negras por meio da noção de "lugar de fala" considera a importância de acesso e atuação nos espaços e instituições de concentração de poder. Acessar e atuar nesses espaços significa ter o direito de falar publicamente, tendo suas origens e experiências como lastro positivo do que dizem e de suas formas de expressão. O silenciamento a que estavam submetidas e condenadas as mulheres negras passa a ser visto, ouvido e denunciado como redução da própria vida: "falar não se restringe ao ato de emitir palavras, mas a poder existir".

Não se trata, evidentemente, aqui, de sobreviver. O que o feminismo negro sustenta desde então é o seguinte: assim como outras espécies, realizamos ações necessárias à sobrevivência e gestos básicos de modificação de ambientes, mas somente a humana é capaz de alcançar a autonomia, entendida como a liberdade que conquistamos, quando nossas práticas ultrapassam as determinações biológicas e as imposições sociais. Essa potencialidade humana e o sentido maior da própria humanidade apenas se tornam ato no direito e no exercício da fala, que é ouvida com atenção, respeito e valorização. As detratações, deslegitimações e interdições da fala feminina são não apenas obstáculos fortuitos, mas, antes, oposições e objeções capitais para a emancipação das mulheres, em particular, das que integram as classes exploradas, os segmentos oprimidos e os grupos subalternizados. Poder falar e contar com uma escuta que reconhece a legitimidade e o valor do que é dito e de seus modos de dizer é uma luta de longa data do feminismo: o movimento "sempre lutou e continua lutando para nomear e definir, para falar e ser ouvido"[243]. Por um lado, essa luta permanece na ordem do dia, porque as práticas e discursos que depreciam, deslegitimam e interditam a fala feminina se mantêm firmes e fortes, ora mais ora menos modificados. Por outro, não há dúvidas de que as práticas e discursos que se opõem e resistem a esses silenciamentos se consolidaram e continuam a se intensificar e a se difundir cada vez mais desde a emergência dessas contribuições do feminismo negro. Elas hoje se estendem para os feminismos plurais dentro e fora do Brasil.

OS FEMINISMOS NO BRASIL E SUAS LUTAS PELA PALAVRA

Somente em 2023, foram registrados oficialmente 1.463 casos de feminicídio no Brasil. Esse foi o maior número de mortes violentas de mulheres assassinadas pelo fato de serem e agirem como mulheres, desde que a lei contra o feminicídio foi estabelecida em 2015.

O quadro atroz e alarmante é ainda muito pior, por várias razões. Milhares desses assassinatos não entram nas estatísticas oficiais, porque são registrados como homicídios de mulheres identificados como "mortes violentas com causa indeterminada". Isso significa que os números são muito mais altos. Entre 2020 e 2021, houve 7.691 assassinatos de mulheres por aqui. Evidentemente, os feminicídios são o ato mais brutal que se comete contra as mulheres, o silenciamento radical e definitivo de suas vozes, mas as violências de que

243 Solnit, 2017b, p. 157.

elas são vítimas recobrem este amplo arco: tiro ou esfaqueamento; espancamento ou estrangulamento; lesão provocada por objeto atirado contra elas; ameaça com faca ou arma de fogo; golpe, empurrão ou chute; agarrões, toques e agressões sexuais; perseguição e amedrontamento; ameaça de golpear, empurrar ou chutar; e insultos, humilhações e xingamentos. Ao menos, 30% das mulheres brasileiras sofreu algum desses tipos de violência em 2022[244].

No plano da projeção populacional, isso pode equivaler a mais de 20 milhões de mulheres. As porcentagens aumentam ainda mais quando fatores como raça, sexualidade e condições sociais e econômicas são considerados. Mulheres negras ou indígenas, pobres, moradoras de favelas ou periferias e com baixa escolaridade, lésbicas e trans sofrem maiores e mais frequentes violências físicas e simbólicas. Diante dessa terrível realidade, poderíamos pensar que todos os avanços das ondas feministas e todas as conquistas mais ou menos recentes de direitos pelas mulheres não modificaram as discriminações e opressões, as agressões e exclusões que as vitimam. Isso seria um equívoco, porque uma mudança fundamental que se operou nesse domínio consiste tanto na realização de censos e levantamentos oficiais, de sondagens de institutos de pesquisa públicos e privados e de estudos acadêmicos sobre as violências de gênero, quanto na própria e relativamente ampla divulgação de seus resultados. Há poucas décadas, esses mais diversos atos de violência eram cometidos, mais ou menos naturalizados e, por isso, de certa forma, desconhecidos ou invisibilizados.

Outro equívoco seria o de pensar que as lutas feministas pela palavra são pouca coisa frente a esse quadro tão grave. A condição intolerável da violência contra as mulheres, a necessidade de se identificar suas causas e de se enten-

---

244 Esses e outros dados podem ser conferidos no relatório *Visível e invisível: a vitimização de mulheres no Brasil*, de 2023, elaborado pelo *Fórum Brasileiro de Segurança Pública*, e no *Atlas da violência*, de 2023, elaborado pelo IPEA. Os dois documentos estão disponíveis para a consulta e são facilmente acessíveis por meio de qualquer buscador na internet.

der suas dinâmicas e ainda a proposta e implementação de ações jurídicas, sociais e políticas para seu combate jamais foram reconhecidas no passado remoto ou recente da sociedade brasileira como algo necessário e urgente, tal como o são em nossos dias. Foram justamente essas lutas pelo direito de fala das mulheres no espaço público que tornaram suas denúncias e reivindicações possíveis e que fizeram com que elas fossem devidamente ouvidas e dessem ensejo a profundas metamorfoses nas relações de gênero e nas ocupações de diferentes lugares sociais. As batalhas pela fala feminina estão no começo, no meio e no fim de uma guerra para reduzir e quiçá eliminar as desigualdades e injustiças. Essa guerra começou a ser travada já há muito tempo e seus combates se estendem até hoje, quando feministas, mas também antirracistas, indigenistas, anticapitalistas e partidárias e partidários variados da igualdade, da inclusão e da diversidade podem contar com novas armas. Mesmo que elas sejam ainda insuficientes e por vezes carreguem certas ambivalências, suas vitórias foram e continuam a ser muito valiosas e a estimular as próximas lutas.

Ao menos desde a perseguição e a eliminação da "Grande Deusa", de que falamos no início de nosso primeiro capítulo, a diferença entre os sexos masculino e feminino passou a ser concebida pela ideologia sexista, machista e misógina que se tornaria dominante como assimetria e hierarquia, com base nas quais impôs perfis e papéis sociais essencialistas e cristalizados de gênero a homens e mulheres.

Como sabemos, a partir daí, as diferenças de gênero foram entendidas e difundidas como se fossem mera extensão natural de diferenças biológicas entre os sexos. Ao depreender esse processo, suas reproduções e seus efeitos, os estudos feministas concluíram que as diferenças entre os gêneros constituem uma forma primária e sexista das relações de poder, depois da derrocada da "Grande Deusa". Em que pese o fato de que essa forma de relações de poder seja atualmente global, isso não significa que ela consista em algo universal. Sem dúvida, há nela uma generalidade, mas seu funcionamento não é intemporal nem ocorre no vazio. Em suas atualizações, ela se reproduz e se modifica, sob o peso das singularidades históricas dos diferentes espaços, lugares e posições. A história brasileira tem um longo lastro de horrendas singularidades que marcaram a formação de nossa sociedade e que continuam a atuar nas mais diversas relações institucionais e cotidianas que se estabelecem por aqui.

Os laços sociais no Brasil não passaram ilesos e continuam a ser constituídos por séculos de pensamento, práticas e experiências coloniais e escravocratas, por sangrentas ditaduras e por sistemáticas exclusões da participação no espaço público e das decisões políticas. Da articulação entre tudo isso, vêm a banalização da violência dos opressores e a insensibilidade diante da dor dos oprimidos. Esse padrão se reproduz, se naturaliza e se expande, também porque muitos destes últimos, expostos e habituados aos modelos da opressão, repetem os abusos físicos e simbólicos em seus próximos e semelhantes, que foram postos em lugares ainda mais inferiorizados de uma atroz hierarquia social. Os resultados dessa operação só pioram quando se somam à equação o machismo e o patriarcalismo, nos quais as mulheres são consideradas posse do pai, do marido e do patrão. Assim, as violências que se abatem sobre as mulheres, de modo geral, se intensificam progressiva e dramaticamente e se tornam ainda mais constantes e frequentes nas mulheres negras e indígenas, nas empobrecidas e miseráveis, nas lésbicas e nas trans, nas pouco escolarizadas e nas insubmissas de toda sorte. Em resumo, desde a formação da *Terra brasilis*, um glorioso capítulo da longa história de silenciamentos impostos às mulheres foi escrito de modo singular entre nós.

Apesar da força da dominação masculina por aqui, testemunhamos o nascimento e as lutas, as resistências e as conquistas de "sobreviventes e de guerreiras", cujo legado seria, numa perspectiva compreensivelmente otimista, a "mudança de uma ordem tão velha quanto o mundo: a dos sexos". A reconhecida historiadora, que identifica nesses termos a transformação pela qual estamos passando, ainda acrescenta: "A história está mudando sob nossos olhos. Hoje as mulheres falam, e os homens escutam"[245]. De fato, nunca tantas mulheres conseguiram falar, assim como jamais tantos homens as ouviram. Mas essa conquista ainda está distante de uma universalização e menos ainda a salvo de conservações e refluxos históricos que abrigam e fomentam as práticas e os discursos do silenciamento da fala feminina. A historiografia brasileira demorou a começar a contar a história das mulheres no Brasil, mas agora essa lacuna está cada vez mais bem preenchida tanto por grandes especialistas quanto por trabalhos de divulgação[246]. Por isso, a seguir, trataremos apenas de alguns dos mais representativos discursos sobre a fala das mulheres no Brasil, produzidos a partir do momento em que já ocorria por aqui certa acolhida e relativa consolidação das ideias e das práticas feministas.

As precursoras vozes do futuro feminismo brasileiro ganharam inicialmente corpo nos tipos móveis da imprensa. Há certo consenso segundo o qual suas primeiras organizações no Brasil começaram a emergir em meados do século 19, sobretudo com as publicações de revistas e periódicos, cujos textos eram escritos, editados e lidos majoritariamente por mulheres. Esse padrão parece repetir a ideia de um dos maiores mestres da crítica literária brasileira, que postulava a necessidade de haver autores, obras e público para se estabelecer o início da formação de nossa literatura. Nessa formação do feminismo brasileiro, ao lado da demanda por maior acesso à educação, a reivindicação que mais se destacava era a do voto das mulheres. De modo praticamente exclusivo, as sufragistas do Brasil vinham de classes e grupos sociais privilegiados. Com condições econômicas e sociais distintas, elas tiveram acesso à instrução formal e puderam criar seus

---

245 Del Priore, 2020, p. 9.

246 A mero título de ilustração, podemos mencionar as seguintes obras: Soihet (1989), Costa e Bruschinni (1992), Del Priore (1994; 2011), Schumaher e Brazi (2000), Xavier, Farias e Gomes (2012), Pinsky e Pedro (2013), Schumaher e Ceva (2015), Rezzutti (2018), Starling e Pellegrino (2022) e Alves e Pitanguy (2022).

próprios veículos de comunicação impressa. Dados os limites de seu horizonte de expectativas e ainda de uma série de outros fatores históricos e sociais próprios daquele contexto, depois de algumas décadas, quando se deu a conquista de seu direito ao voto, passou também a haver certa desmobilização desse segmento da organização das mulheres.

Mais ou menos paralelamente, outras organizações emergiram e se consolidaram: as das operárias das tecelagens e as das trabalhadoras da costura. Suas principais demandas eram relativas à redução da jornada de trabalho, então de 16 horas, e à proibição do trabalho noturno tanto para as mulheres quanto para as crianças.

Com suas greves e manifestações, que evidentemente compreenderam declarações, pronunciamentos e falas diversas, quase integralmente perdidas pela falta de registro, elas conquistaram direitos trabalhistas importantes. Ao lado dessas conquistas, três fatores concorreram para a desmobilização do movimento organizado das trabalhadoras: as sistemáticas tentativas de cooptação, as medidas demagógicas que sequer aliviavam o sofrimento das extenuantes jornadas de trabalho e a repressão policial, dirigida principalmente contra as defensoras das ideias mais avançadas do socialismo e do anarquismo. Essas repressões eram violentas e não só enfraqueciam o entusiasmo das lutas, mas também feriam e matavam homens e mulheres do operariado. Entre muitas outras militantes mortas pela polícia, constam nos registros históricos os nomes de Angelina Gonçalves e Zélia Magalhães[247]. Esses assassinatos foram precedidos por muitos outros e seriam ainda sucedidos por tantos mais, sempre motivados pela crença de uns na inferioridade e no perigo de outros e, principalmente, de outras. Da longa história dessa crença, re-

---

247 Teles, 1993, p. 14. As circunstâncias desses assassinatos são particularmente marcantes: "Angelina Gonçalves, operária comunista, foi assassinada no dia 1º de Maio de 1950, no Rio Grande do Sul, e Zélia Magalhães, também comunista, foi assassinada no Rio de Janeiro, em 1949, em um comício contra a Lei de Segurança Nacional" (Teles, 1993, p. 51).

tomemos apenas um aspecto pontual de um de seus capítulos ligados às mulheres e à fala feminina.

Quando aportaram no Novo Mundo, por meio de uma já antiga e absoluta convicção de que a diversidade é a barbárie, os europeus reconfiguraram suas separações e oposições entre Deus e o diabo, entre o bem e o mal, entre a eleição e a salvação de uns e a degeneração e a perdição dos outros. Assim, de um lado, estavam os homens brancos e cristãos e parte de suas mulheres congêneres: as filhas castas e submissas, as esposas e as mães amorosas e devotadas. De outro, se encontravam as rebeldes e as feiticeiras, as prostitutas e as lésbicas. A rebeldia, a feitiçaria, a prostituição e a lesbianidade das mulheres brancas poderiam ser dissimuladas. Mas as indígenas da terra e as africanas arrastadas para cá e suas descendentes eram indisfarçadamente pecadoras. Seus corpos denunciavam sua condição. Elas eram depravadas moralmente, predadoras sexuais, assassinas e canibais, isto é, negras e indígenas eram a alteridade rebaixada e perigosa elevada à máxima potência pela misoginia colonialista europeia... O Novo Mundo é o lugar e a ocasião de uma segunda queda, porque é um paraíso na terra e um inferno para os homens, cujos sofrimentos e demônios eram agora provocados por mulheres que conjugavam as seduções e os pecados de Eva e Pandora, de Éris e Helena... uma espécie de Eva tupinambá, ainda pior do que a do *Gênesis*.

Salvo raríssimas exceções, viessem eles de Portugal ou de outras nações, os chamados cronistas do descobrimento condenavam a liberdade sexual das indígenas e suas condutas maternas e matrimoniais — elas eram feras brutais:

> Os desregramentos, o pecado e a danação originaram-se da fragilidade moral do sexo feminino. Nos trópicos, as índias ostentavam as partes íntimas e não hesitavam em provocar a lascívia nos homens. No Brasil, portanto, os religiosos tinham mais necessidade de ajuda espiritual, já que diariamente se deparavam com estímulos à luxúria. As perversões sexuais marcaram as representações do índio. Os tupinambás eram afeiçoados ao *pecado nefando*, e sua prática era considera-

> da uma conduta normal. Os "índios-fêmeas" montavam tendas públicas para servirem como prostitutas. Algumas índias cometiam desvios contra a ordem natural e furtavam-se de contatos carnais com os homens, vivendo um estrito voto de castidade. Deixavam, por conseguinte, as funções femininas e passavam a imitar os homens, exercendo os mesmos ofícios dos guerreiros.[248]

Os nativos já eram uma alteridade bárbara, porque desejada e temida, fascinante e odiada. Essa condição ambivalente e não resolvida se intensificava na visão que os europeus tinham das indígenas e ainda mais daquelas e daqueles cujos comportamentos e ações não correspondiam aos tradicionais papéis de gênero cristalizados com o aval religioso do cristianismo católico mal saído da Idade Média. Em conjunto com as especificidades históricas, parecia operar ali o conhecido mecanismo de projeção psíquica, a partir do qual passamos a perceber no outro o que problematicamente identificamos em nós mesmos e não aceitamos reconhecer como nosso. Como muitos religiosos e leigos europeus desejavam, viam e se viam em indígenas homossexuais, lésbicas e transgêneros, mas não podiam nem queriam admiti-lo, passaram a execrar esses seus outros, como se eles não tivessem nada do seu próprio eu. Além disso, a dominação masculina podia se ver ameaçada frente a guerreiras que cortavam seus cabelos como os dos homens, que lutavam como eles na guerra e que ainda tinham mulheres com quem eram "casadas". Aparentemente, mais do que o diverso, intolerável, difamado e perseguido, o que a pureza moral e a vontade de poder querem eliminar é a mistura, que não se esconde.

Nesse cenário, certo aspecto da precariedade da colônia e o atraso da medicina portuguesa contribuíram para difamar e invalidar, para perseguir e interditar a fala feminina. O conhecimento dos médicos em Portugal estava defasado em relação ao que já haviam conseguido avançar seus colegas de outros países. Dessa defasagem derivava a reprodução de crendices

248 Raminelli, 2011, p. 26.

segundo as quais as enfermidades das mulheres resultavam de pecados e castigos. Assim, a medicina se unia à igreja portuguesa para depreciar o corpo das mulheres brancas, mas ainda mais os das indígenas e das negras e os gerados por sua mestiçagem. Agindo ora separada, ora conjuntamente, clérigos e médicos não só menosprezavam o corpo feminino, visto como extensão material de sua inferioridade espiritual, mas também perseguiam as mulheres que demonstravam ter autonomia sobre seus corpos e conhecimento sobre suas partes e seu funcionamento. "Esse saber informal, transmitido de mãe para filha, era necessário para a sobrevivência dos costumes e das tradições femininas." Diante de uma quase absoluta falta de médicos e cirurgiões, para curar os corpos adoentados, as curandeiras e benzedeiras usavam "suas palavras e ervas mágicas, suas orações e adivinhações para afastar entidades malévolas"[249]. Além da magia e do mistério do que faziam e diziam, aquelas suas práticas e suas falas materializavam a substituição de homens poderosos por mulheres a quem não se queria reconhecer praticamente poder algum. Como já era de se esperar, por essa razão, elas foram identificadas como feiticeiras e perseguidas pela igreja, porque eram capazes de detectar, conter e expulsar a presença e a atuação de satã nos corpos enfermos.

As falas femininas da cura eram particular e intensamente estigmatizadas, acossadas e castigadas, tanto porque conjugavam saberes e elementos dos mundos feminino, negro e indígena e de suas misturas, quanto porque reforçavam uma sociabilidade entre as mulheres e ainda ameaçavam o monopólio e a autoridade masculina sobre seus corpos. Seu poder de cura não vinha de Deus, mas do diabo, com quem teriam feito pactos e a quem serviam desde tempos imemoriais. Uma vez que o silêncio e a discrição é que deveriam acompanhar o ciclo natural da vida feminina, fossem mães ou filhas, suas palavras e orações, seus versos e cânticos poderosos e perigosos só poderiam vir das forças do mal.

---

249 Del Priore, 2011, p. 81.

A condenação da fala feminina foi uma ação decisiva para a tentativa de reduzir a diversidade, a especificidade e as relativas liberdades de que gozavam as mulheres no Brasil colonial ao concubinato, à reprodução para o povoamento da colônia, ao trabalho doméstico, à mudez e à subordinação. Mesmo escassas e relativamente valiosas, elas não eram respeitadas na colônia nem necessariamente valorizadas. Ao constatar a raridade de mulheres brancas na *Terra brasilis*, quando aportou por aqui em 1549, o padre Manuel da Nóbrega escreveu à Coroa portuguesa para pedir a remessa de quaisquer "mulheres órfãs e de toda a qualidade, até meretrizes". Elas eram vítimas de violências brutais por aqui: seus pais e maridos as matavam sem temer nenhum castigo, quando descobriam suas supostas intrigas. De acordo com certas estimativas, naqueles primeiros tempos coloniais, em um ano, algumas dezenas de mulheres brancas foram assassinadas por seus maridos[250]. Esses números ignoram totalmente os assassinatos de negras e indígenas. As europeias estavam duplamente subordinadas: à Coroa na metrópole e ao patriarcalismo na colônia. As escravizadas, além disso, eram simplesmente tomadas como objetos ou animais, sem direito de fala.

Mesmo em contexto tão atroz, muitas dessas mulheres lutaram e resistiram como podiam. As condições da escravidão eram tão terríveis que suas lutas e resistências chegavam ao sacrifício de seus próprios filhos. Elas os abortavam antes de lhes dar à luz ou os matavam pouco depois de seu nascimento. A situação colonial das mulheres brancas era precária, mas, ainda assim, algumas ganharam protagonismo diante da necessidade de administrar posses e bens com abandono ou morte de seus maridos. Em todo caso, essa precariedade, que compreendia uma quase constante submissão a pais e maridos, estava muito longe das desumanas circunstâncias da escravidão. As sistemáticas tentativas de silenciamento e de subordinação das mulheres escravizadas pressupõem sua interlocução e sua sociabilidade. O fato de a história ser

---

250 Teles, 1993, p. 18.

predominantemente contada por opressores e não por oprimidos e majoritariamente registrada por escrito torna quase inelutável a perda de suas falas e de especificidades de suas relações. Mas elas não só existiram, como também foram fundamentais para o enfrentamento sob a forma de gestos táticos cotidianos e de ações estratégicas excepcionais, tais como a organização coletiva de fugas, criação e gestão dos quilombos.

A despeito de dificuldades suplementares vividas pelas escravizadas, elas tiveram destacada atuação nessas ações de resistência: Aqualtune, Dandara, Filipa Aranha, Teresa de Quariterê e Zeferira foram importantes lideranças de alguns dos maiores quilombos do Brasil[251]. Muitas outras atuaram decisivamente na fundação e no funcionamento dessas e de outras sedes de sobrevivência e luta contra o jugo escravocrata. Para lhes infligir várias violências, minar sua sociabilidade e tentar impedir sua organização, entre outros tantos métodos e instrumentos de tortura, havia a máscara de flandres. Além de dificultar a respiração e vedar a ingestão de alimentos e bebidas, o uso da máscara tornava quase inviável a comunicação e estigmatizava a pessoa que era obrigada a portá-la como símbolo de sua insubordinação. O que diziam e o modo como falavam escravizadas e escravizados eram também objeto de atenção dos senhores e dos capitães do mato, porque podiam denunciar sua condição de fugitivos. Em vários anúncios de fuga e de recompensa por sua captura publicados em jornais, havia uma metalinguagem do preconceito e da opressão. Embora eventualmente ali se reconhecesse a alguns a condição de "escravos bem falantes", bem mais frequentes eram os empregos de "expressões pejorativas como 'geringonça luso-africana', 'português caçanje', 'português nagô', ou 'português bunda' numa associação entre os africanos e o que se via como um uso incorreto e 'estropiado' da língua"[252]. Um desses anúncios registra uma diferença de gê-

---

251 *Ibidem*, p. 23-24.
252 Lima, 2013, p. 359.

nero. Enquanto há certa proficiência linguística na fala de um escravizado, se ressaltam os problemas de expressão de sua companheira. Feliciano, da nação de Moçambique, "fala bem a língua portuguesa, mas tem a fala grossa e vagarosa", ao passo que Maria, da nação de Benguela, "não pronuncia bem o português" e "quando está assustada, gagueja no falar"[253]. Arrancada brutalmente de sua terra natal e exposta aqui a toda sorte de violências, extraordinário seria se ela tivesse uma pronúncia não marcada da língua portuguesa e se não manifestasse qualquer insegurança para falar. Por mais óbvio que isso seja, o destaque dado ao que se concebe como problemas pessoais da fala de uma mulher negra funciona como confirmação de sua inferioridade para as ideologias da dominação masculina e da colonização europeia. Ainda estamos longe do reconhecimento da força incendiária da língua das mulheres da favela, de Carolina Maria de Jesus, ou do poder do *pretuguês*, de Lélia Gonzalez, mas a fala e a fuga dessa e de outras Marias certamente renovaram as esperanças de liberdade e reforçaram a coragem das revoltas.

FORMAÇÃO DO FEMINISMO BRASILEIRO

Somente após algumas décadas da instituição do Brasil império é que começarão a ser dados passos decisivos para a formação do feminismo brasileiro e de suas reivindicações de ampliação do acesso à educação e de direito ao voto das mulheres. Às raríssimas que podiam acessar alguma instrução formal, o primeiro grau era o limite: "o ensino então proposto só admitia para as meninas a escola de 1º grau, sendo impossível, portanto, atingir níveis mais altos, abertos aos meninos"[254]. A possibilidade de entrar em cursos superiores apenas ocorreria em 1881 e o direito de votar só viria em 1934. Sem dúvida, a conquista desses direitos era um grande

253 Anúncio publicado na edição do dia 14 de fevereiro de 1838 do *Jornal do comércio* do Rio de Janeiro e mencionado por Lima (2013, p. 360-361).

254 Teles, 1993, p. 27.

avanço, mas não a operação de um milagre da inclusão feminina no espaço público. Em sua grande maioria, as mulheres continuavam a ser filhas já ocupadas no auxílio dos serviços domésticos e em busca de bons casamentos, esposas, mães e donas de casa, cujos padrões e normas sociais buscavam limitar aos espaços do lar e da igreja. Porém, como vimos, apesar dessas dificuldades, a partir da segunda metade do século 19, num contexto de mudanças econômicas, sociais e culturais, entre as quais se ressalta o fortalecimento da ideia de que se deveria buscar uma diminuição das desigualdades entre as classes sociais, entre as nações, entre os sexos etc., alguns grupos de mulheres se formaram e começaram a denunciar a submissão que lhes era imposta e a defender a abolição da escravidão. Sua participação no movimento abolicionista era coadjuvante e refletia a condição de subordinação em que as mulheres eram mantidas. Em geral, as atividades que lhes cabiam eram, antes, as de promoção de eventos beneficentes para arrecadação de fundos para libertar os escravizados, do que a atuação direta nos debates públicos sobre o tema: "Árias ou concertos de piano executados pelas filhas ou esposas dos líderes abolicionistas davam graça aos encontros pró libertação dos escravos. A talentosa Luiza Regadas do Rio de Janeiro emprestava sua adorável voz a vários encontros para levantamento de fundos para a causa abolicionista"[255]. Veremos adiante que esse padrão que reduz a participação feminina no espaço público iria se repetir na era de ouro do rádio no Brasil e ainda em nossos dias no campo político brasileiro. Por ora, voltemos à participação das mulheres na campanha abolicionista.

Mesmo quando já haviam conquistado algum lugar no espaço público por meio da emergente imprensa feminista e quando a necessidade da abolição já era quase um consenso e um interesse de novas classes dominantes emergentes, a fala pública feminina permanecia praticamente como algo interdito. Em reuniões mais ou menos privadas, as mulheres

255 Hanner, 1981, p. 46.

podiam usar suas adoráveis vozes para distrair os abolicionistas, mas ali e sobretudo fora dos salões e de suas casas não lhes era reconhecido o direito de falar em público:

> Algumas mulheres estabeleceram suas próprias sociedades abolicionistas, frequentemente mantidas ou sugeridas por homens abolicionistas. As experiências que essas mulheres adquiriram poderiam ter aumentado suas capacidades de lidar com o mundo exterior e desenvolver sua habilidade organizacional. Mas poucas brasileiras falaram alguma vez em público nos tópicos envolvidos na Abolição, embora a presidenta da "Ave Libertas", Leonor Porto, tenha publicado artigos e panfletos. Editoras de jornais feministas, como Amélia Carolina da Silva Couto e Francisca Senhorinha da Motta Diniz, veicularam declarações abolicionistas em seus jornais. Mas apenas uma rara mulher, a pernambucana Maria Amélia de Queiroz, enfrentou o "ridículo" e proferiu palestras públicas sobre a abolição em 1887. Contudo ela não conseguiu constituir uma visão que surpreendesse suas contemporâneas, como o foi um grupo de mulheres norte-americanas, advogadas da reforma do vestuário, que viajou ao Brasil mais de trinta anos antes para promover o uso de calções. Mas aquelas mulheres, ativas no movimento abolicionista nos EUA, tinham experiência em falar em público e em debater vários assuntos, que as brasileiras demoravam a adquirir.[256]

Em que pese o viés, digamos, "imperialista" da autora norte-americana, em sua bastante parcial comparação entre a vanguarda das mulheres dos EUA e o atraso das brasileiras, não se pode desprezar a pertinência destas suas afirmações: "poucas brasileiras falaram alguma vez em público nos tópicos envolvidos na Abolição", "apenas uma rara mulher enfrentou o 'ridículo' e proferiu palestras públicas sobre a abolição" e "aquelas mulheres dos EUA tinham experiência em falar em público e em debater vários assuntos que as brasileiras demoravam a adquirir". A diferença entre a experiência de fala pública de umas e a demora em sua aquisição de outras deve

256 *Ibidem*, p. 48-49.

ser compreendida como produto de processos históricos e de relações sociais e não como traço essencial ou como característica congênita. São a história brasileira, a formação e a dinâmica elitista e misógina, excludente e patriarcal de nossa sociedade, variável e invariavelmente avessa à promoção de igualdade e inclusão, que fizeram do espaço público um lugar quase inacessível às mulheres e da fala pública, algo incompatível com a "natureza feminina". Isso não significava inexistência dessa fala nem ausência de reconhecimento de suas virtudes. Contudo, a referência à fala pública feminina e a suas qualidades era bastante rara.

Uma extraordinária e vaga menção é feita a Luciana de Abreu. Deixada na Roda da Santa Casa de Porto Alegre, ela foi adotada e ainda em sua infância passou por um processo de alfabetização. Assim, teve a oportunidade de ler tudo o que seu pai adotivo dispunha em sua casa e, mais tarde, de ingressar na escola normal e se tornar professora. Luciana de Abreu faleceu precocemente aos 33 anos, vítima de tuberculose. Mas, ainda assim, a gaúcha conseguiu se notabilizar não somente na carreira docente e em sua atuação como articulista do jornal *Partenon*, mas também como oradora: ela "discursava em público e por isso tornou-se célebre". Sua principal pauta eram "as injustiças a que estava sujeito seu sexo"[257].

Outra rara exceção é a alusão a Maria Amelia de Queiroz. No *Diccionario bibliographico brazileiro*, seu autor, Sacramento Blake, lhe dedica um verbete, no qual afirma que ela tinha "inteligência brilhante e cultivada", que "tomou parte muito ativa na propaganda em favor da abolição do elemento servil" e ainda que "se ocupou de assuntos tendentes ao engrandecimento de sua pátria em conferências públicas em vários pontos de Pernambuco, Estado de seu nascimento". Depois de mencionar sem pormenores um conjunto dessas conferências feitas em Recife, Blake se refere mais detalhadamente àquela que foi "celebrada na cidade de Vitória/PE, no dia 23 de março de 1890" e ressalta sua boa repercussão na imprensa,

257 Telles, 2011, p. 426.

ilustrando o sucesso de sua fala com a reprodução do texto de "uma Folha de Pernambuco":

> Da leitura do dito opúsculo, fácil é coligir que a Senhora Queiroz nos dotes de oradora reúne uma mentalidade vigorosa e bem cultivada. Os paralelos históricos, a comparação de sistemas políticos de governo, as análises de teorias filosóficas abstrusas, tudo se enfeixa na breve alocução a que nos referimos num desdobrar de imagens belíssimas e moldura em linguagem tersa e correta. Ao contemplar a ingente campanha iniciada pela Exma. Sra. D. Maria Amelia de Queiroz, pois a presente conferência forma parte de uma série que a talentosa brasileira realizou em diversas cidades de Pernambuco, onde teve o berço, sente-se quão grandioso papel está ainda reservado entre nós à mulher que souber vencer os prejuízos dos populares e constituir-se elemento de ensino salutar e de propaganda tanto mais eficaz quanto mais aos predicados do espírito aliar os encantos naturais de seu sexo.[258]

O jornalista reconhece "os dotes da oradora", apontando tanto para as qualidades do que ela disse quanto para os atributos de seu modo de dizer, e ainda indica os predominantes preconceitos sofridos pelas mulheres. Mas nem tudo é acerto desse bem-intencionado enunciador, porque, em conformidade com consensos de seu tempo, ele imputa às mulheres a responsabilidade de superar tais preconceitos, sustenta a diferença entre o que seria de sua natureza, "os encantos naturais de seu sexo" e aquilo que elas deveriam adquirir, os "predicados do espírito", e afirma, enfim, que a conciliação entre o inato e o adquirido vai lhes proporcionar o desempenho de "grandioso papel". Apesar dessa repetição de discursos essencialistas e discriminatórios contra as mulheres, o que sobressai no verbete do *Diccionario*, de Blake, e no fragmento de texto extraído de um periódico pernambucano é uma avaliação inegavelmente bastante positiva da fala pública da senhora Queiroz. Isso, evidentemente, comprova que havia um reconhecimento de virtudes nas falas de mulheres. Contudo,

258 Blake, 1900, p. 224.

é preciso acrescentar que a admissão, a identificação e a declaração dessas virtudes eram exceção e não regra. Todas as discriminações, opressões e exclusões das mulheres de lugares de concentração de saber e de poder as apartaram da frequentação das práticas de fala pública e da instrução oratória. Mesmo nas raras vezes em que esse alijamento foi contornado, ultrapassando diversos entraves, e as mulheres atestaram seus "dotes de oradora", nem assim havia uma inclinação a reconhecê-los, porque a escuta de suas falas estava formada pelos antigos discursos do sexismo, do machismo e da misoginia. Por extensão, depreender e, ainda mais, anunciar esses dotes consistia em algo raríssimo.

"A história está mudando sob nossos olhos. Hoje as mulheres falam, e os homens escutam." Há ao menos dois sentidos distintos e igualmente acertados nessa afirmação feita por uma de nossas maiores especialistas em história das mulheres no Brasil. Nós a reproduzimos novamente aqui para avançar na ideia de que a fala pública feminina continua e permanecerá em larga medida arruinada. Em nossos dias, a história das mulheres já se firmou como um campo fundamental da historiografia e novas abordagens, fontes e metodologias foram adotadas para superar a alegação procedente, mas também complacente, segundo a qual haveria uma impossibilidade de se reconstruir suas práticas e discursos, seus gestos, comportamentos e afetos, na medida em que a escrita da história se concentrava em grandes acontecimentos nos quais o poder era algo central e dos quais as mulheres tinham sido afastadas. A crença nessa impossibilidade se nutria da ideia de que os homens é que produziam essa escrita e que praticamente não havia documentação que tivesse registrado a participação feminina nos mais diversos eventos do passado. Por essa razão, ao tratar de sua *História das mulheres no Brasil*, a mesma reconhecida historiadora afirma categoricamente: "Esta discussão está superada", antes de acrescentar que "a informação disponível, rara para os primeiros séculos da colonização, torna-se caudalosa para os dias de hoje"[259]. No geral, a pertinência e a correção dessa afirmação não podem ser negadas, mas, no que diz respeito, particularmente, ao direito, ao exercício e aos registros da fala pública feminina, isso não é perfeitamente exato.

Ao tratar das dificuldades adicionais enfrentadas na construção de uma história das operárias nas primeiras décadas do século 20, outra distinta historiadora sustenta que elas eram "frágeis e infelizes para os jornalistas, perigosas e 'indesejáveis' para os patrões, passivas e inconscientes para os militantes políticos, perdidas e 'degeneradas' para os médicos e juristas". Há aí, antes, "a construção masculina da identidade das mulheres trabalhadoras do que sua própria percepção de sua condição social, sexual e individual"[260]. Numa palavra, elas eram muito mais faladas pelos homens do que falavam de si mesmas com sua própria voz. O que diziam costumava ser menosprezado, contestado e silenciado, não provinha de um lugar de força, não concentrava em si nem poder nem legitimidade e não tinha direito de ser conservado. Entre outras dificuldades que residem nesse regime desigual de fala entre homens e mulheres, se encontra a frequente limitação do universo operário feminino a "um mundo de opressão e exploração demasiada, em que elas apareciam como figuras vitimizadas e sem nenhuma possibilidade de resistência". Prova de que elas falavam, lutavam e resistiam são as metamorfoses e os avanços promovidos pelo desenvolvimento do feminismo, pela consolidação de sua pluralidade e pelas transformações sociais por que passaram as práticas e os discursos das mulheres e sobre as mulheres, mesmo que isso não tenha impedido conservação e difusão de discriminações, refluxos e retrocessos em segmentos conservadores e reacionários da sociedade brasileira.

É verdade que atualmente mais mulheres falam publicamente e que suas falas são mais ouvidas, respeitadas e legi-

259 Del Priore, 2011, p. 8-9.

260 Rago, 2011, p. 579.

timadas, mais gravadas e documentadas do que jamais o foram em qualquer outro contexto histórico. Mas ainda estamos longe de garantir um extenso direito e um efetivo exercício de fala no espaço público a uma grande maioria de mulheres de vários segmentos sociais subalternizados. Consequentemente, há uma produção bem menor de falas públicas de mulheres em relação à dos homens e um número também muito menor de registros e documentação, de elogios e críticas. De fato, a atenção dispensada socialmente às suas falas ainda é minoritária, elas continuam a ser marcadas como fora da norma e ainda são deslegitimadas e interditas com grande frequência. Não temos, portanto, infelizmente, caudalosa informação disponível sobre a fala pública das mulheres.

Há no Ocidente uma antiga tradição historiográfica de registro de pronunciamentos de homens de poder, que remonta ao menos aos de Péricles reconstruídos por Tucídides. Mais tarde, Plutarco fez algo análogo com as falas de vários homens ilustres em sua vasta obra, assim como outros tantos historiadores medievais e modernos. Já bem mais próximo de nós e aqui mesmo no Brasil, Hélio Sodré, em sua *História universal da eloquência*, mesmo cobrindo uma ampla extensão de tempo e espaço, que vai da Grécia antiga ao Brasil de meados do século 20, partindo de Solon e chegando a Juscelino Kubistchek, não menciona uma única oradora. Não há nada de aleatório nessa enorme diferença produzida e reproduzida entre as falas masculinas e femininas, mas também no abismo que separa a constante metalinguagem dedicada às primeiras e a escassa consagrada às últimas. Conforme dissemos, poderosos continuam a se esforçar para que a fala pública inteligente, ética e bela permaneça como uma das mais raras manifestações e uma das mais bem acabadas provas do refinamento do espírito humano. Só poucas pessoas podem ter esse bem idealizado e muito escasso. Menos ainda serão as que terão suas falas admiradas, conservadas e comentadas.

Os nomes de algumas mulheres que participaram direta ou indiretamente dos primeiros passos do futuro feminismo brasileiro foram registrados: Nísia Floresta Brasileira Augusta, Maria Firmina dos Reis, Narcisa Amália, Luísa Mahin, Chiquinha Gonzaga e Maria Baderna, entre outras. Muitos outros foram perdidos. Ora de forma mais ou menos isolada, ora de modo mais ou menos coletivo, essas e outras mulheres defenderam várias pautas de seu interesse: maior acesso à educação, direito ao voto, redução da jornada de trabalho, abolição da escravidão, como vimos, mas também protestos contra o recrutamento de seus filhos e maridos para a guerra contra o Paraguai e reivindicações de igualdade das mulheres em relação aos homens.

Aqui, se destacam outros nomes de feministas de primeira hora e os dos periódicos que elas fundaram e dirigiram e que representaram um importante incremento na organização do feminismo no Brasil desde a segunda metade até o final do século 19: *O jornal das senhoras*, de Joana de Paula Manso, *Belo sexo*, de Júlia de Albuquerque Sandy Aguiar, *O sexo feminino*, de Francisca Senhorinha da Motta Diniz, *Eco das damas*, de Amélia Carolina da Silva Couto, *O direito das damas*, de Idalina D'Alcântara Costa, e *A família*, de Josefina Alvares de Azevedo, entre outros. Não havia um consenso entre suas posições: enquanto Joana de Paula Manso e suas companheiras de imprensa defendiam que o principal papel da mulher era o de "amar e agradar aos homens", embora também reivindicassem o reconhecimento de necessidades e capacidades das mulheres, Josefina Alvares de Azevedo "não aceitava a chefia do homem na família, considerava-o um 'déspota', que tratava sempre de exercer o domínio sobre os outros indivíduos, e defendia o divórcio, alegando que uma mulher tinha o direito de repudiar o marido que os pais lhe haviam imposto sem a sua afeição"[261].

Ainda que não fossem poucas, essas diferenças e mesmo as oposições entre essas distintas tendências da emergente imprensa feminista não eram ainda diversas e plurais o bastante para compreender pautas e problemas das operárias,

261 Teles, 1993, p. 30-36.

das trabalhadoras domésticas, das mulheres negras e de tantas outras subalternizadas. Em princípio, a única demanda dessa imprensa que poderia beneficiar mais direta e imediatamente estas últimas era a de implementação de creches. Mas entre o final do século 19 e as primeiras décadas do 20 já era chegado o tempo da emergência e da consolidação das lutas feministas que conciliavam as causas das mulheres e as da classe operária. Além do conjunto dos preconceitos contra as mulheres em geral, sobre as mulheres negras pesava ainda tanto uma série de estereótipos decorrentes da onipresença do discurso antiafrodescendente, que afirmava sua hipersexualidade, sua preguiça, sua inaptidão, sua irritabilidade e sua agressividade quanto a árdua tarefa de muitas vezes terem de sustentar sozinhas a sobrevivência de suas famílias, quando seus companheiros as abandonavam ou não conseguiam trabalhos remunerados. As operárias, por sua vez, fossem elas negras, pardas ou brancas, eram oprimidas e exploradas tanto no chão das fábricas quanto sob o teto de suas próprias casas. Parte constitutiva dessas opressões e explorações eram a discriminação, a deslegitimação e a interdição de suas falas. Os silenciamentos que assim se impunham sobre as mulheres trabalhadoras tinham agora de se confrontar com crescentes tomadas femininas da palavra. Contudo, sua coragem de falar sofria abertas e intensas repressões físicas e simbólicas.

A igreja e o direito, a ciência e a polícia davam lastro e efetividade a essas repressões. Ora mais, ora menos conjuntamente, essas poderosas instituições tinham práticas e discursos que detratavam as mulheres e tentavam controlá-las e silenciá-las, principalmente as que não eram brancas e burguesas. A medicina reafirmava que havia razões biológicas para que as mulheres fossem frágeis, emotivas, maternais e recatadas, enquanto a criminologia inspirada em Cesare Lombroso postulava que, por essas características naturais das mulheres, as leis contra o adultério deveriam incidir somente sobre elas e não sobre seus maridos.

A igreja contribuía decisivamente para o controle do corpo feminino, ao sustentar a necessária castidade das moças e a exclusividade do sexo para a procriação no casamento. Por seu turno, o campo jurídico brasileiro, seu Código Penal e a polícia estavam a serviço do vigente sistema patriarcal "a fim de disciplinar, controlar e estabelecer normas para as mulheres dos segmentos populares", que abrangiam a "moderação da linguagem dessas mulheres, estimulando seus 'hábitos sadios e as boas maneiras' e reprimindo seus excessos verbais"[262]. Eis um típico caso dessa repressão: em novembro de 1906, Lídia de Oliveira foi "presa sob a alegação de estar proferindo 'palavras ofensivas, na Praça da República, à moral pública'". Nos registros jurídicos e policiais de seu caso, se afirma que ela teria "resistido tenazmente à prisão e produzido lesões corporais nos guardas". Tanto no testemunho de um dos policiais quanto no relatório do delegado, reiterava-se que Lídia era "mulher vagabunda", "prostituta, desordeira e ébria", que em praça pública "ofendia a moral, proferindo obscenidades, levantando as roupas e ficando desnuda". Em seu depoimento, Lídia alegou que não havia razão alguma para sua prisão, porque ela apenas "voltava da Festa da Penha e estava se divertindo no Campo do Santana, quando foi maltratada pelos guardas-civis"[263]. Lídia era mulher, jovem, pobre e lavadeira. Muito provavelmente sua pele não era alva, nem seus gestos e palavras condiziam com o estereotipado, idealizado e desejado padrão europeu.

ALGUMAS FALAM E ESCREVEM, OUTROS APAGAM E SILENCIAM

O acesso à educação formal livrava as primeiras escritoras brasileiras da repressão física. Mas não as isentava de violências simbólicas. Certamente, a adoção do pseudônimo "Uma maranhense", quando da publicação de *Úrsula*, o primeiro ro-

262 Soihet, 2011, p. 363.

263 *Ibidem*, p. 365-366.

mance publicado no Brasil, no ano de 1859, mostra os temores experimentados por Maria Firmina dos Reis. Mulher negra, morando com sua mãe, sua avó, sua tia e sua irmã, ela conseguiu receber instrução, se tornou professora, abolicionista e escritora. Mesmo tendo nascido e vivido em melhores condições sociais e econômicas do que Maria Firmina, Narcisa Amália de Campos teve de enfrentar críticas severas e sexistas feitas a suas crônicas e poesias. Essas críticas eram formuladas por homens das Letras brasileiras, que não podiam suportar uma mulher escritora e defensora de ideias liberais. Entre outros, dois deles, ao comentar o livro *Nebulosas*, recentemente publicado, no início da década de 1870, reconheceram seu talento, mas censuraram os poemas de cunho social. Um deles disse o seguinte: "perante a política, cantando as revoluções, apostrofando a reio, endeusando as turbas, acho-a simplesmente fora de lugar. O melhor é deixar o talento da ilustre dama na sua esfera perfumada de sentimento e singeleza". Já o outro afirmou que aqueles poemas eram "indignos de ocupar as páginas de um livro de mulher"[264]. Em suma, as mulheres

> Não podiam se expressar quando lhes era dito que deveriam se autossacrificar pelos outros, que não deveriam fazer afirmações, deveriam se restringir a sugestões alheias, deixando ao interlocutor a possibilidade de recusa. Entonações femininas deviam expressar surpresa, submissão, incerteza e busca de informações ou entusiasmo ingênuo. Uma mulher que falasse agressiva ou afirmativamente, o que nos homens era sinal de personalidade, era considerada mal-educada, tresloucada e até histérica. A não afirmação social da mulher se repetia na sua não afirmação pela palavra.[265]

Os vários controles e as inúmeras limitações impostas à fala e à escrita das mulheres destinadas a circular no espaço público produziam efeitos e afetos negativos, entre os quais

---

264 Telles, 2011, p. 422.

265 *Ibidem*, p. 423.

se destacava a insegurança discursiva. Em geral, elas não conseguem falar sem enfrentar muitas barreiras e sem experimentar medos específicos. Aliás, se lhes exige uma redobrada coragem para fazê-lo: "É sobre a pressão esmagadora da desventura que a poetisa ou a pensadora anima-se a passar da concepção à execução – cerrados os olhos à multidão circunstante, a fim de evitar, no momento supremo, a hesitação ou o desfalecimento", era o que afirmava Narcisa Amália, numa carta endereçada ao jornal *O garatuja*, em 1889[266]. Na comunidade das mulheres brasileiras esclarecidas e adeptas do feminismo no final do século 19, as inibições, as hesitações e os medos da fala pública eram provavelmente mais intensos e frequentes entre as que aliavam às causas feministas os ideais abolicionistas e igualitários. Seus oponentes difundiam uma espécie de equação, apoiada pela medicina e pelas ciências naturais, segundo a qual a alimentação e a ampliação do cérebro feminino mediante o maior acesso das mulheres à educação resultariam na desnutrição e no definhamento de seus úteros e, por conseguinte, na própria degeneração de toda humanidade. Caso elas pudessem estender sua participação no espaço público e sua atuação na vida política da sociedade, os resultados seriam ainda piores.

Nas raras circunstâncias em que, por razões diversas, as mulheres brasileiras desse período conseguiam ter acesso ao ensino formal e ao espaço público para falar, conforme dissemos, quase nunca houve preocupação em registrar suas falas. Além da carência em sua conservação, essas intervenções jamais eram objeto de atenção e de comentários na imprensa e em outros meios, tal como ocorria com os homens mais ou menos ilustres. Quando eventualmente se falava de suas falas, praticamente não havia menção às propriedades que as tornavam eloquentes, a pormenores ou aspectos que lhes eram singulares. Foi o que aparentemente aconteceu com Júlia Lopes de Almeida, a mais bem-sucedida escritora brasileira entre a última década do século 19 e as duas pri-

266 *Ibidem*, p. 425.

meiras do 20. Apesar da compreensível ambivalência de seu pensamento, que compreendia avanços, como a luta pela melhora no ensino para as mulheres e por mudanças nas restrições dos papeis sociais que elas desempenhavam, e acomodações, como a ideia de que a condição feminina de mãe e esposa era algo "sagrado", sua obra foi muito importante na denúncia do modo como mulheres da burguesia lidavam com suas trabalhadoras domésticas e, ao mesmo tempo, na refutação da suposta tendência natural à discórdia, por meio de sua insistência no tema da "comunidade de mulheres". Sua presença e atuação na vida pública eram efervescentes. É relativamente conhecida a história de sua intensa participação na criação da Academia Brasileira de Letras e de sua arbitrária exclusão da lista dos membros que compuseram a primeira formação da ABL. Essa efervescência compreendia ainda as várias conferências que ela proferiu em várias regiões do Brasil. Das seis páginas que lhe são dedicadas no excelente e já mencionado capítulo "Escritoras, escritas, escrituras", de Norma Telles, a única e brevíssima referência a essas suas falas em público é a seguinte: "Como também foi boa palestrante, Júlia viajou muito pelo país e reuniu essas experiências em um livro, *Histórias de nossa terra* (1922), um livro que teve vinte e duas edições. Defendia em suas palestras reformas na educação, principalmente na das mulheres"[267].

Não é surpresa alguma que com as mulheres trabalhadoras e grevistas, socialistas e anarquistas tenha ocorrido um apagamento ainda maior. De modo análogo ao que ocorrera e ainda ocorria na maioria dos países industrializados na passagem do século 19 para o 20, os movimentos trabalhistas e sindicais brasileiros tendiam a não ter maiores preocupações com a autonomia feminina. Dois pesos e duas medidas marcavam os episódios mais intensos do operariado: as trabalhadoras, mas também não poucas esposas de operários e de sindicalistas saíam às ruas, expunham seus corpos e levantavam suas vozes em defesa das causas proletárias,

267 *Ibidem*, p. 240.

ou seja, elas participavam ativa e intensamente das manifestações e das greves, porém, essa sua decisiva participação ora era subestimada, ora sequer era reconhecida. Além disso, conforme indicamos no início deste capítulo, enquanto nas ruas a presença e a atuação das mulheres eram marcantes e valorosas, no interior dos sindicatos, elas eram depreciadas, silenciadas e excluídas. Se menosprezos, silenciamentos e exclusões dessa natureza aconteciam no próprio campo operário, eles ocorriam com maior frequência e intensidade nas classes, grupos e setores sociais avessos às suas causas. A conjunção entre esse relativo consenso sobre a incompatibilidade e a incompetência das mulheres para a fala pública, os nefastos legados do colonialismo, da escravidão e do patriarcalismo no Brasil e a presença estrangeira que concorreu para nos aportar uma onda mais progressista do feminismo é provavelmente uma das razões pelas quais duas imigrantes, uma espanhola e uma lituana, sejam as mulheres lembradas por seus pronunciamentos na ficção e na realidade brasileiras nas primeiras décadas do século 20.

Juana Rocco Buela tinha somente onze anos quando desembarcou em Buenos Aires. Após a morte do pai, sua família encontrava cada vez maiores dificuldades para sobreviver em Madri. Como uma de suas tias já morava na capital argentina, a mãe decidira deixar a Espanha, em busca de melhores condições de vida na América do Sul. Pouco depois de sua chegada a Buenos Aires, Juana já começou a trabalhar numa fábrica de tecidos. Sua instrução era primária e por ora ela sabia somente escrever seu nome. Foi seu irmão, Ciriaco Buela, que era dez anos mais velho do que ela, quem lhe ajudou a formar sua consciência de classe e seu pensamento solidamente politizado. Juana passou a acompanhá-lo em assembleias operárias, nas quais ela conheceu as ideias anarquistas, de que rapidamente se tornaria adepta e divulgadora.

Em 1904, quando tinha apenas quinze anos, por já ter comprovado seu compromisso com as causas sindicais e já mostrar relativa facilidade para falar, ela participou como oradora no comício de 1º de maio organizado pela Federação Operária

Regional Argentina e pelo Partido Socialista. O evento sofreu uma forte repressão policial, da qual resultou a morte do jovem marinheiro Juan Ocampo. Algo muito semelhante seria testemunhado por Juana, durante os anos em que ela viveu no Brasil, para onde veio em 1914. A passagem por aqui era incialmente só uma escala em sua planejada viagem à França, motivada pela perseguição e pela repressão que se abatiam sobre ela na Argentina. Por sua militância, Juana Buela foi detida, extraditada para Montevideu, onde ficou encarcerada por um ano, somente saindo da prisão com o pagamento de fiança[268].

Suas relativas dificuldades com a língua portuguesa falada no Brasil começaram a surgir logo depois de seu desembarque na "charmosa cidade do Rio de Janeiro, onde suas belezas naturais e sua edificação variada, com relevo arquitetônico superior, provoca no recém-chegado uma prolongada admiração". Praticamente sem recursos, ela contava com a ajuda que lhe daria José Borobio, um antigo companheiro anarquista. Juana, então, começou a buscar por seu endereço: "Eu o consegui facilmente, porque os brasileiros a quem eu havia pedido a informação me entenderam, apesar de eu não falar seu idioma". O reencontro foi marcado por muito entusiasmo. Mas, junto com a experiência do encanto com o Rio de Janeiro e com a alegria de rever seu amigo, ela passou a se deparar com alguns obstáculos, entre os quais os linguísticos: "tudo era novidade, me encontrava numa cidade preciosa, onde era difícil para mim compreender as pessoas, enquanto elas me compreendiam bem. O português não é um idioma difícil, mas nos primeiros momentos é difícil assimilá-lo". Depois de afirmá-lo, ela ainda acrescenta: "além da dificuldade com o idioma, eu não conhecia ninguém"[269]. Essas dificuldades e o início da Primeira Guerra a obrigaram a ficar no Brasil até seu retorno à Argentina, em 1917.

---

268 Buela, 1964; Fletcher, 1994; Valobra, 2009. Registramos aqui nosso agradecimento a Evandro Paschoalino, assessor de comunicação e mestre em Linguística pela UFSCar, pela indicação do nome e dos feitos de Juana Buela.

269 *Ibidem*, p. 54.

Logo após ser apresentada por Borobio a vários militantes e intelectuais anarquistas e socialistas brasileiros e imigrantes residentes no Brasil e ter começado a organizar sua vida por aqui, Juana passou a participar ativamente do movimento proletário, integrando-se à Federação Operária do Rio de Janeiro. Para divulgar as ideias progressistas e por ocasião da Guerra, essa Federação preparou várias manifestações públicas, para as quais ela foi convidada não somente a participar, mas também a fazer seus pronunciamentos. O ainda relativamente precário domínio do português não foi um empecilho que a impedisse de falar nessas ocasiões: "tive de fazer minhas intervenções em castelhano, porque desconhecia o idioma brasileiro. Nesse meio tempo, eu tentava avançar em sua compreensão e em sua fala, mas ainda não era possível usá-lo nos palanques e tribunas durante o transcurso de um pronunciamento". Juana relata que as reuniões e manifestações eram frequentes e que elas atraíam grande público, porque trabalhadores, sindicatos e associações percebiam ser "muito oportuno no contexto da Guerra indicar ao povo como ela arrastava os homens à morte e à miséria para defender interesses capitalistas e governamentais, enquanto havia grande omissão diante da precariedade da educação e da cultura das massas, bem como da fome e da exploração de que eram vítimas os trabalhadores"[270].

Numa dessas ocasiões, logo depois de encerrar seu pronunciamento, Juana foi presa: "fui detida pela polícia e os guardas me levaram para um local chamado Ordem Social, onde fui interrogada e fiquei detida por vários dias, acusada de fomentar a desordem e a rebelião contra as autoridades". Sua liberdade só seria recuperada depois de muitos dias mediante a intervenção de um advogado e de um intrincado trâmite jurídico. Ainda naquele período inicial de sua estada no Brasil, Juana testemunhou outro fato que lhe foi marcante: o desabamento de um edifício de quatorze andares, destinado a ser a sede de um grande hotel no Rio de Janeiro, que provocou

270 *Ibidem*, p. 56-57 e 60.

a morte de quarenta operários da construção e deixou feridos outros cento e sessenta e três. Houve uma grande comoção com a tragédia, acompanhada de uma ampla convulsão social: "Todo o Rio de Janeiro se convulsionou e a consternação era tão grande que vinha gente de todo lado para buscar seus próprios familiares ou alheios, removendo os escombros, sob os quais apareciam os corpos mortos ou mutilados dos operários que lá trabalhavam". O Sindicato da Construção Civil organizou o funeral dos quarenta trabalhadores e a cerimônia contou com várias orações fúnebres:

> Os oradores se sucederam no enterro, atacando veementemente aqueles que causaram e foram responsáveis pela morte daqueles humildes trabalhadores, que deixaram suas famílias na maior miséria. Também coube a mim fazer um discurso fúnebre. Assim como nas falas dos demais oradores, na minha também as palavras só saíam depois de terem estado engasgadas na garganta.[271]

Juana não diz mais nada a respeito de seu próprio pronunciamento naquele funeral nem tampouco o enaltece, porque a máxima diz: "Elogio em boca própria é vitupério". Mas exalta a oração fúnebre de José de Oiticica: ela "foi tão profunda, sensível e tão impactante, que chegou ao coração de todos os ouvintes e fez com que na penumbra daquele momento só os lenços brancos fossem vistos, secando as lágrimas derramadas pelo sacrifício de tantas vítimas".

Juana fala que fez várias viagens a São Paulo, porém, não menciona detalhes sobre suas estadas na capital e em outras cidades paulistas. O estilo conciso de sua narração também não lhe dá ocasião de relatar sua participação em manifestações da Greve Geral de 1917 e sua intervenção no funeral do jovem sapateiro espanhol José Ineguez Martinez. A Greve já havia começado no início do mês de julho daquele ano, em que se assistia ao crescimento da efervescência operária e sindical, mas ganhou novo patamar a partir do dia 9. Como

271 *Ibidem*, p. 61.

parte do movimento grevista, "na manhã de 9 de julho, um longo cortejo de trabalhadores ruma para a fábrica têxtil Mariângela, no Braz", que pertencia a Francesco Matarazzo, à época considerado o homem mais rico do Brasil. No meio do percurso, a passeata seria interrompida brutalmente: "Ao chegar à rua Monsenhor Andrade, trinta cavalariços e cinquenta soldados armados atacaram a multidão. A ordem agora era atirar". Muitos gritos e estampidos eram ouvidos. Os trabalhadores tentam se defender e a repressão aumenta ainda mais sua violenta investida. São muitos os feridos, entre eles, José Martinez, que foi alvejado com um tiro dos policiais. Ele faleceu no dia seguinte na Santa Casa de Misericórdia: "Seu funeral atraiu milhares de pessoas, na Avenida Rangel Pestana. O féretro transformou-se num ato de protesto na Praça da Sé. Logo, a paralisação se estendeu por 35 empresas e envolveu mais de 20 mil operários"[272]. Antes, durante e depois de seu sepultamento, houve várias intervenções. Entre os pronunciamentos feitos já ao fim do ritual, consta o de Juana Buela:

> Ardentes e combativos discursos pontearam o final da cerimônia, já no cemitério. Falou um representante da colônia espanhola, José Fernandez, depois Theodoro Monicelli e Edgard Leuenroth, pelo Comitê da Defesa Proletária, e finalmente a espanhola Juana Rouco Buella. Esta mulher impressionou os ouvintes pela dramaticidade de seus gestos e de suas palavras comovedoras.
>
> Mas quem era ela? Juana Buela nasceu em Madri em 1889 e, como tantas outras famílias espanholas, a sua se deslocou para Buenos Aires. Sua profissão desde muito jovem foi a de costureira. Ligou-se ao anarquismo e ao sindicalismo revolucionário, no qual construiu um setor feminino do movimento. Elaborou jornais, participou de greves e ficou conhecida por seus dons de oratória.[273]

---

272 Del Roio, 2017, p. 55-66. Além de outras qualidades, o livro tem ainda este dado interessante: sua capa é composta por uma bela foto de uma operária oradora: "Imagem da capa: 'Festa do trabalho – Aspecto do comício realizado em 1º de maio na esplanada da Catedral, tirado no momento em que fala uma operária'. *A cigarra*, n. 11, maio de 1915".

273 *Ibidem*, p. 67.

Da participação de Juana no funeral de José Martinez, alguns aspectos se destacam nesse relato: como os dos demais oradores, seu pronunciamento também foi "ardente e combativo", mas no enunciado há já certa distância entre a afirmação desse atributo e a referência à Juana; ela foi a última a falar, sucedendo até mesmo Edgard Leuenroth, conhecido jornalista e militante anarquista que representava a própria entidade que havia organizado o funeral, o que indica tanto o sobrepeso de responsabilidade por intervir para encerrar a cerimônia quanto certo consenso sobre sua capacidade para fazê-lo; se ressalta o fato de se tratar da única mulher entre as pessoas que ali se pronunciaram publicamente; o efeito extraordinário se intensifica com a forte impressão que ela causou nos ouvintes; essa impressão teria sido promovida pela carga dramática de seus gestos e pela condição comovente de suas palavras, características que lhe foram exclusivamente atribuídas e que parecem estar mais inclinadas aos estereótipos da fala feminina do que à veemência viril; e, finalmente, sua atuação no movimento operário, em particular, na promoção de sua propaganda e a articulação entre sua notoriedade e "seus dons de oratória". Estes últimos poderiam até ser entendidos como algo inato, uma vez que "dons" está mais para "dádiva" congênita do que para "capacidade" adquirida. Mas, o destaque dado a sua precoce ligação com o anarquismo e o sindicalismo revolucionário nos permite reinterpretar "dons" como competência derivada de alguma instrução e de muita frequentação às assembleias operárias e a outras circunstâncias de fala pública para as quais seu irmão, Ciriaco, a conduzira.

Os registros históricos comprovam que o gérmen da Greve de 1917 foi o movimento organizado pelas operárias da fábrica de tecidos Cotonifício Crespi. Mas vários setores e sujeitos, por razões diversas, não queriam ou não podiam reconhecer esse protagonismo numa sublevação social tão expressiva e importante. Além da organização das trabalhadoras, havia ainda o estímulo dos artigos de mulheres publicados na imprensa anarquista, tais como Matilde Magrassi, Isabel Cerruti,

Josefina Stefani, Maria Antônia Soares, Maria Angelina Soares, entre outras. Um dos documentos em que se materializa o discurso da recusa ou do apagamento da deliberada e autônoma participação das mulheres na Greve é uma carta enviada pelo inspetor da investigação do movimento grevista ao diretor do Gabinete de Investigações e Captura. Seu signatário afirma que a presença e a atuação feminina na revolta operária derivavam da manipulação masculina. Eram os homens anarquistas que "Faziam as operárias subirem à tribuna e falar contra os patrões e contra as autoridades constituídas. Ainda ontem e em outros comícios anteriores, não tem faltado a eles com a sua palavra arrogante e atrevida a operária Penélipe"[274]. Algo tão fora de lugar como uma mulher na tribuna, tão subversivo como declarações contra patrões e autoridades e tão potente como a intervenção que galvaniza uma massa com consciência de classe só poderia despertar no agente da repressão a tentativa de detratar, deslegitimar e interditar a fala feminina.

AS PALAVRAS NO *PARQUE* DE PAGU

Outra estrangeira, desta vez, uma lituana, também tem sua capacidade de falar em público reconhecida e destacada. Foi Patrícia Galvão, a Pagu, que o fez em seu conhecido romance *Parque industrial*, cuja primeira edição data de 1933. Na condição operária, há uma série de mecanismos que tentam limitar o pleno exercício da linguagem e, por extensão, da própria condição humana. Às mulheres e aos homens do chão das fábricas e aos demais trabalhadores e trabalhadoras que têm de vender a força de trabalho de seus corpos são impostas atividades repetitivas e extenuantes. Além disso, há vigilância constante e ordens manifestas de silenciamento:

> Bruna está com sono. Estivera num baile até tarde. Para e aperta com raiva os olhos ardentes. Abre a boca cariada, boceja. Os cabelos toscos estão polvilhados de seda.

274 A carta é citada por Rago (2011, p. 602).

— Puxa! Que esse domingo não durou... Os ricos podem dormir à vontade.

— Bruna você se machuca. Olha as tranças!

É o seu companheiro perto.

O chefe da oficina se aproxima, vagaroso, carrancudo.

— Eu já falei que não quero prosa aqui!

— Ela podia se machucar...

— Malandros! É por isso que o trabalho não rende! Sua vagabunda!

Bruna desperta. A moça abaixa a cabeça revoltada. É preciso calar a boca![275]

Donos dos meios de produção querem que suas empregadas e seus empregados se tornem uma máquina, querem que da humanidade de seus corpos sejam retiradas sua alma, suas falas e suas escutas. Com distintos níveis de consciência e eficácia, a exaustão e o silenciamento impostos roubam seu tempo, seu pensamento e suas práticas de emancipação. Mas não impedem que esses contingentes esgotados sejam, se não as donas e os donos absolutos de sua história, ao menos em boa medida as mestras e mestres de suas noites e de seus sonhos[276]. Costuma ser nesse pouco tempo que lhes resta que se dá a produção de falas e escritas operárias, diante das enormes dificuldades em fazê-lo com o corpo e a cabeça exauridos. Excetuadas essas circunstâncias, os intervalos para refeições por vezes oferecem a oportunidade de conversas militantes. Ao ouvir uma dessas conversas, "Um rapazinho se espanta. Ninguém nunca lhe disse que era um explorado". Mal havia passado o espanto, ele já queria saber mais: "Rosinha, você pode me dizer o que a gente deve fazer? Rosinha Lituana explica o mecanismo da exploração capitalista. O dono da fábrica rouba de cada operário o maior pedaço do dia de trabalho. É assim que enriquece à nossa custa!". Mais adiante, assistimos a cenas da fala pública popular numa assembleia de um sindicato em que a voz das operárias tem importante participação:

275 Pagu, 2006, p. 19.

276 Rancière, 1988.

Sessão de um sindicato regional. Mulheres, homens, operários de todas as idades. Todas as cores. Todas as mentalidades. Conscientes. Inconscientes. Vendidos.
Os que procuram na união o único meio de satisfazer as suas reivindicações imediatas. Os que são atraídos pela burocracia sindical. Os futuros homens da revolução. Revoltados. Anarquistas. Policiais.
Uma mesa, uma toalha velha. Uma moringa, copos. Uma campainha que falha. A diretoria.
Os policiais começam sabotando, interrompendo os oradores.
É um cozinheiro que fala. Tem a voz firme. Não vacila. Não procura as palavras. Elas vêm. Os cabelos nos olhos bonitos. Camisa de meia suada, agita as mãos enérgicas. Estão manchadas pelas dezenas de cebolas picadas diariamente no restaurante rico onde trabalha.
— Nós não podemos conhecer nossos filhos! Saímos de casa às seis horas da manhã. Eles estão dormindo. Chegamos às dez horas. Eles estão dormindo. Não temos férias! Não temos descanso dominical!
A voz da verdade, todos se agitam nos bancos duros. A sala toda sua.
— Vamos parar com isso! Você pediu para falar cinco minutos. Já está falando há meia hora. Acabamos amanhecendo aqui!
Todos se voltam. É o policial Miguetti que interrompeu.
— Amanheceremos aqui! revida pausadamente o cozinheiro. Estamos tratando de coisas importantes para a nossa classe. Vale bem um sono perdido. Como posso dormir sabendo que meus filhinhos sofrem fome? E eu cozinhando todo o dia tanta petisqueira para os ricos!
O policial pede de novo o encerramento da reunião que se alonga empolgada.
— Tenho que trabalhar amanhã. E todos os companheiros presentes também.
A palavra de um ferreiro bate energicamente na assembleia:
— O companheiro Miguetti luta por um interesse individual e quer sacrificar o interesse coletivo. Está sabotando a reunião. Nos impede de falar. Está fazendo uma obra policial, contra os interesses de nossa classe. A favor da burguesia que nos explora! A assembleia resolverá.
A maioria ordena que se continue a reunião. Os operários co-

nhecem e apontam os policiais. Também são trabalhadores. Corrompidos pela polícia burguesa, traidores de sua classe. De seus próprios interesses.
Um operário da construção civil grita:
— Nós construímos palácios e moramos pior que os cachorros dos burgueses. Quando ficamos desempregados, somos tratados como vagabundos. Se só temos um banco de rua para dormir, a polícia nos prende. E pergunta porque não vamos para o campo. Estão dispostos a fornecer um passe para morrer de chicotadas no "mate-laranjeira"!
Uma operariazinha envelhecida grita:
— Minha mãe está morrendo! Ganho 50 mil-réis por mês. O senhorio me tirou tudo na saída da oficina. Não tenho dinheiro para remédio. Nem para comer.
Rosinha Lituana e Otávia estão espremidas numa cadeira só. Perto delas, um menino pardo escancara os olhos claros. Parece que sente tudo o que falam.[277]

Da composição do cenário, participam pessoas, móveis e objetos. O primeiro conjunto é marcado pela diversidade de tipos, ideologias e comportamentos dos integrantes da assembleia, enquanto os dois últimos se conjugam para formar a modéstia do ambiente. A essa diversidade se somam as distintas profissões das trabalhadoras e trabalhadores. Também são diferentes as extensões do que se expõe nessa passagem do romance sobre o que cada uma e cada um diz e sobre seus modos de dizer. A narração se estende mais demoradamente na intervenção do cozinheiro. Em sua fala, se destacam a firmeza de sua voz, sua fluência verbal, sua bela aparência e as marcas de seu ofício em seu traje, em seu corpo e em seu desempenho oratório. Com tais modos de dizer, o orador insiste na temática da convivência entre pais e filhos de que são alijadas as famílias trabalhadoras e consegue majoritária adesão: "todos se agitam nos bancos duros" e a sala é "toda sua". Mas há também o assalto ao seu turno de fala por um traidor da categoria, o "policial" Miguetti, que o acusa de extrapolar o tempo de sua intervenção. Ao que o cozinheiro re-

277 Pagu, 2006, p. 32-33.

plica, perseverando na importância das coisas tratadas e introduzindo um contraste relacionado ao seu ramo de atuação: a dor de seus filhos que passam fome versus a grande quantidade de "petiscarias" que ele próprio cozinha "para os ricos".

Numa nova tentativa de encerrar a assembleia, Miguetti se vale uma vez mais do argumento de que a reunião se prolonga demais e de que, por isso, é preciso finalizá-la. Sua investida esbarra na réplica de um ferreiro e não prospera. Mimetizando as tarefas de bater no ferro, para moldá-lo, a palavra do ferreiro "bate energicamente na assembleia". Por meio dessa sua maneira de dizer, numa mistura de ironia, busca de adesão e respeito por outrem, o ferreiro se refere ao "vendido" como "companheiro", aponta sua predileção pelo interesse individual, em detrimento dos coletivos, denuncia sua tática de sabotagem e de interdição da fala alheia, sua identificação com a burguesia e invoca a deliberação da assembleia. "A maioria ordena que se continue a reunião." Há motivo para essa decisão: trabalhadoras e trabalhadores reconhecem e denunciam "os traidores de sua classe". Na sequência, acontecem ainda duas falas, a de um pedreiro e a de uma operária. Ambos são retratados como quem opta em sua intervenção pela força de um alto volume vocal: ambos "gritam". A segunda é bastante concisamente descrita como uma mulher de pequeno porte, "uma operariazinha", arruinada pelo trabalho e pela vida de sofrimentos. Além disso, vive drama pessoal, porque sua "mãe está morrendo" e ela própria tem uma remuneração insuficiente em seu atual emprego e foi dilapidada na saída do anterior. Sua condição financeira não lhe permite comprar nem remédio nem comida. As performances oratórias do proletariado são representadas no romance de Pagu sob a forma de falas simples, claras, cujas imagens, exemplos e comparações mimetizam o universo do ofício desempenhado e cujos usos enérgicos da língua, do corpo e da voz se assemelham à energia dispensada à execução das atividades manuais operárias.

Outra passagem de *Parque industrial* constrói mais uma representação da fala pública do operariado. Ao saírem da fábrica, trabalhadoras e trabalhadores postos na miséria expressam sua indignação e sua resolução: "Ninguém trabalha amanhã! Ninguém! Estão arrancando o pão de nossa boca! Não podemos consentir! Diminuíram mais! Cachorros!". A partir dessas primeiras manifestações, o protesto se avoluma e aumenta seu nível de convulsão: "As fileiras se engrossam numa manifestação inesperada diante da fábrica. Mãos robustas e mãos esqueléticas avançam para a *limousine* de luxo do grande industrial que está parada. O chofer elegante fugiu. Vidros e estofados se esfarelam nas mãos da massa que se vinga. Essa gasolina é nosso sangue!". A massa se aglomera num largo ali em frente, "em torno da bandeira vermelha onde a foice e o martelo ameaçam". A linguagem popular é onipresente: "Cartazes rubros incitam a revolta. Línguas atrapalhadas, mas ardentes se misturam nos discursos"[278]. O movimento relativamente espontâneo alcança outro e maior patamar: o de uma revolta "alegre" e o de uma greve que é "uma festa". Para a conservação da alegria, a repressão policial precisa ser dissuadida de seu propósito: "Companheiros soldados! Não atirem sobre os seus irmãos! Voltem as armas contra os oficiais!". Mas a fala operária não consegue demovê-los: "As espadas dos cavalarianos gargalham nas costas e nas cabeças dos trabalhadores irados. Eles só têm os braços algemados para se defender. Os grevistas se amassam nas patas dos cavalos. Recuam". É nesse quadro de ódio e de violência de classe que Pagu introduz mais manifestamente as relações de gênero na oposição entre os homens comprometidos com os interesses coletivos e as mulheres preocupadas com questões individuais no cerne de uma assembleia:

> Na porta escura da fábrica, uma operária grávida se lamenta:
> — Meu marido está sendo sacrificado. Me matam ele! Vamos tirar nossos maridos dessa greve!
> Um operário sujo revida:
> — Que fraqueza, companheira! Neste momento todos lutam. Não há indivíduo. São todos proletários!
> Um grupo se forma.
> — Calma, Otávia, você fala depois!

278 *Ibidem*, p. 85-86.

— Os meus filhos não têm comida!
— É melhor voltar ao trabalho.
As mulheres apoiam a traição.
— Elas não compreendem, Rosinha...[279]

Eis aí a deixa para que a operária lituana tomasse a palavra. Ela não se furta ao chamado, comprova seu engajamento com a causa trabalhadora e não deixa dúvidas quanto à sua capacidade de fala pública:

> — Espera, eu vou falar...
> A voz pequenina da revolucionária surge nas faces vermelhas da agitação.
> — Camaradas! Não podemos ficar quietas no meio desta luta! Devemos estar ao lado de nossos companheiros na rua, como estamos quando trabalhamos na fábrica. Temos que lutar juntos contra a burguesia que tira a nossa saúde e nos transforma em trapos humanos! Tiram do nosso seio a última gota de leite que pertence a nossos filhinhos para viver no champanhe e no parasitismo!
> Nós, à noite, nem força temos para acalentar nossas crianças que ficam sozinhas e largadas o dia inteiro ou fechadas em quartos imundos, sem ter quem olhe para elas. Não devemos enfraquecer a greve com nossos lamentos! Estamos com o pagamento atrasado e chegamos até a passar fome, enquanto os nossos patrões que nada fazem vivem no luxo e mandam a polícia nos atacar! Mas não será por isso que havemos de ser escravas a vida inteira! A camarada Julia está fazendo inconscientemente uma obra policial! Está traindo os seus companheiros e a sua classe! Ela que é um exemplo da exploração capitalista! A burguesia tem para se defender os seus lacaios armados! Se nós mesmos não defendermos as nossas reivindicações, quem correrá em nosso auxílio? A reação policial é um incitamento para a luta, porque só vem provar que somos escravos da burguesia e que a polícia está ao lado dela! Temos 16 camaradas presos. Por quê? Devemos exigir que eles sejam postos em liberdade. Camaradas! Formemos uma frente de ferro contra a barbaridade dos burgueses que já estão sentindo a agonia de seu regime e por

279 *Ibidem*, p. 87.

> isso apelam para as violências e para o terror! Tenhamos confiança na vitória proletária! Lutemos pela greve e pela liberdade de nossos presos! Maridos, companheiros, irmãos e noivos! Pela greve geral! Contra a burguesia e seus lacaios armados![280]

A tendência do confronto entre o compromisso masculino com as causas operárias e a preocupação feminina com as questões domésticas é desmentida pela intervenção de Rosinha. Sua introdução em baixo volume vocal e em tom relativamente ameno é muito apropriada para que o conselho e a reprimenda às mulheres partidárias do fim da greve não se tornassem excessivamente carregados e nem gerassem indignação, ao invés de adesão. À medida que avança em seu pronunciamento, Rosinha se torna mais enfática, principalmente na denúncia do sofrimento operário e da exploração e privilégios burgueses. Predomina a primeira pessoa do plural com que a oradora projeta a coletividade de mulheres, na qual ela própria se inclui. A construção da comunidade das mulheres e a reiteração de sua pertença a esse coletivo lhe permitem a expressão de uma série de deveres e imperativos que atravessa sua fala: "Não podemos", "Devemos", "Temos", "Não devemos", "Formemos", "Tenhamos" e "Lutemos". Com mais forte razão, lhe é permitido esse modo de interpelação, porque os dominantes têm a seu lado a própria dominação, a ação dos traidores cooptados e o poder da repressão policial, ao passo que trabalhadoras e trabalhadores só podem contar com a força de sua união. Os adversários estão bem delimitados e indicados, pois eles são os outros, cuja referência é feita sempre em terceira pessoa: "a burguesia", "a exploração capitalista", "seus lacaios", "a polícia", entre outros. Exceção feita somente à "Julia", que não é uma inimiga, mas apenas alguém que está "inconscientemente" prestando um desserviço à causa proletária. No tratamento que lhe dispensa, Rosinha é condescendente: ela é uma "Camarada" e "um exemplo da exploração capitalista". O verbo usado para se referir a seu

280 *Ibidem*, p. 85-89.

estado, isto é, para o papel que contingentemente ela está desempenhando é "estar", enquanto o empregado para indicar sua condição essencial é o verbo "ser". Enfim, sua intervenção tem a legitimidade de seu lugar de fala: é uma mulher trabalhadora que se dirige a mulheres trabalhadoras para defender a causa da classe trabalhadora. Para tanto, vale, inclusive, a revisitação ao arquétipo da maternidade para a produção de um dramático contraste: "Tiram do nosso seio a última gota de leite que pertence a nossos filhinhos para viver no champanhe e no parasitismo!".

Em geral, as operárias enfrentavam este *double bind*: deviam ser mulheres e trabalhar como homens, com o agravante de que em suas casas o serviço doméstico e a ocupação com os filhos ficam sob sua responsabilidade. Já às militantes anarquistas, socialistas ou comunistas se impunha ainda um outro: elas deviam ser mulheres, mas tinham de falar como homens. Essa imposição compreendia mimetizar suas formas de dizer, mas também reproduzir as coisas que eles diziam. Nisso residia uma importante negação: a participação nos movimentos e associações operárias implicava e praticamente obrigava a tomada de posição segundo a qual a "questão feminina" era algo secundário diante da luta de classes. Quando o feminismo e suas lutas pela fala das mulheres davam ainda seus primeiros passos, elas precisavam em boa medida silenciar o fato de que eram mulheres, de que sofriam desigualdades e injustiças suplementares e de que tinham reivindicações específicas.

Além de *Parque industrial*, Pagu escreveu o romance *A famosa revista*, vários contos, uma autobiografia e uma série de artigos publicados na imprensa. Entre estes últimos, muitos deles foram divulgados no jornal *O homem do povo*, criado por ela em parceria com Oswald de Andrade e editado apenas entre março e abril de 1931. Nesses textos, o foco na "questão feminina" está *grosso modo* subordinado às denúncias, provocações e ridicularizações das práticas e valores da burguesia capitalista. Há ali críticas de costumes: são seus alvos as "feministas de elite, que negam o voto aos operários e trabalhadores sem instrução", as "apaixonadas de americanazinhas espigadas" e "escravas de Paris, Londres e Milão", bem como o moralismo burguês e o controle católico da sexualidade, entre outros. Mas o que predomina é a crítica social e econômica. O reduzido espaço da pequena seção "A mulher do povo" no jornal, limitada à metade da segunda página de cada uma de suas edições, pode ser lido como um indício dessa subordinação das questões femininas e feministas aos considerados mais graves e mais urgentes problemas do homem do povo.

Nesse período, se estabeleceu um relativo consenso em torno da reivindicação de maior acesso à educação das mulheres. A ideia era defendida por diferentes posições. O grupo progressista e as feministas de modo geral a advogavam, porque a instrução era "uma arma privilegiada de libertação". Em contrapartida, mesmo mulheres que não se identificavam com o feminismo passaram a sustentar a necessidade desse acesso como uma forma de melhor desempenhar os tradicionais papeis tidos por femininos, como os de filha bem-comportada, esposa devotada e mãe dedicada. Os índices de analfabetismo no Brasil eram excessivamente altos e representavam um entrave à recente industrialização do país. Por essa e outras razões, as medidas de ampliação do ensino eram demandadas por vários e amplos setores sociais. Foi nesse contexto que ocorreu o processo de "feminização do magistério". Como parte das primeiras medidas de "universalização do ensino" promovidas na primeira metade do século 20, esse processo compreendia a diferença salarial mediante a qual professores que eram mais bem remunerados do que as professoras e ainda a consolidação do declínio do ensino de retórica, já iniciado nas últimas décadas do século anterior. Se as crianças e adolescentes das classes baixas, que finalmente teriam de modo mais ou menos amplo acesso à instrução formal, não precisavam de uma formação retórica e oratória, com mais forte razão, as meninas e as moças dessas camadas populares tampouco precisariam de uma tal formação. Fez parte da derrocada do ensino de retórica um conjunto de discursos a partir dos quais se respondia negativamente a estas duas questões: "É possível ensinar a retórica?" e "É útil fazê-lo?"[281]. Particularmente quanto à educação das jovens empobrecidas, essas questões não eram sequer formuladas ou, quando raramente foram postas, as respostas que lhes foram dadas, fora de raras exceções em segmentos progressistas, continham uma convicção absoluta na impossibilidade e na inutilidade desse ensino. Afinal, lugar de mulher, sobretudo da subalternizada, não haveria de ser na tribuna nem em qualquer outro espaço público de fala.

Quando finalmente o acesso à educação começa a ser promovido com alguma amplitude, ele não era propriamente libertador para a maioria das moças e meninas. Não era exatamente a liberdade para seus corpos e suas vozes que elas conquistavam nos bancos escolares. Embora eles não fossem ocultos, nem por isso os fortes controles ali exercidos sobre os corpos e os comportamentos das jovens mulheres eram vistos como tais e menos ainda concebidos como algo problemático. De modo geral, era ainda menor a percepção de que aqueles controles incidiam sobre as condutas femininas de fala e de expressão. Contudo, parte da educação de viés moralizante incutia nas estudantes a idealização da harmonia como o clima espiritual que deveria reinar na casa e na rua. A ausência de conflito era o melhor dos mundos e sua busca e nutrição era responsabilidade feminina. O ensino tradicional difundia a ideia de que as manifestações de discordância, a abertura de uma polêmica ou a instauração de uma discussão eram bastante malvistas, deveriam ser evitadas a todo custo e, por extensão, se tornavam objeto de interdição da fala feminina. Uma ampla gama de comandos e de controles era dedicada ao corpo, aos gestos e à fala das mulheres: "Ensinava-se um modo adequado de se portar e comportar, de falar, de escrever, de argumentar. Aprendiam-se os gestos e olhares modestos e decentes, as formas apropriadas de caminhar e se sentar. Todo um investimento político era realizado sobre

281 Douay, 1992.

os corpos das estudantes e mestras"[282]. Veremos abaixo que essas práticas e ideias de controle da expressão das moças e das jovens senhoras também eram reproduzidas e veiculadas na imprensa destinada ao público feminino das classes médias.

A distinção entre a casa e a rua também vira dilema e *double bind* para as mulheres. As jogadas na miséria precisam deixar seus lares para trabalhar e, assim, buscar garantir a sobrevivência de sua família. Já algumas ora mais ora menos privilegiadas queriam sair de suas casas para aproveitar oportunidades de trabalho ou de instrução. Mas todas elas tinham de se esmerar no cuidado com seu comportamento e suas formas de expressão no espaço público para contornar os estigmas de "mulher de rua" e preservar sua moral. A fala das mulheres sempre foi um elemento decisivo desse dilema e dessa dupla pressão. Em todo caso e ainda com consideráveis diferenças entre elas, a fala no espaço público poderia pairar como horizonte possível para parte das mulheres das cidades. Bem mais difícil era e continua sendo a situação das "boias-frias", das trabalhadoras da zona rural, que desempenham suas tarefas em condições de opressão e insalubridade: "Escondidas no meio da cana folhada, sujas pela fuligem da cana queimada, rasgadas na terra da laranja, curvadas nos cafezais, levantando facões e conclamando os homens à greve, submetendo-se aos homens ou enfrentando o poder masculino no eito e no interior das próprias casas, revoltando-se contra o peso da cor, assim vivem as mulheres do campo"[283]. Se algo acima de uma educação elementar está na maioria das vezes ausente da vida dessas mulheres, a instrução para falar em público ou a sociabilidade e a frequentação por meio das quais elas poderiam assistir a práticas de fala pública e progressivamente ter oportunidades de intervenção são uma utopia distante.

---

282 Louro, 2011, p. 461.

283 Silva, 2011, p. 576.

De modo semelhante, o destino da maior parte das mulheres negras depois da abolição da escravidão também não contemplava aprendizado e ocasiões, direito e exercício de fala pública: libertas formalmente, mas sem liberdade efetiva, elas "continuariam trabalhando nos setores os mais desqualificados, recebendo salários baixíssimos e péssimo tratamento"[284]. Mesmo depois da proscrição do sistema escravocrata, do início da formação do mercado "livre" de trabalho no Brasil e, mais tarde, com o fortalecimento do processo de industrialização na década de 1930, as condições sociais, econômicas e culturais das mulheres negras, pardas e mulatas empobrecidas eram precárias e suas funções profissionais dentro e fora de casa, fossem elas empregadas domésticas, cozinheiras, lavadeiras, doceiras, ambulantes ou prostitutas, permaneciam depreciadas e sobrecarregas. Além disso, os ultrajantes predicados de rudeza, vulgaridade, agressividade, promiscuidade, hipersexualidade continuavam a lhes serem atribuídos. Como vimos, foi isso que a repressão policial alegou para abordar Lídia de Oliveira na Praça da República e para encarcerá-la, assim como já havia ocorrido com muitas outras mulheres sem tez e traços europeus e o que ainda aconteceria a tantas outras em análogas e precárias condições.

As brasileiras ou as imigrantes que conseguiam emprego nas fábricas não tinham vida fácil. Ainda está fresco em nossa memória o tratamento ofensivo que o chefe de oficina dispensou à Bruna, logo depois que ela quase sofrera um grave acidente de trabalho, no relato de Pagu. Os cargos médios e altos eram praticamente vedados às mulheres, que no chão das fábricas estavam subordinadas a patrões, diretores, mestres, contramestres e assistentes que lhes impunham extenuantes jornadas de trabalho de 12 horas ou mais, que poderiam ir até os domingos, submissão absoluta, ausência quase completa de mínimas condições de higiene e assédios morais e sexuais. Além disso, mesmo no meios operários e sindicais e em veículos da imprensa pró-trabalhadores, continuavam a

284 Rago, 2011, p. 582.

circular discursos em que se afirma que o lugar da mulher era em casa, cuidando da família. Discursos como esses tinham tanta difusão que eram por vezes reproduzidos até mesmo por algumas feministas, que demandavam acesso à educação e ao voto, mas que não pretendiam para si e menos ainda para mulheres das classes não favorecidas condições mais igualitárias de vida e conquista de certa autonomia. Por mais impressionantes que elas fossem, a emergência e a difusão de novas tecnologias de linguagem não operaram uma significativa transformação nesse cenário.

Pouco tempo depois de sua invenção no final do século 19 e de suas primeiras transmissões no Brasil no início dos anos de 1920, o rádio conheceu uma considerável popularização. Nas duas décadas seguintes, já vivíamos a chamada Era de Ouro do rádio por aqui. Em pleno Estado Novo, Getúlio Vargas fez amplo uso de suas ondas para propaganda de seu governo. Além disso, a programação incluía seções e quadros de informação e de entretenimento. À medida que aumentavam a difusão e o sucesso do rádio, mais seus programas se diversificavam. Essa diversificação passou a contemplar os públicos feminino e infantil. Com exceção dos programas que lhes eram destinados, eram raríssimas as mulheres que comandavam ou participavam de outras e consideradas mais importantes atrações. As ondas do rádio poderiam então ter sido um meio pelo qual a fala das mulheres circularia amplamente pelo espaço público brasileiro, mas o sexismo e a misoginia continuavam a buscar reduzi-las à sua suposta frágil e delicada natureza, que seria avessa aos debates e decisões políticas e sociais. No bojo dessa redução, estava a base do preconceito contra a voz feminina. O governo, a política e as informações sérias e relevantes tinham de ficar a cargo dos homens e da voz masculina. As mulheres eram silenciadas mediante seu encerramento no universo radiofônico da diversão. Diante de escassas iniciativas de leve alteração nesse contexto tão desigual, as reações eram predominantemente negativas. Ao noticiar o projeto da Rádio Cruzeiro do Sul de criar em 1936 programas de debates intelectuais conduzidos e mediados por uma locutora, a revista *Carioca* sustentava que até então a dicção feminina parecia não combinar com o microfone e acrescentava ainda que o timbre de voz grave e másculo era o mais agradável e o mais bem adaptado ao rádio. Além disso, costumava-se afirmar que as emissoras não eram um bom lugar para as moças de boas famílias[285]. Para contornar esse inconveniente, não era raro o uso de pseudônimos. Finalmente, o discurso da incompatibilidade entre o rádio e o recato era também responsável pelo fato de que muitas mulheres davam adeus ao microfone com a chegada do casamento.

Mais ou menos no mesmo período, se formou a União Feminina, uma seção da Aliança Nacional Libertadora, movimento organizado e dirigido em meados dos anos de 1930 "com o objetivo de derrubar o governo de Vargas e implantar um governo popular. Suas adeptas eram principalmente intelectuais e operárias". A União Feminina era fruto do início de certa consolidação do feminismo e de uma dada articulação entre suas pautas e as causas operárias. Já em 1935, a associação foi declarada ilegal e colocada na clandestinidade e todas as suas dirigentes foram aprisionadas. Entre elas, estava Olga Benário, que, como sabemos, depois de detida, foi deportada para a Alemanha nazista, onde foi mantida num campo de concentração e no qual em novembro de 1936 deu à luz a Anita Leocádia Benário Prestes, sua filha com o célebre militante comunista Luís Carlos Prestes. Mais tarde, já no terceiro ano da Segunda Guerra Mundial, Olga foi assassinada pela Gestapo. A guerra e, já antes dela, a instauração do Estado Novo de Vargas tornaram ainda mais difíceis a vida e a atuação das feministas. Apesar do contexto fortemente adverso, houve muitas mulheres que participaram de distintos modos de lutas em favor da democracia e contra o fascismo[286]. Em contrapartida, outras mulheres, principalmente, brancas e das clas-

285 Para mais detalhes sobre a limitação da participação das mulheres nas primeiras décadas do rádio no Brasil, ver: Tesser (2010) e Calabre (2002).

286 Teles, 1993, p. 47.

ses médias, foram arregimentadas pelo movimento fascista brasileiro, chamado de Integralismo e encabeçado por Plínio Salgado. As partidárias do movimento integralista eram chamadas de "blusas-verdes" e sua organização precedeu a das associações como a Campanha da Mulher pela Democracia, a União Cívica Feminina, a Liga da Mulher pela Democracia e o Movimento de Arregimentação Feminina, que concorreram para dar amplitude de massa à Marcha da Família com Deus pela Liberdade e ensejo ao golpe de 1964 e à ditadura, que se estenderia até o início de 1985.

MULHERES NA LIDA, NAS LETRAS E NAS LUTAS

Antes da ditadura e depois do fim da Segunda Guerra, se deu a formação de várias associações femininas e feministas adeptas de ideologias progressistas. Entre elas, havia o Comitê de Mulheres pela Democracia e a Associação de Donas-de-Casa contra a Carestia, já em 1945. Suas principais pautas eram a abertura para a maior participação das mulheres na consolidação da democracia, a luta pela conquista de igualdade de direitos profissionais e culturais, sociais e políticos, bem como o combate da inflação de gêneros de primeira necessidade.

Apesar da importância desses movimentos, eles não tiveram força o bastante para impedir a sexista composição da Assembleia Nacional Constituinte, de 1946: nela, não havia sequer a participação de uma única mulher. O texto constitucional que derivou daquela Assembleia não só era sexista, mas também reacionário: dele se excluiu qualquer referência à discriminação de sexo e se inseriu uma definição rígida de casamento monogâmico e indissolúvel, interditando o direito ao divórcio e ao reconhecimento de filhos concebidos fora do casamento. Além disso, aquela Constituição interditava o direito de votos aos analfabetos, o que significava recusar esse direito a mais de dez milhões de mulheres.

Um dos movimentos de resistência a esse avanço reacionário foi a criação da Federação das Mulheres do Brasil em

1947. Sob a influência do PCB e a presidência de Alice Tibiriçá, a FMB lutava pelo direito universal ao voto, pela exploração nacional do petróleo e pela redução de preços de produtos essenciais. Foi a Federação que iniciou as comemorações do dia 8 de março, Dia Internacional da Mulher e a manifestação feminina que deu ensejo a uma greve de ferroviários paulistas em 1948. Três anos mais tarde, aconteceria em São Paulo o I Congresso da FMB, que contou com "231 delegadas de todos os estados, sendo 146 donas-de-casa e as demais operárias, funcionárias públicas, professoras, profissionais liberais, estudantes e camponesas"[287]. Parece não haver registros de suas intervenções nesse Congresso. Se eles existirem, provavelmente são raros e de difícil acesso.

Nos anos seguintes, outras associações de causas feministas foram criadas e outros congressos, assembleias, conferências e reuniões ocorreram: em 1952, aconteceu tanto a 1ª Assembleia Nacional de Mulheres, no Rio de Janeiro, quanto a 2ª Assembleia Nacional de Mulheres, realizada em Porto Alegre; no mesmo ano, foi instalada a Assembleia Interamericana de Mulheres; em 1953, houve em São Paulo, uma grande manifestação de mulheres contra a carestia de vida; em 1954, ocorreu a Conferência sobre os Direitos da Mulher na América Latina; e, em 1956, se deu no Rio de Janeiro a Conferência Nacional de Trabalhadoras. As pautas e reivindicações giravam em torno de direitos das mulheres, especialmente das que estavam no mercado de trabalho, das crianças, contra as guerras, pela democracia etc. Já temas como autonomia das mulheres, controle da fertilidade, liberdade sexual e aborto não eram sequer mencionados.

Mesmo assim, e em que pese a inclinação do governo de Juscelino Kubitschek à democracia formal, em 1957 o presidente assinou um decreto que extinguia as associações de mulheres no Brasil. Os obstáculos às manifestações femininas se incrementaram com aquele decreto, mas essas barreiras suplementares não conseguiram estabelecer um

---

287 *Ibidem*, p. 49-50.

extensivo silenciamento das mulheres. Sua organização em movimentos continuava a se processar e em 1960 a Liga Feminina do Estado da Guanabara foi criada. Três anos mais tarde, ocorreria em São Paulo a Conferência da Mulher Trabalhadora, que reuniu mais de quatrocentas delegadas de todas as regiões do país[288]. De modo geral, os temas desses congressos, sobretudo a luta contra a carestia e pela igualdade salarial entre homens e mulheres, foram registrados em documentos dessas e de outras associações e em marginais repercussões em alguns poucos veículos de imprensa alternativa. Mas as falas das mulheres que aconteceram durante sua realização foram majoritariamente perdidas.

No início dos anos de 1960, os setores civis e militares conservadores deflagaram movimentos para que João Goulart não assumisse a presidência da República, após a renúncia de Jânio Quadros. A chamada "Campanha da Legalidade", encabeçada por Leonel Brizola, conseguiu assegurar a posse de Jango, mas o anúncio das reformas de base acelerou e intensificou a efervescência e a organização de práticas e ideias golpistas. Conforme indicamos, muitas mulheres das classes médias e altas, identificadas com ideologias conservadoras ou mesmo reacionárias, engrossaram o alucinado coro contra o comunismo, constituíram associações e lideraram a Marcha da Família com Deus pela Liberdade. Em seguida, com o Golpe de 1964, os grupos de mulheres e as associações femininas progressistas praticamente desapareceram. Elas só voltariam a tomar impulso a partir de 1975, com o Ano Internacional da Mulher[289]. As práticas e os discursos conservadores foram incrementados pouco antes e ao longo da ditadura, mas já eram produzidos e reproduzidos em larga escala em meados do século 20 no Brasil e em várias partes do mundo como reação à primeira onda do feminismo.

Mencionamos rapidamente em nossa *Introdução* um dos enunciados de um texto da revista brasileira *Querida*, de

---

288 *Ibidem*, p. 50-51.

289 *Ibidem*, p. 51.

1954. Além de afirmar que "Lugar de mulher é o lar", sua autora ainda sustenta o seguinte: "a tentativa da mulher moderna de viver como um homem durante o dia, e como uma mulher durante a noite, é a causa de muitos lares infelizes e destroçados". Ali ainda se formula um suposto diagnóstico com manifesto juízo de valor, "Felizmente, porém, a ambição da maioria das mulheres ainda continua a ser o casamento e a família", antes de sentenciar que "Muitas, no entanto, almejam levar uma vida dupla: no trabalho e em casa, como esposa, a fim de demonstrar aos homens que podem competir com eles no seu terreno, o que frequentemente as leva a um eventual repúdio do papel feminino". Há aí pressuposição da evidente existência de um "papel feminino" e apagamento completo da busca feminina por emancipação, em benefício do destaque dado à mesquinha e egoísta rivalidade das mulheres com os homens. Essa sua injustificável competição com eles lhes exige "um esforço excessivo" e o resultado é "a confusão e a tensão reinantes no lar, em prejuízo dos filhos e da família"[290]. Trata-se aí de uma publicação de grande sucesso editorial destinada a mulheres das classes médias e consagrada a temas "femininos", bem como à codificação e ao controle de seus comportamentos. Por isso, além do risco de confusão e tensão nos lares e dos prejuízos para a família, essa retórica sexista reacionária ainda alertava para os perigos da perda da "feminilidade" e dos "privilégios" de "proteção e sustento" gozados pelas mulheres.

Querida não era o único veículo da imprensa destinado ao público feminino nas décadas de 1950 e 60. Entre outros, havia também o *Jornal das moças*. Mas a força e a difusão dos discursos conservadores sobre a conduta das meninas, das moças e das mulheres residiam no fato de que eles eram reproduzidos não apenas nesses veículos, mas também em materiais didáticos, textos religiosos e manuais de boas maneiras e ainda nas conversas, recomendações e repreensões

290 Texto da edição de novembro de 1954 da revista *Querida*, citado por Pinsky (2011, p. 624).

cotidianas e familiares. Nessa ampla diversidade textual, se repetia que a esposa ideal e a feliz união conjugal dependiam em boa medida do que e de como a mulher falava e se calava. Um dos textos do *Jornal das moças*, de outubro de 1955, afirmava que as mulheres deveriam sempre estar de acordo com a opinião de seus maridos e ainda se esforçar por adivinhar e realizar suas vontades: "Acompanhe-o nas opiniões. Esteja sempre ao seu lado, cuidando dele, animando-o e reconhecendo seus gostos e desejos". Em resumo, se prescrevia essa conduta ideal da esposa, que compreendia um estrito regime de fala e muitos silenciamentos:

> A boa companheira seria capaz de "adivinhar os pensamentos do marido"; amar "sem medir sacrifícios visando única e exclusivamente à felicidade do amando"; receber o esposo com "atenção todo o dia", quando ele chegasse em casa; manter "o bom humor e a integridade da família"; interessar-se por vários assuntos para poder conversar com o marido e ser uma boa anfitriã – e não envergonhá-lo na frente dos amigos –, saber falar e calar nas horas certas, quando o marido está cansado ou aborrecido, por exemplo.
> A "boa esposa" – a principal responsável pela paz doméstica e pela harmonia conjugal – além de não discutir, não se queixa, não exige atenção. Não aborrece o marido com manias de limpeza e arrumação, com futilidades, caprichos, inseguranças ou necessidades de romantismo fora de hora – "atitudes típicas das mulheres".[291]

Esse controlado regime de fala imposto sobre as mulheres e seus vários silenciamentos veiculados nesses periódicos como *Querida* e *Jornal das moças* visavam o público feminino das classes médias. Mas as divisões entre o espaço doméstico da casa e da cozinha reservado às mulheres, sua preocupação com a criação dos filhos e a vida cotidiana da família, por um lado, e o espaço público da rua e da praça, do trabalho e das

291 Pinsky, 2011, p. 628-629. A referência ao *Jornal das moças* e seu fragmento que reproduzimos no parágrafo anterior também constam nessa mesma passagem do capítulo de Pinsky.

tribunas, da sociedade e da política, por outro, foram estabelecidas há muito tempo e se alastraram para além das fronteiras que separam as diferentes classes e grupos de uma sociedade e os diversos setores e instituições sociais. Essas divisões suplantam ainda a distinção entre o campo e a cidade. Há similares e diversos silenciamentos das mulheres empobrecidas da zona rural brasileira. Mesmo que se tratasse de alguém com perfil de liderança, como se costuma dizer atualmente, Elizabeth Teixeira permaneceria de certo modo silenciada e sob a sombra de seu marido, João Pedro Teixeira, cuja atuação militante à frente de uma das Ligas Camponesas do interior da Paraíba e cujo assassinato em 2 de abril de 1962 a mando de latifundiários foram retratados no conhecido documentário *Cabra marcado para morrer*[292], de Eduardo Coutinho. Já no primeiro capítulo de sua autobiografia, Elizabeth Teixeira relata uma cena que se passou no leito de morte de sua mãe:

> Minha mãe sofreu muito. Antes dela morrer, me lembro que saí de João Pessoa com destino a Sapé. Chegando lá eu abracei minha mãe, ela tão fria, quando ela me via parece que ela ficava fria, ela já velha, eu abracei ela e nesse momento foi chegando um amigo dela, lá de Sobrado, e ela falou pra ele:
> — Elizabeth teve tanta vontade de estudar, até chorou quando tiramos ela da escola, mas eu nada pude fazer por ela, porque palavra de mulher não vale, eu nada pude fazer.
> Ela falou isso chorando. Apesar de tudo, eu nunca pude me separar do amor que eu tinha por minha mãe. Ela sofreu muito ao lado do meu pai.[293]

O quadro, as ações e a fala materna são marcantes e comoventes. Elizabeth não poderia se esquecer do sofrimento passado e presente e da dureza no trato de sua mãe. Também não se esqueceria do que ela disse a seu amigo de Sobrado

292 O filme, lançado em 1984, foi dirigido por Eduardo Coutinho, produzido pela Mapa Filmes e pela Eduardo Coutinho Produções Cinematográficas. O começo das filmagens ocorreu em 1964, mas elas foram interrompidas pelo golpe que deu início à ditadura e ficaram suspensas durante dezessete anos.

293 Teixeira, 1997, p. 31.

e do modo como lhe falou da interrupção da vida escolar de sua filha. Elizabeth tinha muita vontade de continuar estudando, mas seu pai decidiu tirá-la da escola. Diante da decisão do marido, sua mãe não pode fazer nada. A fala ali reproduzida de sua mãe não permite sabermos ao certo se houve ou não de sua parte tentativa de demovê-lo daquele decreto. Em todo caso, a memória de Elizabeth conservou aquela indireta declaração de amor materno e o eco daqueles termos: "... palavra de mulher não vale". De forma terrível e involuntária, a morte brutal de João Pedro acabou por promover uma nova forma de vida para Elizabeth. Já no início do luto veio a promessa de continuidade da luta. A partir daquele momento, ela daria provas de que aquela sentença de sua mãe não era um selo em seu destino. Depois de saber do assassinato de seu marido, ela sai imediatamente de sua casa na zona rural de Sapé e segue com seu filho mais velho em direção ao necrotério do hospital da cidade. Lá Elizabeth é impedida de entrar e de ver o corpo de seu marido por dois policiais armados com fuzis. Ela os enfrenta, salta sobre eles, os deixa para trás juntamente com seu filho e chega à sala onde está o cadáver de João Pedro.

> Cheguei e ele estava lá, morto, estendido em cima da pedra. Os olhos cheios de terra, o ouvido também, o sangue no chão, uma poça imensa de sangue. O lençol que cobria seu corpo estava cheio de sangue, como se tivesse sido morto naquele instante, sangrando, os olhos dele tão vivos, abertos, tão vivos que se você olhasse, dizia que ele estava vivo. Ele era um homem forte, 1,75m de altura. Então, naquele momento eu disse:
> — João Pedro, por mais de uma vez você me perguntou se eu daria continuidade à sua luta, e eu nunca te dei a minha resposta. Hoje eu te digo, com consciência ou sem consciência, eu marcharei na tua luta, João Pedro, pro que der e vier![294]

Em seguida, Elizabeth fala que sua dor passou a ser acompanhada pela revolta e pela vontade de já dar início à conti-

294 *Ibidem*, p. 75.

nuação da luta de seu marido e de seus companheiros. O começo da extensão do bom combate da Liga Camponesa de Sapé era soltar o grito preso na garganta: "Senti vontade, naquele momento, de voltar para o campo e chamar os homens do campo e gritar bem alto: 'Viva a Reforma Agrária!', 'Queremos Reforma Agrária mesmo!', 'Vamos lutar pela terra!'". O relato de Elizabeth ainda guarda parte da intensidade daquela experiência. Já na sequência imediata de sua narrativa, após mais um parágrafo que concentra a expressão de sua revolta, ela praticamente repete o que havia contado logo antes, lhe acrescentando, no entanto, uma série de elementos de gênero, constitutivamente entrecruzados com a palavra e com a promessa:

> No momento em que vi João Pedro morto, em cima da pedra, aquilo me revoltou muito. Até aquele momento a luta tinha sido dele. Eu ficava em casa, cuidando de tudo, das crianças, do roçado, arrancando batata, plantando inhame, apanhando feijão...
> Tantas vezes ele me perguntou se eu ia continuar a luta dele. Eu sempre me calei, eu nunca lhe dei a minha resposta...
> Mas quando eu vi ele ali, estraçalhado de bala, eu olhei bem pra ele e lhe disse:
> — João Pedro, a partir de hoje eu marcharei na tua luta. Luta por terra, luta pelo homem do campo, luta pela mulher do campo que sofre como eu já sofri e que estou sofrendo agora. Tanto faz viver ou morrer. Eu estou disposta a enfrentar o que vier. Se eu for morta, morro, os filhos ficam... Mas eu te juro, João Pedro, eu darei continuidade à tua luta![295]

Ela não demoraria a cumprir seu juramento. Já no início de maio de 1962, pouco tempo depois do sepultamento de seu marido, Elizabeth foi à sede da União Nacional dos Estudantes (UNE) no Rio de Janeiro para participar de uma homenagem a João Pedro e de um protesto contra a violência no campo. Depois dali, ela seguiria a Brasília para prestar seu depoimento a uma Comissão Parlamentar de Inquérito. Também

295 *Ibidem*, p. 76.

ainda nesse período se deu sua aclamação como líder da Liga Camponesa de Sapé. Em seu memorial, Elizabeth faz várias referências a reuniões, comícios e atos públicos. Mas nem ela nem os trabalhos acadêmicos nem ainda as homenagens de movimentos sociais que lhe foram dedicadas costumam retratar sua fala pública. Há um considerável contraste entre as inúmeras circunstâncias em que Elizabeth falou publicamente como liderança camponesa e os raríssimos registros ou menções a seus pronunciamentos. Numa dessas escassas exceções, ela parece tratar de sua fala apenas para indicar a leitoras e leitores o ambiente ameaçador e violento no qual ela, companheiras e companheiros tinham de intervir:

> Uma vez, em São Miguel, um proprietário passou a semana todinha carregando material pra fazer uma barreira pros homens dele se esconder, armados, aguardando a chegada dos camponeses. A gente chegou e eles estavam lá, armados, até metralhadora tinha. Mas o nosso grupo era muito maior, e a gente chegou lá e fez o Ato Público. A barreira estava lá, eles tudo armados. Eu peguei o microfone pra falar e disse aos companheiros:
>
> — Companheiros, não vamos ter medo das armas deles, não vamos ficar embaixo da cama com medo das armas deles. Eles que fiquem cientes de que nós camponeses estamos aqui pra o que der e vier e não estamos com medo das armas deles não![296]

Outro raro registro de suas falas é o que se encontra em *Cabra marcado para morrer*. As cenas de seu pronunciamento feito ainda no início de 1964, por ocasião da fundação de um Sindicato, estão entremeadas com seu depoimento já gravado na década de 1980, no qual ela fala de sua prisão por vários policiais, que haviam atirado em seus pés para intimidá-la e que, já na delegacia, lhe fizeram várias perguntas "imbecis", como suas ligações com a União Soviética. Enquanto o quadro exibe a postura e os gestos de uma oradora segura e enfática, infelizmente não se ouve o que ela diz. Escutamos

296 *Ibidem*, p. 89-90.

apenas a voz *off* do narrador, que afirma o seguinte: "Esta foi provavelmente a última participação de Elizabeth Teixeira num comício. O comício realizado nos primeiros dias de 1964 comemorava a fundação do Sindicato de Trabalhadores Rurais de Taipu, cidade próxima de Sapé". O longo silenciamento imposto a Elizabeth e a abrupta interrupção das filmagens do documentário de Eduardo Coutinho já ocorreriam duas semanas depois daquele comício. Uma violenta repressão contra camponeses em Sapé obrigou a suspensão do filme. Aquela e outras intimidações, agressões e mortes foram precedidas, acompanhadas e sucedidas por Marchas da Família com Deus e pela Liberdade que aconteciam também nas capitais e no interior da Paraíba e de Pernambuco. Logo após anunciar o cancelamento de sua própria filmagem ainda em fevereiro de 1964, o documentário exibe uma série de manchetes da imprensa da região: "Sapé com Deus e pela Democracia", "A Marcha da Família em Areia, Piancó e Uiraúna", "Guarabira realizou a Marcha da Família com Deus pela Liberdade", "João Pessoa marchou ontem com Deus pela Liberdade" e "Marcha no Recife levou à rua 200 mil pessoas". Já indicamos a decisiva atuação de mulheres das classes médias na organização dessas marchas que contribuíram para dar amplitude de massa às ideias e práticas civis, militares e golpistas da extrema-direita.

CALA A BOCA JÁ NASCEU... OS LONGOS ANOS DE CHUMBO

Os avanços feministas e a progressiva conquista de mais direitos, lugares e exercícios de fala no espaço público para as mulheres sofreram uma grave interrupção e vários refluxos com o Golpe de 1964 e as duas décadas de ditadura. Esse período sombrio e atroz foi marcado pela difusão das ideias do perigo comunista, da criminalidade urbana e da degeneração moral da família e da sociedade. Para enfrentar seus inimigos, os "cidadãos de bem" apoiavam e/ou praticavam o ódio de classe, o racismo, a misoginia, a homofobia e a repressão militar, que compreendia a violência concebida como fator de regeneração social, a segregação de grupos já fragilizados, a mobilização exponencial das mentiras e o exercício do poder de forma autoritária e repressora. Sabemos que a reunião desses traços é característica do fascismo e vimos no capítulo anterior que os fascistas e nazistas europeus fizeram do homem hiperviril sua pedra de toque, de modo que seu machismo fazia das mulheres seres inferiores, cuja existência só tinha sentido na relação e na subordinação aos homens. Os neofascistas brasileiros conservaram essa tradição. Guardadas determinadas especificidades repressivas, as pessoas pobres, negras, indígenas e homossexuais foram alvos privilegiados da ditadura. Homens e mulheres das classes médias, que se posicionavam contra o regime, também foram perseguidos e expatriados, torturados e assassinados. A crueldade dos agentes da repressão reservava às mulheres práticas específicas de intimidação, acossamento, suplícios e morte. Isso não impediu a vanguarda e o protagonismo da participação feminina em movimentos de resistência tática e estratégica, ideológica e mesmo armada contra a ditadura[297]. Mas não há dúvidas de que participação das mulheres no espaço público foi amplamente reduzida, ora de forma mais ou menos insidiosa, ora de modo manifesto e frequentemente de maneira violenta.

O ano de 1968 é particularmente sintomático do que ocorria por aqui. Enquanto vários movimentos em nome das "minorias" se erguiam em diversas partes do mundo contra o autoritarismo, o colonialismo, o racismo, o machismo e outras formas de opressão, no Brasil a ditadura endurecia ainda mais a censura e a repressão com o Ato Institucional número 5. A partir de então aumenta o contingente de mulheres torturadas e assassinadas, sobretudo daquelas que não se intimidaram em romper os silenciamentos do autoritarismo e em se manifestar publicamente. Um dos levantamentos sem pre-

297 A participação das mulheres nas lutas contra a ditadura foi tema de vários estudos. Entre outros, há os seguintes: Colling (1997), Teles e Leite (2013), Teles (2014; 2015) e Rago (2015).

tensão exaustiva do número de mulheres assassinadas pela ditadura por razões políticas menciona quarenta e um nomes. No relatório da Comissão Nacional da Verdade, esse número sobe para cinquenta[298]. Naquele contexto de endurecimento autoritário, especificamente na atuação das mulheres nas guerrilhas da luta armada contra a ditadura se deu certa tomada de consciência sobre as diferenças de gênero:

> Criméia Almeida, ex-guerrilheira da região do Araguaia, afirma que a expectativa do comando guerrilheiro era de que a mulher tivesse "a mesma força física, os mesmos costumes e a mesma frieza para lidar com as emoções e duvidavam de nossa capacidade para desempenhar as tarefas militares".
> Mas houve também homens guerrilheiros que perceberam que era preciso mudar sua atitude. Quando a morte de companheiros passou a fazer parte de seu cotidiano, os guerrilheiros se sentiram frágeis. A necessidade de extravasar a emoção da perda e da tristeza se impôs em muitas ocasiões. Algumas guerrilheiras tentaram se aproximar do modelo masculino. Acreditavam que dessa forma seu desempenho seria melhor nas ações militares. Mas houve aquelas que aprenderam que deveriam afirmar a diferença e buscar novas formas de vida e de fazer política.
> Nas estratégias militares, coube às mulheres executar as tarefas de observação, levantamento de informações e preparação de apoio logístico. Mas o comando ficou a cargo dos homens. Só excepcionalmente ele coube a uma ou outra mulher. Os homens entraram para os movimentos guerrilheiros com algum conhecimento prévio de estratégias militares e outras atividades similares, já "nós mulheres experimentávamos pela primeira vez as ações militares", relata a guerrilheira do Araguaia.
> A inclusão das mulheres na luta armada foi resultado da exigência das próprias mulheres que, já naquela ocasião, travavam intensos debates sobre o seu ingresso nessas organizações de esquerda. Mas o modelo masculino era considerado o ideal para a guerra e, por isso, os dirigentes não se dispunham a perder tempo em discutir a questão da mulher.[299]

298 Teles, 1993, p. 65-70; Comissão Nacional da Verdade, 2014.

299 *Ibidem*, p. 71.

Junto com o predominante reforço da crença na diferença natural entre homens e mulheres, parece ter havido ali certa desconstrução dos gêneros: alguns homens que experimentam a fragilidade emocional e que expressam publicamente suas emoções, certas mulheres que mimetizaram o modelo masculino de praticar a militância e a guerrilha e ainda outras mulheres que passaram a reivindicar suas próprias e "novas formas de vida e de fazer política". De modo análogo ao que então ocorria na guerrilha, as participações, discriminações e exclusões das mulheres nos sindicatos a partir da chamada "abertura" no final dos anos de 1970. Mas a coragem de várias mulheres de romper o silêncio e dizer publicamente a verdade da repressão já se manifestava antes disso. Provavelmente o caso mais conhecido dessa coragem feminina seja o de Zuzu Angel e da série de denúncias e declarações contra o regime que ela fez após o assassinato de seu filho, Stuart Angel Jones, em junho de 1971. Contudo, houve também manifestações de mulheres da periferia e das classes populares, que "não se resignavam mais a ficar silenciosas diante daquela situação". Mais do que uma rima, a soma de coragem e linguagem era decisiva para enfrentar problemas cotidianos e sociais, em que "o pessoal era político":

> Grupos de mães e donas-de-casa, organizadas em clubes de mães, associações ou sociedades de amigos de bairro, começaram a se movimentar, por meio de abaixo-assinados e questionários, junto aos moradores de seus bairros, para levantar seus principais problemas e decidir juntos como encaminhá-los. Suas primeiras preocupações foram manifestadas em cartas públicas, lidas primeiramente em algumas paróquias, durante as missas de domingo. Falavam do custo de vida, dos baixos salários e da creche. Esses grupos de mães chegaram a ir até algumas autoridades para exigir as soluções necessárias. Foram mal-recebidas e muitas vezes policiais "infiltrados" passaram a rondar os bairros onde elas moravam. Todo cuidado era pouco. Elas receberam o apoio de alguns padres e freiras. As organizações políticas de esquerda também procuravam dar orientação política a esses movimentos, deslocaram alguns militantes dos centros para

as periferias. Mas o importante é que elas, corajosamente, começaram a falar de seus problemas.[300]

Não há excesso aqui em dizer que havia necessidade de coragem para falar. Essas mulheres que romperam o silêncio enfrentavam múltiplos e pesados silenciamentos: o da ditadura, evidentemente, mas também o de segmentos conservadores e reacionários da igreja e ainda o dos próprios companheiros militantes. Entre estes últimos, predominava a ideia de que as "questões particulares" dividiriam e enfraqueceriam a classe trabalhadora e o movimento operário. Temas relativos ao trabalho doméstico, à criação e à educação dos filhos e eventualmente à discriminação nas fábricas podiam até vir à tona nos debates, mas sexualidade, controle da fertilidade, aborto, assédios e violência sexual eram praticamente tabus. Apesar das dificuldades, coletivos de feministas e de mulheres das periferias conseguiram ultrapassar várias barreiras para falar de tais temas. Sem liberdade para criar associações, reuniões de moradores de bairros e de clubes de mães e ainda preparativos para comemorações do dia 8 de março se tornavam circunstâncias para a organização de comunidades femininas e feministas.

As mulheres tiveram importantes atuações no desencadeamento e na proliferação de movimentos que abalariam a ditadura. Elas estavam à frente do "Movimento do custo de vida", considerado a primeira manifestação de massa depois do AI5: "As mulheres da periferia foram as pioneiras desse movimento e as principais protagonistas dessa iniciativa, que incorporou milhares de pessoas e fortaleceu a luta em busca da democracia"[301]. Também as primeiras reivindicações de anistia para presos e exilados políticos, que ganha corpo em meados da década de 1970, foi precedida pela Comissão de Mães que se formou para requerer a libertação de seus filhos, os estudantes presos no congresso da UNE, ocorrido em Ibiúna, no interior de São Paulo, em 1968, e sucedida por um abai-

---

300 *Ibidem*, p. 75.

301 *Ibidem*, p. 79.

xo-assinado, pelo Manifesto da Mulher Brasileira e pela criação do Movimento Feminino pela Anistia, que datam de 1975, Ano Internacional da Mulher. A iniciativa da ONU de promover essa comemoração deu ensejo para que aquele ano se tornasse um "marco histórico para o avanço de ideias feministas no Brasil", de modo que muitas mulheres brasileiras pudessem "responder de maneira forte aos anseios da época: de se expressar, de falar, de enfrentar, de agir" e de fazê-lo sob a forma de "manifestações públicas, fora de pequenos círculos de ações clandestinas"[302]. A esta altura, já não nos surpreendemos mais com o fato de que o registro e a conservação das falas dessas mulheres não tenham sido feitos, mesmo que suas manifestações tenham sido decisivas na preparação, realização e difusão desses movimentos.

Mas a palavra das mulheres daquele contexto de "abertura" não foi completamente perdida. Sua escrita, sua divulgação e sua conservação foram proporcionadas por uma nascente imprensa feminista. Dos veículos dessa imprensa, se destacam os jornais *Brasil mulher, Nós mulheres* e *Mulherio*. No primeiro editorial da primeira edição de *Brasil mulher*, publicada em 9 de outubro de 1975, lemos passagens como as seguintes: "Não desejamos nos amparar nas diferenças biológicas para desfrutar de pequenos favores masculinos, ao mesmo tempo que o Estado, constituído de forma masculina, deixa-nos um lugar só comparado ao que é destinado por incapacidade de participação ao débil mental"; "Queremos falar dos problemas que são comuns a todas as mulheres do mundo. Queremos falar também das soluções encontradas aqui e em lugares distantes. Queremos discuti-los em função de nossa realidade brasileira e latino-americana"; "Queremos usar a inteligência, a informação e o conhecimento em função da igualdade". Pouco menos de um ano mais tarde, o *Nós mulheres* começou a ser publicado. Como acontecia nos textos do *Brasil mulher*, também os do *Nós mulheres* enfatizam que o feminismo defendido por suas autoras não era o de uma

302 *Ibidem*, p. 85.

oposição aos homens, mas de sua união em busca por emancipação: "Nós mulheres queremos, junto com os homens, lutar por uma sociedade mais justa, onde todos possam comer, estudar, trabalhar em trabalhos dignos, se divertir, ter onde morar, ter o que vestir e o que calçar. E, por isto, não separamos a luta da mulher da de todos, homens e mulheres, pela sua emancipação". Já em 1981 o *Mulherio* iniciava suas atividades. Ele foi o mais bem-sucedido dessa linha editorial e foi publicado até 1987. Ao lado das pautas já consagradas do feminismo, o *Mulherio* foi considerado precursor na referência a causas como a extensão da licença maternidade para os pais, a "democracia doméstica" e as opressões suplementares enfrentadas pelas mulheres negras[303].

Mesmo com esses avanços, uma mulher negra e lésbica ainda não podia falar em público de sua condição sem provocar espanto e tentativa de silenciamento. Em 1976, no auditório do MASP, houve um *déjà-vu* pela metade. Em princípio, parecia que assistiríamos a uma repetição do "arremesso dos tomates" ocorrido depois da fala da cineasta Helke Sander na conferência da União Estudantil Socialista Alemã, em 1968. Vimos que logo após sua intervenção, na qual ela tratou dos tradicionais papéis de gênero e denunciou a estrutura patriarcal da própria União Estudantil, os dirigentes da assembleia passaram rapidamente a outro tema, na tentativa de que a fala de Sander não usufruísse de nenhuma repercussão. Como reação àquele boicote sexista da fala feminina, a militante feminista Sigrid Rüger arremessou tomates na mesa diretora, no intuito de obrigar os dirigentes da conferência a ceder espaço para o debate e a reverberação do pronunciamento de Sander. Já no auditório MASP estavam reunidas cerca de trezentas pessoas para a comemoração do Dia Internacional da Mulher, organizada pelo jornal *Brasil mulher* e pelo Movimento Feminino pela Anistia. Mais ou menos estranhamente, havia mais homens do que mulheres no plenário

303 Mais informações sobre a imprensa feminista desse período podem ser encontradas em Buitoni (1986), Leite (2003) e Cardoso (2004).

e ainda outros grupos de mulheres. Algumas outras pautas foram levantadas, mas o destaque era a demanda de anistia. Nenhum dos temas e das intervenções tinha causado maior impacto, até que "uma representante das mulheres negras, homossexual, pediu a palavra para denunciar a discriminação que sofrem os homossexuais e principalmente as lésbicas". Surpresa e indisposição marcaram a predominante reação da plateia: "o fato causou espanto e mal-estar, pois ninguém naquela época falava sobre homossexualismo, muito menos em público". Entre outras razões para que fosse essa a reação da maioria estava o incômodo consenso de que "as mulheres que iniciaram as lutas feministas eram chamadas de lésbicas ou 'sapatão'". Somados, sexismo, racismo, homofobia e lesbofobia, produziram um desfecho no auditório do MASP muito distinto do que o que aconteceu na assembleia estudantil alemã: "Por isso, ninguém comentou o que falou a lésbica, para que o assunto caísse no esquecimento. Aliás, a fala dessa negra incomodou mais do que a presença dos policiais que procuravam intimidar as manifestantes"[304].

IMPOSIÇÕES E SUPERAÇÕES DOS SILENCIAMENTOS

Já vimos e voltaremos a ver esse repetido enredo: o espaço público se tornou há muito tempo interditado às mulheres ou ao menos seu acesso lhes foi muito dificultado. Se, ainda assim, elas conseguem promover alguma abertura e passam a participar da esfera pública, mesmo com limitações, o patriarcalismo, o machismo, a misoginia e afins buscam impedir que elas falem publicamente. Caso consigam falar, o que se tenta barrar é a escuta de suas intervenções. Para tanto, elas são ignoradas, depreciadas e deslegitimadas. Nessa direção, um recurso de que a dominação masculina costuma se valer é a supressão de repercussão das declarações e pronunciamentos das mulheres. Em circunstâncias nas quais a fala feminina dá pouca ou não dá nenhuma margem à crítica de seu fundo

304 Teles, 1993, p. 97.

e de sua forma, a estratégia ou o gesto mais ou menos deliberado de silenciamento passa a ser a privação da fala sobre a fala, que aumentaria seu alcance e seu impacto, por meio do reconhecimento de sua pertinência e conveniência, de sua necessidade e fecundidade. Além disso, há outro silenciamento da fala das mulheres, que consiste na marcação e na redução de quem fala, como se sua palavra pudesse ser limitada a um dado aspecto da configuração interseccional da locutora. O efeito desse rebaixamento da fala feminina pode ser construído, inclusive, quando não se tem intenção de promovê-lo, em modos de se referir a ela empregados por pessoas sobre as quais não recai nenhuma suspeita de conservadorismo, tal como uma histórica militante feminista, ferrenha defensora dos direitos humanos e combatente de primeira hora da ditadura, que foi presa e torturada. Essas louváveis e justas credenciais de Amelinha Teles não impedem que um dos efeitos das expressões "falou a lésbica" e "a fala dessa negra" seja a marcação e a redução daquele pronunciamento que causou espanto e mal-estar no auditório do MASP. As intervenções de homens brancos heterocisnormativos das classes médias e altas quase nunca são mencionadas com destaque para algum dos aspectos de seu locutor.

Nos anos seguintes, as reuniões e assembleias em comemoração ao 8 de março se tornariam ainda mais bem-sucedidas. O número de suas e de seus integrantes é cada vez maior, assim como o contingente, cada vez mais diverso. Uma dessas situações se deu no auditório da Fundação Getúlio Vargas, em São Paulo, em 1977. Havia ali não só um público mais numeroso e plural, mas também direito e exercício de fala de mulheres provenientes de grupos e segmentos subalternizados:

> Mulheres de vários setores fizeram uso da palavra. Falavam do custo de vida, da necessidade das creches, das condições precárias das moradias. Uma operária têxtil, Olga, defendeu a aposentadoria para a mulher aos 25 anos de tempo de serviço. E finalizou assim o seu discurso: "E isso não é privilégio nenhum, pois 25 de trabalho na fábrica mais 25 anos de tra-

> balho em casa são 50 anos de trabalho. Portanto, onde está o privilégio?"
>
> Uma trabalhadora a domicílio também trouxe à manifestação os problemas que enfrentava: "Sou esposa de um operário, moro na periferia, meu marido ganha pouco mais de um salário mínimo, tenho quatro filhos, por isso não foi possível arrumar trabalho fixo, pois tenho que cuidar das crianças. Assim, tive que pegar serviço de costura para fazer em casa. Trabalhamos muitas horas, até emendar a noite. Não tenho direito à aposentadoria, assistência médica, abono, porque não somos registradas, e ainda temos a responsabilidade de transportar as peças para costurar. Se perdemos uma peça que seja, temos que pagar".
>
> A representante do Clube das Empregadas Domésticas denunciou: "Nós trabalhamos até 17 horas por dia e ninguém toma providência. As empregadas domésticas são moças que chegam do interior e normalmente não são tratadas como seres humanos. Até pra namorar, elas têm de namorar longe da casa onde trabalham".[305]

O quadro era mesmo bastante promissor: adesão densa às causas feministas, diversidade na assistência e na participação e falas de mulheres sobre as quais havia carga adicional de exploração e opressão, assim como registro e conservação de parte dessas falas. Além disso, cada um desses fragmentos de suas intervenções nos permite identificar a agudeza do que elas diziam e a propriedade da forma como falavam. Sem instrução retórica alguma, essas mulheres eram capazes de informar, cativar e emocionar seus ouvintes, atualizando a seu modo o antigo ideal de eloquência concebido por Cícero, *docere*, *delectare* e *movere*. Mas nem mesmo as provas dessa grande capacidade oratória seriam suficientes para promover uma escuta respeitosa e menos ainda para suscitar a persuasão de classes, grupos e sujeitos indiferentes à condição precária de vida daquelas mulheres e de suas famílias ou, pior do que isso, movidos por ódio de classe, racismo, misoginia e congêneres, juntos e misturados. Entre outras vias,

---

305 *Ibidem*, p. 98.

o silenciamento da fala feminina subalternizada pode vir de seu menosprezo e de sua deslegitimação, bem como do boicote de sua repercussão. A grande imprensa brasileira usou essas duas formas. Alguns de seus veículos simplesmente decidiram ignorar aquele e outros acontecimentos similares, enquanto outros optaram por deturpá-lo, tentando ridicularizar as denúncias e as reivindicações feitas ao longo de sua realização. Entre esses últimos, estava o *Jornal da tarde*, que na edição do dia 9 de março daquele ano "publicou uma reportagem de página inteira, com a seguinte manchete: 'Nossas feministas e todos os seus pedidos. Um deles: um lugar para namorar', assinada por Sheila Lobato"[306]. A evidente tentativa de desmoralizar o movimento feminista, com o agravante de buscar calar as falas das mulheres por meio da escrita de autoria feminina, tem no seu avesso a consolidação e a ampliação do feminismo.

Esse crescimento e certa abertura no espaço público à atuação das mulheres eram acompanhados por indisposições, mesmo em setores que lutavam por igualdade. Sua presença cada vez mais maciça e ativa era muitas vezes sentida como um incômodo em assembleias de sindicatos, em reuniões da Igreja e em atos dos movimentos sociais e políticos. Em quase todas essas ocasiões, havia ao menos uma mulher que pedia a palavra e falava sobre a especificidade feminina. Um dos frutos das lutas feministas foi o protocolo do requerimento para a abertura de uma Comissão Parlamentar de Inquérito dedicada à situação das mulheres no Brasil, em novembro de 1976. Entre os mais de cem signatários daquele requerimento, não havia sequer uma única mulher. A CPI da Mulher foi instalada em abril do ano seguinte e seu relatório final, publicado em 1978. Ela era composta por vinte e dois membros: oito senadores e seis deputados do ARENA (Aliança Renovadora Nacional, o partido político que apoiava a ditadura), somados a três senadores e cinco deputados do MDB (Movimento Democrático Brasileiro, partido de oposição à di-

---

306 *Ibidem*, p. 99.

tadura). Uma única mulher fazia parte da composição daquela CPI, a deputada Lygia Lessa Bastos, da ARENA. Nos dois primeiros parágrafos de seu relatório final, lemos o seguinte:

> Com a finalidade de examinar a situação da mulher em todos os setores de atividades, foi criada, através do Requerimento nº 15, de 1976, esta Comissão Parlamentar Mista de Inquérito, cuja Presidência me coube, em consequência da manifestação de seus Membros.
>
> Os trabalhos se desenvolveram no prazo de seis meses, período em que foram ouvidas 39 personalidades atuantes em ramos diversificados, tais como professoras, deputadas, jornalistas, psicólogas, donas-de-casa, escritoras, líder das empregadas domésticas, artistas, juízas, pesquisadoras, assistentes sociais, advogadas, desportistas, sociólogas e presidentes de associações.[307]

Assinado por seu presidente, o senador Gilvan Rocha, do MDB, o texto de apresentação do relatório final poderia dar a impressão de que mulheres dos mais variados setores e das mais diversas condições teriam sido ouvidas naquela CPI. Isso não é exatamente verdade. Com exceção de "donas-de-casa" e da "líder das empregadas domésticas", todos os demais perfis profissionais das "personalidades" que tiveram a oportunidade de se pronunciar nas sessões da CPI da Mulher são típicos das classes médias e suas funções, desempenhadas por mulheres brancas, com nível bem acima da média da população brasileira de instrução formal. O pronunciamento de Cecília de Paula Teixeira, a líder das empregadas domésticas, é relativamente extenso, muito emocionante e bastante metalinguístico, ou seja, ela fala várias vezes de diversos aspectos de sua própria fala e de falas alheias. Reproduzimos abaixo apenas três passagens de sua magnífica intervenção.

> Senhores Senadores, senhores Deputados, minhas Senhoras e meus Senhores, é com bastante orgulho e respeito que aqui estou sentada, uma pequenina semente de mostarda

307 Comissão Parlamentar Mista de Inquérito, 1978, p. 5.

que me considero diante das personalidades presentes. Tenho apenas uma literatura de grupo escolar, e olhem que às vezes eu ficava um mês sem ir à escola. Não por preguiça ou porque eu não quisesse. Eu não podia ir à escola porque a miséria batia dentro da nossa casa e tomava conta dela. E minha mãe pobrezinha como era, com cinco filhos para educar, e morando num sítio, o que ainda mais dificultava nossa ida para a escola.

Então eu quero criar essa *Associação das Domésticas*, excelentíssimos Senadores e excelentíssimas queridas Senhoras. Mês passado, lá na Câmara em São Paulo, eu soube que ia haver uma palestra da CPI na Sala das jovens, no MDB. Então disseram: vai lá Cecília, quem sabe você fala qualquer coisa, está aí um grande Senador, grande mesmo, falo o nome dele, em pé, Senador Gilvan Rocha, este é um cireneu mandado por Deus, ele é o último recurso da minha pauta, porque se eu não vencer agora, abandono a obra, abandono a cruz na estrada, porque já faz 20 anos e estou cansada. Então ele será o meu cireneu, ajudando-me a carregar essa cruz, pesada de responsabilidade, das domésticas. Eu estou aqui, devo a ele, devo à mocidade da CPI, devo a CPI, devo a ele, senão não estaria aqui. Passariam, quem sabe, mais 20 anos e eu não aguentando mais. Morreria sem concluir minha obra. Eu fui ao MDB e lá estavam reunidas pessoas de todas as categorias: Senadores, Deputados, numa palestra sobre a CPI e quem quisesse falar, tinha liberdade de falar. Meu coração batia tanto, parecia que queria sair fora do corpo, parecia que Deus falava nos meus ouvidos: Cecília, fale! Eu tinha vergonha, porque não tenho diploma, não tenho categoria alta para falar ao alcance da educação de Vossas Excelências. O Meu português é pobre, cheio de falhas, mas é sincero, ele sai do coração, jamais eu falaria uma mentira diante de Vossas Excelências de tanta categoria. Fui até a sala e lá estava os debates da CPI, na sala do MDB. Depois que todos falaram, muitas pessoas, foi dada a palavra a quem quisesse falar, e eu levantei. Falei o tempo que estou falando agora porque, se me deixassem, eu amanhecia falando de tanta coisa que eu tinha para contar. A causa triste das domésticas. Então eu falei, como oradora.

> Peço a Vossas Excelências perdoarem as minhas palavras grosseiras. Quero saber se ofendi a Vossas Excelências, mas só ganhando esse presente que eu ganhei da CPI é que posso agradecer tudo isto, o princípio da nossa Casa das Domésticas. Levarei para São Paulo, para todas as cidades do interior, falarei às reportagens, vou reunir os jornalistas lá no meu pequeno escritório que ganhei, de esmola, sem pagar nada, nada, na Praça da Liberdade, 52, 11° andar, sala 1.105. Lá temos o escritório da ANAED, que ganhei por 6 meses, até ver se levanto a Casa das Domésticas. Qualquer correspondência podem remeter para o endereço acima que lá estarei à espera de cada um de Vossas Excelências, ilustres Srs. e Sras. aqui presentes. Todos irão combater ao meu lado, como cireneus, ajudando a levantar essa grande causa que é a Casa da Doméstica. Levo daqui a maior esperança possível e sei que esta palavra não fui eu que pedi, foi Deus.[308]

O pronunciamento de Cecília de Paula Teixeira é uma joia rara. Além de extremamente tocante, sua leitura permite depreender as notáveis capacidades retóricas da oradora. Ao final das transcrições de cada uma das intervenções das mulheres que falaram na CPI, ou não há menção alguma ou há parênteses no interior dos quais se lê "Palmas". Nos parênteses que sucedem a fala de Cecília, esse apontamento da reação do público está marcado pela duplicação do substantivo: "Palmas. Palmas". O entusiasmo com sua intervenção era muito merecido, assim como ela mereceria de nossa parte uma análise detalhada, que indicasse discriminadamente suas várias virtudes oratórias. Por ora, o tempo e o espaço nos impedem de fazê-la. Mas é preciso registrar ao menos um ou outro aspecto mais marcante de sua fala. Em conjunto com sua autoafirmação, "Então, eu falei como oradora", há frequente depreciação de suas próprias formas de expressão em sua metalinguagem, que produz os efeitos de modéstia e de insegurança: "Eu tinha vergonha, porque não tenho diploma, não tenho categoria alta para falar ao alcance da educa-

308 Teixeira, 1978, p. 405-417.

ção de Vossas Excelências"; "O Meu português é pobre, cheio de falhas", "Peço a Vossas Excelências perdoarem as minhas palavras grosseiras". Seus excessos de protocolo e deferência são compensações e antídotos para a já antecipada sanção negativa que sofreria sua fala. Cecília conhecia e havia introjetado os preconceitos linguísticos contra a linguagem popular, intensificados certamente no julgamento do desempenho de uma mulher negra e pobre. O Congresso Nacional é uma zona de concentração de poder em que ela é estrangeira e não tem espaço. A líder das empregas domésticas estava fora de lugar e seu direito de fala resultaria da concessão benevolente e condescendente dos donos do poder.

Ela tinha o que dizer, mas acreditava não saber como falar. Nas raras vezes em que uma mulher negra e empregada doméstica tem a oportunidade de falar no espaço público de uma poderosa instituição, tudo se passa como se ela só soubesse e pudesse falar dessa sua condição. O mecanismo que funciona aqui é o da redução da pessoa a uma sua faceta, fenômeno que consideramos há pouco. A fala de subalternizadas e subalternizados é autorizada e passa a ter direito a alguma escuta, caso se restrinja a tratar do que marca e estigmatiza essas pessoas: negros sabem e podem falar da negritude; homossexuais, de homossexualidade; operários, do proletariado etc. etc., ou seja, somente se elas falarem do que as retira da "normalidade" e do que as expulsa ou rebaixa da comunidade dos falantes. Cecília só pode falar do trabalho doméstico. Mas, ainda assim, ela fala e se pronuncia bem e extensamente. Finalmente, a voz das empregadas domésticas era ouvida pelos legisladores do Brasil. Não exatamente. Já dissemos que a fala num espaço de poder é algo privilegiado, raro e valioso. A benevolente concessão dos senadores e deputados consagrada a Cecília não poderia se estender a outras mulheres trabalhadoras, talvez menos articuladas, como se costuma dizer, menos protocolares e deferentes. Só havia oportunidade para uma única porta-voz. Nessa posição, ela fala pelas colegas da categoria que representa, mas, à sua revelia, participa do silenciamento de outras tantas que foram interditadas de se expressar naquela CPI: "a mulher trabalhadora foi impedida de participar. Só pôde falar quem apresentava um 'currículo' previamente aprovado pelos integrantes da Comissão. Alegou-se ainda que as mulheres trabalhadoras eram inibidas, o que as impedia de fazer uso da palavra no Congresso"[309]. Veremos adiante que, em outras CPIs, ocorridas já depois de novos avanços do feminismo, a fala das mulheres continuaria a ser objeto de menosprezos, deslegitimações e interdições. Mas veremos também que deputadas e senadoras resistiram naquelas circunstâncias à dominação masculina e lutaram contra os silenciamentos que seus colegas de Congresso tentavam lhes impor.

ABAIXO A DITADURA! A VOZ E A VEZ DAS MULHERES

As assembleias sindicais e as greves do ABC em 1978 e 1979 são acontecimentos bastante conhecidos da recente história brasileira. Além de sua contribuição para o processo de abertura política do regime autoritário de 1964, elas começaram a dar ensejo à projeção nacional de Lula, que, depois de presidente do Sindicato dos Metalúrgico de São Bernardo do Campo e Diadema, seria presidente do PT, deputado federal, candidato à presidência da República e presidente por três mandatos. No dia 1 de maio de 1979, menos de dois meses após a deflagração da Greve Geral do ABC, que paralisaria cerca de 200 mil trabalhadores, principalmente do setor automotivo, "diante de milhares de trabalhadores no Estado da Vila Euclides, em São Bernardo do Campo, Grande São Paulo, as mulheres lançaram um importante manifesto, onde denunciavam as condições de trabalho feminino e reivindicavam a criação de creches nos bairros e locais de trabalho".

O período entre o final da década de 1970 e meados dos anos de 1980 foi efervescente e compreendeu importantes eventos e conquistas: a Lei da Anistia, a campanha das *Diretas já*, a criação de associações e a realização de congressos

309 Teles, 1993, p. 102.

de mulheres. A força desse movimento provinha da união e participação de sindicatos, movimentos populares, entidades estudantis, artistas e grupos feministas. Foi nesse ambiente efervescente e de reconhecida atuação feminina que, entre os dias 21 e 28 de janeiro de 1978, aconteceu o I Congresso da Mulher Metalúrgica, no sindicato da categoria de São Bernardo do Campo e de Diadema: "Participaram do encontro 300 mulheres. Mas, na mesa que dirigiu os trabalhos, só havia homens: Lula, Almir Pazzianoto, entre outros". Uma das propostas daquele congresso era a criação do departamento feminino nos sindicatos: "enquanto as mulheres simpatizavam com a ideia, os dirigentes sindicais a repeliam, alegando que iria dividir os trabalhadores"[310].

"Lugar de mulher não é no sindicato, nem nas greves." A afirmação é do marido de uma das metalúrgicas grevistas, que tinha sido demitida e cuja demissão ele comemorara naqueles termos. Vimos que a participação das mulheres sempre foi muito importante nos movimentos operários, sindicais e sociais, de modo geral. Contudo, elas quase nunca eram contempladas com algum reconhecimento por essa sua atuação. Somente quase dez anos depois das greves do ABC e do primeiro Congresso da Mulher Metalúrgica é que a Central Única dos Trabalhadores (CUT) e a Central Geral dos Trabalhadores (CGT) criaram respectivamente a Comissão da Questão da Mulher Trabalhadora e o Departamento Nacional para Assuntos da Mulher. Novamente nos deparamos com o fato de que há poucos registros e raras conservações dos apartes e dos pronunciamentos feitos pelas mulheres que participavam dessas associações e de seus congressos, assembleias e outros atos públicos. Uma exceção a essa regra é a fala de Maria Berenice Godinho Delgado, conhecida como Didice, coordenadora da Comissão da Questão da Mulher Trabalhadora da CUT em 1989. Reproduzimos abaixo somente uma passagem inicial e outra final de seu pronunciamento:

---

310 *Ibidem*, p. 106-108.

> As relações entre sindicato e mulheres trabalhadoras não foram das mais fáceis. Embora as mulheres tenham tido presença significativa no mercado de trabalho, desde o início do processo de industrialização, e atuação destacada na luta operária, os sindicatos não as incorporaram à prática política, nem dividiram com elas o poder das entidades representativas dos trabalhadores. A imagem de mãe e esposa se superpõe à de companheira. A eclosão do feminismo nos anos 70 iniciou mudanças profundas nas relações de gênero.
>
> O sindicato tem de caminhar para que se consolide como defensor ardoroso da luta contra a opressão e para colocar em prática importantes resoluções, tem que conferir respeitabilidade política às demandas trazidas pelas mulheres, tem que abandonar de uma vez por todas o fantasma da divisão da classe trabalhadora supostamente promovida pelo feminismo e assumir, sem reserva, que a luta contra a opressão é parte fundamental de nossa luta.[311]

Houve muitas lutas para que mesmo os companheiros progressistas passassem a ver as mulheres não só como esposas, mães e filhas, mas também como companheiras. Ainda no meio dessa luta, emergiram outros e mais amplos combates. O feminismo apontava para os perversos efeitos da conjunção entre sociedade de classes, pensamento patriarcal, cultura racista e moral conservadora. Diante desse quadro, as feministas reforçavam a crença de que uma de suas batalhas mais fundamentais contra a dominação masculina era sua luta pela palavra. Nesse período, eram reiteradas as denúncias de que as mulheres foram e ainda eram forçadas a acatar as opiniões dos homens e a se submeterem às suas vontades e decisões: "Isso ocorre tanto na área privada como na pública: família, Igreja, Estado, partidos políticos, sindicatos etc. Daí a necessidade de propiciar à mulher o direito de falar por si, tomar suas próprias decisões, buscar, enfim, sua identidade"[312]. Particularmente nos sindicatos, machismos e

311 Giulani, 2011, p. 650-651.

312 Teles, 1993, p. 127.

moralismos estavam na base e nas ações de silenciamento das mulheres.

Suas presenças, participações e palavras são alvos dos preconceitos. Em vários depoimentos, as sindicalistas indicam a desigualdade de tratamento dedicado a suas falas e às dos homens, sobretudo em contextos de desentendimento. Eis dois desses depoimentos: "Quando se reúne o conjunto para fazer discussão, por mais que o posicionamento da trabalhadora esteja correto, tem uma torcidinha de nariz, porque foi ela quem falou"; "Eu acho que as disputas são sadias, são normais, mas entre os homens e as mulheres elas se dão de forma diferente. Eles disputam de uma forma que consideram política, e quando é mulher, quando discutimos, o que falamos é entendido como fofoca, como quem fala demais, reclama demais"[313]. Em suma, o que ocorria naquele contexto de consolidação dos sindicatos e de fortalecimento das causas feministas era um contraste entre a atividade constante e efetiva das mulheres nos movimentos, denúncias e reivindicações operárias e sua quase exclusão dos debates e das tomadas de decisão coletivas.

Com as lutas das sindicalistas, elas conquistaram uma paulatina e controversa inclusão no funcionamento dos sindicatos e uma presença, relativamente marginal, em suas diretorias. A vitória parcial nessas batalhas era só pré-requisito para o começo de outras. Nos espaços externos aos sindicatos, as trabalhadoras continuavam a enfrentar silenciamentos de suas falas. Um deles era e, de certo modo, continua a ser a marcação e a redução de quem fala, de que tratamos há pouco:

> Essas atividades (de fala das sindicalistas) proporcionam um capital político que as mulheres vêm acumulando lentamente, mas que acaba se fortalecendo só no interior do sindicato. As únicas que têm oportunidade de representar a categoria em âmbitos externos, negociando com outros atores políticos, são as que ocupam na diretoria o cargo de presidente.

---

313 Depoimentos citador por Giulani (2011, p. 655-656). Esses e outros depoimentos de sindicalistas podem ser lidos em Silva (1990).

> Nesses casos devem estar preparadas para elaborar discursos e para saber lidar com diferentes esferas públicas. Mesmo assim, há estudos que mostram que a capacidade ou a competência para levar as mensagens reivindicatórias para fora de seu sindicato somente lhes é legitimamente reconhecida quando elas falam em nome das próprias trabalhadoras.[314]

"O silêncio é cúmplice da violência." Esse slogan foi cunhado e difundido a partir da revelação de um grave caso de violência doméstica. O episódio ganhou considerável repercussão por duas razões: a primeira consistia no fato de o movimento feminista ter elegido o tema como algo incontornável de um debate urgente. Entre várias outras ocasiões, as feministas trataram da violência doméstica contra a mulher no II Congresso da Mulher Paulista, em 1980. Foi nesse momento que se criaram tanto o serviço telefônico do SOS-Mulher quanto o Centro de Defesa da Mulher, instituições que tinham sedes em vários Estados brasileiros. Já a segunda razão do impacto daquele caso em particular de espancamento da esposa por seu marido se devia ao fato de que se tratava de uma mulher de classe média alta, agredida por "um professor universitário, branco, bastante considerado nos meios intelectuais".

O conhecimento da agressão veio à tona por meio da divulgação de uma carta da esposa agredida. Havia um forte silenciamento nesse domínio e sobre esses casos: "A mulher brasileira até então se mantinha calada frente à violência doméstica". Mas, aquela "denúncia teve grande repercussão, pois ele não era negro, pobre, alcoólatra e, muito menos, ignorante"[315]. Era bastante comum se atribuir esse tipo de violência a esse alegado "perfil desajustado" dos companheiros. Outro caso semelhante foi o feminicídio de Ângela Diniz, assassinada por um milionário carioca, Raul Fernando do Amaral Street, bastante conhecido pelo apelido Doca Street. Ele era companheiro de Ângela e os dois haviam terminado o re-

---

314 Giulani, 2011, p. 662.

315 Teles, 1993, p. 131.

lacionamento pouco antes do crime. Ela foi morta com quatro tiros em seu rosto, em dezembro de 1976, na própria casa de Ângela em Búzios, no Rio de Janeiro. Com a famigerada alegação de "defesa da honra", que já tinha livrado muitos homens da prisão, Doca foi condenado a somente dois anos de prisão, com direito à redução do cumprimento da pena.

Doca e seus advogados alegavam que ele tinha matado por "amor". A "defesa da honra" dava uma espécie de salvo conduto para que um homem pudesse matar a esposa ou namorada, sob alegação de que ela o teria traído. Evandro Lins e Silva, advogado de defesa, chamou Ângela de "Vênus lasciva" e, entre outras coisas semelhantes, disse o seguinte: "Senhores jurados, a mulher fatal encanta, seduz, domina... Às vezes, a reação violenta é a única saída". O júri era composto por cinco homens e duas mulheres. Como já havia cumprido mais de um terço da pena, Doca saiu do tribunal pela porta da frente, onde foi acolhido com os aplausos de uma pequena multidão.

A reação em segmentos progressistas foi muito distinta, evidentemente. Entre outras manifestações de indignação, Carlos Drummond de Andrade publicou uma crônica no *Jornal do Brasil*, em que dizia: "Aquela moça continua sendo assassinada todos os dias e de diferentes maneiras", e Henfil ironizou aquele dramático e inaceitável resultado nestes termos no *Pasquim*: "Estão quase conseguindo provar que Ângela matou Doca". Houve ainda uma grande pressão das feministas, que mais uma vez conseguiram força em seu protesto pela pregnância da palavra. Em resposta à alegada "morte por amor", elas diziam "Quem ama não mata!"[316]. O conjunto das pressões e protestos ganhou a imprensa nacional e internacional e conformou certa tendência de parte da opinião pública, a partir da qual o Ministério Público recorreu e conseguiu ampliar a condenação para quinze anos, em 1981.

Guardadas diferenças e proporções, o resultado das repercussões desses dois casos de violência contra a mulher e das manifestações feministas foi um tipo de *#MeToo* brasi-

316 Alves; Pitanguy, 2022.

leiro, antes da internet e das redes digitais, que geraram contribuições ao avanço das lutas e conquistas contra essa violência e seus silenciamentos da fala feminina. Em que pese a importância desse avanço, o enfrentamento da violência sofrida pelas mulheres estava ainda longe de ter um final feliz. Ultrapassados os fatores domésticos e conjugais que por vários motivos forçavam as mulheres a se manterem caladas, outros silenciamentos da sociedade se abatiam sobre elas. Praticamente não havia instituições e autoridades especializadas constituídas. Na polícia e na justiça, suas falas eram e ainda continuam a ser, mesmo que em menor medida em nossos dias, ouvidas com uma escuta enviesada e deturpadora, que, em última instância, torna a vítima ré ou, ao menos, causa da violência sofrida. Isso ocorreria com frequência e ainda é parte da realidade de muitas vítimas brasileiras, quando se trata de assédio sexual e estupro.

Na década de 1980, o hegemônico discurso sobre esses casos era aquele que afirmava se tratar de ocorrências episódicas, nas quais os atos eram cometidos por "tarados" e "pervertidos". Conjunta ou separadamente, havia também o discurso no qual se dizia que as mulheres teriam estimulado seus agressores com o que vestiam, faziam e diziam. Além disso, o fato de circular por alguns espaços em determinados horários era considerado um estímulo feminino à violência sexual. A força e a difusão desses discursos produziram e tendem ainda a produzir, mesmo que em menor frequência, um amplo e terrível silenciamento das mulheres vítimas dessa violência. Para rompê-lo, são necessárias altas e consecutivas doses de coragem para falar. O primeiro e dificílimo passo é o da denúncia, porque ela tendia e ainda tende a ser desacreditada. Principalmente nesses casos, se costumou atribuir menor valor à palavra das mulheres do que à dos homens. Vimos aqui mesmo, mas também em muitos outros episódios, casos em que a legitimidade da denúncia de uma mulher só começa a existir quando à sua voz se somam outras tantas reforçando e confirmando o que ela disse.

O agressor poderia ser um estranho, mas poderia também estar dentro de casa. Pais, maridos, tios ou outros parentes ou amigos eram não raras vezes os agentes da violência sexual. Nesses casos, inclinações ou mesmo imposição ao silenciamento vinham do discurso sobre a "sagrada" instituição da família, no seio da qual só haveria amor, paz e harmonia. Cenários e afetos de comercial de margarina dissimulavam opressões de tipos diversos e contribuíam decisivamente para o aumento de eficácia das tentativas de calar as falas femininas da denúncia. Os lares em sua maioria são ora mais, ora menos doces, mas também podem ser perigosos, porque um homem violento pode habitar a mesma morada. A violência doméstica não era a única que assombrava as mulheres. Nos ambientes de trabalho, patrões e superiores se valiam com relativa frequência do poder de seus postos para assediar sexualmente suas subordinadas. Frente a esse panorama, as feministas passaram a reivindicar instituições e setores da polícia e da justiça especializados em violência contra as mulheres. As delegacias da mulher foram criadas nesse contexto em meados da década de 1980, tal como a Delegacia Policial de Defesa da Mulher, instituída pelo governo do Estado de São Paulo, em agosto de 1985[317]. Também em resposta às pressões feministas, para atuar nas unidades dessas delegacias foram contratadas mulheres para desempenhar a maioria de suas funções. Com isso, se contornava em boa medida os obstáculos de várias ordens envolvidos no fato de uma mulher ter de relatar a um ou mais homens no ambiente hostil de uma delegacia convencional atos de violência masculina física e simbólica contra uma mulher.

Logo após o fim da ditadura, foram realizadas as eleições gerais de 1986. Além de governadores e deputados estaduais, nelas também foram eleitos senadores e deputados federais. Caberiam a estes últimos, na Assembleia Nacional Constituinte, a elaboração de um novo texto constitucional e a promulgação de uma nova Constituição. Entre os mais de

317 Telles, 2011, p. 135.

quinhentos deputados, havia somente vinte e seis mulheres. A queda do regime autoritário não implicava uma redução imediata do machismo e da misoginia de boa parte da sociedade brasileira. Talvez isso viesse a começar a acontecer com a nova Constituição. Entre fevereiro de 1987 e setembro de 1988 aconteceu a elaboração de seu texto, cuja promulgação ocorreria em 5 de outubro de 1988. Apesar do baixíssimo número de deputadas, nem todas alinhadas com as pautas progressistas, feministas e outros grupos de mulheres travaram várias batalhas naquele período para tentar conquistar alguns direitos constitucionais e impedir retrocessos que continuavam a pairar pelo Congresso. Um desses retrocessos foi a iniciativa de deputados ligados a igrejas evangélicas e católicas de introduzir na Constituição "o direito à vida desde a concepção", o que na prática significava revogar o direito das mulheres ao aborto nos casos de gravidez derivada de estupro ou de gravidez de altíssimo risco para a vida da mãe.

Para fazer frente àquela ameaça, "as feministas reagiram de maneira decisiva, exigindo a legalização do aborto. Aproveitaram a oportunidade oferecida pelo regimento interno e colheram mais de 30 mil assinaturas para a Emenda Popular no 65; e no dia 26 de agosto de 1987, uma representante do movimento feminista subiu à tribuna para fazer a defesa dessa emenda"[318]. Há aqui um fato relativamente surpreendente e outro já previsível. O primeiro é que a oradora que defendeu a Emenda no 65 foi Amelinha Teles, autora de *Breve história do feminismo no Brasil*, uma das obras fundamentais em que baseamos boa parte das informações expostas neste capítulo, e a quem apresentamos aqui mesmo algumas poucas páginas acima do seguinte modo: "uma histórica militante feminista, ferrenha defensora dos direitos humanos e combatente de primeira hora da ditadura, que foi presa e torturada". Já o segundo consiste na dificuldade que tivemos para localizar e acessar esse seu pronunciamento no Congresso. As feministas não conseguiram propriamente uma conquista, pois

318 Teles, 1993, p. 144.

não alcançaram a aprovação da legalização do aborto, mas impediram a inclusão do "direito à vida desde a concepção" na nova Constituição.

O quinto artigo do Capítulo I, "Dos direitos e deveres individuais e coletivos" do "Título II – Dos direitos e garantias fundamentais", está formulado nestes termos: "Todos são iguais perante a lei, sem distinção de qualquer natureza, garantindo-se aos brasileiros e aos estrangeiros residentes no País a inviolabilidade do direito à vida, à liberdade, à igualdade, à segurança e à propriedade". Em seguida, constam setenta e oito incisos que o detalham. O primeiro deles é o seguinte: "I - homens e mulheres são iguais em direitos e obrigações, nos termos desta Constituição". O substantivo "mulher" no singular ou no plural vai ocorrer ainda mais treze vezes no texto constitucional, tal como no inciso XX do Capítulo II, "Direitos sociais", do mesmo Título II: "XX - proteção do mercado de trabalho da mulher, mediante incentivos específicos, nos termos da lei". Elas ainda são mencionadas em tópicos previdenciários e familiares, fundiários e imobiliários, bem como na isenção do serviço militar obrigatório. A última dessas ocorrências se dá no quinto parágrafo do Capítulo VII, "Da família, da criança, do adolescente e do idoso": "§ 5º Os direitos e deveres referentes à sociedade conjugal são exercidos igualmente pelo homem e pela mulher". Na letra da lei, elas têm em comum o fato de sinalizarem ora para a igualdade, ora para os benefícios específicos concedidos às mulheres. O fim da ditadura e o encaminhamento para a democracia política, mas também essas conquistas legais e uma inédita consolidação do feminismo, entre outros fenômenos e acontecimentos, não raras vezes suscitaram a ideia de que desde então não existiriam mais limites e censuras à liberdade de expressão, como se a partir daí qualquer pessoa pudesse dizer qualquer coisa em qualquer circunstância. A quase ausência de interdições explícitas corresponderia à inexistência de controles e confiscos de fala. Como sabemos, as relações entre as classes e os grupos sociais, entre brancos, negros e indígenas, entre os gêneros e as sexualidades diversas e ainda entre os sujeitos no interior dessas e de outras coletividades não deixaram de ser constituídas por conflitos e consensos.

Essas relações passaram por modificações na oratória do Brasil que então se "democratizava"? Os manuais de fala pública passam finalmente a contemplar as mulheres como oradoras na "democrática" sociedade brasileira de nossos dias? Vimos aqui que os discursos dos domínios de saber da retórica e da oratória são sexistas e misóginos e que o campo da fala pública praticamente esteve inacessível às mulheres e continuou a lhes ser refratário ao longo de séculos. Retores antigos e medievais, modernos e contemporâneos se recusaram consciente ou inconscientemente a flexionar o substantivo "orador" no feminino. Por mais necessários e importantes que tenham sido os históricos avanços conquistados pelas feministas, eles não conseguiram abolir os preconceitos contra a fala pública feminina. Por vezes, aliás, diante de alguns refluxos políticos e sociais, o que se deu foi uma revitalização dessas discriminações, proveniente do mal-estar da dominação masculina frente ao aumento de participação das mulheres no espaço público.

Reiteradamente vimos aqui que os discursos que depreciam, deslegitimam e interditam a fala em público das mulheres se materializam em diferentes esferas sociais, em distintas instituições e em vários campos do conhecimento. Eles não poderiam estar ausentes de manuais de fala pública, que dão sustentação ideológica ao machismo e ao ódio de classe, à misoginia e à homofobia, à meritocracia e a outras práticas da opressão. Algumas das obras mais vendidas nesse segmento são os manuais de autoria de Reinaldo Polito. De sua mais do que prolífica produção, mencionamos apenas as seguintes, a título de ilustração: *Como falar corretamente e sem inibições* (1986), *Assim é que se fala* (1999), *Fale muito melhor* (2003), *Vença o medo de falar em público* (2005) e *Seja um ótimo orador* (2005).

Há uma concepção sexista das práticas de fala pública nesses e na ampla maioria dos manuais brasileiros de oratória[319]. Os vários estereótipos depreciativos são mais ou menos dissimulados pelos efeitos de legitimidade e de autoridade construídos por Polito. Muito frequentemente, não há menção alguma em suas obras à possibilidade de as mulheres serem oradoras. Nas relativamente raras passagens em que o autor considera manifestamente o público feminino, suas recomendações são dirigidas aos homens, enquanto as mulheres são reduzidas a tema dessas suas indicações e a eventual auditório dos oradores, sempre referidos assim de modo "natural" e não marcado no masculino. Numa palavra, as mulheres ali não são destinatárias dessas obras nem tampouco são potenciais agentes da fala em público. Aos que desejam ser bons oradores, Polito sustenta que devem evitar "atitudes efeminadas", porque "contorções do corpo, exclamações exageradas, emprego constante de palavras no diminutivo etc. irritam o auditório e o colocam contra o comunicador". A oposição entre os universos masculino e feminino se baseia numa separação estanque entre a razão dos homens e a emoção das mulheres. Vejamos apenas dois fragmentos em que Polito fala das mulheres, mas não para as mulheres nem tampouco para instruí-las e incentivá-las a falar:

> O tratamento que se deve dar a um auditório feminino não é o mesmo que se deve dar a um auditório masculino. A sensibilidade feminina é sempre mais aflorada, o gosto da mulher pela poesia, pelos tópicos românticos, pelos enfoques emocionais é mais evidenciado. O estilo da composição, o adorno do vocábulo, a musicalidade da voz encontram maior receptividade no público feminino. Esses aspectos dos auditórios com a presença da mulher são perenes e dificilmente serão modificados.
>
> Estudos recentes mostram que o homem se deixa envolver mais por exposições que oferecem provas com números e dados lógicos e concatenados, enquanto as mulheres, pelo fato de possuírem a sensibilidade e a intuição mais desenvol-

319 Há também uma hegemônica concepção classista da fala pública em compêndios de retórica e em manuais de oratória. Para mais detalhes sobre essa concepção, ver Piovezani (2020).

> vidas, podem aceitar argumentos independentemente das provas e da maneira como são ordenados.[320]

Além de nem cogitar da possibilidade de que as mulheres sejam oradoras e de não lhes dirigir absolutamente a palavra, o autor reproduz aí essa série de preconceitos profundamente estereotipados sobre a mulher, construindo para si uma imagem de especialista bem fundamentado. A materialização de seu sexismo e de sua misoginia seria somente a constatação de uma realidade, porque ele o faz com base em "estudos recentes" e em "fatos". Efetivamente, nem os primeiros são referenciados nem os segundos têm qualquer fundamento, além das próprias crenças da ideologia sexista. Toda a condição sentimental, frágil e volúvel das mulheres é reproduzida e reforçada com sua naturalização e perenidade e ainda com o contraste absoluto entre o virtuoso gosto masculino por "provas com números e dados lógicos e concatenados" e a viciosa afeição feminina pela sensibilidade e intuição, enfim, por coisas ditas sem provas e sem encadeamentos racionais. Uma vez mais a projeção e a identificação das diferenças entre os sexos se projeta como distinções irrestritas sobre os gêneros e funciona como forma primária e sexista de relações de poder. Porque o discurso é objeto de poder, o sexismo e sua ideia fundamental de que os homens são superiores às mulheres tentam inibi-las e calá-las, principalmente, no espaço público.

O *PRETUGUÊS* NA FALA FEMININA BRASILEIRA

As mulheres ainda não são livres e iguais perante a língua. Ainda menos as mais subalternizadas. Evidentemente, não houve um milagre que as tenha livrado das depreciações, deslegitimações e interdições de suas falas no contexto da redemocratização. O espaço público não lhes foi indiscriminadamente aberto para acolher e difundir sem restrições e preconceitos os discursos igualitários materializados em falas e vozes femininas. Há ainda menor abertura ao exercício

320 Respectivamente: Polito (1986, p. 94) e Polito (1999, p. 51).

da fala pública quanto mais numerosas forem as marcas do léxico, da sintaxe e da prosódia de nosso ora mais, ora menos disfarçado *pretuguês*, que falamos cotidianamente e de que nos fala Lélia Gonzalez:

> Como mulher e como pessoa negra, você sofre evidentemente um processo de discriminação muito maior. (...) Nosso português não é português é "pretuguês". Se a gente levar em consideração, por exemplo, a atuação da mulher negra, a chamada "mãe preta", que o branco quer adotar como exemplo do negro integrado, que aceitou a democracia etc. e tal, ela, na realidade, tem um papel importantíssimo como sujeito, um saber que está na base da formação da cultura brasileira, na medida em que ela transmite, ao aleitar as crianças brancas e ao falar o seu português (com todo um acento de Kinbundo, de Ambundo, enfim, das línguas africanas), é ela que vai passar pro brasileiro, de um modo geral, esse tipo de pronúncia, um modo de ser, de sentir e de pensar. O pessoal aqui diz: "não existe racismo no Brasil" e o povo complementa da seguinte maneira: "porque o negro se põe no seu lugar". Além de uma discriminação, uma divisão racial do trabalho que a gente percebe tranquilamente, há uma divisão racial do espaço também.[321]

Em outras passagens de sua obra, Lélia Gonzalez indicará que não se trata somente de uma restrição espacial aos negros, mas também de um rebaixamento e mesmo de uma recusa de sua condição de ser falante e, por conseguinte, de ser humano. Numa de suas célebres conferências, encontramos os dois trechos que reproduzimos aqui:

> Ora, na medida em que nós negros estamos na lata de lixo da sociedade brasileira, pois assim o determina a lógica da dominação, caberia uma indagação via psicanálise. E justamente a partir da alternativa proposta por Miller, ou seja: por que o negro é isso que a lógica da dominação tenta (e consegue muitas vezes, nós o sabemos) domesticar? E o risco que assumimos aqui é o do ato de falar com todas as implicações. Exatamente porque temos sido falados, infantilizados (infans,

321 Gonzalez, 1994, p. 385.

é aquele que não tem fala própria, é a criança que se fala na terceira pessoa, porque falada pelos adultos), que neste trabalho assumimos nossa própria fala. Ou seja, o lixo vai falar, e numa boa.

É engraçado como eles gozam a gente quando a gente diz que é Framengo. Chamam a gente de ignorante dizendo que a gente fala errado. E de repente ignoram que a presença desse r no lugar do l, nada mais é que a marca linguística de um idioma africano, no qual o l inexiste. Afinal, quem que é o ignorante? Ao mesmo tempo, acham o maior barato a fala dita brasileira, que corta os erres dos infinitivos verbais, que condensa você em cê, o está em tá e por aí afora. Não sacam que tão falando pretuguês.[322]

O ato de falar tem muito mais riscos para as pessoas negras. Ainda mais para as mulheres negras, e são cada vez maiores quanto mais estigmas elas carregarem em seus corpos, em sua língua e em suas vozes. Os sujeitos que nutrem e/ou aderem à lógica da dominação vão negar a presença da mãe preta em suas falas, vão dizer que elas falam errado, vão tentar domesticá-las, vão chamá-las de ignorantes, vão jogá-las na lata de lixo e vão, enfim, buscar reduzi-las ao lixo. A analogia de Lélia não é descabida nem exagerada: o lixo é composto do que já usamos e agora descartamos, sua aparência é asquerosa e seu odor, fétido; como coisa, ele não fala e nós é que falamos dele, mas nunca lhe dirigimos a palavra. Na melhor das hipóteses, quando não são lixo, as pessoas negras, postas e sistematicamente mantidas na miséria, sobretudo as mulheres negras, são diminuídas a crianças, entendidas como *infans*, como seres dos quais se fala e que não têm fala própria. O espaço público não está aberto à fala dos que ainda não sabem falar, mas está ainda mais fechado aos que são reduzidos a lixo social.

Ante esse quadro de restrições e reduções, a afirmação de Lélia de que "o lixo vai falar, e numa boa" é revolucionária, por várias razões. Primeiramente, porque sua fala é metalin-

---

322 *Idem*, 1987, p. 225 e p. 238.

guística: ela não apenas fala, mas fala de sua própria fala e da fala alheia que lhe quer diminuir e calar a sua voz. Em seguida, porque ela fala de problemas complexos, a partir da articulação entre densos campos do conhecimento, como a psicanálise e a sociologia, e o faz de modo claro, sem os excessos de jargão. E, finalmente, mas não menos importante, ela fala "numa boa". Talvez poucas coisas fossem mais revolucionárias do que uma mulher negra, "nascida de família pobre", de pai que era um "operário, negro" e de mãe que era "uma índia analfabeta", que fala em público e sem medo numa esfera de poder. Mesmo no Brasil de nossos dias, mulheres negras, indígenas e mestiças, empobrecidas e periféricas, lésbicas ou trans falam bem menos publicamente do que poderiam, dada a intrincada rede de poderes e de restrições que menosprezam, deslegitimam e interditam suas falas. Nas relativamente raras vezes que elas conseguissem ultrapassar os vários obstáculos postos para calar suas vozes, elas deveriam falar com muito medo.

Manutenção do *status quo* é o mantra do conservador. A imobilidade social só lhe convém se significar mais privilégios aos privilegiados e mais exclusão dos excluídos. Daí o motivo de tanto ódio dos movimentos sociais. O movimento da sociedade em direção menos injusta e desigual é seu pesadelo. Conservadores e reacionários fazem de tudo para permanecermos estacionados e para que cada um conheça, se coloque e fique no seu devido lugar. Ao final da primeira parte deste nosso ensaio, dizíamos que os primeiros movimentos feministas eram como os discretos passos de pomba com os quais se formam os acontecimentos que transformam as sociedades. Uma das frases mais conhecidas e reproduzidas de Angela Davis é a seguinte: "Quando a mulher negra se movimenta, toda a estrutura da sociedade se movimenta com ela". Um gesto privilegiado de execução desse poderoso movimento é certamente a abertura de sua boca e a elevação de sua voz.

Vimos e voltaremos a ver como são vários os silenciamentos da fala feminina. Eles são diversos e suas formas podem e devem ser identificadas e analisadas, criticadas e desconstruídas. Mas também podemos conceber que sua diversidade converge para um único fim, que a pluralidade de suas vias e de seus modos está a serviço de um só e poderoso senhor, que quer o mundo imóvel em suas mãos. Para a satisfação de seu desejo é preciso silenciar os clamores por mudança. Com efeito, uma sociedade hegemonicamente desigual e conservadora como a nossa cria e consolida meios de menosprezar, deslegitimar e calar tanto os discursos que reivindicam sua transformação quanto os modos de dizer daqueles e daquelas que ela exclui. Com mais forte razão, tais meios de silenciamento se radicalizam em circunstâncias de fala pública, que se exasperam ainda mais quando há nelas conjunção entre tais discursos em defesa de excluídas e excluídos e sua materialização em formas estigmatizadas de expressão. Além disso, onde a desigualdade abissal grassa há séculos, quanto maior potencial transformador houver nas coisas ditas e em seus modos de dizer, maiores serão a velocidade das reações, a força de seus golpes e o raio de sua extensão.

Considerando esse quadro, trataremos de determinadas práticas e representações de mulheres na política brasileira contemporânea no próximo capítulo e em nosso *Epílogo*. Nossas reflexões e análises serão consagradas a discursos sobre as falas públicas de quatro políticas brasileiras que têm projeção no cenário nacional e também a algumas de suas próprias declarações e pronunciamentos. Além dessa sua projeção, consideramos o fato de que essas quatro mulheres se situam à esquerda do espectro ideológico e são filiadas a partidos progressistas, a despeito de certas diferenças e mesmo de divergências que existem entre elas. Em suma, são mulheres que sustentam discursos igualitários e inclusivos de transformação social, cujas distintas formas de expressão são estigmatizadas precisamente porque as falantes são mulheres. Dados os diversos *double binds* que pesam sobre elas, suas maneiras de dizer são menosprezadas não somente quando correspondem aos estereótipos do que seria uma fala feminina, mas também quando se desviam ou subvertem os supostos padrões oratórios femininos. Suas falas se tornaram e ainda são objeto de depreciações, deslegitimações e interdições porque repercutem bastante na política nacional, são formadoras da opinião pública e têm potencial transformador em nossa sociedade.

Até o século 19, as tribunas dos campos religioso, político, jurídico e universitário permaneciam praticamente proibidas às mulheres. Essa situação se modificou consideravelmente com as lutas e as conquistas feministas ao longo do século seguinte e das primeiras décadas do 21. Mas, mesmo assim, as mulheres ainda não têm pleno direito à fala pública nesses lugares de concentração de poder. Alguns deles se mostram ainda mais avessos à presença e à participação das mulheres do que outros. Em nossos dias, de modo geral, a universidade é menos inacessível às mulheres do que a política. É exatamente no campo político que observamos com maior nitidez as exclusões das mulheres e o funcionamento desse controle que se abate sobre as falas de pessoas subalternizadas. Dois dados ilustram claramente essa realidade. Nas eleições de 2022, houve um recorde no número de deputadas federais eleitas. Mesmo nesse contexto menos ruim, estamos ainda muito distantes de um quadro justo: entre 513 deputados do Congresso nacional, há somente 91 mulheres. Apenas 29 delas são negras e só 2 são trans. Além disso, quando finalmente, depois de termos passado pela Colônia, pelo Império e por mais de cento e vinte anos de República sem jamais ter uma mulher no governo do Brasil, conseguimos eleger uma presidenta, ela foi menosprezada e insultada e se tornou vítima de um golpe capitaneado por Eduardo Cunha e asseclas, e apoiado por conservadorismo e misoginia de massa.

CAPÍTULO 6
SILENCIAMENTOS DAS MULHERES NA POLÍTICA BRASILEIRA

Segunda-feira, 11 de março de 2024, Cassilândia, Mato Grosso do Sul. A vereadora Sumara Leal (PDT) ocupa a tribuna e faz seu pronunciamento, no qual repercutia ainda o Dia Internacional da Mulher. O presidente da Câmara, Arthur Barbosa (União Brasil), a interrompe bruscamente, afirmando que ela havia fugido da pauta e cortando seu microfone. Além disso, no encerramento da sessão, Barbosa cínica e ofensivamente faz uma suposta homenagem às mulheres e diz o seguinte: "Vocês, mulheres que são dignas de elogio, são dignas de representação e do meu respeito, como mulheres. Queria ainda dizer que outras, se usassem o restante do corpo para trabalhar em prol da sociedade igual usam a língua para difamar o município, seria melhor"[323].

Quarta-feira, 2 de fevereiro de 2022, Aparecida de Goiânia, Goiás. Após defender em redes digitais a ampliação da participação das mulheres e de outras minorias na política, a vereadora Camila Rosa (PSD) foi elogiada por um de seus apoiadores, que registrou ainda a seguinte opinião em seu comentário: "A Câmara de Aparecida é composta por um bando de machistas". Já na primeira sessão ocorrida depois dessas

323 Oliveira, 2024.

publicações, o presidente da Câmara, vereador André Fortaleza (MDB), se aproveitou de sua condição para tentar se defender, monopolizando a fala. Numa passagem de seu extenso pronunciamento, ele afirmou o seguinte: "Eu não sou machista. Sou contra *fake news*. Isso aqui para mim é uma *fake news*. Eu não sou contra classe feminina, sou contra cotas. Eu sou contra oportunismo, sou contra ilusionismo. E por mim, não adianta, pode ser mulher, pode ser homem, pode ser homossexual... Eu só falei que os direitos têm que ser iguais e os deveres, também". Em seu direito de resposta, Rosa o rebateu: "Não disse isso. Agora, se o senhor entendeu isso, a carapuça pode ter servido. O senhor sempre fala de caráter, fala de transparência, mas parece que o senhor tem algum problema com isso". Uma discussão entre ambos se iniciou, Fortaleza estava exaltado e a vereadora dizia que ela deveria ser devidamente respeitada. Em sua tentativa de intimidação da colega, ele agressivamente repetia: "Eu sou o presidente!". Como Rosa não se intimidava, Fortaleza deu a ordem para que seu microfone fosse desligado: "Corta o microfone dessa vereadora para mim. Agora!"[324].

Quarta-feira, 18 de maio de 2022, São Paulo. Votação de cassação do então deputado Arthur do Val (União Brasil) da Assembleia Legislativa do Estado de São Paulo, motivada por suas falas machistas contra refugiadas ucranianas. Durante a sessão, o deputado Douglas Garcia (Republicanos) ocupa a tribuna e despudoradamente faz declarações transfóbicas dirigidas à deputada Érica Malunguinho (PSOL). Nesse momento, a deputada Mônica Seixas, também do PSOL, intervém e solicita, ao presidente da sessão, uma questão de ordem, considerando o crime de ódio que estava sendo cometido. Sua solicitação foi atropelada pela exaltação da fala de Garcia, mas, ainda assim, Seixas continuou: "Transfobia é crime e está ocorrendo aqui, agora". No mesmo instante, seu microfone foi cortado pelo presidente da sessão e vice-presidente da Alesp, o deputado Wellington Moura (Republicanos). Um

324 Rodrigues, 2022.

terceiro parlamentar, o deputado Gilmaci Santos (Republicanos) ainda a chama de "louca". Já no dia seguinte, Wellington Moura sobe à tribuna, acusa Mônica Seixas de perturbar a fala dos demais deputados e ainda se pronuncia nestes termos: "Quero dizer a ela que ontem, num momento que eu estava presidindo a sessão, ela estava importunando o plenário. É o que vossa excelência faz. Sempre. Várias vezes. Mas no momento que eu estiver ali, eu vou sempre colocar um cabresto na sua boca porque não vou permitir que vossa excelência perturbe a ordem"[325].

Terça-feira, 27 de abril de 2021, Brasília. Instalação da Comissão Parlamentar de Inquérito da Covid-19. Das 18 cadeiras que comporiam a Comissão, entre titulares e suplentes, não havia sequer uma mulher. Nenhuma senadora havia sido indicada pelos partidos para acompanhar e participar das investigações que apurariam as ações do governo federal frente à pandemia de Covid-19. Mesmo assim, a então senadora Simone Tebet (MDB), líder da bancada feminina, firmou um acordo com os membros da Comissão, mediante o qual estava assegurada a inclusão de senadoras em reuniões, arguições e debates da CPI. Essa conquista ainda era bastante limitada, porque apenas uma senadora poderia participar por vez de cada uma dessas atividades e só lhe caberia o direito à voz e não a voto. Em todo caso, a possibilidade de falar na Comissão estaria garantida.

Não foi isso que ocorreu. Em muitas oportunidades, as senadoras tiveram suas falas reiteradamente menosprezadas, deslegitimadas e interditadas. Já na primeira semana de trabalho da Comissão, a senadora Eliziane Gama (PPS) foi vítima de *manterrupting*, na brusca interrupção de seu pronunciamento feita pelo senador Ciro Nogueira (PP). A senadora, porém, não deixou de reagir àquela situação: "Não fique me olhando dessa forma achando que vai me intimidar". Semanas mais tarde, foi a vez da senadora Leila Barros (PSB) ser objeto de uma junção de *manterrupting* com *gaslighting*, quando o

325 Pauluze; Araújo, 2022; Soraggi, 2022.

senador Marcos Rogério (DEM) a interrompeu e lhe pediu que se acalmasse: "Calma, senadora! Não fique nervosa". Dias depois, o mesmo senador repetiria a operação de silenciamento com a senadora Kátia Abreu (PP). Antes de a CPI completar um mês, haveria ainda mais uma detratação da fala feminina. Dirigindo-se à senadora Eliziane Gama, o senador Omar Aziz (PSD), presidente da Comissão, lhe disse: "Você também fica aí gritando". Estabelecida certa confusão, Aziz ainda se levantaria e deixaria a sessão durante a fala da colega.

Dentre tantas outras situações análogas de tentativas de silenciamento da fala feminina, relataremos somente uma, a título de ilustração, porque ela compreende um interessante aspecto das lutas pela palavra, a saber, a designação. Na sessão do dia 5 de maio, a CPI recebia o ex-ministro da Saúde Nelson Teich. Usufruindo seu direito de fala, a senadora Eliziane Gama seria a primeira a fazer sua arguição a Teich, logo após o pronunciamento do relator. Ela mal começara sua intervenção e o senador Ciro Nogueira já a interrompeu bruscamente, alegando que ela não poderia ser beneficiada com aquele "privilégio" de ser a primeira pessoa a se pronunciar. O senador Omar Aziz, por sua vez, defendeu aquela "concessão": "Nós estamos, sim, fazendo uma concessão neste momento. E não é uma concessão porque elas são mulheres. É uma concessão porque elas têm uma representatividade igual à nossa". Em seguida, o senador Renan Calheiros (MDB) retificou o modo como o uso da palavra pela senadora antes dos demais membros da CPI deveria ser nomeado: "E não é concessão, é compensação". A escala positiva, que vai de "privilégio", passando por "concessão", até "compensação", não chega à "conquista", resultante mais uma vez de muita luta das mulheres por seu direito de fala. Ironicamente, apenas a primeira daquelas três designações masculinas parecia reconhecer provavelmente à sua revelia o poder da fala da senadora, que estabeleceria uma tendência mais crítica e incisiva às seguintes arguições. Nas escolhas lexicais de Aziz e Calheiros, havia, antes e respectivamente, certa ideia de "favor" masculino concedido a uma mulher e alguma restituição parcial de paridade. Ambas permitem o entendimento de que não somente se trata ali de uma iniciativa dos homens, mas também o de que lhes caberia a prerrogativa de ter "a última palavra". Em meio ao debate, em réplica a este comentário de Nogueira, "Se foi um erro das lideranças dos partidos não indicarem as mulheres, a culpa não é nossa", a senadora Eliziane Gama diz o seguinte: "Só não entendo por que tanto medo das vozes femininas aqui, Ciro".

A resposta do senador do PP concentra uma série de traços da vontade da dominação masculina de calar as mulheres. Ciro Nogueira se dirige a Omar Aziz nestes termos: "O Senhor tá vendo? É por isso que nós não queremos, presidente. Porque as pessoas ficam querendo dar uma outra versão, como se nós estivéssemos perseguindo as mulheres". A partir desse ponto, Nogueira altera seu interlocutor e modifica o tom de sua fala. Ele passa a se dirigir à Eliziane Gama e lhe diz o seguinte: "Quem perseguiu as mulheres foi o seu partido que não lhe indicou". Desse modo, se processa a substituição de uma projeção de interlocução entre iguais, entre parceiros, que falam de uma mulher, do que ela disse e da forma como falou, mas não lhe dirigem a palavra, por um endereçamento direto a essa mulher, com quem, agora, se fala, com o objetivo de deturpar suas palavras e de reproduzir antigos discursos sexistas, atualizados ali insidiosamente com novos disfarces. Um dos artifícios desse disfarce reside na ausência de objeto diante do verbo "querer", na expressão "nós não queremos". Ciro Nogueira afirma assim de maneira subentendida que não quer a participação de Eliziane Gama naquela Comissão, que o seu desejo é o de que não existisse ali a denúncia e a censura do que fez e do que não fez o governo Bolsonaro para combater a pandemia. Que as denúncias e críticas sejam feitas por uma mulher é o que lhe parece ainda mais inadmissível. Outro recurso da dissimulação de seu sexismo é a produção do efeito de evidência do que ele diz: "O senhor tá vendo?". Ou seja, a condição mal-intencionada da senadora, decorrente do "privilégio" que lhe teria sido indevidamente concedido, é algo notório, que se dá a ver. Esse efeito é reforçado pela suposta natureza "lógica" de sua afirmação presentes particularmente nas conjunções "por isso" e "porque". Além disso, no enunciado "as pessoas ficam querendo dar uma outra versão...", mais uma vez dissimuladamente, Nogueira reproduz o discurso segundo o qual as mulheres, ali substituídas por "pessoas", falam para enganar os homens de boa fé.

Cerca de apenas um mês depois do início dos trabalhos da CPI, os silenciamentos da fala feminina já eram tantos e tão marcantes que não podiam mais ficar sem reações e repercussões sistemáticas, individuais e coletivas das senadoras. Reproduzimos abaixo algumas dessas suas manifestações de resistência e enfrentamento das depreciações, deslegitimações e interdições de suas falas:

> Eliziane Gama: Os ataques são uma maneira velada de dizer que esse não é um lugar para nós, que CPI é 'briga de homem'. O Flávio [Bolsonaro/ Republicanos] falou porque foi citado mas, quando chegou a minha vez, o presidente se levantou e saiu. Como se eu não tivesse as mesmas prerrogativas que outros parlamentares.
> Leila Barros: Os homens aumentam o tom, chegam a ficar vermelhos de tão agressivos, mas eles não são chamados de agressivos. A mulher altera um pouco a voz, porque muitas vezes a gente altera justamente para ser respeitada, e vira a "nervosa".
> Simone Tebet: É natural que os ânimos estejam acirrados na CPI que investiga a condução da pandemia de Covid-19 pelo governo, mas isso não valida o desrespeito entre os colegas e, especialmente, atitudes descorteses em relação às senadoras. Não temos assento como titular ou suplente no colegiado, mas isso não nos retira o direito à voz. Somos uma bancada pluripartidária com 12 integrantes. Ninguém vai nos calar.
> Já estamos conversando com os líderes partidários para que o nosso direito à opinião seja respeitado e para que nenhuma mulher tenha sua fala entrecortada por timbres masculinos.[326]

326 Brandalise, 2021.

Kátia Abreu: É engraçado que quando homem está falando alto, berra, ninguém fala que ele está nervoso. Fala que ele é macho. Quando é a mulher, está nervosa. E nervosa é prima primeira de histeria. Eles querem dizer é isso, que damos ataque, chilique.

Kátia Abreu: Às vezes a gente tem que gritar mais do que gostaria e você se habitua a falar alto para poder ser ouvida. Existe uma atitude masculina muito comum que se chama "*mansplaining*", que é o homem interromper você para falar o que você estava falando. Comecei a perceber isso e uma amiga reclamou disso numa reunião. Hoje corrijo muito até o meu marido aqui em casa. Falo: "Olha o '*mansplaining*'".[327]

As lutas feministas pela palavra fundamentaram e deram ensejo direta e indiretamente à consciência das senadoras de que estavam sendo objeto desses silenciamentos. Essa tomada de consciência, suas denúncias e reivindicações se tornaram ainda mais vistas, ouvidas e apoiadas, à medida que cresciam a repercussão de boa parte da mídia e a circulação dos debates nas redes digitais. A identificação, a revelação e o combate dos regimes de dois pesos e duas medidas dedicados às intervenções dos homens e das mulheres se consolidaram ainda mais com a adesão e a manifestação de personalidades do mundo artístico, midiático e político. Entre várias dessas intervenções, destacamos a que Marina Silva fez à época numa rede digital:

"Calma, senadora". Parem de pedir calma para as nossas parlamentares! Quando uma mulher fala firme na CPI da COVID, quase de forma imediata surge um senhor senador para pedir calma. Por outro lado, quando os senadores gritam ou até trocam xingamentos são considerados fortes. A cultura machista atravessa idades e tem variadas formas de expressão, mas todas igualmente inaceitáveis. Não nos mandem ter calma! A forma como o governo federal desdenha da vida dos brasileiros, é motivo de muita indignação e não de indiferente calma e serenidade. Chega![328]

---

327 Souto, 2021.

328 Silva, 2021.

Poderíamos sem dificuldade multiplicar as referências a semelhantes casos de silenciamento das mulheres na política brasileira. Os quatro misóginos episódios que mencionamos funcionam apenas a título de ilustração dos recorrentes fenômenos de menosprezo, deslegitimação e interdição da fala pública feminina produzidos pelo sexismo de homens do poder do campo político. As tentativas de calá-las se espalham por todo Brasil e ocorrem tanto nas grandes metrópoles quanto em remotas cidadezinhas do interior. Elas não só são constantes, mas também frequentes, são ofensivas e muitas vezes, violentas. Incidem mesmo sobre mulheres brancas, burguesas e poderosas, como Kátia Abreu e Simone Tebet. Mas são mais implacáveis com mulheres negras, pardas e indígenas, com mulheres empobrecidas e subalternizadas e com mulheres lésbicas ou trans, que já lhes resistiram e que lhes resistem cada vez mais.

Conforme dissemos, neste capítulo, analisaremos algumas dessas ocorrências. Examinaremos mais demoradamente discursos que buscam silenciar a fala de mulheres atuantes na política nacional contemporânea e mais ou menos eventualmente também os próprios pronunciamentos e declarações produzidas por essas mesmas mulheres. Por meio de nossas análises, indicaremos a reprodução de antigas tentativas de silenciamento da fala feminina, mas também suas modificações e adaptações ao Brasil de nossos dias. Contra a insistência e as metamorfoses dessa faceta da dominação masculina, muitas resistências se ergueram e continuam a se erguer, muitas lutas foram e continuam a ser travadas. Elas não poderiam estar ausentes das próximas páginas.

Atualmente, as batalhas entre a dominação masculina e a busca das mulheres por emancipação é menos injusta e desigual, mas, nem por isso, se desenrola numa situação de equilíbrio entre os dois lados. Enquanto o patriarcalismo, o machismo, a misoginia e seus congêneres são antiquíssimos, consolidados e muito difundidos, a emergência do feminismo como movimento organizado é bastante recente e objeto de detratações e mentiras. Nas sociedades mais injustas e desiguais, os discursos opressivos são bem mais arraigados e disseminados do que os igualitários, inclusivos e emancipatórios. O dispositivo de silenciamento da fala feminina sofreu abalos, perdas e derrotas, mas sua atuação e seus efeitos são ainda presentes em nossos dias e continuam a ser decisivos nas desiguais e injustas divisões de direitos entre homens e mulheres e nas oposições de gênero entre as possibilidades e os exercícios da fala pública.

Vejamos a seguir como tudo isso se processa em práticas e representações de falas no espaço público e no campo político destas três brasileiras: Dilma Rousseff, filiada ao PT, ex-presidenta da República, deposta por um golpe parlamentar e jurídico, apoiado por segmentos de massa arregimentados pela extrema-direita, em 2016, e atualmente presidenta do Novo Banco de Desenvolvimento, sediado na China; Manuela D'Ávila, filiada ao PCdoB, ex-deputada federal, ex-deputada estadual e candidata a vice-presidenta da República nas eleições de 2018; e Sâmia Bomfim, filiada ao PSOL, deputada federal e ex-vereadora da cidade de São Paulo.

DILMA ROUSSEFF

Sua projeção no espaço público brasileiro lhe cobrou um alto preço. Desde que começou a ser mais vista e ouvida na condição de ministra das Minas e Energia em 2003 e principalmente, em seguida, de chefe da Casa Civil a partir de 2005, Dilma passou a ser vítima de comentários e declarações sexistas, misóginas e lesbofóbicas. Atualmente, passados mais de vinte anos, ao inserirmos o nome de Dilma em dois distintos motores de busca na internet, são dadas estas duas opções de complemento da procura: "Dilma Rousseff e sua namorada" e "Dilma Rousseff e sua esposa". Os preconceitos e os insultos de que Dilma era objeto se avolumaram no momento em que ela se tornou candidata à presidência da República e ainda mais já como presidenta. Uma nova escalada de discriminações e ofensas se processou a partir da reeleição de Dilma e da criação da Comissão Nacional da Verdade (CNV) em 2011. Entre o final desse ano e o início de 2012, começa a acontecer a organização de um movimento contra a CNV, que compreendia uma série de declarações públicas contra a presidenta Dilma. Esse movimento foi promovido principalmente por militares da reserva e por um esquema de difusão dessas declarações em redes na internet entre militantes de direita *hard* e de extrema direita, que arregimentou mais ou menos rapidamente um apoio de massa. Já havia certa consolidação desse movimento, quando ocorreu a ruptura entre os dois polos ideológicos nas manifestações de junho de 2013. No polo da extrema direita, o neofascismo já estava explícito nas manifestações de rua e das redes digitais de 2014 em diante. O ódio aos partidários do campo progressista não só estava liberado, mas era fomentado como paixão política legítima.

O "homem conservador médio" renascia ou, antes, encontrava ocasião para sair das sombras e manifestar seu ressentimento diante de insuficientes, mas importantes avanços sociais e comportamentais no Brasil. Um coro formado por militares e direitistas reacionários, alinhado com a teologia da prosperidade e com grande capital, que não podia ser ameaçado com o desenvolvimento de políticas públicas de inclusão nem poderia abrir mão de abocanhar os grandes recursos do pré-sal, se erguia contra o governo petista. Suas vozes eram amplamente ouvidas e difundidas por meio da detratação midiática do PT. O "homem conservador médio" engrossava esse coro. Ele é "antipetista por tradição e anticomunista por natureza arcaica brasileira mais antiga" e sua adesão ao poder se dá por fantasia com a suposta proteção patriarcal, na figura do agregado, essa figura familiar do atraso da história e da sociedade brasileira[329]. Em massa, esse homem entra em cena como força política real, manifestando no espaço público seus preconceitos, ódios e ressentimentos, que antes ele só podia murmurar privadamente.

Nesse contexto, se formava então uma espécie de coro ressentido e raivoso, mas tomado como legítimo e legiti-

329 Ab'Saber, 2015, p. 35.

mador de vozes cada vez mais coléricas, que se lhe foram agregando: "no período de ascensão e queda petista, atacar com a máxima retórica, isenta de responsabilidade, em jornais, blogs ou revistas, o comunismo imaginado do governo, tornou-se um dos modos mais fáceis e oportunos de ganhar dinheiro no mercado dos textos e das ideias no Brasil". Não era preciso mais do que repisar esse pensamento preguiçoso, anacrônico e perverso para consolidar um consenso forjado e fazer sucesso. Bastava "reproduzir a rede de ideias comuns e fixadas, com sua linguagem agressiva, indignada artificialmente, que sustentassem todo dia o mesmo curto-circuito do pensamento". Tratava-se de uma "simplificação espetacular e ponto certo no imaginário autoritário, jornalistas, articulistas, programas de TV e de rádio e revistas inteiras passaram, durante anos, a ler as atividades do governo do ponto de vista extremo, limitado, do anticomunismo imaginário". Havia aí a produção de um "delírio interessado, farsesco, que não conhecia limite, uma vez que se desobrigava radicalmente de checar realidades", e no interior do qual "a luta democrática antipetista encontrava a velha tradição autoritária brasileira". Nesse encontro se juntaram "elegantes socialites peessedebistas e novos empresários *teapartistas*", que convivem bem e fecham ou fingem fechar os olhos para os "bárbaros defensores de ditadura, homens que discursam armados em cima de trios elétricos, clamando por intervenção militar urgente no Brasil e sonhando com o voto em Jair Bolsonaro"[330].

Foi nesse clima e motivado ainda por razões políticas, jurídicas e pessoais que o então presidente da Câmara, o deputado federal Eduardo Cunha, do MDB do Rio de Janeiro, encaminhou a denúncia de crime de responsabilidade contra a presidenta Dilma Rousseff. O relatório da comissão especial que avaliou a denúncia foi favorável ao seguimento do trâmite do processo de impeachment. No dia 17 de abril de 2016, o plenário do Congresso votava favorável ou contrariamente à posição do relatório, ou seja, ao afastamento ou à manu-

---

330 *Ibidem*, p. 38-45.

tenção de Dilma na presidência da República. Havemos de nos lembrar da sequência dos votos: algo ao mesmo tempo tedioso, repugnante e comicamente trágico, que compreendia declarações em nome de Deus e da família, em nome dos eleitores do Estado do parlamentar e do futuro de seus filhos. Certa expectativa de que Bolsonaro suspendesse o tédio com seu voto havia sido criada. Como sabemos, infelizmente, ele não a decepcionou.

Conjuntamente com o que havia de anedótico e detestável naquela sequência de votos, a abjeta intervenção de Bolsonaro se tornou uma espécie de emblema do golpe sofrido por Dilma. Mais do que quebrar aquele encadeamento modorrento, ele iria provocar choque e indignação entre os democratas e identificação e entusiasmo entre os partidários da extrema-direita violenta. É verdade que outrora, ainda praticamente anônimo no cenário nacional, quando o Brasil dava sinais de começar a consolidar sua democracia, ele falava abertamente que gostaria de fechar o Congresso e de participar de uma guerra civil que mataria "30 mil", mesmo que morressem inocentes. Mas agora, em um contexto de contestação de instituições democráticas e com uma inédita relevância política, seu voto era esperado com certa ansiedade, estava investido de importância e seria estarrecedor. O voto de cada deputado poderia se limitar a dizer "sim" ou "não", mas Bolsonaro usou 103 palavras. Em um misto de cinismo e bajulação, ele começa sua intervenção com um sorriso estampado no rosto e com um gesto que aponta para a mesa da presidência da Câmara, onde está Eduardo Cunha. O abalo na democracia é chamado de glória e as elites conservadoras e seus adeptos populares, de "o povo brasileiro". Bolsonaro reiteradamente confere o que vai dizer em uma anotação que está em sua mão esquerda. Não é, portanto, um voto espontâneo. Cada uma de suas frases é pronunciada com uma cadência relativamente lenta, e elas são sucedidas de pausas mais ou menos longas que lhes dão ainda mais destaque. Ao cinismo, à bajulação e à encenação se somam o revanchismo e as alucinações políticas. Tudo se passa como se a família e a inocência das crianças tivessem sido ameaçadas pelo PT e como se houvesse algum comunismo no Brasil.

A tudo isso se junta um puro exemplar do sadismo, sob a forma de uma conexão histórica entre o passado, o presente e o futuro: a vitória do horror autoritário em 1964, a que começava a se consumar institucionalmente naquele 17 de abril de 2016 e a que viria na esteira dessas duas. O sadismo de Bolsonaro é ainda mais espantoso, porque ele concentra o terrível contraste entre o sorriso com que inicia seu voto e a alegria revanchista com que fala dessas vitórias, de um lado, e as dilacerantes dores físicas e os irreversíveis traumas psíquicos sofridos por quem passou por sessões de tortura. Ao dedicar seu voto à memória de um dos maiores torturados da ditadura brasileira entre 1964 e 1985, Bolsonaro pronuncia seu nome quase aos gritos e sílaba por sílaba, como se a altura excessiva e a extensão duradoura de sua pronúncia revivessem, aumentassem e distendessem o prazer de quem faz sofrer e a dor e a angústia de quem sofre. Como se a dose de crueldade já não houvesse extrapolado limites democráticos e humanitários, Bolsonaro ainda lhe expande e precisa com um aposto que sucede o nome do torturador: "o pavor de Dilma Rousseff"[331].

O ódio à Dilma e às políticas sociais de inclusão nem sempre vieram com os gritos raivosos de estentores. Uma forma frequente de sua materialização se dava com os ataques às falas da presidenta. De modo oportunista, em novembro de 2015, Celso Arnaldo Araújo publicou o livro *Dilmês: o idioma da mulher sapiens*. Seu título debochado já indica que a obra aborda a fala de Dilma, com o objetivo de menosprezá-la e ridicularizá-la. Composto por 15 crônicas dedicadas a comentar o desempenho oratório da presidenta, o livro apresenta de forma manifesta discursos ofensivos à sua fala. São textos que não apenas atualizam a disjunção, quase a impossibilidade, produzida historicamente entre mulheres e lugares de poder e

---

331 Analisamos essa e outras intervenções de Bolsonaro em Piovezani e Gentile (2020).

autoridade, mas também reiteram as detratações, as deslegitimações e as tentativas de interdição da fala pública feminina. Para ilustrar essa posição de Araújo, reproduzimos logo abaixo um trecho da crônica intitulada *Dilma fala*: "*pra mim sê pré*":

> O que choca em Dilma não é a oratória em si. Há pessoas preparadíssimas que não se expressam bem – preferíveis, por sinal, às que dão um show de palavreado para camuflar a falta de conteúdo. Mas o problema de Dilma sempre pareceu mais complexo. A forma primitiva da fala, da saudação à despedida, já traía na candidata o primarismo do pensamento e um despreparo generalizado. Ela não apenas falava mal – mas dava a nítida impressão de não saber o que falava, sobre virtualmente qualquer assunto.
>
> Para quem se dispusesse a ouvi-la com um mínimo de atenção, a fala de Dilma, desde os primórdios de sua ascensão ao proscênio da política nacional, sempre foi um triste espetáculo de pensamentos rudimentares, expressos por uma sintaxe que desafiaria estudiosos da neurolinguística em aborígenes australianos. Na própria presidente, quando instada a se manifestar, é nítido o sofrimento pela necessidade de articular ideias em público. Ouça um discurso em que Dilma improvise. Gestos que normalmente acompanham o resgate de palavras em nosso arcabouço léxico se desenham no ar quase sempre silenciosos, desacompanhados da respectiva expressão verbal, soltos no vazio do pensamento. Sempre foi patente o esforço de Dilma, nunca bem-sucedido, de desenvolver uma ideia – os esgares produzidos por essa tentativa frustrada traem sua dificuldade de instrumentalizar o raciocínio com palavras.
>
> A entonação que vocaliza o dilmês também é característica em certos vocábulos chave do discurso de Dilma, como o prolongado "nóoos" majestático com que inicia suas bravatas sobre os feitos do lulopetismo – um "nóoos" quase sempre seguido de uma agônica pausa, carente de enunciados por longos segundos. Posturas arrogantes, de empáfia autoritária, também costumam acompanhar o despejo do dilmês sobre palanques e diante de microfones[332].

---

332 Araújo, 2016, p. 25-26.

O que inicial e explicitamente se ressalta nesse texto, e que nele se apresenta como sua própria razão de ser, consiste na relação que seu enunciador pretende estabelecer entre a crítica da aparência, isto é, o que ele diz sobre a fala de Dilma, e o que seria a censura a algo bem mais sério e grave: aquilo que afirma a respeito dos pensamentos da presidenta. As escolhas lexicais e as determinações linguísticas não apenas não deixam dúvidas quanto à crença nessa relação, mas, mais do que isso, enfatizam a suposta ligação constitutiva entre linguagem e pensamento: "forma primitiva da fala" e "primarismo do pensamento"; "falava mal" e "não saber o que falava"; "pensamentos rudimentares" e "sintaxe que desafiaria estudiosos da neurolinguística"; "sofrimento pela necessidade de articular ideias em público" e "vazio do pensamento"; e "sua dificuldade de instrumentalizar o raciocínio com palavras". Aliás, não seria excessivo dizer que a ênfase nessa direção é, antes, a produção de um efeito de agressividade, em tese, atenuado pelo de humor, que já se anuncia desde o título jocoso, *Dilmês*, e de parte do igualmente irônico e ferino subtítulo *mulher sapiens*, do livro.

Há uma grande frequência e uma não menor cristalização nas interpretações dedicadas às relações que estabelecemos entre o que se processa dentro de nós e o que se manifesta em nossos corpos e nos indícios de nossos gestos, das modulações de nossa voz e de nossas expressões faciais. Essas frequência e cristalização são acompanhadas por um reduzido reconhecimento de nossa parte de que o fazemos conforme práticas e discursos hegemônicos. Apesar disso, sabemos que esse tipo de articulação entre a zona exterior do corpo e de seus signos sensíveis, estes que podemos ver, ouvir, tocar e experimentar, de um lado, e a zona interior dos seres humanos, isto é, esse nosso espaço interno que compreende o que se passa em nossos corações, em nossas cabeças e em nossas almas, de outro, esteve muito presente e continua bastante atuante em diferentes contextos históricos. É provável que essa relação entre exterior e interior se tenha configurado como uma constante antropológica no modo de se proceder às interpretações que fazemos uns dos outros.

Pois é justamente a partir de algo tão absolutamente consolidado nas maneiras de sentir e de pensar que a crônica de Araújo e seu livro de modo geral descreditam os pronunciamentos e declarações de Dilma e, por extensão, sua capacidade de julgamento e suas decisões. Assim, a crítica poderia se tornar ao mesmo tempo mais crível e, segundo essa perspectiva, mais pertinente, na medida em que não seria difícil que os leitores do *Dilmês* fossem conduzidos por um processo discursivo que se assenta em esquemas do tipo: exterior/interior, forma/conteúdo, linguagem/pensamento, atos/palavras etc. Assim, se retoma e se reproduz um discurso antigo e bastante bem conservado, a saber, o que materializa a ideia de que algo que não foi expresso clara e corretamente compreende um pensamento confuso. Ao encontro desta ideia, vão outras afins, tal como a de que "erros" de linguagem refletem deficiências cognitivas ou ausência de complexidade no pensamento. Peso e valor suplementares se adicionam, portanto, à crítica, uma vez que ela trata da fala da presidenta, certamente, mas para visar efetivamente a um alvo mais relevante e prejudicial, os programas e as ações do governo do PT: em Dilma e em seu governo grassariam "um despreparo generalizado".

Além da relação entre linguagem e pensamento, e da imagem de um enunciador que conjuga o efeito de humor com uma indisfarçável agressividade, há ainda outros expedientes linguísticos e argumentativos na composição do texto que merecem ser examinados. Entre eles, analisaremos somente dois: o uso de elementos pré-construídos do discurso e o da isenção do enunciatário para melhor condenar a personagem atacada. Empregar o artigo definido no início de uma expressão produz o efeito de evidência daquilo sobre o que se fala. Trata-se de algo que, uma vez efetiva ou imaginariamente repetido em discursos já produzidos, surge na formulação do enunciado como algo cuja existência é bastante conhecida e inegável. Eis o efeito que se produz com o uso de elementos do pré-construído, como em "**O** que choca em Dilma", expressão que dá a impressão de não haver dúvida de que Dilma produz o choque; e como em "**A** forma primitiva da fala" e em "**o** primarismo do pensamento", nas quais também não haveria dúvida quanto à condição primitiva da fala e ao caráter igualmente primitivo do pensamento.

Um procedimento discursivo que possibilita ao enunciador produzir efeitos de sentido que buscam fazer com que o leitor creia no que lhe é dito consiste em isentá-lo de uma falta atribuída exclusivamente a quem se ataca no texto. Assim, se constrói uma espécie de comunidade imaginária entre quem escreve e quem lê, ambos partidários de uma mesma posição ideológica. Para que o escopo da acusação a Dilma não recaia sobre seu leitor, o autor afirma que "Há pessoas preparadíssimas que não se expressam bem". Mais do que isso, Araújo sustenta ainda que essas "pessoas preparadíssimas" são "preferíveis, por sinal, às que dão um show de palavreado para camuflar a falta de conteúdo". O leitor não apenas está isento do ataque desferido em Dilma, mas pode também eventualmente se integrar ao grupo das "pessoas preparadíssimas". Em todo caso, se constrói ou se reforça o consenso sobre a má qualidade de expressão de Dilma, sua inaptidão cognitiva e seu despreparo para bem exercer suas funções. No máximo, a depender de sua autoimagem, o enunciatário pode falhar na excelência da expressão, mas não participará da comunidade de que Dilma é ilustre representante; comunidade esta composta por aqueles, sobretudo, aquelas, que não pensam direito e, por isso, não estão preparadas para tomar decisões e governar.

Como se não bastassem as detratações da língua e da fala de Dilma, também sua voz é atacada para melhor depreciar seu pensamento e rebaixar ainda mais suas decisões e ações governamentais. Sem um exame rigoroso assentado em aparato científico, Araújo nada mais faz do que formular juízo de valor travestido de discurso de especialista: "entonação", "certos vocábulos", "nós majestático". A referência às ações já empreendidas pelos governos Lula e Dilma é chamada nessa posição antagonista e conservadora de "bravatas sobre os feitos do lulopetismo". Ainda e sempre sob essa mesma chave são lidas as suspensões de fala de Dilma, ali designadas como "uma agônica pausa, carente de enunciados por longos segundos". É a partir do consenso mais do que consolidado segundo o qual as paradas na fala são sinais de hesitação, insegurança e desarticulação do pensamento que as pausas nas intervenções da presidenta são consideradas "agônicas" e que frações de segundos ou alguns poucos segundos são chamados de "longos". Caso estivesse inscrito em posição distinta, o enunciador poderia ver nessas mesmas pausas um signo de reflexão minuciosa, de ausência de afobação, de senso de responsabilidade quanto ao que se fala, ao fazê-lo do lugar institucional máximo da presidência da República, e de ponderação meticulosa dos efeitos positivos e negativos que uma palavra mal posta pode suscitar.

Assim, para os adeptos da posição conservadora, Dilma fala mal, não pensa bem e é despreparada para desempenhar as altas funções políticas. Para bem comprová-lo, como vimos, uma série de recursos linguísticos e argumentativos são acionados: a relação entre linguagem e pensamento, a conjugação do efeito de humor com a agressividade, o uso de elementos pré-construídos, a isenção do leitor, além dos ataques à sua voz. Mas Araújo faz mais do que isso, pois ao fazer uso de tais expedientes, reativa antigos discursos nos quais se i) afirma a incompetência das mulheres à fala pública, pois a presidenta não fala, mas "despeja o dilmês", esta "forma primitiva da fala"; ii) indica a inadequação da voz feminina ao exercício oratório, o que se pode comprovar por meio de seu "prolongado 'nóoos' majestático" e de sua "agônica pausa"; iii) e denuncia os excessos e imprecisões do que enunciam as mulheres, haja vista que "O que Dilma diz são bravatas sobre os feitos do lulopetismo". Assim, a presidenta não fala bem, não propõe ou anuncia algo legítimo em suas intervenções e ainda não as vocaliza adequadamente.

Não há dúvida de que nesse conjunto de depreciações da fala de Dilma há sexismo e misoginia. Esses são, aliás, importantes elementos condicionantes do golpe. Assim como ocorre no título da crônica que analisamos aqui, toda a obra de Araújo é composta por dois pesos e duas medidas e ainda por desconhecimento dos usos reais da língua. Existe uma "incapacidade total do autor de fazer qualquer análise das falas de Dilma que fujam à camisa de força da gramática normativa da língua escrita". A frase que consta no subtítulo da crônica "Dilma fala", "Pra mim sê pré", foi dita numa fase anterior à oficialização de sua candidatura à presidência. De modo absolutamente descontextualizado e desinformado, Araújo a considera uma frase cheia de erros: "Acontece que esta é uma fala padrão no Brasil de hoje: "pra" (por "para"), "sê" (por "ser") e a ocorrência de "mim" nessa posição sintática são fenômenos correntes na língua falada, e são enunciados diariamente por apresentadores de jornais na TV quando falam entre si ou chamam repórteres (e então deixam de ler no teleprompter), por narradores esportivos e (basta ouvir) pelos doutos participantes das mais sofisticadas mesas redondas exibidas na TV brasileira"[333].

É preciso registrar aqui uma significativa modificação nos discursos que menosprezam, deslegitimam e interditam a fala feminina. Assim como outros tantos detratores das declarações e pronunciamentos de Dilma e de outras mulheres atuantes na política brasileira, Araújo desloca o foco sobre o qual recaem os seus ataques, atenuando o âmbito genérico e insistindo no pessoal. De modo geral, as detratações, as deslegitimações e as tentativas de interdição da fala feminina se baseavam ao longo da história nas alegadas incompetências das mulheres ao seu desempenho, nos supostos excessos, perigos e frivolidades de suas falas e nas ditas inadequações de suas vozes às intervenções no espaço público. Em nossos dias, entretanto, as ofensivas incidem principalmente sobre a pessoa de quem se fala. No *Dilmês*, é da fala e da voz de Dilma que se trata: é sua oratória, de modo singular e pessoal, que "choca"; é sua fala, e não a fala feminina, que é "primitiva" e

333 Possenti, 2018, p. 589.

que se configura como um "triste espetáculo de pensamentos rudimentares"; é a entonação de Dilma que é problemática. O efeito que se produz com esse deslocamento é o do demérito pessoal e exclusivo da ex-presidenta. As leitoras que se identificam com a posição do enunciador não estão concernidas nas depreciações da fala de Dilma. Apenas ela é profundamente incompetente para falar em público, somente ela é tão despreparada para governar. Mas, evidentemente, o *Dilmês* não é uma desconstrução dos discursos que silenciam a fala feminina há tantos séculos. Muito ao contrário, a obra nada mais é do que uma reformulação desses discursos para melhor conservá-los, concentrando seus ataques na pessoa da mulher atacada e não mais genericamente em seu gênero. Desse modo, a violência da misoginia tenta evitar ser chamada por seu nome, porque seria somente a constatação de incapacidades pessoais e deméritos individuais.

A fala pública de Dilma já tinha sido agredida antes e continuaria a ser ofendida depois disso[334]. Nos protestos de junho de 2013, foi criada e bastante reproduzida a hashtag *CalabocaDilma* numa rede digital. Um conhecido jornalista porta-voz da extrema direita brasileira publicou um texto cerca de três meses depois da votação do impeachment da presidenta, cujo título tinha intertextualidade manifesta e atrocidade explícita: "O adeus da feroz torturadora da verdade e do idioma". Com o disfarce de especialista, Reinaldo Polito, autor de misóginos manuais de oratória, alguns dos quais mencionamos no capítulo anterior, publicou várias crônicas no portal Uol nas quais menospreza a fala de Dilma. Uma delas se intitula "Oratória não é mesmo a praia de Dilma Rousseff". Em outra, ele afirma o seguinte: "Dilma deixou o governo faz um bom tempo. Suas aparições em público são agora esporádicas. Mesmo assim, é incrível como não passa uma semana sequer sem que alguém faça referência à sua inabilidade oratória". Merece registro essa sua singela formulação: "Dilma deixou o gover-

334 Dilma não saberia falar, mas também não saberia ler direito. Os discursos que depreciam a capacidade de leitura de Dilma foram analisados por Curcino (2018; 2020).

no"... A discriminação da fala de Dilma era feita por "especialistas", mas também por leigos. Um espaço privilegiado para a manifestação das pessoas comuns são as redes digitais. Elas estavam agitadas com a repercussão dos debates presidenciais das eleições de 2014 e materializavam novamente a política do padrão "dois pesos e duas medidas" na disputa entre Dilma e Aécio Neves. De modo geral, enquanto ele era poupado de críticas, a presidenta era alvo de ofensas. Entre as referências negativas à Dilma, se encontram as seguintes numa conhecida rede digital: "ruim", "burra", "ridícula", "despreparada", "gaga", "confusa", "nervosa", "perdida", "vergonha", "fraca", "esquisita", "enrolada", "incompetente, "incoerente", "baixa", "louca", "feia", "vaca", "mula" e "atacada". Além disso, entre as menções positivas, Dilma foi menos elogiada do que Aécio[335].

Numa comunidade de outra célebre rede digital, um de seus integrantes lançou a enquete: "Qual o maior atropelo da língua portuguesa que já ouviu?". Uma das respostas foi a seguinte: "Dilma discursando... Pior coisa que pode existir... Uma presidenta do país, não saber falar, e para piorar, ter pessoas batendo palma e votando nela e na cúpula... que além de roubar o português, roubam o povo... 3.2.1... que venham os mimimi". Mesmo se referindo à Dilma como "presidenta", o que tendencialmente era marca de identificação com o campo progressista, o autor dessa resposta não deixa dúvida sobre o que pensa de sua qualidade de expressão. As pessoas comuns reproduziam esses preconceitos e ataques contra a fala de Dilma no universo online, mas também o faziam e ainda o fazem nas conversas do cotidiano.

Mais de uma vez muitas e muitos de nós já ouvimos essa metalinguagem preconceituosa e agressiva. A mais recente que nós mesmos testemunhamos aconteceu em fevereiro de 2024. No dia 13 desse mês, como presidenta do Novo Banco de Desenvolvimento do BRICs, Dilma fez um pronunciamento na Cúpula Mundial dos Governos, em Dubai, durante o qual

335 Recuero, 2016.

afirmou que o Banco já havia ultrapassado o poder de compra do G7, o grupo dos países que têm as maiores economias do mundo. Sujeitos, grupos e mesmo instituições da extrema-direita contornaram totalmente o que ela havia dito, algo de grande importância mundial, para materializar preconceito linguístico e mentalidade colonizada. Dilma fez sua intervenção em inglês e foi acusada de não dominar o idioma estrangeiro. Em torno de uma mesa de praça pública de uma cidade do interior paulista, três homens brancos de classe média conversavam, enquanto passávamos por ali. Justamente naquele momento, um deles disse o seguinte: "Ela não sabe nem português, vai saber falar inglês?". Um conhecimento elementar de linguística e de política linguística nos permite saber que a preservação de marcas fonéticas da língua materna na pronúncia da estrangeira é absolutamente normal e mesmo desejável para afirmação identitária e para desconstrução de subserviência colonial.

Mesmo intelectuais insuspeitamente comprometidos com as lutas igualitárias sustentaram que Dilma Rousseff não era uma boa oradora e que ela não tinha carisma. Considerando a quase imemorial tradição que estabeleceu e cristalizou determinados padrões ideais de eloquência e carisma, essas afirmações são compreensíveis. Mas elas devem ser relativizadas. Não há nada de natural ou de essencial no que consideramos como o desempenho de um orador eloquente e como a presença de uma personalidade carismática. De fato, os padrões estéticos e psíquicos, as competências e os desempenhos são produtos históricos e sociais. No entanto, frequentemente nós os concebemos como se fossem algo atemporal. Antigas e consolidadas convenções sociais constituem o que julgamos "naturalmente" belo ou feio e o que experimentamos como "essencialmente" dotado ou não de carisma, como se se tratasse de um dado evidente e autônomo em relação às práticas e representações dos sujeitos de classes e grupos sociais distintos, de raças e gêneros diversos. Em resumo, Dilma não era boa oradora nem tinha carisma de acordo com esses padrões, mas não em termos absolutos. Além disso, parece ter sempre pesado excessivamente sobre ela o dilema "simpatia/competência" e vários *doubles binds*, de que já falamos aqui. Seu corpo e seu comportamento, seus gestos e suas falas fugiam aos estereótipos da conduta feminina, pois Dilma não era "frágil" nem "delicada" e ainda menos "subserviente". A ampla maioria dos homens do poder não gosta de ouvir uma mulher falar e se indispõe profundamente diante de falas femininas que demonstram competência e segurança. Se a oradora não ostenta marcas de exagerada simpatia para contrabalancear sua capacidade e confiança, ela se torna um alvo privilegiado dos ataques da dominação masculina.

MANUELA D'ÁVILA

No dia 25 de junho de 2018, a pré-candidata à presidência da República, Manuela D'Ávila, foi a entrevistada do programa Roda Viva, da TV Cultura. Além de seu apresentador, Ricardo Lessa, participaram da entrevista Vera Magalhães, colunista do jornal *O estado de S. Paulo* e comentarista da rádio *Jovem pan*; Frederico D'Ávilá, diretor da Sociedade Rural Brasileira; Letícia Casado, jornalista da *Folha de S.Paulo* em Brasília; João Gabriel de Lima, coordenador do curso de Jornalismo do INSPER e colunista da revista *Exame*, e Joel Pinheiro da Fonseca, economista e colunista da *Folha de S.Paulo* e da *Exame*. A bancada de entrevistadores era, portanto, constituída por duas mulheres e por quatro homens. A esse desequilíbrio entre entrevistadoras e entrevistadores se soma a indistinção de suas posições ideológicas, uma vez que *grosso modo* todos ali eram não somente adeptos das práticas e ideologias neoliberais, mas também seus porta-vozes, que gozam de considerável visibilidade no cenário nacional e de boa dose de influência na formação da opinião pública brasileira.

Nesse cenário, não seria surpreendente que a entrevistada tivesse de enfrentar questões delicadas e objeções às suas respostas. O que ocorreu, porém, naquela noite de junho, foi bem mais marcante do que isso. Considerando o fato de que o programa consiste no gênero entrevista, havia expectativa de que devesse prevalecer a fala da entrevistada ou, ao menos, a de que houvesse uma troca interlocutiva relativamente equilibrada, ainda que também ora mais, ora menos hostil, sob a forma de um diálogo mais ou menos áspero. De fato, não foi somente isso o que aconteceu. A hostilidade e a aspereza não estiveram ausentes, mas o que mais se destacou naquela edição do Roda Viva foi a infindável série de interrupções sofridas pela pré-candidata à presidência. No decurso de suas respostas, Manuela D'Ávila foi interrompida em sessenta e duas ocasiões. Para muito facilmente constatar que esse não era um padrão do programa, muitas pessoas contrastaram o que se passara com a política do PCdoB e o que ocorrera durante a entrevista de Ciro Gomes, também concorrente ao mesmo posto nas eleições de 2018 pelo PDT, ao Roda Viva. Ante as 62 interrupções da fala de Manuela, Ciro foi interrompido somente oito vezes.

Veículos da mídia de distintos segmentos e de diversos matizes ideológicos, bem como muitas postagens e comentários em perfis e comunidades de várias redes sociais, manifestaram seu descontentamento e mesmo sua indignação ao que padecera a candidata. Diante de toda a vasta extensão desse material, reproduzimos abaixo somente uma amostra dessa grande repercussão, contemplando algumas passagens de três textos publicados em três veículos da mídia brasileira. Eles têm em comum o fato de que seus autores condenam a dinâmica do programa e as incessantes interrupções da fala de Manuela feitas pelos entrevistadores:

> Manuela D'Ávila vira alvo de *manterrupting* em entrevista no 'Roda Viva'
> A pré-candidata à presidência Manuela D'Ávila foi interrompida mais de 60 vezes na entrevista que deu ao "Roda Viva". Entenda o que é manterrupting.
>
> Manuela D'Ávila, pré-candidata à presidência pelo PCdoB, esteve no programa "Roda Viva" dessa segunda-feira (25) e o que se viu foi um festival de *manterrupting*. Em inglês essa palavra é uma junção de *man* (homem) com *interrupting* (interrupção) e é usada para explicitar situações em que um ou

mais homens fica(m) interrompendo a fala de uma ou mais mulheres, impedindo que ela(s) conclua(m) o que estava sendo dito.

Num dos momentos em que isso ficou mais evidente, o entrevistador Frederico D'Ávila – que é assessor de Jair Bolsonaro – perguntou a Manuela se ela é a favor da castração química. Em resposta, a deputada começou a falar sobre cultura do estupro, dizendo que a solução para o problema está na educação. Frederico não deixou ela concluir o que dizia, introduzindo à conversa uma indagação sobre nazismo e Exército Vermelho – o que nada tinha a ver com a questão do estupro. Além disso, o homem também chegou a dizer que a cultura do estupro não existe.[336]

***

Dilma, Ciro e Boulos criticam tratamento a Manuela D'Ávila no Roda Viva

"Ataques machistas", diz Dilma Rousseff (PT) sobre tratamento a Manuela D'Ávila, pré-candidata à Presidência pelo PcdoB foi interrompida 62 vezes pelos entrevistadores do programa Roda Viva, da TV Cultura

Ainda que concorrentes nas eleições presidenciais de 2018, o Partido dos Trabalhadores, Dilma Rousseff, Ciro Gomes e Guilherme Boulos repudiaram a postura dos entrevistadores do Roda Viva (TV Cultura) e manifestaram solidariedade à pré-candidata Manuela D'Ávila (PcdoB), que concedeu entrevista ao programa na noite de segunda-feira (25).

Para os mencionados, o tratamento a Manuela D'Ávila foi "machista" e visou "calar" a pré-candidata.

Compunham a bancada, além de repórteres dos jornais *Folha de S.Paulo* e *O Estado de São Paulo*, o coordenador da campanha de Jair Bolsonaro (PSL) Frederico D'Ávila. Os entrevistadores assumiram, em certos momentos, uma postura irônica contra Manuela que foge do tom usual do programa.

Partidos lamentam tratamento a Manuela D'Ávila

"Toda solidariedade à minha querida amiga Manuela D'Ávi-

336 Wargken, 2018.

la, uma das lideranças políticas mais extraordinárias desse país. Podem até tentar, mas não vão conseguir calar essa voz", criticou o pré-candidato à Presidência Ciro Gomes (PDT). Guilherme Boulos (PSOL), outro postulante ao Planalto, também se manifestou. "Roda Viva expressou o machismo estrutural da sociedade brasileira. Solidariedade e unidade contra os retrocessos!", disse.

Já para a ex-presidente Dilma Rousseff (PT), "as grosserias contra Manuela no 'Roda Viva' são mais uma demonstração da parcialidade de uma imprensa que há muito abandonou qualquer resquício de isenção e imparcialidade, tornando-se uma facção política e partidária".[337]

***

Internet indignada contra o programa Roda Viva aplaude coragem de Manuela D'Ávila

Veja aqui várias manifestações de internautas, jornalistas, políticos e personalidades contra o ataque sofrido por Manuela no Roda Viva

Foi uma tentativa de massacre. Jornalistas desinformados e preconceituosos e até mesmo um assessor de Bolsonaro avançaram contra a pré-candidata do PCdoB, Manuela D'Ávila, na noite desta segunda-feira (26), no programa Roda Viva, da TV Cultura. O sentimento machista e anticomunista era latente a cada pergunta, a cada interrupção.

Manuela, por sua vez, se manteve firme, respondeu a todos e não se alterou em momento algum diante das provocações.

A internet, no entanto, amanheceu indignada com o antijornalismo praticado pela emissora e, sobretudo, com o tom das perguntas, provocações e interrupções dos entrevistadores.

O PCdoB chegou a fazer uma estatística com o número de interrupções que Manuela sofreu e comparou com as de Ciro Gomes, entrevistado em maio. A diferença foi acachapante. Manuela sofreu 62 interrupções contra apenas 8 de Ciro.

Vários internautas, personalidades do jornalismo e da política se manifestaram na manhã desta terça-feira (26). Veja algumas delas abaixo:

337 Portal *IG*, 26 de junho de 2018.

> Benedita da Silva
> @dasilvabenedita
> Manuela D'Ávila deu um show no programa Roda Viva, apesar da alta dose de machismo e pegadinhas de jornalistas q ñ queriam entrevistar uma pré-candidata p/ saber as suas ideias p/ o país, mas, sim, desconstrui-la. Não conseguiram, pois a MANU MANDOU MUITO BEM. @ManuelaDavila

> Tarso Genro
> @tarsogenro
> Manuela se saiu muito bem enfrentando a ignorância, o preconceito e a falta de conhecimento da maioria dos seus adversários (não eram entrevistadores). Companheira orgulho da esquerda e grande candidata do campo democrático e popular.[338]

Há um manifesto posicionamento contrário aos apartes que Manuela D'Ávila sofreu em sua entrevista no Roda Viva em cada um desses três textos, conforme adiantamos. Contudo, o fato de seus enunciadores se inscreverem no que parece ser uma mesma posição não torna idênticos os modos por meio dos quais formulam seus enunciados e materializam importantes nuances discursivas. Existem entre eles duas relevantes diferenças: seus temas predominantes são distintos e as formas como seus enunciadores se relacionam com o que enunciam e as maneiras como concedem ou não espaço para a palavra de outrem são diversas. No texto do site *M de mulher*, o foco recai no fenômeno da interrupção masculina da fala feminina, designado ali à inglesa, *manterrupting*, que, como vimos no capítulo anterior, é parte de uma recente elaboração da terceira onda do movimento feminista. Sua autora, Júlia Vargken, o define nestes termos: "Em inglês essa palavra é uma junção de *man* (homem) com *interrupting* (interrupção) e é usada para explicitar situações em que um ou mais homens fica(m) interrompendo a fala de uma ou

338 Bittencourt, 2026.

mais mulheres, impedindo que ela(s) conclua(m) o que estava sendo dito". Além disso, Wargken menciona uma de suas ocorrências mais manifestas: a "interrupção mais evidente e hostil" de Frederico D'Ávila, coordenador da campanha de Jair Bolsonaro. Finalmente, registramos que não há nesse texto relato do discurso de outrem que compartilhasse de sua própria posição.

Já no texto do portal *IG*, as críticas da ex-presidenta Dilma Rousseff e dos então candidatos Ciro Gomes e Guilherme Boulos ao tratamento dispensado à Manuela D'Ávila ocupam o primeiro plano. Ressalta-se ainda o fato de que, mesmo sendo "concorrentes", esses políticos e seus partidos manifestaram seu repúdio à "postura" dos entrevistadores do Roda Viva e sua "solidariedade" à candidata do PCdoB. A concessão de voz a outrem e a atribuição do que ali se diz a outro enunciador indicam que o texto mais menciona a posição contrária ao procedimento dos entrevistadores de Manuela do que propriamente assume e se inscreve nessa posição. Isso não significa que esse posicionamento não seja adotado pelo redator do texto, mas ele o faz de modo mais discreto e menos frequente do que se pode observar nos dois outros que examinamos aqui. A única passagem em que se mostra sua inscrição nessa posição é a seguinte: "Compunham a bancada, além de repórteres dos jornais Folha de S. Paulo e O Estado de São Paulo, o coordenador da campanha de Jair Bolsonaro (PSL) Frederico D'Ávila. Os entrevistadores assumiram, em certos momentos, uma postura irônica contra Manuela que foge do tom usual do programa". Nela, ainda assim, se enfraquece a crítica aos entrevistadores e ao Roda Viva, porque os primeiros somente "em certos momentos" manifestaram "uma postura irônica", e não agressiva, e porque tal procedimento "foge ao tom usual do programa".

Finalmente, o texto da revista *Fórum* tem um autor mais manifesta e solidamente comprometido com a posição progressista, a partir da qual critica o Roda Viva e os integrantes daquela sua edição. A seleção lexical é um índice seguro para observarmos a materialização desse posicionamento: o programa é descrito como "uma tentativa de massacre", os entrevistadores como "jornalistas desinformados e preconceituosos", que "avançaram" contra a candidata e a "provocaram", e a entrevistada como alguém que demonstrou "coragem", que "se manteve firme", que "respondeu a todos" e que "não se alterou em momento algum" frente a todos os ataques recebidos. Concorrem ainda para o fortalecimento dessa posição i) o recurso ao discurso direto, mediante o qual o redator reproduz "as manifestações de internautas, jornalistas, políticos e personalidades contra o ataque sofrido por Manuela no Roda Viva", ou seja, o que ele próprio diz é subscrito por outros muitos e importantes sujeitos; ii) a generalização, a assimilação semântica e a personificação formuladas em "A internet amanheceu indignada"; e iii) o gesto verbal dêitico expresso na locução "Veja aqui", que produz o efeito de que o enunciador nada mais faz do que apontar a generalizada indignação com o que Manuela havia sofrido.

O FEMINISMO NEGRO E A DEFESA DE MANUELA

Os dias seguintes assistiram a um arrefecimento da repercussão daquele Roda Viva, mas não a um seu esgotamento. No dia 1 de julho, Djamila Ribeiro publicou o texto *Meus pitacos sobre o desrespeito sofrido por Manuela D'Ávila, no sofrível programa Roda Viva* em seu perfil numa rede digital. Pesquisadora e conhecida militante do feminismo negro no Brasil, Djamila também assume uma posição contrária aos procedimentos hostis de que se valeram os entrevistadores naquela edição do Roda Viva, como já vislumbramos no título de sua postagem. Porém, diferentemente do posicionamento progressista predominante, que amparou Manuela, sua posição compreende também e mais fundamentalmente uma crítica à então pré-candidata do PCdoB. Eis abaixo quase na íntegra o texto de Djamila:

> Por terem sido construídos como os sujeitos do poder, homens brancos se julgam os grandes sabedores de tudo, mes-

mo que não saibam. Sujeitos que sempre foram autorizados a falar, entendem que em seus mundos só pode haver reciprocidade com sujeitos como eles, haja vista que muitos sequer enxergam humanidade nas mulheres ou em pessoas negras. [...] Em "Recusando-se a ser uma vítima", bell hooks discorre sobre o fato da identidade vitimada a qual muitas mulheres brancas preferem recorrer em vez de se prepararem para a resistência militante. A autora afirma que mulheres negras, historicamente, por saberem dos horrores do racismo e machismo, em vez de se esconderem na identidade vitimada, pensaram redes de solidariedade e de enfrentamento para não se fixarem num papel que lhes fora imposto. [...] O que precisamos fazer é encontrar formas de enfrentar, desestabilizar e não de nos esconder na fragilidade que eles impuseram às mulheres brancas. Porque aí se cai exatamente no papel que querem: daquelas que não sabem enfrentar uma situação difícil porque são "frágeis". É preciso romper com essa conveniência. Sabemos o quanto é duro ser mulher na política, precisamos seguir lutando contra o machismo em todas as esferas, mas penso que não podemos mais nos dar ao luxo de ficarmos surpresas com situações como essa; é preciso entender a resistência militante como estratégia política de ação. Cair na identidade vitimada, quando Manuela tem todas as condições para fazer um debate, se posicionar, brigar para não ser interrompida, exigir que os entrevistadores a ouçam, ser agressiva, ainda mais quando se sabia estar num campo minado, é um caminho que julgo mais apropriado para além de se cair numa condescendência masculina que nos vê como alguém a ser protegida. [...] A nós, mulheres negras, como nos ensina as feministas negras, nunca nos coube esse papel. Somos as raivosas, agressivas, que fazem barraco. E por que? Porque em vez da identidade vitimada, escolhemos ir pra cima. E pagamos um preço alto por isso.[339]

Em consonância com a posição igualitária ora mais, ora menos materializada nos textos publicados em *M de mulher*, no portal *IG* e na revista *Fórum*, Djamila Ribeiro denuncia e ataca a injusta e desigual distribuição de oportunidades e

339 Ribeiro, 2018.

de poderes da fala entre homens e mulheres, mas, já desde o início de sua postagem, acrescenta à sua crítica a dimensão étnica: "Por terem sido construídos como os sujeitos do poder, homens brancos se julgam os grandes sabedores de tudo, mesmo que não saibam. Sujeitos que sempre foram autorizados a falar". Seu posicionamento é reforçado pela enunciação em terceira pessoa, que lhe agrega o efeito de objetividade à formulação. Em seu texto, inicialmente, parece que as interrupções sofridas por Manuela D'Ávila se devem ao fato de os homens brancos entenderem que "em seus mundos só pode haver reciprocidade com sujeitos como eles haja vista que muitos sequer enxergam humanidade nas mulheres ou em pessoas negras". Mas esse efeito será reconfigurado na sequência da postagem.

Para introduzir o que mais destoa da posição progressista dominante, Djamila recorre à voz autorizada de outrem. É a partir da referência a bell hooks, e de uma breve exposição da reflexão que essa autora faz numa de suas obras, que ela passará à crítica ao modo como procedeu a candidata do PCdoB no Roda Viva. O argumento que Djamila incorpora de hooks é o de que mulheres brancas preferem recorrer à identidade vitimada a se "prepararem para a resistência militante". Nesse ponto, ainda não é a própria Djamila Ribeiro quem afirma o seguinte, mas a autora por ela citada: "mulheres negras, historicamente, por saberem dos horrores do racismo e machismo, em vez de se esconderem na identidade vitimada, pensaram redes de solidariedade e de enfrentamento para não se fixarem num papel que lhes fora imposto". Há até aí três usos distintos da terceira pessoa: um com o qual se aponta para o julgamento e a conduta de "homens brancos"; outro com o qual se indica um obra e uma autora de referência do feminismo negro; e ainda um terceiro com o qual, já em discurso indireto, se projeta o que teria sido dito pela autora mencionada, ao tratar da postura singular e corajosa das mulheres negras.

Só depois desse preâmbulo é que identificamos o surgimento de uma outra relação entre a enunciadora e que ela enuncia. Agora, o vínculo entre quem diz e a coisa dita se torna bem mais próximo e sólido. Esse vínculo se estabelece com os empregos da primeira pessoal do plural, mas seu uso e seus efeitos não são idênticos ao longo da sequência do texto. Nessa passagem, que introduz essa nova modalidade enunciativa, "O que precisamos fazer é encontrar formas de enfrentar, desestabilizar e não de nos esconder na fragilidade que eles impuseram às mulheres brancas", há duas atualizações da primeira pessoa do plural, mas também duas ocorrências da terceira. Em "precisamos", temos um nós inclusivo[340], que tanto pode compreender a enunciadora e as leitoras identificadas com a comunidade das mulheres feministas negras, quanto ambas e ainda todos os sujeitos adeptos de sua causa. Já em "não de nos esconder na fragilidade", se produz uma inclusão excludente da enunciadora e daquelas(es) que com ela já se identificam e que, por isso, já não se escondem na fragilidade. A própria postagem de Djamila Ribeiro e a imagem de si como alguém corajosa, que ali se constrói pelo que ela diz e pelo modo como o faz, concorrem para produzir essa desidentificação da enunciadora com esse "nos". Distintos ainda são os agentes designados por "eles" e por "mulheres brancas": os primeiros são aqueles que julgam saber e poder falar de tudo e as últimas são aquelas que se resignam com a identidade de vítimas e de frágeis. Desse modo, se constrói e se reitera uma especificidade das mulheres negras, que manifestamente se distinguem ali de "homens brancos" e de "mulheres brancas".

Desse ponto do texto até o seu final, a primeira pessoa surgirá ainda quatorze vezes. A totalidade dessas atualizações pode ser repartida em cinco subconjuntos, considerando os distintos efeitos de sentido que se produzem em cada um deles. O primeiro é composto pela primeira pessoa do plural no seguinte caso: "Sabemos o quanto é duro ser mulher na política, precisamos seguir lutando", que é a reiteração do nós inclusivo, cuja abrangência tanto pode contemplar a enuncia-

340 Para mais informações sobre usos e efeitos do "nós", ver: Benveniste (1995), Fiorin (2001) e Indursky (1997).

dora e as leitoras identificadas com a comunidade das mulheres feministas negras, quanto ambas e ainda os partidários de sua causa. Um segundo pode compreender os dois usos da primeira pessoa do singular, "penso" e "julgo", com os quais a enunciadora pode postular algo, sem excessiva presunção, porque denotam uma ponderação subjetiva e uma mais particular expressão de uma posição. No terceiro, se incluem estes dois verbos conjugados em primeira pessoa do plural e o pronome oblíquo correspondente: "não podemos mais nos dar ao luxo de ficarmos surpresas". Há aqui a marcação do gênero feminino em "surpresas" que restringe a amplitude do nós inclusivo, tal como ocorre no primeiro conjunto. Além disso, nesse uso da primeira pessoa do plural se reitera o efeito de uma inclusão excludente da própria enunciadora, que não integra o grupo que se dá ao "luxo de ficar" surpreso com opressões masculinas, tal como a que se abateu sobre Manuela. O próximo é constituído de um único pronome oblíquo de primeira pessoa do plural, que parece ser idêntico ao nós inclusivo excludente anterior que se limita dada a marcação do feminino em "protegida". Porém, mediante as relações de equivalência do discurso feminista negro entre as palavras, expressões e enunciados do texto, é possível identificar que se trata, antes, de um caso específico de inclusão excludente da enunciadora e daquelas que com ela já se identificam, de que falamos no parágrafo precedente. O "nos" ali remete particular, ou ao menos principalmente, às mulheres brancas. O quinto e último conjunto compreende as seis últimas atualizações da primeira pessoa do plural presentes nas quatro últimas frases da postagem. Todas essas ocorrências remetem a "mulheres negras". Trata-se de um nós inclusivo, que apenas inclui a enunciadora e outras mulheres negras, como ela.

Pouco acima, havíamos feito referência à constituição de um *ethos* de coragem da enunciadora. Essa construção da imagem de Djamila se dá na conjunção entre o que ela diz, o enfoque do tema de que ela fala, a construção das personagens de seu texto, o registro de linguagem empregada, a corporeidade e a vocalidade ali projetadas, entre outros componentes. É assim que se produz a imagem de um eu franco e corajoso, cujo corpo não somente está ereto, mas se ergue e permanece altivo, e cuja voz é firme, tensa e enérgica. A construção dessa imagem que Djamila faz de si mesma em seu texto está articulada a uma reapropriação identitária, tal como ocorre com relativa frequência com grupos minoritários ou com maiorias marginalizadas, que se reaproveitam de estigmas que lhe haviam sido impostos, transformando-os em signos de luta e de resistência. Por essa razão, a frase "Somos as raivosas, agressivas, que fazem barraco" poderia ser assim parafraseada: Somos as que foram por tanto tempo e tantas vezes insultadas por homens brancos (e por aqueles e aquelas que com eles se identificam) como "as raivosas", "as agressivas", "as que fazem barraco", e que agora resolvemos nos reapropriar desses insultos que recebemos para lutar e resistir às opressões que nós, mulheres negras, sofremos e continuamos a sofrer.

Ainda que "raivosas", "agressivas", "que fazem barraco" e "escolhemos ir pra cima" carreguem essa antiga memória das práticas e discursos que pretenderam e ainda pretendem calar a voz feminina, estigmatizar e deslegitimar sua fala, quando esses termos e expressões são empregados, como no texto de Djamila, a partir de uma posição discursiva não só distinta, mas oposta à tradição misógina e patriarcal, passam a produzir sentidos bastante diferentes dos produzidos na posição que lhe é antagonista. Toda a carga negativa concentrada nessas palavras, locuções e orações e conservada por séculos numa memória depreciativa do feminino não submisso, que remonta ao menos até os mitos gregos e judaicos que buscaram apagar a "Grande Deusa" e inferiorizar as mulheres, submetendo-as à dominação masculina, é revertida na positividade da coragem de quem não foge aos perigos da luta. Em conjunto com a reapropriação identitária que nela se constituiu, a formulação "Somos as raivosas, agressivas, que fazem barraco" compreende ainda não uma essencialização e o estabelecimento de uma identidade fixa, mas, antes, sua recusa, porque “Somos” ali passa a significar “nos tornamos”, “fomos obrigadas a nos tornar assim para poder resistir”.

A possibilidade de que os opositores, os não adeptos de suas causas e os já progressistas, mas ainda não esclarecidos sobre as razões feministas, apontem nessa forma de batalha e resistência um excesso de energia parece ser um sintoma da longa duração dos preconceitos e um ônus menor a ser pago nessa batalha[341]. Assim, talvez se minimize mais este *double bind* que se impõe sobre as mulheres negras, pardas e indígenas, similar à “dupla e irremediável exclusão de viver *como* operários e falar *como* burgueses” que se abate sobre as pessoas das classes trabalhadoras[342]. Que as mulheres negras do Brasil contemporâneo não tenham de viver como miseráveis nem precisem falar como madames...

Voltaremos a tratar logo adiante dos silenciamentos interseccionais das mulheres, quando passarmos a analisar pronunciamentos de Marielle Franco e discursos a respeito de sua fala. Antes, porém, dedicaremos a próxima seção a menosprezos, deslegitimações e interdições sofrida por Sâmia Bomfim, principalmente durante sua atuação numa recente Comissão Parlamentar de Inquérito, e registramos logo aqui os silenciamentos, sofrimentos e abnegações a que Manuela D'Ávila teve de se submeter nos anos seguintes àquela sua participação no Roda Viva, com a ascensão da extrema-direita no Brasil e com a chegada do neofascismo à presidência da República e a outros muitos lugares de poder. Em entrevista à *Folha de S.Paulo* em junho de 2022, quando uma constante série de ameaças à sua integridade física e à de sua filha

---

341 O projeto *A representação social das professoras negras pelos discentes da UFBA*, desenvolvido pelo Laboratório de Tecnologias Sócio-Raciais e de Metodologias de Redes da UFBA, identificou a recorrência de dizeres como os seguintes a respeito das professoras negras: “Sua voz é alta demais, portanto agressiva, não tem sensibilidade no trato com outras pessoas, a louca, a desleixada, a desorganizada, muito objetiva, as vezes sua fala é tomada como preterição e então é a degenerada, a marcada a descartável”. Disponível em: http://www.later.ufba.br/pesquisa.html. Acesso em: 05 nov. 2018.

342 Rancière, 1988, p. 11.

levou à sua desistência da candidatura ao Senado pelo Rio Grande do Sul, ela disse o seguinte:

> O conjunto das ameaças que eu e minha família sofremos há pelo menos sete anos impacta todas as minhas escolhas no dia a dia, desde ir ao supermercado até minha exposição política.
> Sempre fui de esquerda e sempre existiram os conservadores, mas isso não tinha escala. Hoje são ameaças que envolvem estímulo à violência, a partir dos discursos de ódio. Não é uma lógica de enfrentamento às ideias, mas de extermínio de quem pensa diferente.
> A primeira ameaça que sofri foi em 2005, quando eu era recém-eleita vereadora, e isso impactou a Câmara de Vereadores, que saiu na minha defesa. Agora, por exemplo, os membros da bancada negra em Porto Alegre são atacados dia sim e dia também, e isso não altera a rotina do parlamento.
> Mas eu decidi ficar. Vou fazer campanha igual pela esquerda, contra eles e denunciando o que fazem contra mim. Isso demonstra muito de quem eles são, e não de mim. Mas não deixa de revelar também um pouco de quem eu sou, por aguentar e enfrentar de cabeça erguida.
> Não é fácil acordar de manhã, como aconteceu um ano atrás, e ver a sua filha de cinco anos ser ameaçada de estupro. Qualquer pessoa na minha condição cogitaria isso.

Um pouco adiante, Manuela ainda acrescenta:

> Existe uma frase da intelectual Angela Davis de que a liberdade é uma luta constante. As ameaças são o reflexo das ideias que eu represento e do propósito de aniquilação delas. Eles nunca quiseram me derrotar politicamente, mas exterminar a minha existência.
> A antropóloga Rosana Pinheiro-Machado tem uma formulação de que é impossível dissociar o bolsonarismo e a extrema direita da masculinidade violenta. Não é casual que os ataques que sofro usem a minha imagem, a da minha filha, mencionem meu corpo. Não é casual que eles profanem permanentemente a memória da Marielle Franco.

> Talíria Petrone e Sâmia Bomfim também são alvo de ataques que expõem seus filhos pequenos. Nós não somos atacadas só por sermos mulheres, mas por sermos mulheres que questionam o que eles fazem.[343]

SÂMIA BOMFIM

Em dezembro de 2022, a deputada federal Sâmia Bomfim participava de discussão na Comissão de Defesa dos Direitos da Mulher acerca do chamado Estatuto do Nascituro, que tentava tornar mais rígidas as regras que autorizam o aborto legal. Em sua intervenção, que obedeceu a ordem de inscrições, a deputada seria interrompida por parlamentares conservadores em diversas ocasiões. Numa delas, o Pastor Eurico (PL) não apenas a interrompeu, mas inviabilizou completamente o debate das propostas de Sâmia, com os golpes dados na mesa do plenário e com a vociferação dos seguintes termos: “Abortista não tem vez, abortista não tem vez...”. O grito do deputado foi feito de forma reiterada, incontáveis vezes e de modo ritmado, tanto na cadência de sua voz quanto nas pancadas que dava sobre a mesa, como se entoasse um slogan de manifestação de rua. A deputada chega a levantar de sua cadeira, para dizer ao parlamentar que também sabia bater com as mãos, responde a seus gritos, mas Eurico só encerra sua cena depois de já ter causado enorme tumulto na sessão e conseguido suspender o próprio debate. Ao retomar seu turno de fala, em lugar de prosseguir com a exposição de suas propostas, Sâmia Bomfim foi obrigada a usar seu tempo para exigir respeito ao seu direito de fala. Sua declaração é um exemplo dos mais bem acabados de uma metalinguagem feminista:

> Se não consegue ouvir o contraditório, se não suporta ouvir a voz de uma mulher, o que está fazendo na política? Tá achando que a política é um instrumento de exercício de violência, de poder, de grito? De colocar a força física, a masculinidade sobre o direito das outras deputadas falarem? Lamento, sinto

343 Entrevista concedida a Joelmir Tavares e publicada na edição da *Folha de S.Paulo* do dia 17 de junho de 2022.

> muito. Não. Definitivamente não. Os senhores vão ouvir o que nós temos a dizer, quer os senhores queiram, quer os senhores não queiram. Bate na mesa, xinga, grita, esperneia, fala que tem que gritar com a família, não estamos nem aí. Estamos no nosso direito enquanto parlamentares de colocar os nossos posicionamentos. Aqui tem deputada eleita com voz, com opinião, que respeita o regimento, que sabe quais são os seus direitos e que vai falar.

Cerca de cinco meses mais tarde, começariam os trabalhos da Comissão Parlamentar de Inquérito do Movimento Sem Terra (MST). Instalada na Câmara dos Deputados, a CPI tinha sido criada mediante requerimento apresentado pelo deputado Tenente Coronel Zucco (Republicanos) com apoio da Frente Parlamentar da Agropecuária (FPA), mais conhecida como "bancada ruralista" ou simplesmente "bancada do boi". A iniciativa era uma resposta às ocupações que vinham sendo realizadas pelo MST no âmbito da Jornada Nacional de Luta pela Terra e pela Reforma Agrária e seu objetivo era investigar alegadas fontes que financiavam o Movimento. À frente da Comissão, havia apenas aliados ou ex-aliados do ex-presidente Jair Bolsonaro: o próprio deputado Tenente Coronel Zucco ocupou a presidência da CPI, o deputado Kim Kataguiri (União Brasil) ficou com a 1ª vice-presidência, o deputado Delegado Fábio Costa (PP), com a 2ª vice-presidência, o deputado Evair Vieira de Melo (PP), com a 3ª vice-presidência. Como se essa composição já não fosse reacionária o bastante, o deputado Ricardo Salles (PL) assumiu a relatoria.

Dos 54 membros da comissão, entre titulares e suplentes, 40 deputados ruralistas, ligados à FPA, seriam indicados por seus partidos. Os deputados da base governista, por seu turno, somavam apenas 14 cadeiras[344]. Naquilo que respeita ao gênero, somente 13 mulheres comporiam a CPI. Entre elas, Sâmia Bomfim seria particularmente visada por intimidações, silenciamentos e ataques ao longo de todo o desenvolvimento da CPI, devido a sua posição contrária aos interesses da

344 Landim, 2023.

"bancada do boi". Um levantamento não sistemático feito na primeira semana de junho mostrava que a fala da parlamentar já havia sido interrompida 14 vezes e que seu microfone havia sido cortado pela mesa diretora em três circunstâncias[345]. No entanto, por meio de um exame mais preciso, podemos constatar que a deputada teve seu microfone cortado em quatro ocasiões, somente no primeiro dia de trabalho da comissão.

Já no início de seu primeiro pronunciamento, no dia 23 de maio de 2023, Sâmia não hesita em defender o Movimento Sem Terra naquele contexto tão adverso e em confrontar os ruralistas: "Quem faz negócio com terra não é o Movimento Sem Terra, deputado. Quem faz negócio, sujeira com terra pública, são os grileiros, madeireiros, aqueles que desmatam, aqueles que invadem terra de proteção ambiental. Aqui vários conhecem bem o que eu tô falando"[346]. Na sequência, a deputada menciona a recente notícia de que o ministro Alexandre de Moraes, do Supremo Tribunal Federal, havia determinado a retomada das investigações pela Polícia Federal contra o deputado Tenente Coronel Zucco. A suspeita era a de que o presidente daquela CPI estava envolvido nos atos golpistas ocorridos em 8 de janeiro. A partir de então, um grande embate se estabelece entre Sâmia e Zucco. Houve considerável repercussão na mídia. Dos inúmeros veículos de comunicação que cobriram a discussão, alguns deles a reproduziram na íntegra. Os silenciamentos da fala de Sâmia podem ser mais bem compreendidos com a leitura da reprodução integral daquele desequilibrado confronto:

> (**1**) Sâmia Bomfim, ao microfone: "Mas acabou de sair a notícia que o Moraes autoriza a Polícia Federal a retomar investigação do presidente da CPI do MST pela participação em atos antidemocráticos, que até agora o senhor tava dizendo que era mentira...".
>
> [O microfone da deputada é cortado]

---

345 Marzullo; Noia, 2023.

346 Deputada, 2023.

Sâmia Bomfim, sem microfone: "... que era uma ofensa, tinha até ameaça de colocar no Conselho de Ética. Está na imprensa, presidente".

Tenente Coronel Zucco, concomitantemente a Sâmia Bomfim, que fala sem microfone: "Deputada Sâmia... Deputada Sâmia, eu aceitei a questão de ordem do deputado Kim: nós não vamos permitir ataques pessoais. Sobre essa nota que a senhora falou, já tinha sido publicado... Deputada Sâmia, isso não é pauta dessa CPI".

[Confusão de vozes]

(**2**) Sâmia Bomfim, retomando a palavra ao microfone: "Questão de ordem com base no artigo 41 do Regimento Interno da Câmara de Deputados, presidente. Enquanto eu fazia a utilização do meu tempo de líder, eu fui interrompida por Vossa Excelência. Eu tive o microfone cortado quando ainda havia 30 segundos pra eu poder concluir o meu tempo de líder. Presidente, uma coisa é fazer interrupções, pedir ordem, pedir que os deputados, enfim, tenham uma conduta mais adequada quando há ofensas, quando parte pra agressão física ou agressão verbal. Eu não estava fazendo nada disso, presidente. Eu estava lendo uma reportagem da imprensa, havia acabado de sair no *G1*, todo mundo pode consultar aí nos seus celulares. E na manchete do *G1*, a qual eu li, não havia nenhuma ofensa a Vossa Excelência e a nenhum dos membros dessa CPI. Havia um fato: de que o Alexandre de Morais havia autorizado que a Polícia Federal seguisse com as investigações sobre Vossa Excelência por ter participado das convocações dos atos golpistas..."

[A deputada é interrompida pelo presidente]

Tenente Coronel Zucco: "Deputada, deputada...".

Sâmia Bomfim, ao microfone, tentando prosseguir com sua fala: "...eu não concluí o meu tempo, presidente, não concluí o meu tempo, não concluí o meu tempo, presidente, eu ainda tenho... não concluí..."
[O microfone da deputada é cortado]

Sâmia Bomfim, sem microfone: "eu ainda tenho dois minutos...".

Tenente Coronel Zucco, concomitantemente a Sâmia Bomfim, que fala sem microfone: "Deputada, a questão de ordem do deputado Kim, que foi anterior à sua questão de ordem, eu já deferi. Eu indefiro a sua fala, deputada".

[Confusão de vozes]

Tenente Coronel Zucco: "Ok, com a palavra, deputado Messias Donato".

[Confusão de vozes]

Sâmia Bomfim, com microfone, em meio à confusão de vozes: "O senhor não pode interromper a minha fala, ainda faltavam dois minutos pra eu concluir a minha fala. Enquanto eu não tiver o meu direito de fala respeitado, eu vou utilizar o meu...".

[O microfone da deputada é cortado]

Tenente Coronel Zucco: "Deputada Sâmia, eu vou responder à questão de ordem da deputada Sâmia: eu vou dar indeferimento. Deputada Sâmia, só vou lhe indeferir porque a questão de ordem apresentada pelo deputado Kim, eu autorizei. Não trataremos de pauta pessoal aqui, deputada".

[Confusão de vozes]

Sâmia Bomfim, com microfone, em meio à confusão de vozes: "Eu não tinha terminado a minha questão de ordem. O senhor só pode analisar uma questão de ordem depois que ela é feita. Não existe uma questão de ordem pela metade. O senhor precisa respeitar o meu direito de fazer uma questão de ordem até o final. Enquanto eu não tiver a minha palavra respeitada..."

[O microfone da deputada é cortado]
[Confusão de vozes]

(3) Sâmia Bomfim, retomando a palavra ao microfone: "Presidente, veja só: se Vossa Excelência não tivesse interrompido o meu direito regimental de utilizar o tempo de líder do meu partido, nada disso teria acontecido. Mas o autoritarismo e a gana de calar as nossas vozes é tão grande que o senhor cria uma situação absolutamente constrangedora pro senhor e depois foi obrigado, evidentemente, a cumprir aquilo que diz o nosso Regimento. O meu tempo de liderança não pode ser interrompido, assim como o senhor não pode indeferir um pedido de questão de ordem antes que ele seja completado. E não: a resposta que o senhor deu pro Kim Kataguiri não contempla aquilo que eu estou questionando, porque o que eu fiz... Eu nunca faltei com o respeito com o senhor: não utilizei um elogio, nem palavrão. O que eu fiz? Eu li uma manchete. Por que que lhe incomoda tanto uma manchete de jornal? A manchete está pública: qualquer cidadão brasileiro pode ter acesso a esses fatos. O senhor ficou prestando seu depoimento pra mim, de que não foi do 8 de janeiro, de que não convocou... Pra mim, o senhor não tem que prestar depoimento nenhum. É pra Polícia Federal. O senhor vai responder pra justiça pelos crimes que tentou cometer contra o país. E se o senhor vai precisar responder ao inquérito do senhor Alexandre de Morais, conforme a imprensa está noticiando, não é contra mim que o senhor tem que ficar bravo. O senhor tem o seu direito de defesa: apresente os seus advogados, conteste a decisão do Ministro, conteste o que disse a imprensa, que foi o que o senhor acabou de fazer, mas não tente passar por cima do meu direito regimental de fala. O deputado que me antecedeu falou barbaridades: xingou, ficou assediando moralmente estudantes que estavam aqui e o senhor não fez nada. Aí pode! Agora quando se trata de alguém que está reivindicando o direito regimental de fala pra apontar simplesmente uma notícia de jornal, não sei por que o senhor se incomodou tanto. A deputada Camila trouxe produtos da reforma agrária: um suco de uva. Se trouxe suco de maracujá, recomendo que ofereça ao presidente"[347].

347 Transcrição de vídeo contido na matéria: Deputada (2023).

A desigualdade é flagrante: de um lado, a deputada Sâmia Bomfim tenta falar, se valendo de seu tempo de líder de partido na CPI, conforme está previsto no Regimento Interno; e, de outro, o deputado Tenente Coronel Zucco, presidente da comissão, busca interditar a intervenção da deputada, recorrendo a sua privilegiada posição de poder. Trata-se de um embate que pode ser dividido em três partes, conforme a edição do vídeo feita pelo veículo da mídia de que recolhemos esse material. Cada sessão tem início com uma fala da deputada em condições mais ou menos protocolares, isto é: com concessão da palavra por parte da presidência, com microfone em funcionamento e com escuta por parte dos demais parlamentares. Mas, excetuada a terceira, nas demais, sua fala é apartada e seu microfone desligado.

Ainda no início de sua primeira intervenção, já ocorrem quase imediatamente três tentativas de silenciamento de sua fala: seu microfone é cortado pela primeira vez e, ao tentar falar sem microfone, a parlamentar tem sua fala encoberta pelo aparte do presidente da CPI. Nesse primeiro bloco, enfim, uma enorme confusão de vozes impede a escuta do que ela diz. Já no segundo momento, o mais longo e afrontoso, as interdições à fala de Sâmia se repetem: a deputada é interrompida pelo presidente, mas persiste em falar e tem seu microfone desligado pela segunda vez. Ela consegue, em seguida, retoma sua intervenção, porém, sua fala é encoberta pela fala do presidente. Na sequência, Zucco concede o turno de fala, que deveria ser ainda de Bomfim, a outro parlamentar, o que provoca protesto por parte da deputada, agora já com microfone. Falando em meio à confusão de vozes, ela tem seu microfone cortado pela terceira vez e novamente sua fala é impedida pela do presidente. No final dessa segunda sessão, diante da insistência da deputada em falar ao microfone, mesmo em meio a mais uma confusão de vozes, ela tem o equipamento desligado pela quarta vez. É apenas no terceiro momento, portanto, que Sâmia Bomfim consegue, finalmente, começar e terminar seu pronunciamento, fazendo valer o tempo de fala que lhe era garantido.

São ao todo 13 tentativas de silenciamento, em apenas 6 minutos e 22 segundos. A luta pela palavra não poderia estar mais manifesta. Observemos um pouco mais detalhadamente dois aspectos mais gerais desses silenciamentos da fala de Sâmia: a investida do homem em posição de poder, que preside a mesa diretora, por meio da qual interrompe a intervenção da deputada, e a recusa de um apropriado regime de escuta ao que ela tinha a dizer. O primeiro desses expedientes de interdição da fala feminina é um típico caso *manterrupting*, que se processa principalmente com a suspensão de seu microfone. Ora, o microfone, no cenário político contemporâneo, é um instrumento capital e marca, inclusive, o aperfeiçoamento tecnológico pelo qual passou a fala pública no século 19[348]. Trata-se de um instrumento de poder na medida em que permite pronunciamentos diante de grandes grupos: é por meio dele que se amplia e se difunde aquilo que se diz com menor esforço vocal, é por meio dele que se garante que uma voz se sobreponha às demais e, em princípio, que lhe seja assegurada uma escuta apropriada. O gesto de cortar o microfone é sintomático do ressentimento da dominação masculina frente a ampliação da fala das mulheres. Sâmia era ali uma Filomela de nossos dias e Zucco, um Tereu. O corte do microfone e da língua das mulheres é a supressão de suas histórias e experiências, de suas denúncias e reivindicações, de suas propostas e projetos. Em suma, se trata de suprimir uma parte fundamental da própria existência: "falar não se restringe ao ato de emitir palavras, mas a poder existir". O silenciamento da fala feminina está nas antípodas desse direito à existência social e política, porque nega às mulheres a possibilidade de falarem e de serem ouvidas.

O regime de escuta que se pretende estabelecer ali para a fala de Sâmia é mais uma forma desse silenciamento. Entre outras passagens, sua materialização se dá mais explícita e concentradamente nesta afirmação de Zucco: "Deputada, a questão de ordem do deputado Kim, que foi anterior à sua

348 Courtine; Piovezani, 2015.

questão de ordem, eu já deferi. Eu indefiro a sua fala, deputada". Aqui, novamente estamos diante de algo sintomático. Os verbos "deferir" e "indeferir" não são empregados ordinariamente. Eles costumam frequentar os campos jurídico, legislativo e ainda outros contextos institucionais mais protocolares para indicar o acolhimento favorável ou desfavorável de algo que foi solicitado, por meio de um requerimento ou de uma petição. Sâmia Bomfim ainda não havia feito solicitação alguma, à qual o presidente da CPI pudesse indeferir. A vontade da dominação masculina de silenciar as mulheres que não se curvam ao poder é tão ávida que Zucco se precipita em indeferir a própria fala de Sâmia. O Regimento lhe assegura o direito de se pronunciar, ela solicitou nada, mas o lugar de poder da presidência da mesa diretora é usado por Zucco para tentar calar a deputada. O sintoma do ressentimento masculino concentrado no verbo "indeferir" não pararia por aí. Na sequência, o deputado diz ainda o seguinte: "Deputada Sâmia, só vou lhe indeferir porque a questão de ordem apresentada pelo deputado Kim, eu autorizei". Agora, o complemento do verbo não é mais a fala ("Eu indefiro a sua fala"), mas a própria falante. Não é excessivo afirmar que a "bancada do boi" gostaria de suprimir a presença de Sâmia da CPI. Se a fala feminina já incomoda o machismo e a misoginia, com mais forte razão, incomoda as intervenções de mulheres que confrontam os poderes privilegiados, que denunciam desigualdades e injustiças e que reivindicam inclusão de subalternizados.

Toda a indignação da maioria dos deputados da comissão com a fala de Sâmia só poderia lhe oferecer um conturbado e indigno regime de escuta. Nesse sentido, determinadas passagens do embate parecem até modificar a ordem mais canônica dos silenciamentos da fala feminina. Conforme dissemos, geralmente, eles se processam nesta sequência: a primeira medida é a exclusão das mulheres do espaço público; caso isso não possa ser evitado, se busca interditar suas falas; caso elas consigam falar, se tenta menosprezar, deslegitimar e descredibilizar o que elas dizem. Sâmia exercia o seu direito de fala e os deputados, a começar por Zucco, não conseguiam macular a legitimidade e a credibilidade do que a deputada afirmava. Eles então optam pelo retrocesso reacionário: tentam impedir que a fala de Sâmia pudesse ser ouvida. Um dos recursos desse silenciamento é a confusão de vozes que se produz na sessão plenária em momentos diversos. Ela simplesmente torna inaudível o pronunciamento da deputada. Estamos provavelmente aí diante de uma estratégia circunstancial, que deriva das profundas estruturas da dominação masculina. Em pelo menos quatro ocasiões, esta confusão é precedida pela fala do deputado Tenente Coronel. A ofensiva do presidente da CPI que interrompe a fala da deputada é seguida e encorpada por outros parlamentares, que passam a falar em alto volume vocal, aparentemente, menos para serem ouvidos do que para calar Sâmia Bomfim. Sua imediata adesão à investida de Zucco contra a deputada dispensa um acordo manifesto para a orquestração daquele caótico coro de vozes que pretende silenciar uma mulher com coragem para dizer a verdade mesmo em situação desfavorável. Além disso, circunstancialmente, a fala e a postura do presidente incentiva e oferece certa legitimidade aos demais parlamentares para que façam o barulho necessário à interdição que buscam estabelecer. Sâmia não poderia falar nem tampouco ser ouvida.

Às estruturas profundas da dominação masculina se soma ainda outro fator eventual. O deputado Tenente Coronel Zucco tenta impedir Sâmia Bomfim de transmitir aos presentes a informação que acabava de ser publicada pela imprensa: a de que o Ministro Alexandre de Moraes (STF) havia determinado a retomada das investigações relativas a seu envolvimento nos atos golpistas de 8 de janeiro. O medo daquilo que diria a deputada e da repercussão que se poderia produzir no plenário e para além dele motivou ocasionalmente as interdições agenciadas pelo presidente. A fala de Bomfim poderia fazer ecoar as possíveis infrações cometidas pelo deputado e, consequentemente, colocar em xeque sua legitimidade para ocupar a presidência da CPI ou, pelo menos, provocar seu desgaste político. Mas interditar simplesmente a fala de Sâmia Bomfim poderia não ser suficientemente eficaz, sem a exposição de uma justificativa, e poderia ainda denunciar seu medo ou ainda lhe render uma acusação de machismo. Zucco então tenta justificar as interdições da fala de Sâmia, lhes dando invólucro institucional: "questão de ordem". A reiteração da primeira pessoal do singular ("eu aceitei", "eu já deferi", "eu autorizei") indica tanto a dimensão subjetiva do silenciamento quanto a carga concentrada de poder do presidente. Assim, Zucco tenta transformar a fala de Sâmia numa infração. A legitimidade institucional para essa chicana é reforçada com a protocolar primeira pessoa do plural: "nós não vamos permitir ataques pessoais", "Não trataremos de pauta pessoal aqui". Com seu emprego, se produz o efeito de uma orgânica coesão institucional em torno do deputado, que supostamente incluiria todos os parlamentares ali presentes, e o de um pretenso isolamento de Sâmia Bomfim.

Não havia nada de "pessoal" na leitura da notícia. Zucco é investigado por sua participação nas invasões e depredações do patrimônio público, nas graves violações cometidas às maiores sedes do Estado brasileiro e na ação violenta contra o Estado democrático de direito. Algo dessa magnitude envolvendo o próprio presidente da CPI em que Sâmia Bomfim intervinha não poderia ser simplesmente apagado daquela comissão. O relevo da repercussão que a deputada dava à notícia e a sanha por seu silenciamento derivam justamente da importância dos crimes de que Zucco era suspeito. No mínimo, a legitimidade da presidência da CPI e da própria comissão ficavam comprometidas. Sâmia devia ser calada e calá-la talvez possa ter parecido algo mais ou menos fácil de ser feito ao presidente da CPI e a outros homens do poder político. A deputada resistiu bravamente às insistentes tentativas de silenciamento, lutou corajosamente para exercer um direito de fala que lhe era assegurado. Quando finalmente ela consegue falar, sua intervenção não poderia deixar de tematizar o desrespeito, as interrupções e a usurpação de sua palavra. Isso, porém, poderia ter lhe custado desestabilização emocional para retomar e finalizar sua fala e certamente lhe custou perda de boa parte do tempo a que ela tinha direito. Fizemos mais de uma vez referência a esse desequilíbrio: não basta que as mulheres se apresentem ao debate, porque lhes é ainda necessário reivindicar o direito de falar e o de não serem interrompidas, assim como provar constantemente que têm o que dizer e que sabem como falar. Os silenciamentos da fala de Sâmia indicam que o machismo, o sexismo e afins, infelizmente, ainda não são coisas do passado. Mas sua brava luta pela palavra e sua coragem de dizer a verdade e de se levantar contra o poder da dominação masculina também indicam que hoje os tempos, os pensamentos e atos são outros.

A desgastante sequência de interrupções, cortes de microfone, confusão de vozes e indeferimentos de fala e de pessoa compreende ainda outro silenciamento. Essa sequência poderia ter provocado uma instabilidade emocional em Sâmia e/ou alguma carga mais enérgica em sua fala. Quaisquer indícios nessa direção seriam aproveitados para tentar silenciá-la mediante o *gaslighting*, que também mencionamos no capítulo anterior. Havemos de nos lembrar que se trata de uma forma de abuso psicológico a partir do qual homens desestabilizam emocionalmente mulheres para colocar em xeque a legitimidade e a credibilidade daquilo que elas falam. Diante da compreensível e mesmo necessária ênfase da denúncia ou da reivindicação feminina, as respostas masculinas já estão prontas: "Você está louca", "Você imaginando coisas", "Você está exagerando". Esse risco existia, mas além de sua perseverança e de sua coragem, Sâmia demonstrou grande presença de espírito, com a qual desconstruiu o enredamento do *gaslighting*. Algo fundamental da eloquência concebida pelos gregos antigos era o senso de ocasião, a sensibilidade ao *kairós* dos grandes oradores. Sâmia Bomfim não ficou devendo nada a esses oradores em sua sagaz e bem-humorada peroração, ao recomendar suco de maracujá a quem insistentemente tentou calar a sua voz.

EPÍLOGO

AS PALAVRAS DE MARIELLE FRANCO: LUGARES DE FALA E QUEBRAS DE SILÊNCIO

Seu nome se tornou um dos maiores símbolos das lutas feministas no Brasil. Longe da guerra travada contra opressões e exclusões, contra a violência e a morte da gente empobrecida da periferia, Marielle Franco poderia ter tido uma vida longa e tranquila. A opção de Aquiles foi semelhante. Sua decisão de lutar em Troia faria seu nome ecoar na eternidade, mas significava também jamais voltar a sua terra natal e morrer ainda jovem por lá. Já renunciar à guerra lhe renderia uma vida longa, mas igualmente o esquecimento de seu nome. Como ele, Marielle não fugiu da luta. Aliás, suas batalhas começaram bem cedo.

Nascida em uma das favelas do Complexo da Maré, em 27 de julho de 1979, aos 11 anos ela já trabalhava junto com seus pais como vendedora ambulante, ajudando no sustento da família e buscando guardar algum dinheiro para seus estudos. Mais tarde, trabalhou numa creche e ingressou num cursinho pré-vestibular comunitário da Maré. Em 2000, Marielle já era uma militante dos direitos humanos. Dois anos depois, ela ingressa no curso de Ciências Sociais da PUC do Rio de Janeiro e conclui ali sua graduação, contando com uma bolsa integral de estudos do PROUNI. Em 2006, passa a integrar a campanha para deputado estadual de Marcelo Freixo, do PSOL, e no ano seguinte se torna assessora de Freixo na ALERJ, função que exerceu por dez anos. Em 2014, Marielle conclui seu mestrado em Administração Pública na UFF. Dois anos mais tarde, se candidata à Câmara Municipal do Rio de Janeiro e é eleita vereadora com mais de 46 mil votos. Na Câmara, a vereadora do PSOL tinha uma marcante e combativa atuação parlamentar na defesa dos direitos humanos, na proteção de grupos marginalizados e nas denúncias da violência policial contra os moradores das favelas cariocas.

A fala corajosa e a postura altiva de uma mulher, negra, "cria da favela" e lésbica incomodavam muita gente. Sua coragem para falar em público e de fazê-lo em nome das causas populares, da diversidade e da emancipação incomodava ainda mais a maioria dos privilegiados. Marielle teve de travar muitas lutas pela palavra na Câmara do Rio. O direito de falar lhe era assegurado pela legitimidade de sua eleição, mas era frequentemente desrespeitado por homens brancos, hetero-cisnormativos, das classes médias e altas que historicamente ocupavam e comandavam aquele espaço de poder. Entre alguns deles e outros poderosos da política e das milícias cariocas, o incômodo passou a ódio. A aversão a Marielle lhe rendeu derrotas em votações na Câmara, deboches de suas propostas e muitas tentativas de depreciação, deslegitimação e interdição de suas falas. Nada disso a afastou das lutas. Ela continuava a falar e a agir por grupos perseguidos e marginalizados. Por essa sua obstinação, por ser quem era e por fazer o que fazia, enfim, pela coragem de dizer o que dizia, Marielle foi covarde e brutalmente assassinada. Essa foi a única forma que seus algozes encontraram para calar a sua voz.

Esse seu silenciamento radical foi precedido de muitos outros. São raras as menções a Marielle Franco na grande mídia antes de seu assassinato. Em jornais e revistas do establishment como a *Folha de S.Paulo*, *O estado de S. Paulo* e a revista *Veja*, e mesmo em veículos de perfil progressista como a revista *Carta capital*, elas são praticamente inexistentes. Há, por exemplo, apenas uma notícia de sua vitória eleitoral em 2016 no jornal *O globo* e uma rápida referência a Marielle na *Carta capital*, em dezembro de 2017, quando da publicação de um livro de que ela participara. Sintomaticamente, o primeiro parágrafo do texto da *Carta capital* é formulado com estas questões: "No debate político brasileiro, as mulheres podem falar? Caso falem, elas são ouvidas? E, caso sejam ouvidas, são levadas a sério?".

Não há dúvidas de que o cargo de vereadora e o âmbito municipal de sua atuação concorriam para a falta de interesse da grande mídia em cobrir e repercutir suas ideias igualitárias e emancipatórias. Mas os fatos e as personagens da cidade do Rio de Janeiro sempre contaram com grande cobertura midiática. Além disso, ela catalisava as lutas dos femininos plurais e já se alçava desde 2016 como uma de suas mais legítimas porta-vozes: "Negra, nascida, criada e ainda moradora da Maré, mãe aos 19 anos, Marielle Franco (PSOL) foi uma candidata de carga simbólica forte demais em sua primeira campanha, ao levantar as bandeiras do feminismo e da defesa da população das favelas"[349].

Muitos silenciamentos da fala de Marielle seriam quebrados somente após sua morte. A partir de então, um grande conjunto de textos foi publicado a seu respeito. Veículos da imprensa alternativa e da grande mídia passaram a tratar não somente de seu assassinato, mas também de sua carreira, de seus projetos e de suas causas. Articulado a esse movimento, ocorreu a divulgação de uma série de vídeos, antes restritos a uma circulação partidária ou local, possivelmente feita apenas entre seu eleitorado e adjacências. Esses vídeos com pronunciamentos e declarações de Marielle ganharam as redes digitais, tiveram e ainda têm ampla circulação e contribuíram para fazer dela um dos maiores símbolos das lutas por justiça e igualdade no Brasil. Por meio de sua difusão, a atuação combativa de Marielle na Câmara do Rio e seus embates contra poderes hegemônicos e práticas de injustiça e discriminação se tornaram mais conhecidos. A circulação desses vídeos também tornou mais visíveis as recorrentes tentativas de silenciamento de que ela era vítima.

Trataremos aqui de dois desses vídeos. Primeiramente, aquele publicado pela própria Marielle em 17 de agosto de

349 Caballero, 2016.

2017, que foi um dos mais difundidos após seu assassinato. Nele está registrado o pronunciamento na tribuna da Câmara Municipal, em que a vereadora repreende o colega parlamentar Marcello Siciliano (à época, filiado ao PHS), que debochava dentro e fora do plenário da proposta do "PL da visibilidade lésbica". Ao fazê-lo, Marielle não apenas fala de sua própria fala, mas também ressalta o valor de sua palavra:

> E aí, Marcello, como eu tenho bom diálogo com você, queria registrar só uma coisa na sua fala para além da questão com o Messina e com o governo: a minha palavra é a palavra de mulher, mas vale, não é só palavra de homem que vale não. E outra coisa: vale mais, inclusive, de que meia dúzia aqui que desce falando gracinha no elevador pra assessoria com relação às questões do PL da visibilidade lésbica ontem. Então eu tô dispondo os microfones – claro que com a anuência da presidência, que cada um se inscreva pra falar no microfone... Nem fazer piada no elevador, e nem muito menos achar que a palavra que vai valer aqui é só palavra de homem, que a palavra de mulher aqui vai valer também.[350]

Seu pronunciamento é um caso emblemático de uma metalinguagem da emancipação. Marielle contempla vários aspectos de sua própria fala e da fala alheia (quem fala, de quem, com quem, onde e como se fala...), para melhor travar essa luta pela palavra das mulheres e para reivindicar, particularmente, o reconhecimento do valor da fala feminina. A vereadora ressalta a legitimidade de sua palavra, indicando que a possibilidade de sua intervenção é insuficiente, quando se menospreza aquilo que ela diz. Um modo relativamente frequente de tentar deslegitimar a fala de alguém é o menosprezo pelo que ela tematiza, por meio do deboche do que é dito ou proposto. Assim, não só se busca produzir o efeito de que se trata de algo sem relevância, mas também o de que a coisa dita ou proposta feita é fora de propósito, ridícula e risível. Vimos aqui que discursos antigos e medievais, modernos e contemporâneos, nos quais se materializam diversas faces

350 Franco, 2017.

da misoginia, afirmam que as mulheres são frívolas e descontroladas e, por isso, dizem coisas banais e falam de modo histérico de coisas irrelevantes. Foi esse o tratamento dispensado à proposta e à defesa do PL da visibilidade lésbica.

No enunciado "a minha palavra é a palavra de mulher, mas vale", Marielle demonstra reconhecer os discursos que pretendiam silenciá-la ou, ao menos, depreciar sua fala. Isso lhe permite se antecipar a esses discursos. Ou seja, antes que se dissesse qualquer coisa, justamente porque muita coisa já foi dita e repetida há tantos séculos para desvalorizar a fala feminina, a vereadora ocupa um lugar de resistência, declara e reitera corajosamente a legitimidade e o valor da palavra da mulher. A necessidade de fazê-lo já aponta para todo desvalor presente e atuante nos julgamentos e condenações dessa fala. Com isso, o enunciado atualiza e desloca a memória de uma ilegitimidade que, de tão renitente, parece intrínseca; uma memória que remonta ao mundo antigo, atravessa tempos e lugares distintos e nos alcança na contemporaneidade, se tornando um dos fatores mais decisivos das lutas feministas. É assim que o enunciado torna visível o funcionamento do dispositivo de silenciamento da fala feminina e emerge como uma resposta a seus efeitos. O reconhecimento de toda a rede discursiva que reduz a fala feminina à futilidade e à vulgaridade é condição para que ela possa ser mais bem confrontada e desconstruída.

Esse confronto está particularmente marcado no modo como esse enunciado foi formulado por Marielle. O fato de que nele se afirme primeiramente que se trata de uma "palavra de mulher", para sobredeterminar essa afirmação por meio da oração seguinte, que se introduz com a conjunção adversativa ("mas vale"), na qual se sustenta o valor da fala feminina, faz o foco e a ênfase recaírem sobre esta última. Assim, a afirmação de que a fala feminina "vale" se sobrepõe àquela segundo a qual se trata de uma "palavra de mulher". Caso seus termos fossem invertidos, "A minha palavra vale, mas é palavra de mulher", o enunciado produziria um efeito bastante distinto e mesmo oposto ao do anterior. Uma paráfrase possível para a forma como Marielle efetivamente constituiu seu enunciado seria: "A despeito de todos os discursos que tentam reduzir a fala feminina à expressão de banalidades e mesquinhez, para enfraquecer o seu valor, a minha palavra de mulher vale".

O "valor" de sua fala não é somente afirmado, mas, reiterado. São três as ocasiões em que Marielle o assevera e ressalta. Primeiramente, com o enunciado que examinamos, se constrói um valor combativo, apesar dos discursos que intentam seu silenciamento. Ora, na luta entre posições discursivas que se confrontam, pode haver ou não referência do discurso que então se materializa àquele que é seu antagonista. Nas circunstâncias em que o enunciador se refere manifesta e frontalmente à posição com a qual se confronta, para melhor rebatê-la, se produzem os efeitos de franqueza, de coragem e de combatividade. Em seguida, ao dizer que sua palavra "vale mais, inclusive, de que meia dúzia aqui que desce falando gracinha no elevador", se sugere um valor superior, dado que a palavra feminina poderia superar o valor atribuído à masculina, quando esta última consiste em deboche inapropriado e covarde, porque feito à revelia da pessoa de quem se debocha, em situação privada e, portanto, fora do ambiente do debate público.

Por fim, em "a palavra de mulher aqui vai valer também", se constitui e se projeta um valor equitativo e equiparado entre as falas femininas e masculinas, porque elas já adquirem e terão o mesmo nível em importância, de modo que as primeiras passam a ter e encerrarão em si toda a legitimidade e a autoridade das últimas. O advérbio de lugar e a locução verbal no futuro produzem os efeitos de que essa equiparação se dá num espaço de concentração de poder institucional, de que ela ocorre já ali, no próprio momento e na própria fala e de que essa conquista não se limita a algo pontual e efêmero, mas que se estenderá às falas femininas que lá se pronunciarão. Por isso, o enunciado é, ao mesmo tempo, desejo de igualdade, performatividade política e projeto de emancipação. Assim, no pronunciamento de Marielle, o abalo no consenso, a oposição ao discurso hegemônico e o confronto com essa posição, cuja força se prolonga com a discrição conveniente e com o silêncio temeroso, operam no modo como ela retoma e desloca, aberta e reiteradamente, a memória de uma fala ilegítima. Com as expressões "vale", "vale mais" e "vale também", se reconhece essa memória, para se processar sua ressignificação. Esta última ocorre ora como afirmação de seu contrário, ora como equiparação entre as falas femininas e masculinas, ora como uma sobrevalorização das primeiras, quando as segundas se acovardam e se valem de meios escusos. Trata-se de um enfrentamento cuja emergência, força e alcance são possibilitados pela legitimidade que os movimentos feministas e suas reverberações conferem, em nossos dias, à fala das mulheres e da qual Marielle era uma legítima porta-voz.

Um segundo vídeo reproduz o pronunciamento da vereadora realizado também na Câmara do Rio, em 8 de março de 2018, dias antes de seu assassinato. Durante sua intervenção, Marielle teria sua fala interrompida em pelo menos duas ocasiões: primeiramente, sua exposição é cortada pelo vereador Ítalo Ciba (Avante), que a interrompe para lhe entregar uma rosa em alusão ao Dia Internacional da Mulher. Na sequência, um cidadão que acompanhava a sessão ordinária da galeria da Câmara passa a se manifestar em alto volume e a interromper a fala de Marielle, para defender a ditadura e se contrapor àquilo que dizia a parlamentar. Assim como tinha feito Bolsonaro em seu voto a favor do golpe que destituiu Dilma Rousseff da Presidência da República, esse sujeito também evocava aos gritos o nome de um dos piores torturadores da ditadura. Disse ele: "Ustra vive!". As reações da vereadora às duas ocasiões são as seguintes, respectivamente:

> Não vem me interromper agora, não é? Homem fazendo "homice". Meu Deus do céu. Obrigada, Ítalo. Muito obrigada! Amém. Obrigada. Obrigada aos vereadores. Como falei antes, e falava na Fundação Oswaldo Cruz (Fiocruz) no dia de hoje, as rosas da resistência nascem do asfalto. Nós recebemos rosas, mas também estaremos com os punhos cerrados, fa-

> lando do nosso lugar de vida e resistência contra os mandos e desmandos que afetam nossas vidas.
>
> Tem um senhor que está defendendo a ditadura e falando alguma coisa contrária? É isso? Eu peço que a Presidência da Casa, no caso de maiores manifestações que venham a atrapalhar minha fala, proceda como fazemos quando a Galeria interrompe qualquer vereador. Não serei interrompida, não aturo interrupção dos vereadores desta Casa, não aturarei de um cidadão que vem aqui e não sabe ouvir a posição de uma mulher eleita, Presidente da Comissão da Mulher nesta Casa.[351]

Essas passagens do pronunciamento de Marielle tematizam a própria possibilidade do exercício da fala feminina e os poderes que ele compreende. Quando foi interrompida pelo vereador do Avante, a vereadora mostra que já previa o aparte em sua fala e manifesta sua indisposição com a interrupção: "Não vem me interromper agora, né?". Tanto a previsão quanto o descontentamento de Marielle indicam que os cortes nas falas de vereadoras não eram infrequentes. Sem respeitar a palavra e os sinais da vereadora, Ítalo Ciba prossegue e lhe entrega uma rosa. A oferta de Ítalo à Marielle parece ser a metonímia de uma memória. Uma memória do verso de uma conhecida canção de Cartola: "As rosas não falam". Costuma haver ainda nesse tipo de oferta a reprodução do clichê: "Uma rosa para uma rosa". A rosa homenageada com o presente cafona "não fala" ou não deveria falar. A memória aí reatualizada é a dos discursos que opõem, de um lado, a delicadeza passiva das mulheres (inaptas, portanto, aos embates dos lugares de poder) e, de outro, a virilidade cavalheiresca dos homens. A rosa ofertada é um insidioso recado: Marielle, mulheres, mulheres negras e empobrecidas, mulheres subalternizadas, enfim, seu lugar não é a tribuna de uma instituição do campo político.

A vereadora do PSOL é objeto de um "gentil" *manterrupting*. A regularidade dessa prática e sua execução propriamente masculina estão marcadas na afirmação de que o gesto seria

---

351 Franco, 2018

"homem fazendo 'homice'". Uma vez mais uma mulher política brasileira dava provas de seu senso de ocasião e de sua sagacidade. Tanto a oferta da rosa num momento inoportuno, sob o pretexto de homenageá-la no dia 8 de março, quanto a interrupção de sua fala são "homices", isto é, são gestos que deixam claro o fato de que ofertar a flor à Marielle era mais importante do que ouvir seu pronunciamento. Que o gesto do parlamentar e seu objetivo tenham sido deliberados ou não em nada modifica o desrespeito pela fala da vereadora. Mas o que poderia ter sido apenas mais uma circunstância de interrupção masculina da fala feminina se tornou ensejo para a presença de espírito e para o devido aproveitamento do *kairós*, por meio dos quais Marielle identificou, recusou, denunciou e confrontou o *manterrupting*.

A rosa ofertada é a tentativa supostamente lisonjeira de calar uma mulher que fala num lugar de poder, sob o pretexto de que se lhe rende uma homenagem. Nesse tipo de ocasião, reside um ardil: ou a mulher corresponde ao papel da afabilidade submissa que lhe é frequentemente imputado e se mostra grata ao outro que a "homenageia", ou identifica, questiona e rompe com esse papel e dá margem para a reprodução de dizeres que afirmam seu descontrole e sua histeria. A despeito dessa armadilha e da imposição da luta na "trincheira dupla", em que não basta que as mulheres se apresentem ao debate público, conforme dissemos, porque é preciso que elas reivindiquem o direito de falar, de se fazerem ouvir e de serem ouvidas com legitimidade e crédito, Marielle enfrenta a situação com coragem e astúcia. Ao receber a rosa e reconhecer na oferta a reatualização de práticas e discursos sexistas, ela opera rapidamente um deslocamento de seu sentido: "As rosas da resistência nascem do asfalto", adverte a vereadora, lembrando Drummond, para quem a flor, ao nascer na rua, "fura o asfalto, o tédio, o nojo e o ódio"[352].

Nas mãos de Marielle, a rosa deixa de ser uma memória para ser ato e anúncio: uma performance e uma promessa de

---

352 Andrade, 2010, p. 37.

resistência às práticas de coerção e de silenciamento de que ela e suas companheiras foram constantemente alvo. Resistência que significa plena atuação no interior desta "trincheira dupla" e no enfrentamento de vários *doubles binds*, com vistas a uma reorganização das relações políticas da fala pública, a partir da qual virão outros direitos e conquistas. Performance e promessa marcadas no que diz e no modo de dizer da vereadora: "Nós recebemos rosas, mas também estaremos com os punhos cerrados...". Uma vez mais, a conjunção adversativa insere o ponto sobre a qual recai a ênfase: a despeito da rosa ofertada, da memória que ela faz emergir e mesmo da serenidade para recebê-la, são os "punhos cerrados" que prevalecem no pronunciamento de Marielle, no gesto e na reivindicação de seu direito a uma fala plena e legítima, porque esses "punhos" estarão em luta "falando do nosso lugar de vida e resistência".

Mas as tentativas de interdição ao pronunciamento de Marielle, naquele 8 de março, não cessariam com a oferta de Ítalo Ciba. Como vimos, antes de finalizar sua exposição, a parlamentar seria ainda interrompida por gritos vindos da galeria, cujo teor se contrapunha ao que ela dizia. Ali, novamente na "trincheira dupla" em que lutam as mulheres, Marielle teria não apenas de falar publicamente, mas teria ainda de exigir a garantia de seu turno de fala e o respeito à sua intervenção: É esta reivindicação que se marca naquilo que diz a vereadora à presidenta da Câmara, Tânia Bastos, que ocupava excepcionalmente o posto em razão da data comemorativa: "Eu peço que a Presidência da Casa, no caso de maiores manifestações que venham a atrapalhar minha fala, proceda como fazemos quando a Galeria interrompe qualquer vereador". Dito de outro modo, Marielle reclama a equiparação do tratamento dispensado aos vereadores, particularmente no que diz respeito à salvaguarda de seu direito de fala sem interrupção, que então também lhe deveria ser garantido, assim como aos demais, indistintamente. Trata-se de uma solicitação cuja necessidade desnuda as desigualdades de gênero, articuladas às dos capitais econômicos, sociais e culturais, presentes ainda em nossos dias nos exercícios de fala pública, apesar de todos os históricos avanços promovidos pelos feminismos e de todas suas desconstruções de práticas e ideias do machismo e da misoginia.

Na sequência, Marielle produz outro enunciado performativo e profético, justamente aquele com o qual abrimos este nosso ensaio: "Não serei interrompida". Este enunciado é central em seu pronunciamento, já que ele materializa uma resistência que emerge da própria prática de coerção, isto é, um enfrentamento que se dá a ver no momento mesmo em que a vereadora é, por mais de uma vez, interrompida. A negação e o tempo verbal produzem o efeito de um fazer que se cumpre no próprio dizer e o de uma instituição do devir dessa conquista. Passado, presente e porvir conjugados num só tempo e gesto: ao passado de interdições e interrupções da fala feminina, o presente da performance do ato de resistência e o futuro do direito de igualdade de voz e de vez. Estão aí a avó, a mãe e a filha, como veremos adiante num tocante poema. Em seguida, esses tempo e gesto se apresentam novamente, quando Marielle conjuga negativa e enfaticamente o verbo "aturar" no presente e no futuro, incluindo em sua recusa tanto sujeitos mais quanto sujeitos menos investidos de poder institucional. A luta pela palavra é aí onipresente: por um lado, as tentativas de silenciamento por parte dos donos do poder político e ainda daqueles que ocupam o espaço público não para falar pelo bem-estar coletivo, mas para simplesmente gritar das galerias de uma Câmara Municipal o nome de um torturador da ditadura, enquanto a Presidência da Casa aguarda ser acionada para se posicionar e garantir a fala a quem lhe é de direito. Por outro lado, as "rosas da resistência" que, nascendo do asfalto, não se curvam às práticas de poder que intentam sua opressão, mas se erguem, se fazem ouvir e projetam um horizonte mais igualitário. Essa projeção será cada vez mais efetiva quanto menos as mulheres, sobretudo as que não são brancas nem abastadas nem tampouco subservientes à dominação masculina, forem interrompidas, deslegitimadas e menosprezadas em suas falas e em suas ocupações dos lugares de poder.

Em suma, esses pronunciamentos de Marielle Franco nos mostram, ao mesmo tempo, a conservação ora mais, ora menos modificada das práticas e discursos que buscam detratar, deslegitimar e interditar a fala pública feminina e a consolidação das ideias e ações feministas, entre as quais se destacam as reivindicações do direito das mulheres à fala pública, do respeito a suas intervenções e do reconhecimento de seu valor como agentes políticos. Em direção análoga à dessa resistência, virão se somar as vozes mais ou menos dissidentes que conseguiram ocupar espaços da grande mídia após o assassinato de Marielle. Com um típico atraso, os enunciados que circularam em seus veículos trataram direta ou indiretamente do poder, da potência e do potencial da palavra de Marielle. A título de ilustração, vejamos dois recortes de dois textos publicados na *Folha de S.Paulo*, poucos dias depois da morte da vereadora. No primeiro, a parlamentar é qualificada como exemplo de luta obstinada. Além disso, seu autor sustenta que o trágico silenciamento imposto à Marielle era intolerável: "É preciso que Marielle se transforme em um exemplo de representante que lutava com firmeza por aquilo em que acreditava, em vez de aceitar a perpetuação de injustiças. Calá-la é inaceitável"[353]. O segundo se refere à necessária oposição que representava sua voz, particularmente em prol dos menos favorecidos: "Foi um crime político, com o objetivo de calar uma voz que se opunha à crescente militarização da vida, aos abusos e arbítrios das políticas de segurança e à violência sofrida especialmente pelas mulheres periféricas"[354].

É preciso aqui destacar dois fatos: o primeiro é o de que somente se fala da fala e do papel político de Marielle depois que ela própria já não pode mais falar, ainda que os ecos de sua voz e de suas lutas continuem a impulsionar outras resistências e a concorrer para o estabelecimento de seu nome como

---

353 Boghossian, 2018, p. 2.

354 Trindade, 2018, p. 3.

sinônimo das lutas feministas e periféricas; já o segundo é o de que os textos de opinião, principalmente os publicados em veículos dos grandes conglomerados da mídia brasileira, que falam positivamente de sua importância política, raramente destacando sua condição de mulher negra, moradora da favela, mãe solteira e lésbica, apenas começaram a surgir após a enorme repercussão nacional e internacional suscitada a partir de grupos e setores progressistas. Além desse retardo, o jornal *O globo* deliberadamente se esforçou para reduzir as marcas e as causas sociais de Marielle e *O estado de S. Paulo* também decididamente se empenhou em tentar suspender o caráter político do assassinato da vereadora do PSOL, chamando ainda de "precipitadas e oportunistas" as manifestações de solidariedade de Lula e de Dilma aos familiares e amigos da vereadora[355].

Durante sua atuação como parlamentar defensora dos direitos humanos e das pessoas de comunidades e grupos subalternizados, perseguidos e excluídos, Marielle sofreu não só esse apagamento midiático, mas também menosprezos, deslegitimações e interdições de sua fala. Em contrapartida, quando de seu assassinato, portanto, nas circunstâncias em que a vereadora já não podia exercer sua fala pública, os vários textos a seu respeito sempre tratam justamente de atributos positivos de sua fala e de voz: sua coragem e sua legitimidade, sua força e seu alto e necessário poder de representação dos sem voz. Marielle só pôde falar quando já não podia mais falar. Mais do que isso: Marielle nunca falou tanto, sua fala nunca foi tão contundente, nunca teve tamanho alcance e nunca foi tão ouvida quanto o foi depois de morta e radicalmente calada. Mas essa inédita projeção de sua voz não deve de modo algum significar que a morte prematura fez bem à sua biografia e à sociedade brasileira. Quando de sua vitória nas eleições à Câmara do Rio de Janeiro, Marcelo Freixo disse o seguinte: "Agora a Mari vai embora. Ela vai muito

---

355 Gagliardi; Feres Jr., 2018. Outro segmento em que o assassinato de Marielle provocou grande repercussão foi o das artes. No que se refere à poesia, por exemplo, ver: Marques (2022; 2023).

longe". As lutas contra as desigualdades e injustiças no Brasil estariam mais fortes com sua presença e atuação do que "só" com seu legado, mesmo com toda a força de seu exemplo e com toda a amplitude de sua herança.

Em todo caso, aqueles que a assassinaram para calar a sua voz não podiam imaginar que as frases de Marielle se tornariam palavras de ordem. Quando agora ouvimos uma ou várias mulheres dizendo "Não seremos interrompidas", "Não calarão a voz de uma mulher eleita", não temos dúvida de que ela está muito viva na memória e nas lutas por igualdade e justiça. Todas as brasileiras, todos os brasileiros e ainda muitas pessoas pelo mundo que se identificam, apoiam e participam dessas lutas não se esquecem de Marielle falando na tribuna da Câmara de Vereadores do Rio de Janeiro. Em dezembro de 2018, aquele lugar de fala passou a se chamar "Tribuna Vereadora Marielle Franco". Ali, há uma placa com a foto de Marielle. Ao lado de sua imagem, lemos suas frases que atualizam o passado, retratam o presente e anunciam o futuro do sangue, do suor e das lágrimas de suas antepassadas, de suas contemporâneas e de suas sucessoras: "Não serei interrompida. Não calarão a minha voz".

Ao final do capítulo *Os feminismos e suas lutas pela palavra*, mencionamos a conhecida formulação de Angela Davis: "Quando a mulher negra se movimenta, toda a estrutura da sociedade se movimenta com ela". Sem prejuízo de sua afirmação, poderíamos parafraseá-la nestes outros termos: "Quando uma mulher negra e empobrecida fala e é ouvida, toda a estrutura da sociedade se movimenta com a sua voz". O poder dessa palavra em Marielle vinha da comunhão entre a ancestralidade, a urgência e a esperança, vinha da conjunção entre o lugar de fala, que a projetava e lhe dava legitimidade, e a posição discursiva a partir da qual ela sempre defendeu as comunidades de pessoas humilhadas e perseguidas, excluídas e violentadas, às quais a dominação masculina branca, heterocisnormativa e burguesa jamais quis ouvir.

No dia 11 de janeiro de 2023, a irmã de Marielle, Anielle Franco, tomava posse no Ministério da Igualdade Racial. Naquela cerimônia, quando já se aproximava do final de seu pronunciamento, a ministra leu emocionada o seguinte poema de Conceição Evaristo, intitulado *Vozes-mulheres*:

A voz de minha bisavó
ecoou criança
nos porões do navio.
Ecoou lamentos
de uma infância perdida.
A voz de minha avó
ecoou obediência
aos brancos-donos de tudo.
A voz de minha mãe
ecoou baixinho revolta
no fundo das cozinhas alheias
debaixo das trouxas
roupagens sujas dos brancos
pelo caminho empoeirado
rumo à favela
A minha voz ainda
ecoa versos perplexos
com rimas de sangue
E fome.
A voz de minha filha
recolhe todas as nossas vozes
recolhe em si
as vozes mudas caladas
engasgadas nas gargantas.
A voz de minha filha
recolhe em si
a fala e o ato.
O ontem – o hoje – o agora.
Na voz de minha filha
se fará ouvir a ressonância
O eco da vida-liberdade.[356]

---

356 Evaristo, 2017.

Sua leitura nos faz lembrar de outro belo poema de Conceição Evaristo, "Meia lágrima", em cuja última estrofe lemos estes versos: "Da língua cortada,/digo tudo,/amasso o silencio/e no farfalhar do meio som/solto o grito do grito do grito/e encontro a fala anterior,/aquela que emudecida,/conservou a voz e os sentidos/nos labirintos da lembrança." Há aí verdadeiros milagres: fazer muito só com a metade que sangra e transformar a proibição e a precariedade, que se pretendiam absolutas, em potência e ato presentes nas palavras e nas performances da resistência, da revolta e da revolução. Na voz da filha, se encontram o ontem, o hoje e o agora, mas também o amanhã. Ela anuncia a tardia (mas, enfim) chegada da vida, que só é plena, se livre. Na voz da filha, ainda vem a promessa da perpetuação de sua liberdade. Além da história e da memória, o poema parece um prenúncio.

No domingo, dia 24 de março de 2024, foram presos pela Polícia Federal três mandantes do assassinato de Marielle. A prisão ocorreu depois de seis anos e seis dias do feminicídio político. Muitos de seus familiares, amigas e amigos, companheiras e companheiros comentaram a notícia. Entre suas várias declarações, a que foi feita por Luyara Franco, a filha de Marielle, parece ser o eco perfeito do que tinha sido dito por sua mãe, naquele 8 de março de 2018, seis dias antes de seu assassinato. Ouvimos, lemos e relemos o que disse Marielle: "Não serei interrompida!". Como se tivesse acabado de ouvir o que disse sua mãe, Luyara acrescentou:

Sua voz nunca será silenciada...

REFERÊNCIAS

A BÍBLIA Sagrada. Brasília: Sociedade Bíblica do Brasil, 1969.

AB'SABER, Tales. *Dilma Rousseff e o ódio político*. São Paulo: Hedra, 2015.

ADORNO, Theodor; HORKHEIMER, Max. *Dialética do esclarecimento*. Rio de Janeiro: Zahar, 1985.

AGAMBEN, Giorgio. *A linguagem e a morte*. Belo Horizonte: Editora da UFMG, 2006.

ALBANESE, Ralph. Misogynie et déshumanisation à travers le bestiaire moliéresque. *The french review*, vol. 83, n. 3, p. 523-534, 2013.

ALIGHIERI, Dante. *De vulgari Eloquentia:* sobre a eloquência em língua vulgar. São Paulo: Parábola, 2021.

ALVES, Branca Moreira; PITANGUY, Jacqueline. *Feminismo no Brasil*: memórias de quem fez acontecer. Rio de Janeiro: Bazar do tempo, 2022.

ANDRADE, Carlos Drummond de. *Antologia poética*. Rio de Janeiro: Record, 2010.

ANDRADE, Marta Mega. Aspásia. O amor e a palavra. In: REDE, Marcelo. *Vidas antigas*: ensaios biográficos da Antiguidade. São Paulo: Intermeios, 2019. p. 35-50.

ANDRADE, Marta Mega de. Aspásia de Mileto. In: *Enciclopédia mulheres na filosofia*. Campinas: Unicamp, 2024.

ANITA: speaking truth to power. Direção e produção de Freida Mock. Los Angeles, Samuel Goldwyn Films, 2014. 1 DVD (77 min).

ARAÚJO, Celso Arnaldo. *Dilmês*: o idioma da mulher sapiens. Rio de Janeiro: Record, 2016.

ARISTOPHANES. *Ecclesiazusae*. Ed. Ussher, R.G. Oxford: Clarendon Press, 1973.

ARISTÓTELES. *Fisiognomía*. Madrid: Editorial Gredos, 1999.

ARISTÓTELES. *Retórica*. Lisboa: Imprensa Nacional/Casa da Moeda, 2005.

ARISTÓTELES. *História dos animais*. Lisboa: Imprensa Nacional-Casa da Moeda, 2006.

ARNOUX, Elvira. Retórica, civilidade e controle das emoções como distinção social. In: PIOVEZANI, Carlos; CURCINO, Luzmara; SARGENTINI, Vanice (org.). *Os discursos e as emoções*: medo, ódio, vergonha e outros afetos. São Paulo: Parábola, 2024. p. 59-78.

AUERBACH, Erich. Adão e Eva. In: AUERBACH, Erich. *Mimesis*: a representação da realidade na literatura ocidental. São Paulo: Perspectiva, 2013. p. 125-150.

BAGNO, Marcos. A fala feminina. In: BAGNO, Marcos. *Dicionário crítico de sociolinguística*. São Paulo: Parábola, 2017. p. 131-134.

BARBIER, Christian. *Le monde selon Molière*. Paris: Tallandier, 2021.

BATESON, Gregory. *Steps to an ecology of mind*. Nova York: Ballantine Books, 1972.

BEARD, Mary. *Mulheres e poder*: um manifesto. São Paulo: Planeta do Brasil, 2018.

BENEDICTI, Jean. *La somme des péchés et le remède d'iceux*. Paris: Arnold Sittart Editeur, 1587.

BENVENISTE, Émile. Estruturas das relações de pessoa no verbo. In: BENVENISTE, Émile. *Problemas de linguística geral*. Vol. I. Campinas: Editora da Unicamp/Pontes, 1995. p. 247-259

BENVENISTE, Émile. O aparelho formal da enunciação. In: BENVENISTE, Émile. *Problemas de linguística geral*. Vol. II. Campinas: Editora da Unicamp, 1989. p. 81-92.

BITTENCOURT, Joseane. *Mulher, palavra e poder*: construções discursivas do feminino em campanhas eleitorais para a presidência. Tese de doutorado em Linguística. UFSCar, 2018.

BITTENCOURT, Julinho. Internet indignada contra o programa Roda Viva aplaude coragem de Manuela D'Ávila. *Revista Fórum*, 26 jun. 2026.

BLAKE, Augusto Victorino Alves Sacramento. *Diccionario bibliographico brazileiro*. Vol. VI. Rio de Janeiro: Imprensa Nacional, 1900.

BOGHOSSIAN, Bruno. Morte política. *Folha de S.Paulo*, 16 mar. 2018. Editoriais, p. 2.

BORBA, Rodrigo. *Discursos transviados*: por uma linguística queer. São Paulo: Cortez, 2020.

BORBA, Valquíria; OLIVEIRA, Samuel Gomes de. As mulheres falam diferente dos homens? In: OTHERO, Gabriel de Ávila; Flores, Valdir do Nascimento (org.). *O que sabemos sobre a linguagem?* São Paulo: Parábola, 2022. p. 323-328.

BRAGA, Amanda; PIOVEZANI, Carlos. Discursos sobre a fala feminina no Brasil contemporâneo. *Revista da ABRALIN*, vol. 19, n. 1, p. 1–19, 2020.

BRANDALISE, Camila. CPI da Covid coleciona cenas de machismo: "Não vão nos calar", diz senadora. *Universa Uol*, 21 maio 2021.

BUELA, Juana Rocco. *Historia de un ideal vivido por una mujer*. Buenos Aires: s/e, 1964.

BUITONI, Dulcília. *Imprensa feminina*. São Paulo: Ática, 1986.

CABALLERO, Miguel. Da Maré, Marielle Franco chega à Câmara como a quinta mais votada. *O globo*. Caderno Política, sessão Eleições, 4 out. 2016.

CALABRE, Lia. *A era do rádio*. Rio de Janeiro: Zahar, 2002.

CAMERON, Deborah. Language, sexism and misoginy: the reception of women's political speech. In: GIUSTI, Giuliana; IANNÀCCARO, Gabriele (eds.). *Language, gender and hate speech*: a multidiciplinary approche. Veneza: Edizioni Ca' Foscari, 2020. p. 23-35.

CAMPBELL, Joseph. *Deusas*: os mistérios do divino feminino. São Paulo: Palas Athena, 2015.

CARDOSO, Elizabeth. Imprensa feminista brasileira pós-1974. *Revista de Estudos Feministas*, vol. 12, edição especial, 2004.

CARVALHO, Francisco Freire de. *Lições elementares de eloquência nacional*. 2. ed. Lisboa: Typographia Rollandiana, 1840.

CASAGRANDE, Carla. A mulher sob custódia. In: DUBY, Georges; PERROT, Michelle (dir.). *História das mulheres no ocidente*. Vol. 2: a Idade Média. Porto: Edições Afrontamento; São Paulo: Ebradil, 1990. p. 99-141.

CERTEAU, Michel de. *La prise de parole*. Pour une nouvelle culture. Paris: Desclée de Brouwer, 1968.

CHAPOUTOT, Johann. Virilité fasciste. In: CORBIN, Alain; COURTINE, Jean-Jacques; VIGARELLO, Georges (org.). *Histoire de la virilité*. Vol. 3: La virilité en crise? XXe-XXIe siècle. Paris: Seuil, 2011. p. 277-301.

CHATELARD, Aude. Minorité juridique et citoyenneté des femmes dans la Rome républicaine. *Clio. Femme, genre, histoire*, n. 43, p. 23-46, 2016.

CICERO. *L'orateur*. Paris: Les Belles Lettres, 2008.

COHEN, Yves. *Le siècle des chefs*: une histoire transnationale du commandement et de l'autorité (1890-1940). Paris: Editions Amsterdam, 2013.

COLLING, Ana Maria. *A resistência da mulher à ditadura militar no Brasil*. Rio de Janeiro: Rosa dos Tempos, 1997.

COLLINS, Patricia Hill. *Bem mais que ideias*: a interseccionalidade como teoria social crítica. São Paulo: Boitempo, 2022.

COMISSÃO NACIONAL DA VERDADE. *Relatório da Comissão Nacional da Verdade*. Vol. III: Mortos e desaparecidos. Brasília: CNV, 2014.

COMISSÃO PARLAMENTAR MISTA DE INQUÉRITO. *Relatório final da Comissão Parlamentar Mista de Inquérito criada para examinar a situação da mulher em todos os setores de atividades*. Brasília: Senado Federal/Centro Gráfico, 1978.

CORBIN, Alain. *História do silêncio*. Petrópolis: Vozes, 2021.

COSTA, Albertina; BRUSCHINNI, Cristina (org.). *Uma questão de gênero*. Rio de Janeiro/São Paulo: Rosa dos Tempos/Fundação Carlos Chagas, 1992.

COTOS, María Elisa Lages. Una cadena de misoginia: Secundus Taciturnus. Euphrosyne. *Journal for Classical Philology*, vol. 31, p. 357-368, 2003.

COULOMB-GULLY, Marlène. *Présidente, le grand défi*: femmes, politique et médias. Paris: Payot, 2012.

COULOMB-GULLY, Marlène. *Sexisme sur la voix publique*: femmes, éloquence et politique. La Tour-d'Aigues: L'Aube, 2022.

COURTINE, Jean-Jacques. A voz do povo: a fala pública, a multidão e as emoções na aurora da era das massas. In: COURTINE, Jean-Jacques; PIOVEZANI, Carlos (org.). *História da fala pública*: uma arqueologia dos poderes do discurso. Petrópolis: Vozes, 2015. p. 261-289.

COURTINE, Jean-Jacques; HAROCHE, Claudine. *Histoire du visage*: exprimer et taire ses émotions. Paris: Payot, 1988.

CRESSOLES, Louis de. *Vacationes autumnales, siue de perfecta oratoris actione et pronuntiationne*. Paris: Cramoisy, 1620.

CUERVO, José Rufino. *Breves nociones de urbanidad*. Bogotá: Imprenta de Francisco Torres Amaya, 1856.

CURCINO, Luzmara. Imprensa e discursos sobre a leitura: representações dos presidentes FHC, Lula e Dilma como leitores. *EID&A - Revista Eletrônica de Estudos Integrados em Discurso e Argumentação*, n. 16, p. 223-243, 2018.

CURCINO, Luzmara. La femme qui lit: stéréotypes sexistes dans les représentations de Dilma Rousseff en tant que lectrice dans les médias au Brésil. *Revue Interdisciplinaire Textes & Contextes*, n. 15, 2020.

D'ALVERNY, Marie-Thérèse. Comment les théologiens et les philosophes voient la femme. *Cahiers de civilisation médiévale*, ano 20, n. 78-79, p. 105-129, 1997.

DARWIN, Charles. *A origem do homem e a seleção sexual*. Belo Horizonte: Itatiaia, 2004.

DEL OLMO, Francisco Calvo. Notas. In: ALIGHIERI, Dante. *De vulgari Eloquentia*: sobre a eloquência em língua vulgar. São Paulo: Parábola, 2021. p. 239-253.

DEL PRIORE, Mary. *A mulher na história do Brasil*. São Paulo: Contexto, 1994.

DEL PRIORE, Mary (org.). *História das mulheres no Brasil*. São Paulo: Contexto, 2011.

DEL PRIORE, Mary. *Sobreviventes e guerreiras*. Uma breve história da mulher no Brasil: de 1500 a 2000. São Paulo: Planeta, 2020.

DEL ROIO, José Luiz. *A Greve de 1917*: os trabalhadores entram em cena. São Paulo: Alameda, 2017.

DELL, Christopher. *Mitologia*: um guia dos mundos imaginários. São Paulo: Edições SESC, 2020.

DELUMEAU, Jean. *História do medo no ocidente (1300-1800)*: uma cidade sitiada. São Paulo: Companhia das Letras, 1989.

DELUMEAU, Jean. Medos de ontem e de hoje. In: NOVAES, Adauto (org.). *Ensaios sobre o medo*. São Paulo: Editora Senac/Edições Sesc, 2007. p. 39-52.

DEPUTADA é interrompida por presidente da CPI do MST ao falar sobre 8/1. *Estado de Minas*, 23 maio 2023.

DESCHAMPS, Eustache. *Oeuvres complète de Eustache Deschamps*. Tome 7. Paris: Libraire de Firmin Didot et Cia, 1791.

DETIENNE, Marcel. *Les maîtres de vérité dans la Grèce archaïque*. Paris: Le livre de poche, 2006.

DICHIE, Chimamanda Ngozi. *Sejamos todos feministas*. São Paulo: Companhia das Letras, 2015.

DILMA, Ciro e Boulos criticam tratamento a Manuela D'Ávila no Roda Viva. *Portal IG*, 26 jun. 2018.

DINOUART, Abbé. *L'art de se taire*. Edição e apresentação de Jean-Jacques Courtine e Claudine Haroche. Grenoble: Editions Jérôme Millon, 1987.

DINOUART, Joseph-Antoine Toussaint. *L'éloquence du corps, ou l'action du prédicateur*. Paris: Desprez, 1761.

DOUAY, Françoise. La rhétorique en Europe à travers son enseignement. In: AUROUX, Sylvain (dir.). *Histoire des idées linguistiques*. Tome 2: Le développement de la grammaire occidentale. Liege: Mardaga, 1992. p. 408-507.

DOUAY, Françoise. "A eloquência da tribuna livrava-se de seu silêncio e falava..." A renovação da fala pública na Europa do século XIX. In: COURTINE, Jean-Jacques; PIOVEZANI, Carlos (org.). *História da fala pública*: uma arqueologia dos poderes do discurso. Petrópolis: Vozes, 2015. p. 202-260.

DUBY, Georges. *As damas do século XII*. São Paulo: Companhia das Letras, 2013.

DUBY, Georges; PERROT, Michelle (dir.). *História das mulheres no ocidente*. Vol. 1: Antiguidade. Porto: Edições Afrontamento, 1993.

EECKE, Paul Van; FERNÁNDEZ, Raquel. On the influence of gender on interruptions in multiparty dialogue. *Interspeech*, n. 17, p. 2070-2074, 2016.

EURIPEDES. As suplicantes. In: EURIPEDES et al. *Les tragiques grecs. Eschyle, Sophocle, Euripide*. Théâtre complet. Paris: Fallois, 1999.

EURÍPIDES. *Medeia*. São Paulo: Editora 34, 2010.

EVARISTO, Conceição. *Poemas de recordação e outros movimentos*. Rio de Janeiro: Malê, 2017.

FARROW, Ronan. From aggressive overtures to sexual assault: Harvey Weinstein's accusers tell their stories. *The New Yorker*, 10 out. 2017.

FEDERICI, Silvia. *Mulheres e caça às bruxas*: da Idade Média aos dias atuais. São Paulo: Boitempo, 2019.

FIGUEIREDO, Débora. Gênero e poder no discurso jurídico. *Revista de Ciências Humanas*, vol. 15, n. 21, p. 37-52, 1997.

FIORIN, José Luiz. Categorias da enunciação e efeitos de sentido. In: BRAIT, Beth (org.). *Estudos enunciativos no Brasil*: histórias e perspectivas. Campinas: Pontes, 2001. p. 107-129.

FLETCHER, Lea. *Mujer y cultura en la argentina del siglo XIX*. Buenos Aires: Feminaria Editora, 1994.

FONTANA, Mónica Zoppi; FERRARI, Ana Josefina (org.). *Mulheres em discurso*: gênero, linguagem e ideologia. Campinas: Pontes, 2017a.

FONTANA, Mónica Zoppi; FERRARI, Ana Josefina (org.). *Mulheres em discurso*: processos de identificação e práticas de resistência. Campinas: Pontes, 2017b.

FONTANA, Mónica Zoppi; BIZIAK, Jacob dos Santos (org.). *Mulheres em discurso*: lugares de enunciação e corpos em disputa. Campinas: Pontes, 2021.

FOUCAULT, Michel. *Histoire de la sexualité*, vol. 1, La volonté de savoir. Paris: Gallimard, 1976.

FOUCAULT, Michel. *O que é um autor?* Lisboa: Vega, 1992.

FOUCAULT, Michel. *A ordem do discurso*. São Paulo: Loyola, 2001.

FRANCO, Marielle. Sextou com óclinhos! Rio de Janeiro. 18 ago. 2017. Instagram: @marielle_franco.

FRANCO, Marielle. Não serei interrompida. Canal do Instituto Marielle Franco no Youtube, 8 mar. 2018.

FUMAROLI, Marc. O corpo eloquente: actio e pronuntiatio rhetorica no século XVII. In: COURTINE, Jean-Jacques; PIOVEZANI, Carlos (org.). *História da fala pública*: uma arqueologia dos poderes do discurso. Petrópolis: Vozes, 2015. p. 83-117.

FURET, François. *Penser la Révolution Française*. Paris: Gallimard, 1978.

GAGLIARDI, Juliana; FERES Jr., João. A morte de Marielle nos editoriais dos grandes jornais. *Geledés*, 21 abr. 2018.

GALVÃO, Patrícia (Pagu). *Parque industrial*. Rio de Janeiro, José Olympio, 2006.

GARI, Blanca; WOLFF, Alicia Padrós. Estudio introductorio a Margarita Porete. In: PORETE, Margarita. *El espejo de las almas simples*. Barcelona: Icaria, 1995.

GIULANI, Paola Cappellin. Os movimentos de trabalhadoras e a sociedade brasileira. In: DEL PRIORE, Mary (org.). *História das mulheres no Brasil*. São Paulo: Contexto, 2011. p. 640-668.

GOLDMAN, Emma. *Vivendo minha vida*. Curitiba: L-Dopa, 2015.

GOMES, Anderson Soares. Mulheres, sociedade e Iluminismo: o surgimento de uma filosofia protofeminista na Inglaterra do século XVIII. *Matraga*, vol. 18, n. 29, p. 31-51, 2011.

GONZALEZ, Lélia. Racismo e sexismo na cultura brasileira. *Revista Ciências Sociais Hoje*, São Paulo, p. 223-244, 1987.

GONZALEZ, Lélia. Lélia fala de Lélia. *Revista Estudos Feministas*, vol. 94, n. 2, 1994.

GÓRGIAS. Elogio de Helena. In: CASSIN, Barbara. *O efeito sofístico*. São Paulo: Editora 34, 2005. p. 293-301.

GOUGES, Olympe de. *Déclaration des droits de la femme et de la citoyenne et autres textes*. Paris: Librairie Générale Française, 2021.

GRAGNANI, Juliana. 11 motivos que levam as mulheres a deixar de denunciar casos de assédio e violência sexual. *BBC News Brasil*, 13 out. 2017.

GRAVES, Robert. *Os mitos gregos*. Vol. II: Páris e Helena. Rio de Janeiro: Nova Fronteira, 2018.

GUILHAUMOU, Jacques. Falas democráticas e poderes intermediários durante a Revolução francesa. In: COURTINE, Jean-Jacques; PIOVEZANI, Carlos (org.). *História da fala pública*: uma arqueologia dos poderes do discurso. Petrópolis: Vozes, 2015. p. 157-184.

HANNER, June Edith. *A mulher brasileira e suas lutas sociais e políticas*. São Paulo: Brasiliense, 1981.

HENRY, Madaleine Mary. *Prisioner of history*. Aspasia of Miletus and her biographical tradition. Oxford: Oxford University Press, 1995.

HESÍODO. *Teogonia*. São Paulo: Hedra, 2013a.

HESÍODO. *Trabalhos e dias*. São Paulo: Hedra, 2013b.

HOLLANDA, Heloisa Buarque de. *Pensamento feminista*: conceitos fundamentais. Rio de Janeiro: Bazar do Tempo, 2019.

HOLMES, Janet; MEYERHOFF, Mirian (ed.). *The handbook of languege and gender*. Nova Jersey: John Wiley and Sons, 2008.

HOMERO. *Odisséia*. Lisboa: Cotovia, 2010.

HOMERO. *Ilíada*. Rio de Janeiro: Ediouro, 2022.

HOOKS, bell. *O feminismo é para todo mundo*: políticas arrebatadoras. São Paulo: Rosa dos Tempos, 2018.

HOOKS, bell. *E eu não sou uma mulher?* Mulheres negras e feminismo. Rio de Janeiro: Rosa dos Tempos, 2020.

HORNSBY, Jennifer. Disempowered Speech. *Philosophical Topics*, vol. 23, n. 2, p. 127-147, 1995.

INDURSKY, Freda. *A fala dos quartéis e as outras vozes*. Campinas: Editora da Unicamp, 1997.

ISQUERDO, José María. Ave/Eva: comentarios acerca de una tipología artística bajo medieval. *Romansk Fórum*, n. 17, p. 59-70, 2003.

JAEGER, Werner. *Paideia*: a formação do homem grego. São Paulo: Martins Fontes, 1986.

JAMIESON, Katheleen Hall. *Eloquence in a eletronic age*: the transformation of political speechmaking. Nova York: Oxford University Press, 1988.

JESUS, Carolina Maria de. *Quarto de despejo:* diário de uma favelada. São Paulo: Ática, 2014.

KANTOR, Jodi; TWOHEY, Megan. Harvey Weinstein paid off sexual harassment accusers for decades. *The New York Times*, 05 out. 2017.

KAPLISCH-ZUBER, Christiane. Masculino/Feminino. In: LE GOFF, Jacques; SCHIMITT, Jean-Claude. *Dicionário temático do ocidente medieval*. Vol. II. Bauru: EDUSC; São Paulo: Imprensa Oficial SP, 2002.

KARPF, Anne. *The human voice*. Londres, Bloomsbury, 2007.

KEHL, Maria Rita. Fascismo & machismo. In: NOVAES, Adauto (org.). *Ainda sob a tempestade*. São Paulo: Edições Sesc, 2020. p. 183-186.

KRAMER, Heinrich; SPRENGER, James. *O martelo das feiticeiras*. Rio de Janeiro: Rosa dos Tempos, 2004.

LAKOFF, Robin. Langage and women's place. *Language in society*, vol. 2, n. 1, 1973.

LANDIM, Raquel. CPI do MST tem 40 deputados ruralistas e 14 governistas. *CNN Brasil*, 17 maio 2023.

LATOUR, Bruno. *Jamais fomos modernos*. São Paulo: Editora 34, 1994.

LE BON, Gustave. *Psychologie des foules*. Paris: PUF, 2003.

LEITE, Rosalinda de Santa Cruz. Brasil Mulher e Nós Mulheres: origens da imprensa feminista brasileira. *Revista de Estudos Feministas*, vol. 11, n. 1, 2003.

LIMA, Ivana Stolze. Escravos bem falantes e nacionalização linguística no Brasil: uma perspectiva histórica. *Estudos históricos*, Rio de Janeiro, vol. 25, n. 50, 2013.

LINCY, Antoine Le Roux de. *Le livre des proverbes français*. Précédé des recherches historiques sur les proverbes français et leur emploi dans la littérature du moyen age et de la renaissance. Tomo 1. Paris: Adolphe Delahay, Libraire-Éditeur, 1859.

LORAUX, Nicole. Aspasie, l'étrangère, l'intellectuelle. *Clio. Histoire, femmes et sociétés*, vol. 13, p. 17-42, 2001.

LORDE, Audre. A transformação do silêncio em linguagem e ação. In: LORDE, Audre. *Irmã outsider*. Belo Horizonte: Autêntica, 2019. p. 51-55.

LOURO, Guacira Lopes. Mulheres na sala de aula. In: DEL PRIORE, Mary (org.). *História das mulheres no Brasil*. São Paulo: Contexto, 2011. p. 443-481.

MALHADAS, Daisi; DEZOTTI, Maria Celeste Consolin; NEVES, Maria Helena de Moura. *Dicionário grego-português*. Cotia: Atelier Editorial, Araçoiaba da Serra: Mnema, 2022.

MARQUES, Moama Lorena de Lacerda. O luto público como luta política: Marielle Franco e as primeiras respostas da poesia. *Igarapé – Revista de estudos de literatura, cultura e alteridade*, UNIR, vol. 15, n. 4, 2022.

MARQUES, Moama Lorena de Lacerda. De Marielle para Conceição, de Conceição para Marielle: gestos que vingam e fazem vingar. *Anuário de Literatura*, UFSC, vol. 28, 2023.

MARTIN, Richard. *The language of heroes*: speech and performance in the Iliad. Ítaca, Cornell University Press, 1992.

MARZULLO, Luísa; NOIA, Julia. Mulheres sofrem, em média, quatro interrupções por sessão nas CPIs do MST e 8 de janeiro. *O globo*, 6 jun. 2023.

MCCANN, Carole; KIM, Seung-kyung (eds.). *Feminist theory reader*: local and global perspectives. New York: Routledge, 2013.

MCWEBB, Christine. *Debating the Roman de la rose*: a critical anthology. Florence: Taylor and Francis, 2013.

MENDES, Ronald Beline. Gênero/sexo, variação linguística e intolerância. In: BARROS, Diana Luz Pessoa de (org.). *Preconceito e intolerância*: reflexões linguístico-discursivas. São Paulo: Editora Mackenzie, 2011. p. 99-116.

MILANO, Alyssa. If you've been sexually harassed or assaulted write 'me too' as a reply to this tweet. 15 out. 2017, 15h21. Twitter: @Alyssa_Milano.

MILLER, Tanya Stabler. *The beguines of medieval Paris*: gender, patronage, and spiritual authority. Philadelphia: University Pensilvania Press, 2014.

MOITA LOPES, Luiz Paulo et al (org.). *Estudos queer em linguística aplicada interdisciplinar*. São Paulo: Parábola, 2022.

MOLIÈRE. *A escola de mulheres*. São Paulo: Paz e Terra, 2007.

MOLONY, Barbara; NELSON, Jennifer (eds.). *Women's activism and "second wave" feminism*. London/New York: Bloomsbury, 2017.

MONTIGLIO, Silvia. Falar em público e ficar em silêncio na Grécia clássica. In: COURTINE, Jean-Jacques; PIOVEZANI, Carlos (org.). *História da fala pública*: uma arqueologia dos poderes do discurso. Petrópolis: Vozes, 2015. p. 25-52.

MURARO, Rose Marie. Breve introdução histórica. In: KRAMER, Heinrich; SPRENGER, James. *O martelo das feiticeiras*. Rio de Janeiro: Rosa dos Tempos, 2004. p. 5-17.

O'BRIEN, Karen. *Women and enlightenment in eighteenth-century*. Cambridge: Cambridge University Press, 2009.

OLIVEIRA, Viviane. Vereador ataca colega e diz para "usar o restante do corpo igual sua língua". *Campo Grande News*, 12 mar. 2024.

ONELA, Jukka-Pekka et al. Using sociometers to quantify social interaction patterns. *Scientific Reports*, vol. 4, 2014.

ORLANDI, Eni. *As formas do silêncio*. Campinas: Editora da Unicamp, 1992.

OSTERMANN, Ana Cristina; FONTANA, Beatriz (org.). *Linguagem, gênero, sexualidade*: clássicos traduzidos. São Paulo: Parábola, 2010.

OTHERO, Gabriel de Ávila. *Mitos de linguagem*. São Paulo: Parábola, 2017.

OUTRAM, Dorinda. Le langage mâle de la vertu: as mulheres e o discurso da Revolução francesa. In: BURKE, Peter; POTER, Roy (org.). *História social da linguagem*. São Paulo: Editora Unesp, 1997. p. 141-160.

OVÍDIO. *Metamorfoses*. Lisboa: Cotovia, 2014.

OXFORD Advanced learner's Dictionary. Oxford: Oxford University Press, 2000.

PAINTER, Nell Irvin. *Sojourner Truth*: a life, a symbol. Nova York: Norton & Company, 1996.

PATU; SCHRUPP, Antje. *Uma breve história do feminismo no contexto euro-americano*. São Paulo: Blucher, 2019.

PAULUZE, Thaiza; ARAÚJO, Paula. Deputado estadual de SP diz que vai colocar cabresto na boca de parlamentar negra. *G1*, 22 maio 2022.

PERROT, Michelle. *Mulheres públicas*. São Paulo: Editora Unesp, 1998.

PERROT, Michelle. *As mulheres ou os silêncios da história*. Bauru: EDUSC, 2005.

PETRARCA, Francesco. *Les remèdes aux deux fortunes*. Grenoble: Éditions Jêrome Millon, 2002.

PHILONENKO, Marc. Les oxymores de Secundus. In: *Comptes rendus des séances de l'Académie des Inscriptions et Belles Lettres*, ed. 135, vol. 2, Paris, 1991. p. 373-389.

PINHO, Isabela. *Feminino e linguagem*: itinerários entre o silêncio e o tagarelar. Rio de Janeiro: Editora PUC/Rio; Belo Horizonte: Relicário, 2023.

PINSKY, Carla Bassanezi. Mulheres dos anos dourados. In: DEL PRIORE, Mary (org.). *História das mulheres no Brasil*. São Paulo: Contexto, 2011. p. 607-639.

PINSKY, Carla Bassanezi; PEDRO, Joana Maria (org.). *Nova história das mulheres no Brasil*. São Paulo: Contexto, 2013.

PIOVEZANI, Carlos. *A voz do povo*: uma longa história de discriminações. Petrópolis: Vozes, 2020.

PIOVEZANI, Carlos; GENTILE, Emilio. *A linguagem fascista*. São Paulo: Hedra, 2020.

PIZAN, Christine de. *La cité des dames*. Paris: Stock, 1996.

PIZAN, Christine de. A cidade das damas. In: CALADO, Luciana Eleonora de Freitas. *A cidade das damas*: a construção da memória feminina no imaginário utópico de Christine de Pizan. Tese (Doutorado em Letras), Universidade Federal de Pernambuco, Recife, 2006.

PLEBE, Armando. *Breve história da retórica antiga*. São Paulo: EPU, 1978.

POLITO, Reinaldo. *Como falar corretamente e sem inibições*. São José dos Campos, Editora Saraiva, 1986.

POLITO, Reinaldo. *Assim é que se fala*. São José dos Campos, Editora Benvirá, 1999.

POSSENTI, Sírio. A misoginia como condicionante do golpe de 2016 no Brasil. *Discurso & Sociedad*, vol. 12, n. 3, 2018.

QUINTILIANO. *Institution oratoire*. Paris: Les Belles Lettres, 2003.

RAGO, Margareth. Trabalho feminino e sexualidade. In: DEL PRIORE, Mary (org.). *História das mulheres no Brasil*. São Paulo: Contexto, 2011. p. 578-606.

RAGO, Margareth. A coragem feminina da verdade: mulheres na ditadura militar no Brasil. *Caderno Espaço Feminino*, vol. 28, n. 2, p. 103-122, 2015.

RAMINELLI, Ronald. Eva tupinambá. In: DEL PRIORE, Mary (org.). *História das mulheres no Brasil*. São Paulo: Contexto, 2011. p. 11-44.

RANCIÈRE, Jacques. *A noite dos proletários*: arquivos do sonho operário. São Paulo, Companhia das Letras, 1988.

RECUERO, Raquel. O twitter como esfera pública: como foram descritos os candidatos durante os debates presidenciais do 2º turno de 2014?. *Revista Brasileira de Linguística Aplicada*, vol. 16, n. 1, p. 157-180, 2016.

RÉGNIER-BOHLER, Danielle. Vozes literárias, vozes místicas. In: DUBY, Georges; PERROT, Michelle (dir.). *História das mulheres no ocidente*. Vol. 2: A Idade Média. Porto: Edições Afrontamento; São Paulo: Ebradil, 1990. p. 517-591.

REGNIER-BOHLER, Danielle. *Voix de femmes au moyen âge:* savoir, mystique, poésie, amour, sorcellerie (XIIe-XVe siècle). Paris: Robert Laffont, 2006.

REZZUTTI, Paulo. *Mulheres do Brasil*: a história não contada. Rio de Janeiro, 2018.

RIBEIRO, Djamila. Meus pitacos sobre o desrespeito sofrido por Manuela D'ávila, no sofrível programa Roda Viva. Facebook, 1 jul. 2018.

RIBEIRO, Djamila. *Lugar de fala*. São Paulo: Sueli Carneiro, Pólen, 2019.

ROBB, Alice. Why men are prone interrupting women. *New York Times*, 19 mar. 2015.

RODRIGUES, Galtiery. Vídeo: vereadora tem microfone cortado ao defender mulher na política. *Metrópoles*, 3 fev. 2022.

SALAZAR, Phillipe-Joseph. Darwin à Padoue: l'anthropologie de la voix au XVIIè et au XIXè siècles. In: CASSIN, Barbara; LEVINAS, Danielle (dir.). *Vocabulaires de la voix*. Paris: L'Harmattan, 2008. p. 39-52.

SANDOVAL, Pablo Ximénez. MeToo, ano 1: como as mulheres perderam o medo. *El país*, 05 out. 2018.

SANTOJA, Pedro. Mujeres religiosas: beatas y beguinas en la Edad Media (Textos satíricos y misóginos). *Revista de História Medieval*, n. 14, p. 209-227, 2006.

SCARPA, Raffaela. *La questione della lingua*. Antologia di testi da Dante a oggi. Roma: Carocci editore, 2012.

SCHMIDT, Ana Rieger. Christine de Pizan contra os filósofos. In: SCHMIDT, Ana Rieger; SECCO, Gisele Dalva; ZANUZZI, Inara (org.). *Vozes femininas na filosofia*. Porto Alegre: Editora da UFRGS, 2018. p. 15-36.

SCHÖPKE, Regina; BALADI, Mauro (org.). *Mulheres nas Luzes*. São Paulo: Editora UNESP, 2024.

SCHUMAHER, Schuma; CEVA, Antonia. *Mulheres no poder*. Trajetórias na política a partir da das sufragistas no Brasil. Rio de Janeiro: Edições de janeiro, 2015.

SCHUMAHER, Schuma; BRAZI, Érico Vital (org.). *Dicionário mulheres do Brasil*: de 1500 até a atualidade. Rio de Janeiro, Zahar, 2000.

SHAKESPEARE, Willian. *The taming of the shrew (A megera domada)*. Oxford: The Bodleian First Folio, s. d.

SILVA, Andréia Cristina Lopes Frasão da; ANDRADE, Marta Mega de. Mito e gênero: Pandora e Eva em perspectiva histórica comparada. *Cadernos Pagu*, n. 33, 2009.

SILVA, Eliane Moura et al. *Camuflagem e transparência*: as mulheres no sindicalismo. Comissão Nacional sobre a Questão da Mulher Trabalhadora. São Paulo: CUT, 1990.

SILVA, Maria Aparecida Moraes. De colona a boia-fria. In: DEL PRIORE, Mary (org.). *História das mulheres no Brasil*. São Paulo: Contexto, 2011. p. 554-577.

SILVA, Marina. "Calma, senadora". Parem de pedir calma para as nossas parlamentares! 20 maio 2021, 20h23. Twitter: @MarinaSilva.

SNYDER, Kieran. *Want to get ahead as a woman in tech?* Learn to interrupt. Language Log, 2014.

SÓFOCLES. *Antígona*. São Paulo: Martins Claret, 2004.

SOIHET, Rachel. *Condição feminina e formas de violência*. Mulheres pobres e ordem urbana (1890-1920). Rio de Janeiro: Forense Universitária, 1989.

SOIHET, Rachel. Mulheres pobres e violência no Brasil urbano. In: DEL PRIORE, Mary (org.). *História das mulheres no Brasil*. São Paulo: Contexto, 2011. p. 362-400.

SOLNIT, Rebecca. *A mãe de todas as perguntas*: reflexões sobre os novos feminismos. São Paulo: Companhia das Letras, 2017a.

SOLNIT, Rebecca. *Os homens explicam tudo pra mim*. São Paulo: Cultrix, 2017b.

SORAGGI, Bruno. Deputada pede cassação de vice da Assembleia de SP que sugeriu colocar 'cabresto' nela. *Folha de S.Paulo*, 23 maio 2022.

SOUTO, Luiza. Kátia Abreu: "Homem fala alto ninguém diz que está nervoso. É macho". *Universa Uol*, 20 maio 2021.

SPIVAK, Gayatri Chakravorty. *Pode o subalterno falar?* Belo Horizonte: Editora UFMG, 2010.

STARLING, Heloísa; PELLEGRINO, Antonia (org.). *Independência do Brasil*: as mulheres que estavam lá. Rio de Janeiro: Bazar do tempo, 2022.

TANNEN, Deborah (ed.). *Gender and conversational interaction*. Oxford, Nova York: Oxford University Press, 1993.

TEIXEIRA, Cecília de Paula. *Relatório final da Comissão Parlamentar Mista de Inquérito criada para examinar a situação da mulher em todos os setores de atividades*. Brasília: Senado Federal/Centro Gráfico, 1978.

TEIXEIRA, Elizabeth. *Eu marcharei na tua luta!* A vida de Elizabeth Teixeira. Organização de Lourdes Bandeira, Neide Miele e Rosa Godoy. João Pessoa: Editora Universitária da UFPB, 1997.

TELES, Maria Amélia de Almeida. *Breve história do feminismo no Brasil*. São Paulo: Brasiliense, 1993.

TELES, Maria Amélia de Almeida. O protagonismo de mulheres na luta contra a ditadura. *Revista Interdisciplinar de Direitos Humanos*, vol. 2, n. 2, p. 9-18, 2014.

TELES, Maria Amélia de Almeida. Violações dos direitos humanos das mulheres na ditadura. *Revista de Estudos Feministas*, vol. 23, n. 3, p. 1001-1022, 2015.

TELES, Amelinha; LEITE, Rosalina Santa Cruz. *Da guerrilha à imprensa feminista*: a construção do feminismo pós luta armada no Brasil. São Paulo: Intermeios, 2013.

TELLES, Norma. Escritoras, escritas, escrituras. In: DEL PRIORE, Mary (org.). *História das mulheres no Brasil*. São Paulo: Contexto, 2011. p. 401-442.

TESSER, Tereza Cristina. *De passagem pelos nossos estúdios*: a presença feminina no início do rádio no Rio de Janeiro e São Paulo. Santos: Leopoldianum, 2010.

TIME: person of the year 2017. 18 dez. 2017.

TRABANT, Jürgen. *A linguagem, objeto de conhecimento*. Breve trajeto pela história das ideias linguísticas. São Paulo: Parábola, 2021.

TRINDADE, Claudia et al. Enterraram uma semente. *Folha de S.Paulo*, 18 mar. 2018. Primeiro Caderno, p. 3.

VALLADA, Amanda; PINTO, Joana Plaza. Cinco décadas de linguística feminista: índices de consolidação do campo. *Revista Estudos Feministas*, v. 29, p. 1-17, 2021.

VALOBRA, Adriana María. *Mujeres en espacios bonaerenses*. La Plata: EDULP, 2009.

VIEIRA, Trajano. O destemor de Medeia e o teatro do horror. In: EURÍPIDES. *Medeia*. São Paulo: Editora 34, 2010. p. 157-176.

WARGKEN, Júlia. Manuela D'Ávila vira alvo de manterrupting em entrevista no 'Roda Viva'. *M de mulher*, 26 jun. 2018.

WATTS, Edward Jay. *Hypatia*. The life and legend of an ancient philosopher. Oxford: Oxford University Press, 2017.

WELLMAN, Judith. The Seneca falls women's rights convention: a study of social networks. *Journal of Women's History*, Johns Hopkins University Press, vol. 3, n. 1, p. 9-37, 1991.

WOLF, Naomi. *Vagina*: uma nova biografia. São Paulo: Geração Editorial, 2013.

WOLLSTONECRAFT, Mary. *Reivindicação dos direitos da mulher*. São Paulo: Boitempo: 2016.

XAVIER, Giovana; FARIAS, Juliana Barreto; GOMES, Flávio (org.). *Mulheres negras no Brasil escravista e do pós-emancipação*. São Paulo: Selo negro, 2012.

ZIRBEL, Ilze. Ondas do feminismo. In: *Enciclopédia mulheres na filosofia*. Campinas: Blog Unicamp Mulheres na filosofia, 2024.

Impresso no outono de 2025
pela gráfica Piffer Print em papel
Pólen Bold 70g e composto pelas
fontes Alfabet e Export.